LES GRANDS TEXTES de la PHILOSOPHIE

par
Georges Pascal
Agrégé de l'Université
Docteur ès Lettres et Sciences humaines
Professeur à l'Université des Sciences sociales de Grenoble

BORDAS

DU MÊME AUTEUR CHEZ LE MÊME ÉDITEUR

Cours de philosophie, en collaboration avec J. Picard (épuisé) (2 vol., 1946)
Pour connaître la pensée d'Alain (4e édition, 1967).
Mémento de philosophie (11e édition, 1976, épuisé).
L'idée de philosophie chez Alain (1970, épuisé).
Kant (collection Pour connaître, 1re éd. 1966, 2e éd. 1985).
Descartes (collection Pour connaître, 1986).

AUX P.U.F.

Alain éducateur (1964).

Maquette de couverture : **Jean-Louis Couturier**
Maquette intérieure : **Marie-France Godon**

ISBN 2-04-016291-7
Nouvelle édition mise à jour

SOMMAIRE

AVERTISSEMENT

Ce recueil voudrait rendre aux élèves un double service : d'une part leur permettre de prendre connaissance des textes fondamentaux se rapportant aux problèmes qu'ils ont à étudier ; d'autre part, leur permettre de se faire une idée de la pensée des grands auteurs, et des pensées de quelques autres.

Nous avons donc adopté un ordre chronologique afin que tous les textes d'un auteur soient groupés et que le **Sommaire** *même de ces extraits offre comme un panorama de l'histoire de la philosophie. Notre choix de textes a pris une allure systématique pour certains auteurs – notamment Platon, Descartes, Kant, Comte, Bergson, Alain – considérés comme particulièrement représentatifs des grandes attitudes philosophiques. Pour d'autres auteurs, nous avons retenu les pages qui nous paraissaient les plus caractéristiques ; pour d'autres, enfin, nous avons surtout songé à l'intérêt que certains de leurs textes pouvaient présenter pour l'élève aux prises avec un thème de réflexion ou un sujet de dissertation.*

De courtes **notices***, au début de chaque chapitre, et un* **Tableau synoptique***, à la fin de l'ouvrage, visent à situer chaque auteur dans son contexte historique et philosophique.*

*L'***index analytique** *a fait l'objet d'un soin particulier ; il doit, en effet, donner aux élèves la possibilité de consulter immédiatement, sur n'importe quel problème philosophique, les textes classiques essentiels ou les pages modernes les plus célèbres.*

Cet ouvrage a évidemment beaucoup changé depuis sa première édition en 1959, pour s'adapter notamment aux changements de programmes. L'accueil qui lui a toujours été réservé semble montrer qu'il peut rendre de réels services aux apprentis-philosophes. Il n'avait pas d'autre ambition.

HÉRACLITE

VIe siècle

L'un des premiers penseurs du monde occidental dont il nous reste quelques fragments. Son œuvre (*De l'Univers*) traitait de physique, de théologie et de politique.

L'un et le multiple

« Tout s'écoule » disait Héraclite d'Éphèse qui voyait dans le conflit des contraires l'origine et la substance même de toutes choses. Mais dans la multiplicité mouvante la raison découvre l'un et le permanent.

1

Nous descendons et ne descendons pas dans le même fleuve, nous sommes et ne sommes pas.

Le froid devient chaud, le chaud froid, l'humide devient sec et le sec humide. [...] Les immortels sont mortels et les mortels immortels : ils échangent mutuellement la vie et la mort.

Il faut savoir que la guerre est universelle, que la justice est une lutte et que tout arrive à l'existence par la discorde et la nécessité. [...] Les contraires se mettent d'accord, des sons variés résulte la plus belle harmonie et tout est engendré par la lutte.

De la multiplicité des choses provient l'Un, et de l'Un la multiplicité.

Dans la périphérie du cercle, le commencement et la fin coïncident. [...] C'est un même chemin qui mène en haut et qui mène en bas.

Le monde n'est un et commun que pour ceux qui sont éveillés mais pendant le sommeil chacun possède un monde à part.

PARMÉNIDE

VIe siècle

Citoyen de la colonie ionienne d'Élée, il fut à l'origine de l'école des Éléates. De son *Poème* il ne nous reste que quelques fragments obscurs.

L'être et le non-être

Adversaire d'Héraclite, Parménide soutient que l'être est un et immuable et que le non-être n'est pas.

2

Il n'y a que deux voies pour la recherche : la première – l'être est et il est impossible qu'il ne soit pas – est le chemin auquel il faut se fier car c'est le chemin de la vérité ; la seconde – l'être n'est pas et le non-être est nécessaire – ce n'est qu'un sentier, je te le dis, où l'on ne trouve rien à quoi se fier. Car on ne peut ni connaître ce qui n'est pas, c'est impossible, ni l'énoncer en un discours.

Il faut dire et penser que l'être est ; il est en effet l'être et le non-être n'est pas.

[...] L'être est et tout nous montre qu'étant inengendré, il est aussi impérissable ; car il est d'un seul bloc, inébranlable et sans fin ; il ne fut ni ne sera jamais puisqu'il est maintenant, tout entier à la fois, un, d'un seul tenant. Quelle origine pourrait-on lui assigner ? Comment, d'où aurait-il pu venir à croître ?

Tu ne peux ni dire ni penser que c'est à partir de ce qui n'est pas ; car il est impossible de dire ou de penser comment l'être pourrait n'être pas. Par quelle nécessité, en effet, serait-il venu à être ou plus tard ou plus tôt, s'il venait de rien ? Il est donc nécessaire qu'il soit absolument ou ne soit pas du tout.

PLATON

427-347

Élève de Socrate à partir de 407, quitte Athènes après l'exécution de son maître (399). Voyage (notamment en Sicile) jusqu'en 387, puis revient à Athènes où il fonde une école : l'Académie. Son œuvre fait revivre l'enseignement socratique tout en le dépassant.

Principaux Dialogues : *Protagoras, Gorgias, Ménon, Phédon, Le Banquet, La République, Phèdre, Théétète, Parménide, Timée, Philèbe.*

LES ADVERSAIRES DE SOCRATE

Les grands thèmes du platonisme apparaissent d'abord comme un effort pour repousser les thèses des sophistes. Platon a lui-même donné de ces thèses un exposé vigoureux.

L'empirisme

A la question « Qu'est-ce que la science ? », posée par Socrate, le jeune Théétète répond en s'inspirant de Protagoras.

3

THÉÉTÈTE. Il me paraît que celui qui sait une chose sent ce qu'il sait et, autant que j'en puis juger en ce moment, la science n'est autre chose que la sensation.

SOCRATE. C'est bien et bravement répondu, mon enfant : c'est ainsi qu'il faut déclarer ce qu'on pense. Mais allons maintenant, examinons en commun si ta conception est viable ou si elle n'est que du vent. La science est, dis-tu, la sensation ?

THÉÉTÈTE. Oui.

SOCRATE. Il semble bien que ce que tu dis de la science n'est pas chose banale ; c'est ce qu'en disait Protagoras lui-même. Il la définissait comme toi, mais en termes différents. Il dit en effet, n'est-ce pas, que l'homme est la mesure de toutes choses, de l'existence de celles qui existent et de la non-existence de celles qui n'existent pas. Tu as lu cela, je suppose ?

THÉÉTÈTE. Oui, et plus d'une fois.

SOCRATE. Ne veut-il pas dire à peu près ceci, que telle une chose m'apparaît, telle elle est pour moi et que telle elle t'apparaît à toi, telle elle est aussi pour toi ? Car toi et moi nous sommes des hommes.

THÉÉTÈTE. C'est bien ce qu'il veut dire.

SOCRATE. Il est à présumer qu'un homme sage ne parle pas en l'air. Suivons-le donc. N'arrive-t-il pas quelquefois qu'exposés au même vent, l'un de nous a froid, et l'autre, non ; celui-ci légèrement, celui-là violemment ?

THÉÉTÈTE. C'est bien certain.

SOCRATE. En ce cas, que dirons-nous qu'est le vent pris en lui-même, froid ou non froid ? Ou bien en croirons-nous Protagoras et dirons-nous qu'il est froid pour celui qui a froid, et qu'il n'est pas froid pour celui qui n'a pas froid ?

THÉÉTÈTE. Il semble bien que oui.

SOCRATE. N'apparaît-il pas tel à l'un et à l'autre ?

THÉÉTÈTE. Si.

SOCRATE. Mais apparaître, c'est être senti ?

THÉÉTÈTE. Effectivement.

SOCRATE. Alors l'apparence et la sensation sont la même chose, en ce qui concerne la chaleur et toutes les choses du même genre ; car telles chacun les sent, telles elles semblent bien être pour chacun.

THÉÉTÈTE. C'est vraisemblable.

SOCRATE. Donc la sensation, en tant que science, a toujours un objet réel et n'est pas susceptible d'erreur.

THÉÉTÈTE. Évidemment.

Théétète, 151 e - 152 c. Tr. Émile Chambry, Garnier.

Le pragmatisme

Le relativisme conduit naturellement au scepticisme : si la connaissance est toujours relative à celui qui connaît, il est évident qu'il n'y a pas de vérité valable pour tous. Toutefois Protagoras pense qu'il existe des opinions avantageuses et que ce sont elles qui tiennent lieu de vérité.

4

SOCRATE. Maintenant tu vas peut-être me demander ce que pourra dire Protagoras pour défendre sa doctrine. N'essaierons-nous pas de le formuler ?

THÉÉTÈTE. Certainement si.

SOCRATE. Il fera valoir tout ce que nous-mêmes nous disons pour le défendre, puis j'imagine qu'il nous prendra corps à corps et nous dira sur un ton méprisant : « Cet honnête Socrate a fait peur à un petit garçon en lui demandant si le même homme peut tout à la fois se rappeler la même chose et ne la point savoir. Comme l'enfant effrayé a dit non, faute de prévoir la conséquence de ce qu'il disait,

Socrate a tourné la conversation de manière à couvrir de ridicule ma pauvre personne. Tu en prends bien à ton aise, Socrate ; mais la vérité, la voici. Lorsque tu examines, en procédant par interrogations, quelque point de ma doctrine, si celui que tu interroges, répondant ce que je répondrais moi-même, vient à trébucher, c'est moi qui suis confondu ; mais s'il répond autrement que je ne le ferais, c'est ton interlocuteur qui l'est. Crois-tu, par exemple, pouvoir faire admettre à quelqu'un que la mémoire qu'il a présentement d'une impression passée soit une impression du même genre que l'impression passée qu'il ne sent plus ? Il s'en faut de beaucoup. Crois-tu de même qu'il aura peine à avouer que le même homme peut savoir et ne pas savoir la même chose ? ou, s'il craint d'en faire l'aveu, qu'il admettra jamais que celui qui est devenu différent soit le même qu'avant de le devenir, ou plutôt, que cet homme soit un, et non plusieurs, et que ces plusieurs ne se multiplient pas à l'infini, parce qu'il y a changement continu, si nous devons nous garder de donner la chasse aux mots pour nous surprendre mutuellement ? Allons, bienheureux homme, poursuivra Protagoras, sois plus brave, attaque-moi sur mes propres doctrines et réfute-les, si tu peux, en prouvant que les sensations qui arrivent à chacun de nous ne sont pas individuelles, ou, si elles le sont, qu'il ne s'ensuit pas que ce qui paraît à chacun devient, ou s'il faut dire être, est pour celui-là seul à qui il paraît.

Mais quand tu parles de pourceaux et de cynocéphales, non seulement tu te comportes toi-même en pourceau, mais encore tu persuades à tes auditeurs d'en faire autant à l'égard de mes écrits, et cela n'est pas bien. Car j'affirme, moi, que la vérité est telle que je l'ai définie, que chacun de nous est la mesure de ce qui est et de ce qui n'est pas, mais qu'un homme diffère infiniment d'un autre précisément en ce que les choses sont et paraissent autres à celui-ci, et autres à celui-là. Quant à la sagesse et à l'homme sage, je suis bien loin d'en nier l'existence ; mais par homme sage j'entends précisément celui qui, changeant la face des objets, les fait apparaître et être bons à celui à qui ils apparaissaient et étaient mauvais. Et ne va pas de nouveau donner la chasse aux mots de cette définition ; je vais m'expliquer plus clairement pour te faire saisir ma pensée. Rappelle-toi, par exemple, ce qui a été dit précédemment, que les aliments paraissent et sont amers au malade et qu'ils sont et paraissent le contraire à l'homme bien portant. Ni l'un ni l'autre ne doit être représenté comme plus sage – cela n'est même pas possible – et il ne faut pas non plus soutenir que le malade est ignorant, parce qu'il est dans cette opinion, ni que l'homme bien portant est sage, parce qu'il est dans l'opinion contraire. Ce qu'il faut, c'est faire passer le malade à un autre état, meilleur que le sien.

De même en ce qui concerne l'éducation, il faut faire passer les hommes d'un état à un état meilleur ; mais, tandis que le médecin le fait par des remèdes, le sophiste le fait par des discours. Jamais en effet on n'est parvenu à faire qu'un homme qui avait des opinions fausses ait ensuite des opinions vraies, puisqu'il n'est pas possible d'avoir des opinions sur ce qui n'est pas, ni d'autres impressions que celles que l'on éprouve, et celles-ci sont toujours vraies. Mais je crois que, lorsqu'un homme, par une mauvaise disposition d'âme, a des opinions en conformité avec cette disposition, en changeant cette disposition contre une bonne, on lui fait avoir des opinions différentes, conformes à sa disposition nouvelle, opinions que certains, par ignorance, qualifient de vraies. Moi, je conviens que les unes sont meilleures que les autres, mais plus vraies, non pas. Et quant aux sages, mon cher Socrate, je suis loin de les comparer aux grenouilles : quand ils ont affaire au corps, je les appelle médecins ; aux plantes, laboureurs. J'affirme en effet que les laboureurs remplacent dans les plantes, quand ils en trouvent de malades, les sensations mauvaises par des sensations bonnes, saines, et que les orateurs sages et bons font en sorte que les bonnes choses paraissent justes aux États, au lieu de mauvaises. A la vérité, ce qui paraît juste et honnête à chaque cité est tel pour elle, tant qu'elle en juge ainsi ; seulement le sage, chaque fois que les choses sont mauvaises pour les citoyens, y substitue des choses qui sont et leur paraissent bonnes. Pour la même raison, le sophiste capable de diriger ainsi ses élèves est sage et mérite un salaire considérable quand leur éducation est terminée.

C'est en ce sens qu'il y a des gens plus sages les uns que les autres, sans que personne ait des opinions fausses, et toi, que tu le veuilles ou non, il faut te résigner à être la mesure des choses ; car ces considérations te prouvent que ce principe reste debout. Si tu veux reprendre la question dès le début, discute-la en opposant discours à discours ; si tu préfères procéder par interrogations, interroge ; c'est une méthode qu'il ne faut pas rejeter non plus, c'est même celle qu'un homme intelligent doit préférer à toutes les autres. Mais uses-en comme je vais te dire : ne mets pas de mauvaise foi dans tes interrogations. Ce serait en effet d'une grande inconséquence, quand on prétend s'intéresser à la vertu, d'être toujours déloyal dans la discussion. La déloyauté consiste ici à ne pas faire de distinction, quand on converse, entre la dispute et la discussion ; dans la première, on badine et on trompe tant qu'on peut ; dans la deuxième, on est sérieux et l'on redresse celui avec qui l'on converse, en se bornant à lui montrer les fautes où il est tombé, soit par lui-même, soit par suite des leçons qu'il a reçues. Si tu suis cette règle, tes interlocuteurs s'en prendront à eux-mêmes, et non à toi, de leur trouble et de leur embarras ; ils te rechercheront et t'aimeront ; ils se déplairont à eux-mêmes et, se fuyant eux-mêmes, ils se réfugieront dans la philosophie, afin de devenir autres et de dépouiller l'homme qu'ils étaient auparavant. Si, comme le grand nombre, tu fais le contraire, c'est le contraire qui t'arrivera, et, au lieu de rendre tes interlocuteurs philosophes, tu leur feras haïr la philosophie quand ils seront devenus plus âgés. Si donc tu veux m'écouter, tu te garderas de l'humeur malveillante et combative dont je parlais tout à l'heure, et tu examineras véritablement dans un esprit de douceur et de condescendance ce que nous avançons, en déclarant que tout est en mouvement et que les choses sont telles qu'elles paraissent à chacun, individu ou État. Sur cette base, tu examineras si la science et la sensation sont identiques ou différentes, sans t'attacher, comme tout à l'heure, à l'usage ordinaire des expressions et des mots, que la plupart des gens tirent au sens qu'il leur plaît, se jetant ainsi mutuellement en toute sorte d'embarras. »

Voilà, Théétète, ce que mes forces m'ont permis d'offrir pour la défense de ton ami, faibles secours sur mes faibles ressources. Si lui-même était encore de ce monde, il aurait défendu ses idées avec une autre magnificence.

Théétète, 165 e - 168 c. Tr. Émile Chambry, Garnier.

Le naturalisme

A ce sensualisme correspond, dans le domaine moral, un hédonisme radical que Platon fait ainsi exposer par Calliclès.

5

La loi est faite par les faibles et par le plus grand nombre. C'est donc par rapport à eux-mêmes et en vue de leur intérêt personnel qu'ils font la loi et qu'ils décident de l'éloge et du blâme. Pour effrayer les plus forts, les plus capables de l'emporter sur eux, et pour les empêcher de l'emporter en effet, ils racontent que toute supériorité est laide et injuste, et que l'injustice consiste essentiellement à vouloir s'élever au-dessus des autres : quant à eux, il leur suffit, j'imagine, d'être au niveau des autres, sans les valoir.

Voilà pourquoi la loi déclare injuste et laide toute tentative pour dépasser le niveau commun, et c'est cela qu'on appelle l'injustice. Mais la nature elle-même, selon moi, nous prouve qu'en bonne justice celui qui vaut le plus doit l'emporter sur celui qui vaut le moins, le capable sur l'incapable. Elle nous montre partout, chez les animaux et chez l'homme, dans les cités et les familles, qu'il en est bien ainsi, que la marque du juste, c'est la domination du puissant sur le faible et sa supériorité admise. De quel droit, en effet, Xerxès vint-il porter la guerre dans la Grèce, ou son père chez les Scythes ? et combien de cas semblables on pourrait citer ? Mais tous ces gens-là agissent, à mon avis, selon la vraie nature du droit, et par Zeus, selon la loi de la nature, bien que ce soit peut-être contraire à celle que nous établissons, nous, et selon laquelle nous façonnons les meilleurs et les plus vigoureux d'entre nous, les prenant en bas âge, comme des lionceaux, pour nous les asservir à force d'incantations et de mômeries, en leur disant qu'il ne faut pas avoir plus que les autres et qu'en cela consiste le juste et le beau. Mais qu'il se rencontre un homme assez heureusement doué pour secouer, briser, rejeter toutes ces chaînes, je suis sûr que foulant aux pieds nos écrits, nos sortilèges, nos incantations, nos lois toutes contraires à la nature, il se révolterait, se dresserait en maître devant nous, lui qui était notre esclave, et qu'alors brillerait de tout son éclat le droit de la nature [...].

Le beau et le juste, selon la nature, c'est ce que je suis en train de t'expliquer sans déguisement : à savoir que, pour bien vivre, il faut entretenir en soi-même les plus fortes passions au lieu de les réprimer, et qu'à ces passions, quelque fortes qu'elles soient, il faut se mettre en état de donner satisfaction par son courage et son intelligence, en leur prodiguant tout ce qu'elles désirent. Mais cela, sans doute, n'est pas à la portée du vulgaire : de là vient que la foule blâme ceux qu'elle rougit de ne pouvoir imiter, dans l'espoir de cacher par là sa propre faiblesse ; elle déclare que l'intempérance est honteuse, s'appliquant, comme je le disais précédemment, à asservir les hommes mieux doués par la nature, et, faute de pouvoir elle-même procurer à ses passions une satisfaction complète, elle vante la tempérance et la justice à cause de sa propre lâcheté. Quand un homme, en effet, est né fils de roi ou trouve d'abord en lui-même la force nécessaire pour conquérir un commandement, une tyrannie, un pouvoir suprême, que pourrait-il, en effet, y avoir de plus honteux et de plus funeste pour un tel homme qu'une sage modération ? [...] Et comment cet homme ne serait-il pas malheureux, du fait de la morale selon la justice et la tempérance, lorsqu'il ne pourrait rien donner de plus à ses amis qu'à ses ennemis, et cela dans sa propre cité, où il serait le maître ?

La vérité, Socrate, que tu prétends chercher, la voici : la vie facile, l'intempérance, la licence, quand elles sont favorisées, font la vertu et le bonheur ; le reste, toutes ces fantasmagories qui reposent sur les conventions humaines contraires à la nature, n'est que sottise et néant.

Gorgias, 483 b - 484 et 491e - 492 c, Les Belles Lettres.

LA MÉTHODE SOCRATIQUE

La maïeutique

Socrate comparait son art à celui de sa mère Phénarète, qui était sage-femme : il ne se contente pas de convaincre son interlocuteur d'ignorance (ironie socratique), il lui montre aussi qu'il porte en lui des vérités qu'il ignore.

6

Mon art d'accoucheur comprend donc toutes les fonctions que remplissent les sages-femmes : mais il diffère du leur en ce qu'il délivre des hommes et non des femmes et qu'il surveille leurs âmes en travail et non leurs corps. Mais le principal avantage de mon art, c'est qu'il rend capable de discerner à coup sûr si l'esprit du jeune homme enfante une chimère et une fausseté, ou un fruit réel et vrai. J'ai d'ailleurs cela de commun avec les sages-femmes, que je suis stérile en matière de sagesse, et le reproche qu'on m'a fait souvent d'interroger les autres sans jamais me déclarer sur aucune chose, parce que je n'ai en moi aucune sagesse, est un reproche qui ne manque pas de vérité. Et la raison, la voici : c'est que le dieu me contraint d'accoucher les autres, mais ne m'a pas permis d'engendrer. Je ne suis donc pas du tout sage moi-même et je ne puis présenter aucune trouvaille de sagesse à laquelle mon âme ait donné le jour. Mais ceux qui s'attachent à moi, bien que certains d'entre eux paraissent au début complètement ignorants, font tous, au cours de leur commerce avec moi, si le dieu le leur permet, des progrès merveilleux, non seulement à leur jugement, mais à celui des autres. Et il est clair comme le jour qu'ils n'ont jamais rien appris de moi, et qu'ils ont eux-mêmes trouvé en eux et enfanté beaucoup de belles choses. Mais s'ils en ont accouché, c'est grâce au dieu et à moi.

Théétète, 150 b - 150 d. Tr. Émile Chambry, Garnier.

Exemple

C'est ainsi que, par ses questions, Socrate amène un esclave de Ménon à découvrir comment on obtient un carré de surface double d'un carré donné.

7

SOCRATE. Je t'ai dit tout à l'heure, Ménon, que tu étais un rusé ; et maintenant encore tu me demandes si je puis t'enseigner une chose, à moi qui soutiens qu'il n'y a pas d'enseignement, mais des réminiscences. Tu tiens donc à faire voir tout de suite que je suis en contradiction avec moi-même.

MÉNON. Non, par Zeus, Socrate, ce n'est point dans cette intention que je te l'ai demandé, mais par habitude. Si pourtant tu peux me montrer par quelque moyen qu'il en est comme tu dis, montre-le moi.

SOCRATE. Ce n'est pas chose facile ; cependant je ferai de mon mieux par égard pour toi. Appelle-moi un de ces nombreux serviteurs qui t'accompagnent, celui que tu voudras, afin que je te le montre sur lui.

MÉNON. Volontiers. Approche ici.

SOCRATE. Est-il Grec et parle-t-il grec ?

MÉNON. Parfaitement : il est né chez moi.

SOCRATE. Maintenant fais attention quelle alternative va se produire : s'il va se ressouvenir ou apprendre de moi.

MÉNON. J'y ferai attention.

SOCRATE. Dis-moi, mon garçon, sais-tu que le carré est une figure comme celle-ci ?

L'ESCLAVE. Oui.

SOCRATE. Alors, dans un carré, toutes ces lignes, il y en a quatre, sont égales ?

L'ESCLAVE. Certainement.

SOCRATE. Et celles-ci, qui le traversent par le milieu, ne sont-elles pas égales aussi ?
L'ESCLAVE. Si.
SOCRATE. N'y a-t-il pas de surface de cette sorte qui soit plus grande ou plus petite ?
L'ESCLAVE. Certainement si.
SOCRATE. Si donc ce côté-ci avait deux pieds de long et celui-là deux pieds, combien de pieds aurait le tout ? Considère la chose de cette manière : s'il y avait de ce côté-ci deux pieds, et de cet autre un seul n'est-il pas vrai, que l'espace serait d'une fois deux pieds ?
L'ESCLAVE. Oui.
SOCRATE. Mais comme il y a aussi deux pieds du second côté, cela ne fait-il pas deux fois deux ?
L'ESCLAVE. En effet.
SOCRATE. L'espace est donc de deux fois deux pieds.
L'ESCLAVE. Oui.
SOCRATE. Et combien font deux fois deux pieds ? Fais le calcul et dis-le moi.
L'ESCLAVE. Quatre, Socrate.
SOCRATE. Ne pourrait-il pas y avoir un autre espace, double de celui-ci, mais semblable, ayant toutes ses lignes égales comme celui-ci ?
L'ESCLAVE. Si.
SOCRATE. Combien aurait-il de pieds ?
L'ESCLAVE. Huit.
SOCRATE. Eh bien, essaye de dire quelle serait la longueur de chaque ligne de ce nouveau carré. Dans celui-ci, la ligne a deux pieds ; quelle longueur aura-t-elle dans le carré double ?
L'ESCLAVE. Il est évident, Socrate, qu'elle en aurait le double.
SOCRATE. Tu vois, Ménon, que je ne lui enseigne rien et que je ne fais que le questionner. En ce moment il se figure qu'il sait quelle est la ligne dont doit se former l'espace de huit pieds. Ne crois-tu pas qu'il a cette conviction ?
MÉNON. Si.
SOCRATE. Le sait-il donc ?
MÉNON. Non certes.
SOCRATE. Il croit qu'il se formerait d'une ligne double ?
MÉNON. Oui.
SOCRATE. Regarde-le maintenant se souvenir progressivement, comme on doit se souvenir. Réponds-moi toi : tu dis que l'espace double se forme de la ligne double ? Je n'entends point par là un espace long d'un côté, court de l'autre : il faut qu'il soit égal en tous sens, comme celui-ci, et qu'il en soit le double, c'est-à-dire qu'il ait huit pieds. Mais vois si tu crois encore qu'on le formera en doublant la ligne.
L'ESCLAVE. Je le crois.
SOCRATE. Cette ligne-ci ne sera-t-elle pas double de celle-là, si nous y en ajoutons une autre de même longueur en partant d'ici ?
L'ESCLAVE. Sans doute.
SOCRATE. C'est donc, d'après toi, de cette ligne que sera formé l'espace de huit pieds, si nous tirons quatre lignes pareilles ?

L'ESCLAVE. Oui.

SOCRATE. Tirons donc, sur le modèle de celle-ci, quatre lignes égales. Est-ce là ce que tu appelles l'espace de huit pieds ?

L'ESCLAVE. Certainement.

SOCRATE. N'y a-t-il pas dans cet espace les quatre que voici, dont chacun est égal au premier, qui est de quatre pieds.

L'ESCLAVE. Si.

SOCRATE. De quelle grandeur est-il donc ? N'est-il pas quatre fois aussi grand ?

L'ESCLAVE. Sans doute.

SOCRATE. Mais une chose quatre fois aussi grande qu'une autre en est-elle le double ?

L'ESCLAVE. Non, par Zeus.

SOCRATE. Alors, combien de fois est-elle plus grande ?

L'ESCLAVE. Quatre fois.

SOCRATE. Ainsi donc, mon garçon, le doublement de la ligne ne donne pas une surface double, mais quadruple.

L'ESCLAVE. C'est vrai.

SOCRATE. Car quatre fois quatre font seize, n'est-ce pas ?

L'ESCLAVE. Oui.

SOCRATE. Mais l'espace de huit pieds, sur quelle ligne le tracerons-nous ? Celle-ci ne donne-t-elle pas un espace quadruple ?

L'ESCLAVE. Si.

SOCRATE. Et l'espace de quatre pieds que voici ne se forme-t-il pas d'une ligne qui est la moitié de celle-là ?

L'ESCLAVE. Si.

SOCRATE. Bon. Mais l'espace de huit pieds n'est-il pas double de celui-ci, et la moitié de l'autre ?

L'ESCLAVE. C'est vrai.

SOCRATE. Ne sera-t-il pas formé sur une ligne plus grande que celle-là et plus courte que celle-ci ? Qu'en dis-tu ?

L'ESCLAVE. C'est mon avis.

SOCRATE. A merveille. Réponds-moi selon ta pensée et dis-moi : cette ligne-ci n'était-elle pas de deux pieds, et l'autre de quatre ?

L'ESCLAVE. Si.

SOCRATE. Il faut donc pour l'espace de huit pieds que la ligne soit plus grande que celle-ci, qui a deux pieds, mais plus courte que celle qui en a quatre.

L'ESCLAVE. Il le faut.

SOCRATE. Essaye de dire de quelle longueur tu crois qu'elle est.

L'ESCLAVE. De trois pieds.

SOCRATE. Si elle doit être de trois pieds, nous n'avons qu'à ajouter à celle-ci la moitié d'elle-même et elle aura trois pieds. Car voici deux pieds, et en voici un : et pareillement de ce côté-ci deux, plus un, et cela fait l'espace que tu dis.

L'ESCLAVE. Oui.

SOCRATE. Mais si nous avons trois pieds d'un côté et trois pieds de l'autre, le tout ne sera-t-il pas de trois fois trois pieds ?

L'ESCLAVE. Évidemment.

SOCRATE. Or combien font trois fois trois pieds ?

L'ESCLAVE. Neuf.
SOCRATE. Mais combien devrait avoir de pieds la surface double ?
L'ESCLAVE. Huit.
SOCRATE. Ce n'est donc pas encore avec la ligne de trois pieds que se forme la surface de huit.
L'ESCLAVE. Non, assurément.
SOCRATE. Alors avec quelle ligne ? Tâche de me le dire exactement, et, si tu ne veux pas faire de calcul, montre-la nous.
L'ESCLAVE. Mais, par Zeus, Socrate, je n'en sais rien.
SOCRATE. Remarques-tu encore, Ménon, à quel point il en est à présent dans le chemin de la réminiscence ? Au commencement, il ne savait quel est le côté du carré de huit pieds, ce que d'ailleurs il ignore encore. Mais il croyait alors le savoir et il répondait avec assurance comme s'il le savait, et il n'avait pas conscience de la difficulté. A présent il reconnaît son embarras, et, s'il ne sait pas, il ne croit pas non plus savoir.
MÉNON. Tu dis vrai.
SOCRATE. N'est-il pas actuellement en meilleure disposition relativement à la chose qu'il ignorait ?
MÉNON. C'est ce qu'il me semble également.
SOCRATE. En le jetant dans l'embarras, en l'engourdissant comme la torpille, lui avons-nous fait quelque tort ?
MÉNON. Il ne me semble pas.
SOCRATE. En tout cas, nous avons fait, à ce qu'il me paraît, quelque chose qui l'aidera à découvrir la vérité. Car à présent, comme il ne le sait pas, il cherchera sans doute volontiers, tandis qu'auparavant il était tout porté à croire qu'il aurait raison de dire et de répéter devant une foule de gens que, pour doubler un carré, il faut doubler la longueur des côtés.
MÉNON. Il y a apparence.
SOCRATE. Crois-tu donc qu'il se fût mis à chercher et à apprendre une chose qu'il pensait savoir, quoiqu'il ne la sût pas, avant d'être tombé dans l'embarras en se rendant compte de son ignorance, et d'avoir senti le désir de savoir ?
MÉNON. Je ne le crois pas, Socrate.
SOCRATE. Il a donc profité à être engourdi ?
MÉNON. Il me paraît que oui.
SOCRATE. Examine maintenant ce qu'à la suite de cet embarras il va découvrir en cherchant avec moi, sans que je fasse autre chose que l'interroger, sans lui rien enseigner. Observe bien si tu me surprendras à lui enseigner et à lui expliquer quelque chose, au lieu de le questionner sur ce qu'il pense.

Réponds-moi, toi. N'avons-nous pas ici un espace de quatre pieds ? Saisis-tu ?
L'ESCLAVE. Oui.
SOCRATE. Nous pouvons lui ajouter cet autre-ci, qui lui est égal.
L'ESCLAVE. Oui.
SOCRATE. Et ce troisième ici, égal à chacun des deux autres ?
L'ESCLAVE. Oui.

SOCRATE. Ne pouvons-nous pas compléter en ajoutant celui-ci dans le coin ?

L'ESCLAVE. Nous le pouvons fort bien.

SOCRATE. N'avons-nous pas ici à présent quatre espaces égaux ?

L'ESCLAVE. Si.

SOCRATE. Et tout cet espace-ci, de combien est-il plus grand que celui-ci ?

L'ESCLAVE. De quatre fois.

SOCRATE. Or c'est un espace double qu'il nous fallait ; ne t'en souviens-tu pas ?

L'ESCLAVE. Fort bien.

SOCRATE. Cette ligne tirée d'un angle à l'autre ne coupe-t-elle pas en deux chacun de ces quatre espaces ?

L'ESCLAVE. Si.

SOCRATE. Nous avons donc ici quatre lignes qui enferment cet espace-ci ?

L'ESCLAVE. Nous les avons.

SOCRATE. Regarde maintenant : quelle est la grandeur de cet espace ?

L'ESCLAVE. Je ne le vois pas.

SOCRATE. De ces quatre espaces, chaque ligne n'a-t-elle pas séparé en dedans la moitié de chacun ? Qu'en dis-tu ?

L'ESCLAVE. Oui.

SOCRATE. Et combien d'espaces de cette dimension y a-t-il dans ce carré ?

L'ESCLAVE. Quatre.

SOCRATE. Et combien dans celui-ci ?

L'ESCLAVE. Deux.

SOCRATE. Et quatre, qu'est-il par rapport à deux ?

L'ESCLAVE. Le double.

SOCRATE. Combien de pieds a donc cet espace ?

L'ESCLAVE. Huit.

SOCRATE. Sur quelle ligne est-il construit ?

L'ESCLAVE. Sur celle-ci.

SOCRATE. Sur la ligne qui va d'un angle à l'autre dans le carré de quatre pieds ?

L'ESCLAVE. Oui.

SOCRATE. Cette ligne, les sophistes l'appellent diagonale. Si tel est son nom, c'est sur la diagonale que, selon toi, esclave de Ménon, se construit l'espace double.

L'ESCLAVE. C'est bien cela, Socrate.

SOCRATE. Que t'en semble, Ménon ? Y a-t-il dans les réponses de ce garçon une seule opinion qui ne soit pas de lui ?

MÉNON. Non, elles sont toutes de lui.

SOCRATE. Et cependant il ne savait pas, nous l'avons reconnu il n'y a qu'un instant.

MÉNON. C'est vrai.

SOCRATE. Ces opinions se trouvaient donc en lui, n'est-ce pas ?

MÉNON. Oui.

SOCRATE. Ainsi donc celui qui ignore une chose, quelle qu'elle soit, a en lui des opinions vraies sur la chose qu'il ignore ?

MÉNON. Apparemment.

SOCRATE. C'est ainsi que, chez cet esclave, ces opinions viennent de surgir comme en songe. Mais si on l'interrogeait souvent et de diverses manières sur les mêmes sujets, sois sûr qu'à la fin il en aurait une connaissance aussi exacte que personne au monde.

MÉNON. C'est probable.

SOCRATE. Il saura donc sans aucun maître, par de simples interrogations, ayant repris en lui-même sa science ?

MÉNON. Oui.

SOCRATE. Mais reprendre tout seul en soi-même une science, n'est-ce pas se ressouvenir ?

MÉNON. Certainement.

SOCRATE. Et cette science qu'il a maintenant, ne faut-il pas qu'il l'ait reçue à un certain moment, ou qu'il l'ait toujours eue ?

MÉNON. Si.

SOCRATE. Or, s'il l'a toujours eue, il s'ensuit qu'il a toujours été savant ; si au contraire il l'a reçue à un moment donné, ce n'est assurément pas dans la vie présente qu'il a pu la recevoir. Ou bien aurait-il eu un maître de géométrie ? Car ce qu'il vient de faire, il le fera sur toute la géométrie et sur toutes les autres sciences sans exception. Y a-t-il donc quelqu'un qui lui ait tout enseigné ? Tu dois sans doute bien le savoir, d'autant plus qu'il est né et qu'il a été élevé dans ta maison.

MÉNON. Je suis bien certain qu'il n'a jamais eu de maître.

SOCRATE. Or a-t-il ces opinions ou ne les a-t-il pas ?

MÉNON. Il paraît incontestable qu'il les a, Socrate.

SOCRATE. Or s'il ne les a pas reçues dans la vie présente, n'est-il pas dès lors évident qu'il les a eues et qu'il les a apprises dans un autre temps ?

MÉNON. C'est évident.

SOCRATE. Ce temps n'est-il pas celui où il n'était pas encore un homme ?

MÉNON. Si.

SOCRATE. Par conséquent, si pendant le temps où il est homme et celui où il ne l'est pas, il a en lui des opinions vraies qui, réveillées par l'interrogation, deviennent des sciences, ne faut-il pas que son âme ait été savante de tout temps ? Car il est évident que son existence ou sa non-existence humaine s'étend à toute la durée du temps.

MÉNON. C'est évident.

SOCRATE. Si donc la vérité des choses existe toujours dans notre âme, elle doit être immortelle. Aussi faut-il, quand il se trouve qu'on ne sait pas, c'est-à-dire qu'on ne se rappelle pas une chose, se mettre avec confiance à la chercher et à s'en ressouvenir.

Ménon, 81 e - 86 b, Tr. Émile Chambry, Garnier.

THÉORIE DE LA CONNAISSANCE

Réfutation de l'empirisme

Les données sensibles sont par elles-mêmes éparpillées ; il faut une activité intellectuelle pour en faire une connaissance.

8

SOCRATE. Il serait vraiment étrange, mon jeune ami, qu'une pluralité de sensations fussent assises en nous comme dans des chevaux de bois et qu'il n'y eût point une forme unique, âme ou ce que tu voudras, où toutes ensemble convergent, et par laquelle, usant d'elles comme d'instruments, nous percevons les objets sensibles [...].

Accorderas-tu de bon gré que ce que tu perçois par le canal d'une faculté t'est imperceptible par le canal d'une autre ? Que la perception qui te vient par l'ouïe ne peut te venir par la vue, que celle qui te vient par la vue ne peut te venir par le canal de l'ouïe ?

THÉÉTÈTE. Comment pourrais-je m'y refuser ?

SOCRATE. Si donc ta pensée conçoit quelque chose qui appartienne aux deux perceptions à la fois, ce n'est ni par le canal du premier de ces organes, ni par le canal du second, que t'en pourrait venir la perception commune.

THÉÉTÈTE. Certainement non.

SOCRATE. Ainsi, relativement au son et à la couleur, ce premier caractère commun est-il saisi par ta pensée, à savoir que tous les deux sont ?

THÉÉTÈTE. Oui certes.

SOCRATE. Et donc aussi que chacun d'eux est différent de l'autre, mais identique à soi-même ?

THÉÉTÈTE. Comment donc !

SOCRATE. Qu'ensemble ils sont deux et que chacun est un ?

THÉÉTÈTE. Oui encore.

SOCRATE. Et leur dissemblance ou ressemblance mutuelles, es-tu capable d'en faire l'examen ?

THÉÉTÈTE. Peut-être.

SOCRATE. Tout cela donc, par quel canal, à leur sujet, t'en vient la pensée ? Ni par le canal de l'ouïe, en effet, ni par celui de la vue ne peut être saisi ce qu'ils ont de commun [...]. Mais par quel instrument s'exerce la faculté qui te révèlera ce qui est commun à ces sensations, comme à tout le reste, et que tu désignes par « est » ou « n'est pas » et par tous autres termes énumérés, à leur sujet, dans nos dernières questions ? A tous ces communs quels organes affecteras-tu, dont puisse se servir, comme instrument pour percevoir chacun d'eux, ce qui, en nous, perçoit ?

THÉÉTÈTE. Tu veux parler de l'être et du non-être, de la ressemblance et dissemblance, de l'identité et de la différence, de l'unité enfin et de tout autre nombre concevable à leur sujet. Evidemment ta question vise aussi le pair, l'impair et autres déterminations qui s'ensuivent, et, pour tout cela, tu demandes au moyen de quel organe corporel nous en avons, par l'âme, la perception.

SOCRATE. Tu suis merveilleusement, Théétète ; c'est tout à fait cela que je demande.

THÉÉTÈTE. Mais, par Zeus, Socrate, je ne saurais trouver de réponse, sinon qu'à mon avis la première chose à dire est que les communs n'ont point, comme les sensibles, d'organe propre. C'est l'âme qui, elle-même et par elle-même, m'apparaît faire, en tous objets, cet examen des communs.

Théétète, 184 d - 185 e, Les Belles Lettres.

La réminiscence

La vraie connaissance est rationnelle ; elle suppose la prise de conscience d'idées qui sont les vraies réalités autrefois contemplées.

9

– Maintenant, dit Cébès, reprenant la parole, s'il est vrai, comme tu le dis souvent, que, pour nous, apprendre n'est pas autre chose que se ressouvenir, c'est une nouvelle preuve que nous devons forcément avoir appris dans un temps antérieur ce que nous nous rappelons à présent. Et cela serait impossible si notre âme n'avait pas existé quelque part avant de s'unir à notre forme humaine. Aussi peut-on conclure de là que l'âme est immortelle.

– Mais, Cébès, dit Simmias prenant la parole, comment démontre-t-on ce que tu avances là ? Fais-m'en souvenir, car en ce moment je ne me le rappelle guère.

– Une seule preuve suffit, dit Cébès, mais éclatante : c'est que si l'on interroge les hommes, en posant bien les questions, ils découvrent d'eux-mêmes la vérité sur chaque chose, ce qu'ils seraient incapables de faire, s'ils n'avaient en eux-mêmes la science et la droite raison. Qu'on les mette après cela devant une figure géométrique ou quelque autre chose du même genre, l'épreuve révèlera de la manière la plus claire qu'il en est bien ainsi.

– Si tu ne te rends pas, Simmias, dit Socrate, à cette démonstration, vois, si en prenant la question de ce biais, tu n'entreras pas dans notre sentiment. Tu as de la peine à croire, n'est-ce pas, que ce que nous appelons savoir soit une réminiscence ?

– Que j'aie peine à te croire, dit Simmias, non : mais ce que je voudrais, c'est justement savoir ce qu'est cette réminiscence dont nous parlons. Sur ce que Cébès a entrepris d'expliquer, la mémoire m'est revenue assez nettement et je suis persuadé ; néanmoins j'aimerais entendre à présent comment tu t'y es pris pour faire ta démonstration.

– Moi ? dit-il, voici comment. Nous sommes d'accord n'est-ce pas, que pour se souvenir de quelque chose, il faut l'avoir su auparavant ?

– Tout à fait d'accord, dit-il.

– Le sommes-nous aussi sur ce point, que, lorsque la connaissance nous vient de cette façon-ci, c'est une réminiscence ? Voici ce que j'entends par cette façon-ci : si un homme qui a vu, entendu ou perçu quelque chose d'une autre manière, non seulement a pris connaissance de cette chose, mais encore a songé à une autre qui ne relève pas de la même science, mais d'une science différente, est-ce que nous n'avons pas le droit de dire qu'il s'est ressouvenu de la chose à laquelle il a songé ?

– Comment cela ?

– Prenons un exemple : autre chose est la connaissance d'un homme, et autre chose la connaissance d'une lyre.

– Sans doute.

– Et bien, ne sais-tu pas ce qui arrive aux amants, à la vue d'une lyre, d'un manteau ou de quelque autre chose dont leurs mignons ont l'habitude de se servir ? En même temps qu'ils reconnaissent la lyre, ils reçoivent dans leur esprit l'image de l'enfant à qui cette lyre appartient. Et cela, c'est une réminiscence, tout comme, quand on voit Simmias, on se souvient souvent de Cébès, et je pourrais citer des milliers d'exemples du même genre.

– Des milliers, oui, par Zeus, repartit Simmias.

– N'y a-t-il pas dans un tel cas, demanda Socrate, une sorte de réminiscence, surtout lorsqu'il s'agit de choses que le temps ou l'inattention a fait oublier ?

– Assurément si, dit-il.

– Mais, en voyant un cheval ou une lyre sur un tableau, ne peut-on pas se ressouvenir d'un homme, et, en voyant le portrait de Simmias, se ressouvenir de Cébès ?

– Certainement si.

– Et en voyant le portrait de Simmias, se ressouvenir de Simmias lui-même ?

– Certainement on le peut, dit-il.

– De tout cela ne résulte-t-il pas que la réminiscence provient tantôt de choses semblables, tantôt de choses dissemblables ?

– Si.

– Et quand on se ressouvient de quelque chose à propos de choses semblables, n'est-il pas inévitable qu'une pensée se présente d'abord à l'esprit, celle de savoir si cette chose a, ou non, quelque défaut de ressemblance avec l'objet dont on s'est souvenu ?

– C'est inévitable, dit-il.

– Vois maintenant si ce que je vais dire est juste. Nous disons bien qu'il y a quelque chose d'égal, je n'entends pas parler d'un morceau de bois égal à un morceau de bois, ni d'une pierre égale à une pierre, ni de rien de pareil, mais d'une autre chose qui est par delà toutes celles-là, de l'égalité elle-même. Dirons-nous qu'elle existe ou qu'elle n'existe pas ?

– Oui, par Zeus, répondit Simmias, il faut dire qu'elle existe, et même merveilleusement.

– Savons-nous aussi ce qu'elle est ?

– Certainement, dit-il.

– D'où avons-nous tiré cette connaissance ? N'est-ce pas des choses dont nous parlions à l'instant ? N'est-ce pas en voyant des morceaux de bois, des pierres et certaines autres choses égales, n'est-ce pas d'après ces choses que nous avons pensé à cette égalité, qui diffère d'elles ? ou bien crois-tu qu'elle n'en diffère pas ? Examine encore la question de ce biais. N'arrive-t-il pas quelquefois que des pierres égales, des morceaux de bois égaux paraissent, tout en étant les mêmes, tantôt égaux, tantôt non ?

– Certainement.

– Mais les choses égales en soi t'ont-elles jamais paru inégales et l'égalité, inégalité ?

– Jamais, Socrate.

– Ces objets égaux et l'égalité en soi, dit Socrate, ne sont donc pas la même chose ?

– Il ne semble pas, Socrate.

– C'est pourtant de ces objets égaux, reprit-il, tout différents qu'ils sont de cette égalité, que tu as conçu et tiré la connaissance de celle-ci.

– C'est très vrai, dit-il.

– Et cela, qu'elle soit semblable ou dissemblable à ces objets ?

– Oui.

– C'est en effet absolument indifférent, reprit Socrate. Du moment que la vue d'une chose te fait songer à une autre, soit semblable, soit dissemblable, il faut nécessairement que ce soit une réminiscence.

– Assurément.

– Mais dis-moi, reprit Socrate, que nous arrive-t-il en présence des morceaux de bois et des objets égaux dont nous parlions tout à l'heure ? Nous paraissent-ils égaux comme l'égalité en soi, ou, dans leur ressemblance à l'égalité, lui sont-ils inférieurs en quelque chose ou en rien ?

– Ils lui sont inférieurs de beaucoup, dit-il.

– Alors nous sommes d'accord que lorsqu'un homme, en voyant un objet, se dit : « Cette chose que je vois aspire à être telle qu'un autre objet réel, mais il lui manque pour cela quelque chose, et elle ne peut être telle que cet objet réel et elle lui reste inférieure, » nous sommes d'accord, dis-je, que celui qui a cette pensée doit forcément avoir connu auparavant l'objet auquel il dit que la chose ressemble, mais imparfaitement.

– Forcément.

– Eh bien, c'est ce qui nous est arrivé, n'est-ce pas, à propos des choses égales et de l'égalité en soi ?

– Exactement.

– Il faut donc que nous ayons eu connaissance de l'égalité avant le temps où, voyant pour la première fois des choses égales, nous nous sommes dit : « Toutes ces choses tendent à être telles que l'égalité, mais ne le sont qu'imparfaitement. »

– C'est juste.

– Nous sommes d'accord aussi sur ce point, c'est que cette pensée ne nous est venue et n'a pu nous venir que du fait d'avoir vu ou touché ou perçu la chose par quelque autre sens, car pour moi tous ces sens s'équivalent.

– Ils s'équivalent en effet, Socrate, pour ce que notre discussion veut démontrer.

– Mais alors c'est des sens que doit nous venir la notion que toutes les égalités sensibles tendent à cette égalité en soi, mais sans y réussir entièrement. N'est-ce pas ce que nous disons ?

– C'est cela.

– Ainsi donc, avant de commencer à voir, à entendre et à faire usage de nos autres sens, il faut que nous ayons pris connaissance de ce qu'est l'égalité en soi pour y rapporter les égalités que nous percevons par les sens et voir qu'elles aspirent toutes à être telles que cette égalité, mais qu'elles lui sont inférieures.

– C'est une conséquence nécessaire de ce qui a été dit, Socrate.

– Donc, dès notre naissance, nous voyions, entendions et faisions usage des autres sens ?

– Certainement.

– Il faut donc, disons-nous, qu'avant cela nous ayons pris connaissance de l'égalité ?

– Oui.

– C'est donc, semble-t-il, avant notre naissance qu'il faut que nous l'ayons prise.

– Il le semble.

– Conséquemment, si nous avons acquis cette connaissance avant de naître et si nous sommes nés avec elle, nous connaissions donc aussi avant de naître et en naissant non seulement l'égalité, le grand et le petit, mais encore toutes les notions de même nature ; car ce que nous disons ici ne s'applique pas plus à l'égalité qu'au beau en soi, au bon en soi, au juste, au saint et, je le répète, à tout ce que nous marquons du sceau de l'absolu, soit dans les questions soit dans les réponses que suscite la discussion, de sorte qu'il faut nécessairement que nous ayons pris connaissance de toutes ces notions avant notre naissance.

– C'est vrai.

– Et si, après avoir pris cette connaissance, nous ne l'oubliions pas chaque fois, nous l'aurions toujours dès notre naissance et la garderions toujours pendant notre vie. Savoir en effet n'est pas autre chose que garder les connaissances une fois acquises et ne pas les perdre ; car ce que nous appelons oubli, n'est-ce pas, Simmias, la perte de la science ?

– C'est bien certainement cela, Socrate, dit-il.

– Mais si, je suppose, nous avons perdu en naissant les connaissances que nous avions acquises avant de naître, mais qu'en appliquant nos sens aux objets en question, nous ressaisissions ces connaissances que nous possédions précédemment, n'est-il pas vrai que ce que nous appelons apprendre, c'est ressaisir une science qui nous appartient ? Et en disant que cela, c'est se ressouvenir, n'emploierions-nous pas le mot juste ?

– Certainement si.

– Car nous avons vu qu'il est possible, en percevant une chose par la vue, ou par l'ouïe ou par quelque autre sens, que cette chose fasse penser à une autre qu'on avait oubliée et avec laquelle elle avait du rapport, sans lui ressembler ou en lui ressemblant. Par conséquent il faut, je le répète, de deux choses l'une, ou bien que nous soyons nés avec la connaissance des réalités en soi et que nous les gardions toute la vie, tous tant que nous sommes, ou bien que ceux dont nous disons qu'ils apprennent ne fassent pas autre chose que se souvenir, et que la science soit réminiscence.

Phédon, 72 e - 76, Tr. Émile Chambry, Garnier.

Les degrés du savoir

Le domaine de l'opinion n'est pas celui de la vérité ; même l'opinion vraie n'est pas encore la science.

10

– Imagines-tu ces deux genres, le visible et l'intelligible ?

– Je les imagine.

– Prends donc une ligne coupée en deux segments inégaux, l'un représentant le genre visible, l'autre le genre intelligible, et coupe de nouveau chaque segment suivant la même proportion ; tu auras alors, en classant les divisions obtenues d'après leur degré relatif de clarté ou d'obscurité, dans le monde visible, un premier segment, celui des images – j'appelle images d'abord les ombres, ensuite les reliefs que l'on voit dans les eaux, ou à la surface des corps opaques, polis et brillants, et toutes les représentations semblables ; tu comprends ?

– Mais oui.

– Pose maintenant que le second segment correspond aux objets que ces images représentent, j'entends les animaux qui nous entourent, les plantes, et tous les ouvrages de l'art.

– Je le pose.

– Consens-tu aussi à dire, demandai-je, que, sous le rapport de la vérité et de son contraire, la division a été faite de telle sorte que l'image est à l'objet qu'elle reproduit comme l'opinion est à la science ?

– J'y consens fort bien.

– Examine à présent comment il faut diviser le monde intelligible.

– Comment ?

– De telle sorte que pour atteindre l'une de ses parties l'âme soit obligée de se servir, comme d'autant d'images, des originaux du monde visible, procédant, à partir d'hypothèses, non pas vers un principe, mais vers une conclusion ; tandis que pour atteindre l'autre – qui aboutit à un principe anhypothétique – elle devra, partant d'une hypothèse, et sans le secours des images utilisées dans le premier cas, conduire sa recherche à l'aide des seules idées prises en elles-mêmes.

– Je ne comprends pas tout à fait ce que tu dis.

– Eh bien ! reprenons-le ; tu le comprendras sans doute plus aisément après avoir entendu ce que je vais dire. Tu sais, j'imagine, que ceux qui s'appliquent à la géométrie, à l'arithmétique ou aux sciences de ce genre, supposent le pair et l'impair, les figures, trois sortes d'angles, et d'autres choses de la même famille, pour chaque recherche différente ; qu'ayant supposé ces choses comme s'ils les connaissaient, ils ne daignent en donner raison ni à eux-mêmes ni aux autres, estimant qu'elles sont claires pour tous ; qu'enfin, partant de là, ils déduisent ce qui s'ensuit et finissent par atteindre, de manière conséquente, l'objet que visait leur enquête.

– Je sais parfaitement cela, dit-il.

– Tu sais donc qu'ils se servent de figures visibles et raisonnent sur elles en pensant, non pas à ces figures mêmes, mais aux originaux qu'elles reproduisent ; leurs raisonnements portent sur le carré en soi et la diagonale en soi, non sur la diagonale qu'ils tracent, et ainsi du reste ; des choses qu'ils modèlent ou dessinent, et qui ont leurs ombres et leurs reflets dans les eaux, ils se servent comme d'autant d'images pour chercher à voir ces choses en soi qu'on ne voit autrement que par la pensée.

– C'est vrai.

– Je disais en conséquence que les objets de ce genre sont du domaine intelligible, mais que, pour arriver à les connaître, l'âme est obligée d'avoir recours à des hypothèses : qu'elle ne procède pas alors vers un principe – puisqu'elle ne peut remonter au-delà de ses hypothèses – mais emploie comme autant d'images les originaux du monde visible, qui ont leurs copies dans la section inférieure, et qui, par rapport à ces copies, sont regardés et estimés comme clairs et distincts.

– Je comprends que ce que tu dis s'applique à la géométrie et aux arts de la même famille.

– Comprends maintenant que j'entends par deuxième division du monde intelligible celle que la raison même atteint par la puissance de la dialectique, en faisant des hypothèses qu'elle ne regarde pas comme des principes, mais réellement comme des hypothèses, c'est-à-dire des points de départ et des tremplins pour s'élever jusqu'au principe universel qui ne suppose plus de conditions ; une fois ce principe saisi, elle s'attache à toutes les conséquences qui en dépendent, et descend ainsi jusqu'à la conclusion sans avoir recours à aucune donnée sensible, mais aux seules idées, par quoi elle procède, et à quoi elle aboutit.

– Je te comprends un peu, mais point suffisamment – car il me semble que tu traites un sujet fort difficile ; tu veux distinguer sans doute, comme plus claire, la connaissance de l'être et de l'intelligible que l'on acquiert par la science dialectique de celle qu'on acquiert par ce que nous appelons les arts, auxquels des hypothèses servent de principes : il est vrai que ceux qui s'appliquent aux arts sont obligés de faire usage du raisonnement et non des sens : pourtant, comme dans leurs enquêtes ils ne remontent pas vers un principe, mais partent d'hypothèses, tu ne crois pas qu'ils aient l'intelligence des objets étudiés, encore qu'ils l'eussent avec un principe ; or tu appelles connaissance discursive, et non intelligence, celle des gens versés dans la géométrie et les arts semblables, entendant par là que cette connaissance est intermédiaire entre l'opinion et l'intelligence.

– Tu m'as très suffisamment compris, dis-je. Applique maintenant à ces quatre divisions les quatre opérations de l'âme : l'intelligence à la plus haute, la connaissance discursive à la seconde, à la troisième la foi, à la dernière l'imagination ; et range-les en ordre en leur attribuant plus ou moins d'évidence, selon que leurs objets participent plus ou moins à la vérité.

– Je comprends, dit-il ; je suis d'accord avec toi et j'adopte l'ordre que tu proposes.

République, VI, 509 d - 511 c, Tr. Robert Baccou, Garnier.

Le mythe de la Caverne

Le philosophe doit s'élever jusqu'au monde des Idées, sans pourtant s'évader définitivement du monde sensible.

11

– Maintenant, repris-je, représente-toi de la façon que voici l'état de notre nature relativement à l'instruction et à l'ignorance. Figure-toi des hommes dans une demeure souterraine, en forme de caverne, ayant sur toute sa largeur une entrée ouverte à la lumière ; ces hommes sont là depuis leur enfance, les jambes et le cou enchaînés, de sorte qu'ils ne peuvent bouger ni voir ailleurs que devant eux, la chaîne les empêchant de tourner la tête ; la lumière leur vient d'un feu allumé sur une hauteur, au loin derrière eux ; entre le feu et les prisonniers passe une route élevée : imagine que le long de cette route est construit un petit mur, pareil aux cloisons que les montreurs de marionnettes dressent devant eux, et au-dessus desquelles ils font voir leurs merveilles.

– Je vois cela, dit-il.

– Figure-toi maintenant le long de ce petit mur des hommes portant des objets de toute sorte, qui dépassent le mur, et des statuettes d'hommes et d'animaux, en pierre, en bois, et en toute espèce de matière ; naturellement, parmi ces porteurs, les uns parlent et les autres se taisent.

– Voilà, s'écria-t-il, un étrange tableau et d'étranges prisonniers.

– Ils nous ressemblent, répondis-je ; et d'abord, penses-tu que dans une telle situation ils aient jamais vu autre chose d'eux-mêmes et de leurs voisins que les ombres projetées par le feu sur la paroi de la caverne qui leur fait face ?

– Et comment ? observa-t-il, s'ils sont forcés de rester la tête immobile durant toute la vie ?

– Et pour les objets qui défilent, n'en est-il pas de même ?

– Sans contredit.

– Si donc ils pouvaient s'entretenir ensemble, ne penses-tu pas qu'ils prendraient pour des objets réels les ombres qu'ils verraient ?

– Il y a nécessité.

– Et si la paroi du fond de la prison avait un écho, chaque fois que l'un des porteurs parlerait, croiraient-ils entendre autre chose que l'ombre qui passerait devant eux ?

– Non, par Zeus, dit-il.

– Assurément, repris-je, de tels hommes n'attribueront de réalité qu'aux ombres des objets fabriqués.

C'est de toute nécessité.

– Considère maintenant ce qui leur arrivera naturellement si on les délivre de leurs chaînes et qu'on les guérisse de leur ignorance. Qu'on détache l'un de ces prisonniers, qu'on le force à se dresser immédiatement, à tourner le cou, à marcher, à lever les yeux vers la lumière ; en faisant tous ces mouvements il souffrira, et l'éblouissement l'empêchera de distinguer ces objets dont tout à l'heure il voyait les ombres. Que crois-tu donc qu'il répondra si quelqu'un lui vient dire qu'il n'a vu jusqu'alors que de vains fantômes, mais qu'à présent, plus près de la réalité et tourné vers des objets plus réels, il voit plus juste ? si, enfin, en lui montrant chacune des choses qui passent, on l'oblige, à force de questions, à dire ce que c'est ? Ne penses-tu pas qu'il sera embarrassé, et que les ombres qu'il voyait tout à l'heure lui paraîtront plus vraies que les objets qu'on lui montre maintenant ?

– Beaucoup plus vraies, reconnut-il.

– Et si on le force à regarder la lumière elle-même, ses yeux n'en seront-ils pas blessés ? n'en fuira-t-il pas la vue pour retourner aux choses qu'il peut regarder, et ne croira-t-il pas que ces dernières sont réellement plus distinctes que celles qu'on lui montre ?

– Assurément.

– Et si, repris-je, on l'arrache de sa caverne par force, qu'on lui fasse gravir la montée rude et escarpée, et qu'on ne le lâche pas avant de l'avoir traîné jusqu'à la lumière du soleil, ne souffrira-t-il pas vivement, et ne se plaindra-t-il pas de ces violences ? Et lorsqu'il sera parvenu à la lumière pourra-t-il, les yeux tout éblouis par son éclat, distinguer une seule des choses que maintenant nous appelons vraies ?

– Il ne le pourra pas, répondit-il ; du moins dès l'abord.

– Il aura, je pense, besoin d'habitude pour voir les objets de la région supérieure. D'abord ce seront les ombres qu'il distinguera le plus facilement, puis les images des hommes et des autres objets qui se reflètent dans les eaux, ensuite les objets eux-mêmes. Après cela, il pourra, affrontant la clarté des astres et de la lune, contempler plus facilement pendant la nuit les corps célestes et le ciel lui-même, que pendant le jour le soleil et sa lumière.

– Sans doute.

– A la fin, j'imagine, ce sera le soleil – non ses vaines images réfléchies dans les eaux ou en quelque autre endroit – mais le soleil lui-même à sa vraie place, qu'il pourra voir et contempler tel qu'il est.

– Nécessairement, dit-il.

– Après cela il en viendra à conclure au sujet du soleil, que c'est lui qui fait les saisons et les années, qui gouverne tout dans le monde visible, et qui, d'une certaine manière, est la cause de tout ce qu'il voyait avec ses compagnons dans la caverne.

– Evidemment, c'est à cette conclusion qu'il arrivera.

– Or donc, se souvenant de sa première demeure, de la sagesse que l'on y professe, et de ceux qui y furent ses compagnons de captivité, ne crois-tu pas qu'il se réjouira du changement et plaindra ces derniers ?

– Si, certes.

– Et s'ils se décernaient alors entre eux honneurs et louanges, s'ils avaient des récompenses pour celui qui saisissait de l'œil le plus vif le passage des ombres, qui se rappelait le mieux celles qui avaient coutume de venir les premières ou les dernières, ou de marcher ensemble, et qui par là était le plus habile à deviner leur apparition, penses-tu que notre homme fût jaloux de ces distinctions, et qu'il portât envie à ceux qui, parmi les prisonniers, sont honorés et puissants ? Ou bien, comme le héros d'Homère, ne préférera-t-il pas mille fois n'être qu'un valet de charrue, au service d'un pauvre laboureur, et souffrir tout au monde plutôt que de revenir à ses anciennes illusions et de vivre comme il vivait ?

– Je suis de ton avis, dit-il ; il préférera tout souffrir plutôt que de vivre de cette façon-là.

– Imagine encore que cet homme redescende dans la caverne et aille s'asseoir à son ancienne place : n'aura-t-il pas les yeux aveuglés par les ténèbres en venant brusquement du plein soleil ?

– Assurément si, dit-il.

– Et s'il lui faut entrer de nouveau en compétition, pour juger ces ombres, avec les prisonniers qui n'ont point quitté leurs chaînes, dans le moment où sa vue est encore confuse et avant que ses yeux se soient remis (or l'accoutumance à l'obscurité demandera un temps assez long), ne prêtera-t-il pas à rire à ses dépens, et ne diront-ils pas qu'étant allé là-haut il en est revenu avec la vue ruinée, de sorte que ce n'est même pas la peine d'essayer d'y monter ? Et si quelqu'un tente de les délier et de les conduire en haut, et qu'ils le puissent tenir en leurs mains et tuer, ne le tueront-ils pas ?

– Sans aucun doute, répondit-il.

– Maintenant, mon cher Glaucon, repris-je, il faut appliquer point par point cette image à ce que nous avons dit plus haut, comparer le monde que nous découvre la vue au séjour de la prison, et la lumière du feu qui l'éclaire à la puissance du soleil. Quant à la montée dans la région supérieure et à la contemplation de ses objets, si tu la considères comme l'ascension de l'âme vers le lieu intelligible, tu ne te tromperas pas sur ma pensée, puisque aussi bien tu désires la connaître. Dieu sait si elle est vraie. Pour moi, telle est mon opinion : dans le monde intelligible l'idée du bien est perçue la dernière et avec peine, mais on ne la peut percevoir sans conclure qu'elle est la cause de tout ce qu'il y a de droit et de beau en toutes choses ; qu'elle a, dans le monde visible, engendré la lumière et le souverain de la lumière ; que, dans le monde intelligible, c'est elle-même qui est souveraine et dispense la vérité et l'intelligence ; et qu'il faut la voir pour se conduire avec sagesse dans la vie privée et dans la vie publique.

– Je partage ton opinion, dit-il, autant que je le puis.

– Eh bien ! partage-la encore sur ce point, et ne t'étonne pas que ceux qui se sont élevés à ces hauteurs ne veuillent plus s'occuper des affaires humaines, et que leurs âmes aspirent sans cesse à demeurer là-haut. Cela est bien naturel si notre allégorie est exacte.

– C'est, en effet, bien naturel, dit-il.

– Mais quoi ? penses-tu qu'il soit étonnant qu'un homme qui passe des contemplations divines aux misérables choses humaines ait mauvaise grâce et paraisse tout à fait ridicule, lorsque, ayant encore la vue troublée et n'étant pas suffisamment accoutumé aux ténèbres environnantes, il est obligé d'entrer en dispute, devant les tribunaux ou ailleurs, sur des ombres de justice ou sur les images qui projettent ces ombres, et de combattre les interprétations qu'en donnent ceux qui n'ont jamais vu la justice elle-même ?

– Il n'y a là rien d'étonnant.

– En effet, repris-je, un homme sensé se rappellera que les yeux peuvent être troublés de deux manières et par deux causes opposées : par le passage de la lumière à l'obscurité, et par celui de l'obscurité à la lumière ; et ayant réfléchi qu'il en est de même pour l'âme, quand il en verra une troublée et embarrassée pour discerner certains objets, il n'en rira pas sottement, mais examinera plutôt si, venant d'une vie plus lumineuse, elle est, faute d'habitude, offusquée par les ténèbres, ou si, passant de l'ignorance à la lumière, elle est éblouie de son trop vif éclat ; dans le premier cas il l'estimera heureuse en raison de ce qu'elle éprouve et de la vie qu'elle mène ; dans le second, il la plaindra, et s'il voulait rire à ses dépens, ses moqueries seraient moins ridicules que si elles s'adressaient à l'âme qui redescend du séjour de la lumière.

– C'est parler, dit-il, avec beaucoup de sagesse.

– Il nous faut donc, si tout cela est vrai, en conclure ceci : l'éducation n'est point ce que certains proclament qu'elle est, car ils prétendent l'introduire dans l'âme, où elle n'est point, comme on donnerait la vue à des yeux aveugles.

– Ils le prétendent, en effet.

– Or, repris-je, le présent discours montre que chacun possède la faculté d'apprendre et l'organe destiné à cet usage, et que, semblable à des yeux qui ne pourraient se tourner qu'avec le corps tout entier des ténèbres vers la lumière, cet organe doit aussi se détourner avec l'âme tout entière de ce qui naît, jusqu'à ce qu'il devienne capable de supporter la vue de l'être et de ce qu'il y a de plus lumineux dans l'être ; et cela nous l'appelons le bien, n'est-ce pas ?

– Oui.

– L'éducation est donc l'art qui se propose ce but, la conversion de l'âme, et qui recherche les moyens les plus aisés et les plus efficaces de l'opérer ; elle ne consiste pas à donner la vue à l'organe de l'âme, puisqu'il l'a déjà ; mais comme il est mal tourné et ne regarde pas où il faudrait, elle s'efforce de l'amener dans la bonne direction.

– Il le semble, dit-il.

– Maintenant, les autres vertus, appelées vertus de l'âme, paraissent bien se rapprocher de celles du corps – car, en réalité, quand on ne les a pas tout d'abord, on les peut acquérir dans la suite par l'habitude et l'exercice ; mais la vertu de science appartient très probablement à quelque chose de plus divin, qui ne perd jamais sa force, et qui, selon la direction qu'on lui donne, devient utile et avantageux ou inutile et nuisible. N'as-tu pas encore remarqué, au sujet des gens que l'on dit méchants mais habiles, combien perçants sont les yeux de leur misérable petite âme, et avec quelle acuité ils discernent les objets vers lesquels ils se tournent ? Leur âme n'a donc pas une vue plus faible, mais comme elle est contrainte de servir leur malice, plus sa vue est perçante, plus elle fait de mal.

– Cette remarque est tout à fait juste, dit-il.

– Et cependant, poursuivis-je, si de pareils naturels étaient émondés dès l'enfance, et que l'on coupât les excroissances de la famille du devenir, comparables à des masses de plomb, qui s'y développent par l'effet de la gourmandise, des plaisirs et des appétits de ce genre, et qui tournent la vue de l'âme vers le bas ; si, libérés de ce poids, ils étaient tournés vers la vérité, ces mêmes naturels la verraient avec la plus grande netteté, comme ils voient les objets vers lesquels ils sont maintenant tournés.

– C'est vraisemblable, reconnut-il.

– Mais quoi ! n'est-il pas également vraisemblable, et nécessaire d'après ce que nous avons dit, que ni les gens sans éducation et sans connaissance de la vérité, ni ceux qu'on laisse passer toute leur vie dans l'étude, ne sont propres au gouvernement de la cité, les uns parce qu'ils n'ont aucun but fixe auquel ils puissent rapporter tout ce qu'ils font dans la vie privée ou dans la vie publique, les autres parce qu'ils ne consentiront point à s'en charger, se croyant déjà transportés de leur vivant dans les îles fortunées.

– C'est vrai, dit-il.

– Il nous incombera donc, à nous fondateurs, d'obliger les meilleurs naturels à se tourner vers cette science que nous avons reconnue tout à l'heure comme la plus sublime, à voir le bien et à faire cette ascension ; mais, après qu'ils se seront ainsi élevés et auront suffisamment contemplé le bien, gardons-nous de leur permettre ce qu'on leur permet aujourd'hui.

– Quoi donc ?

– De rester là-haut, répondis-je, de refuser de descendre de nouveau parmi les prisonniers et de partager avec eux travaux et honneurs, quel que soit le cas qu'on en doive faire.

– Hé quoi ! s'écria-t-il, commettrons-nous à leur égard l'injustice de les forcer à mener une vie misérable, alors qu'ils pourraient jouir d'une condition plus heureuse ?

– Tu oublies encore une fois, mon ami, que la loi ne se préoccupe pas d'assurer un bonheur exceptionnel à une classe de citoyens, mais qu'elle s'efforce de réaliser le bonheur de la cité tout entière, en unissant les citoyens par la persuasion ou la contrainte, et en les amenant à se faire part les uns aux autres des avantages que chaque classe peut apporter à la communauté ; et que, si elle forme de tels hommes dans la cité, ce n'est point pour les laisser libres de se tourner du côté qu'il leur plaît, mais pour les faire concourir à fortifier le lien de l'État.

République, VII, 514 a - 520. Tr. Robert Baccou, Garnier.

L'ÂME ET LES IDÉES

L'âme et le corps

La vraie nourriture de l'âme c'est la connaissance des Idées, dont notre nature corporelle nous détourne.

12

– Quand donc, reprit Socrate, l'âme atteint-elle la vérité ? Quand elle entreprend de faire quelque recherche de concert avec le corps, nous voyons qu'il l'induit en erreur.

– C'est vrai.

– N'est-ce pas en raisonnant, qu'elle prend, si jamais elle la prend, quelque connaissance des réalités ?

– Si.

– Mais l'âme ne raisonne jamais mieux que quand rien ne la trouble, ni l'ouïe, ni la vue, ni la douleur, ni quelque plaisir, mais qu'au contraire elle s'isole le plus complètement en elle-même, en envoyant promener le corps et qu'elle rompt, autant qu'elle peut, tout commerce et tout contact avec lui pour essayer de saisir le réel.

– C'est juste.

– Ainsi donc, ici encore, l'âme du philosophe méprise profondément le corps, le fuit et cherche à s'isoler en elle-même ?

– Il me semble.

– Et maintenant, Simmias, que dirons-nous de ceci ? Admettons-nous qu'il y a quelque chose de juste en soi, ou qu'il n'y a rien ?

– Oui, par Zeus, nous l'admettons.

– Et aussi quelque chose de beau et de bon ?

– Sans doute.

– Or as-tu déjà vu aucune chose de ce genre avec tes yeux ?

– Pas du tout, dit-il.

– Alors, les as-tu saisies par quelque autre sens de ton corps ? Et je parle ici de toutes les choses de ce genre, comme la grandeur, la santé, la force, en un mot de l'essence de toutes les autres choses, c'est-à-dire de ce qu'elles sont en elles-mêmes. Est-ce au moyen du corps que l'on observe ce qu'il y a de plus vrai en elles ? ou plutôt n'est-il pas vrai que celui d'entre nous qui se sera le mieux et le plus minutieusement préparé à penser la chose qu'il étudie en elle-même, c'est celui-là qui s'approchera le plus de la connaissance des êtres ?

– Certainement.

– Et le moyen le plus sûr de le faire, ne serait-ce pas d'aborder chaque chose, autant que possible, avec la pensée seule, sans admettre dans sa réflexion ni la vue ni quelque autre sens, sans en traîner aucun avec le raisonnement, d'user au contraire de la pensée toute seule et toute pure pour se mettre en chasse de chaque chose en elle-même et en sa pureté, après s'être autant que possible débarrassé de ses yeux et de ses oreilles et, si je puis dire, de son corps tout entier, parce qu'il trouble l'âme et ne lui permet pas d'arriver à la vérité et à l'intelligence, quand elle l'associe à ses opérations ? S'il est quelqu'un qui puisse atteindre l'être, n'est-ce pas, Simmias, celui qui en usera de la sorte ?

– C'est merveilleusement exact, Socrate, ce que tu nous dis là, répondit Simmias.

– Il suit de toutes ces considérations, poursuivit-il, que les vrais philosophes doivent penser et se dire entre eux des choses comme celles-ci : Il semble que la mort est un raccourci qui nous mène au but, puisque, tant que nous aurons le corps associé à la raison dans notre recherche et que notre âme sera contaminée par un tel mal, nous n'atteindrons jamais complètement ce que nous désirons et nous disons que l'objet de nos désirs, c'est la vérité. Car le corps nous cause mille difficultés par la nécessité où nous sommes de le nourrir ; qu'avec cela des maladies surviennent, nous voilà entravés dans notre chasse au réel. Il nous remplit d'amours, de désirs, de craintes, de chimères de toute sorte, d'innombrables sottises, si bien que, comme on dit, il nous ôte vraiment et réellement toute possibilité de penser. Guerres, dissensions, batailles, c'est le corps seul et ses appétits qui en sont cause ; car on ne fait la guerre que pour amasser des richesses et nous sommes forcés d'en amasser à cause du corps, dont le service nous tient en esclavage. La conséquence de tout cela, c'est que nous n'avons pas de loisir à consacrer à la philosophie. Mais le pire de tout, c'est que, même s'il nous laisse quelque loisir et que nous nous mettions à examiner quelque chose, il intervient sans cesse dans nos recherches, y jette le trouble et la confusion et nous paralyse au point qu'il nous rend incapables de discerner la vérité. Il nous est donc effectivement démontré que, si nous voulons jamais avoir une pure connaissance de quelque chose, il nous faut nous séparer de lui et regarder avec l'âme seule les choses en elles-mêmes. Nous n'aurons, semble-t-il, ce que nous désirons et prétendons aimer, la sagesse, qu'après notre mort, ainsi que notre raisonnement le prouve, mais pendant notre vie, non pas. Si en effet il est impossible, pendant que nous sommes avec le corps, de rien connaître purement, de deux choses l'une : ou bien cette connaissance nous est absolument interdite, ou nous l'obtiendrons après la mort ; car alors l'âme sera seule elle-même, sans le corps, mais auparavant, non pas. Tant que nous serons en vie, le meilleur moyen, semble-t-il, d'approcher de la connaissance, c'est de n'avoir, autant que possible, aucun commerce ni communion avec le corps, sauf en cas d'absolue nécessité, de ne point nous laisser contaminer de sa nature, et de rester purs de ses souillures, jusqu'à ce que Dieu nous en délivre. Quand nous nous serons ainsi purifiés, en nous débarrassant de la folie du corps, nous serons vraisemblablement en contact avec les choses pures et nous connaîtrons par nous-mêmes tout ce qui est sans mélange, et c'est en cela sûrement que consiste le vrai ; pour l'impur, il ne lui est pas permis d'atteindre le pur. Voilà, j'imagine, Simmias, ce que doivent penser et se dire entre eux tous les vrais amis du savoir.

Phédon, 65 b - 67 b. Tr. Émile Chambry, Garnier.

Les ailes de l'âme

Le mythe de l'attelage ailé exprime l'idée que la nature de l'homme est double et que le vrai bonheur est dans la contemplation.

13

Il faut parler maintenant de la nature de l'âme. Pour montrer ce qu'elle est, il faudrait une science toute divine et de longs développements ; mais, pour en donner une idée approximative, on peut se contenter d'une science humaine et l'on peut être plus bref. J'adopterai donc ce dernier procédé, et je dirai qu'elle ressemble à une force composée d'un attelage et d'un cocher ailés. Chez les dieux, chevaux et cochers sont également bons et de bonne race ; chez les autres êtres, ils sont de valeur inégale ; chez nous, le cocher gouverne l'attelage, mais l'un de ses chevaux est excellent et d'excellente race, l'autre est tout le contraire et par lui-même et par son origine. Il s'ensuit fatalement que c'est une tâche pénible et malaisée de tenir les rênes de notre âme. Mais comment faut-il entendre les termes d'être mortel et d'être immortel, c'est ce qu'il faut tâcher d'expliquer. Tout ce qui est âme a la tutelle de tout ce qui est inanimé, et fait le tour du ciel, tantôt sous une forme, tantôt sous une autre. Quand elle est parfaite et ailée, elle parcourt l'empyrée et gouverne tout l'univers. Quand elle a perdu ses ailes, elle est emportée dans les airs, jusqu'à ce qu'elle saisisse quelque chose de solide, où elle établit sa demeure, et, quand elle a ainsi rencontré un corps terrestre, qui, sous son impulsion, paraît se mouvoir de lui-même, cet assemblage d'une âme et d'un corps s'appelle un animal, et on le qualifie de mortel. Quant au nom d'immortel, il ne s'explique par aucun raisonnement en forme ; mais dans l'impossibilité où nous sommes de voir et de connaître exactement la divinité, nous nous la représentons comme un être vivant immortel, doué d'une âme et d'un corps, éternellement unis l'un à l'autre. Mais qu'il en soit ce qu'il plaira à Dieu et qu'on en dise ce qu'on voudra ; recherchons pourquoi l'âme perd et laisse tomber ses ailes. Voici à peu près ce qu'on peut en dire :

La nature a doué l'aile du pouvoir d'élever ce qui est pesant vers les hauteurs où habite la race des dieux, et l'on peut dire que, de toutes les choses corporelles, c'est elle qui participe le plus à ce qui est divin. Or ce qui est divin, c'est ce qui est beau, sage, bon et tout ce qui ressemble à ces qualités ; et c'est ce qui nourrit et fortifie le mieux les ailes de l'âme, tandis que les défauts contraires, comme la laideur et la méchanceté, les ruinent et les détruisent. Or le guide suprême, Zeus, s'avance le premier dans le ciel, conduisant son char ailé, ordonnant et gouvernant toutes choses ; derrière lui marche l'armée des dieux et des démons répartis en onze cohortes ; car Hestia reste seule dans la maison des dieux, tandis que les autres, qui comptent parmi les douze dieux conducteurs, marchent en tête de leur cohorte, à la place qui leur a été assignée. Que d'heureux spectacles, que d'évolutions ravissantes animent l'intérieur du ciel, où les dieux bienheureux circulent pour accomplir leur tâche respective, accompagnés de tous ceux qui veulent et peuvent les suivre, car l'envie n'approche point du chœur des dieux ! Lorsqu'ils vont prendre leur nourriture au banquet divin, ils montent par un chemin escarpé au plus haut point de la voûte du ciel. Alors les chars des dieux, toujours en équilibre et faciles à diriger, montent sans effort ; mais les autres gravissent avec peine, parce que le cheval vicieux est pesant et qu'il alourdit et fait pencher le char vers la terre, s'il a été mal dressé par son cocher ; c'est une tâche pénible et une lutte suprême que l'âme doit alors affronter ; car les âmes immortelles, une fois parvenues au haut du ciel, passent de l'autre côté et vont se placer sur la voûte du ciel, et, tandis qu'elles s'y tiennent, la révolution du ciel les emporte dans sa course, et elles contemplent les réalités qui sont en dehors du ciel.

L'espace qui s'étend au-dessus du ciel n'a pas encore été chanté par aucun des poètes d'ici-bas et ne sera jamais chanté dignement. Je vais dire ce qui en est ; car il faut oser dire la vérité, surtout quand on parle sur la vérité. L'essence, véritablement existante, qui est sans couleur, sans forme, impalpable, uniquement perceptible au guide de l'âme, l'intelligence, et qui est l'objet de la véritable science, réside en cet endroit. Or la pensée de Dieu, étant nourrie par l'intelligence et la science absolue, comme d'ailleurs la pensée de toute âme qui doit recevoir l'aliment qui lui est propre, se réjouit de revoir enfin l'être en soi et se nourrit avec délices de la contemplation de la vérité, jusqu'à ce que le mouvement circulaire la ramène à son point de départ. Pendant cette révolution, elle contemple la justice en soi, elle contemple la sagesse en soi, elle contemple la science, non celle qui est sujette à l'évolution ou qui diffère suivant les objets que nous qualifions ici-bas de réels, mais la science qui a pour objet l'Être absolu. Et quand elle a de même contemplé les autres essences et qu'elle s'en est nourrie, l'âme se replonge à l'intérieur de la voûte céleste et rentre dans sa demeure ; puis, lorsqu'elle est rentrée, le cocher attachant ses chevaux à la crèche, leur jette l'ambroisie, puis leur fait boire le nectar.

Telle est la vie des dieux. Parmi les autres âmes, celle qui suit la divinité de plus près et lui ressemble le plus, élève la tête de son cocher vers l'autre côté du ciel et se laisse ainsi emporter au mouvement circulaire, mais, troublée par ses chevaux, elle a de la peine à contempler les essences ; telle autre tantôt s'élève, tantôt s'abaisse, mais gênée par les mouvements désordonnés des chevaux, aperçoit certaines essences, tandis que d'autres lui échappent. Les autres âmes sont toutes avides de monter, mais impuissantes à suivre, elles sont submergées dans le tourbillon qui les emporte, elles se foulent, elles se précipitent les unes sur les autres, chacune essayant de se pousser avant l'autre. De là un tumulte, des luttes et des efforts désespérés, où, par la faute des cochers, beaucoup d'âmes deviennent boiteuses, beaucoup perdent une grande partie de leurs ailes. Mais toutes, en dépit de leurs efforts, s'éloignent sans avoir pu jouir de la vue de l'absolu, et n'ont plus dès lors d'autre aliment que l'opinion. La raison de ce grand empressement : découvrir la plaine de la vérité, c'est que la pâture qui convient à la partie la plus noble de l'âme vient de la prairie qui s'y trouve, et que les propriétés naturelles de l'aile s'alimentent à ce qui rend l'âme plus légère ; c'est aussi cette loi d'Adrastée, que toute âme qui a pu suivre l'âme divine et contempler quelqu'une des vérités absolues est à l'abri du mal jusqu'à la révolution suivante, et que, si elle réussit à le faire toujours, elle est indemne pour toujours. Mais lorsque, impuissante à suivre les dieux, l'âme n'a pas vu les essences, et que par malheur, gorgée d'oubli et de vice, elle s'alourdit, puis perd ses ailes et tombe vers la terre, une loi lui défend d'animer à la première génération le corps d'un animal, et veut que l'âme qui a vu le plus de vérités produise un homme qui sera passionné pour la sagesse, la beauté, les muses et l'amour ; que l'âme qui tient le second rang donne un roi juste ou guerrier et habile à commander ; que celle du troisième rang donne un politique, un économe, un financier ; que celle du quatrième produise un gymnaste infatigable ou un médecin ; que celle du cinquième mène la vie du devin ou de l'initié ; que celle du sixième s'assortisse à un poète ou à quelque autre artiste imitateur, celle du septième à un artisan ou à un laboureur, celle du huitième à un sophiste ou à un démagogue, celle du neuvième à un tyran.

Phèdre, 246-248 e. Tr. Émile Chambry, Garnier.

La beauté

C'est au contact de la beauté que les ailes de l'âme commencent à repousser.

14

Quand la vue de la beauté terrestre réveille le souvenir de la beauté véritable, que l'âme revêt des ailes et que, confiante en ces ailes nouvelles, elle brûle de prendre son essor, mais que, sentant son impuissance, elle lève, comme l'oiseau, ses regards vers le ciel, et que négligeant les choses d'ici-bas, elle se fait accuser de folie, l'enthousiasme qui s'élève ainsi est le plus enviable, en lui-même et dans ses causes, pour celui qui le ressent et pour celui auquel il le communique ; et celui qui, possédé de ce délire, s'éprend d'amour pour les beaux jeunes gens, reçoit le nom d'amant. J'ai dit que toute âme d'homme a naturellement contemplé les essences, autrement elle ne serait pas entrée dans un homme ; mais il n'est pas également facile à toutes les âmes de se ressouvenir des choses du ciel à la vue des choses de la terre ; car certaines âmes n'ont qu'entrevu les choses du ciel ; d'autres, après leur chute sur la terre, ont eu le malheur de se laisser entraîner à l'injustice par les mauvaises compagnies, et d'oublier les mystères sacrés qu'elles ont vus alors ; il n'en reste qu'un petit nombre qui en ont gardé un souvenir suffisant. Quand celles-ci aperçoivent quelque image des choses du ciel, elles sont saisies et ne sont plus maîtresses d'elles-mêmes ; mais elles ne reconnaissent pas ce qu'elles éprouvent, parce qu'elles n'en ont pas des perceptions assez claires. C'est qu'en ce qui regarde la justice, la tempérance et les autres biens de l'âme, leurs images d'ici-bas ne jettent point d'éclat ; par suite de la faiblesse de nos organes, c'est à peine si quelques-uns, rencontrant des images de ces vertus, reconnaissent le genre du modèle qu'elles représentent. Mais la beauté, au contraire, était facile à voir à cause de son éclat, lorsque, mêlés au chœur des bienheureux, nous, à la suite de Zeus, d'autres, à la suite d'un autre dieu, nous jouissions de cette vue et de cette contemplation ravissante, et qu'initiés, on peut le dire, aux plus délicieux des mystères, et les célébrant dans la plénitude de la perfection et à l'abri de tous les maux qui nous attendaient dans l'avenir, nous étions admis à contempler dans une pure lumière des apparitions parfaites, simples, immuables, bienheureuses, purs nous-mêmes et exempts des stigmates de ce fardeau que nous portons avec nous et que nous appelons le corps, et où nous sommes emprisonnés comme l'huître dans sa coquille.

Il faut pardonner ces longueurs au souvenir et au regret de ces visions célestes. Je reviens à la beauté. Nous l'avons vue alors, je l'ai dit, resplendir parmi ces visions ; retombés sur la terre, nous la voyons par le plus pénétrant de tous les sens effacer tout de son éclat. La vue est, en effet, le plus subtil des organes du corps ; cependant elle ne perçoit pas la sagesse ; car la sagesse susciterait d'incroyables amours, si elle présentait à nos yeux une image aussi claire que celle de la beauté, et il en serait de même de toutes les essences dignes de notre amour. La beauté seule jouit du privilège d'être la plus visible et la plus charmante. Mais l'homme dont l'initiation est ancienne ou qui s'est laissé corrompre à peine à remonter d'ici-bas, dans l'autre monde, vers la beauté absolue, quand il contemple une image qui en porte le nom sur terre. Aussi, loin de sentir du respect à sa vue, il cède à l'aiguillon du plaisir, et, comme une bête, il cherche à la saillir et à lui jeter sa semence, et dans la frénésie de ses approches, il ne craint ni ne rougit de poursuivre une volupté contre nature. Mais celui qui a été récemment initié, qui a beaucoup vu dans le ciel, aperçoit-il en un visage une heureuse imitation de la beauté divine ou dans un corps quelques traits de la beauté idéale, aussitôt il frissonne et sent remuer en lui quelque chose de ses émotions d'autrefois ; puis, les regards attachés sur le bel objet, il le vénère comme un dieu, et, s'il ne craignait de passer pour frénétique, il lui offrirait des victimes comme à une idole ou à un dieu. A sa vue, comme s'il avait le frisson de la fièvre, il change de couleur, il se couvre de sueur, il se sent brûlé d'un feu inaccoutumé. A peine a-t-il reçu par les yeux les effluves de la beauté qu'il s'échauffe, et que la substance de ses ailes en est arrosée. Cette chaleur fond l'enveloppe, qui, resserrée longtemps par la sécheresse, les empêchait de germer ; sous l'afflux des effluves nourrissants la tige de l'aile se gonfle et se met à pousser de la racine sur toute la forme de l'âme ; car jadis l'âme était tout ailes.

Phèdre, 249 d - 251 b. Tr. Émile Chambry, Garnier.

L'amour est philosophe

C'est par l'amour que l'homme s'élève au-dessus de la condition terrestre et découvre le monde des Idées.

15

« Celui qu'on aura guidé jusqu'ici sur le chemin de l'amour, après avoir contemplé les belles choses dans une gradation régulière, arrivant au terme suprême, verra soudain une beauté d'une nature merveilleuse, celle-là même, Socrate, qui était le but de tous ses travaux antérieurs, beauté éternelle, qui ne connaît ni la naissance, ni la mort, qui ne souffre ni accroissement ni diminution, beauté qui n'est point belle par un côté, laide par un autre, belle en un temps, laide dans un autre, belle sous un rapport, laide sous un autre, belle en tel lieu, laide en tel autre, belle pour ceux-ci, laide pour ceux-là ; beauté qui ne se présentera pas à ses yeux comme un visage, ni comme des mains, ni comme une forme corporelle, ni comme un raisonnement, ni comme une science, ni comme une chose qui existe en autrui, par exemple dans un animal, dans la terre, dans le ciel ou dans telle autre chose ; beauté qui, au contraire, existe en elle-même et par elle-même, simple et éternelle, de laquelle participent toutes les autres belles choses, de telle manière que leur naissance ou leur mort ne lui apporte ni augmentation, ni amoindrissement, ni altération d'aucune sorte. Quand on s'est élevé des choses sensibles par un amour bien entendu des jeunes gens jusqu'à cette beauté et qu'on commence à l'apercevoir, on est bien près de toucher au but ; car la vraie voie de l'amour, qu'on s'y engage de soi-même ou qu'on s'y laisse conduire, c'est de partir des beautés sensibles et de monter sans cesse vers cette beauté surnaturelle en passant comme échelons d'un beau corps à deux, de deux à tous, puis des beaux corps aux belles actions, puis des belles actions aux belles sciences, pour aboutir des sciences à cette science qui n'est autre chose que la science de la beauté absolue et pour connaître enfin le beau tel qu'il est en soi.

Si la vie vaut jamais la peine d'être vécue, cher Socrate, dit l'étrangère de Mantinée, c'est à ce moment où l'homme contemple la beauté en soi. Si tu la vois jamais, que te sembleront auprès d'elle l'or, la parure, les beaux enfants et les jeunes gens dont la vue te trouble aujourd'hui, toi et bien d'autres, à ce point que, pour voir vos bien-aimés et vivre avec eux sans les quitter, si c'était possible vous consentiriez à vous priver de boire et de manger, sans autre désir que de les regarder et de rester à leurs côtés. Songe donc, ajouta-t-elle, quel bonheur ce serait pour un homme, s'il pouvait voir le beau lui-même, simple, pur, sans mélange et contempler, au lieu d'une beauté chargée de chairs, de couleurs et de cent autres superfluités périssables, la beauté divine elle-même sous sa forme unique. Penses-tu que ce soit une vie banale que celle d'un homme qui, élevant ses regards là-haut, contemple la beauté avec l'organe approprié et vit dans son commerce ? Ne crois-tu pas, ajouta-t-elle, qu'en voyant ainsi le beau avec l'organe par lequel il est visible, il sera le seul qui puisse engendrer, non des fantômes de vertu, puisqu'il ne s'attache pas à un fantôme, mais des vertus véritables, puisqu'il saisit la vérité ? Or c'est à celui qui enfante et nourrit la vertu véritable qu'il appartient d'être chéri des dieux et, si jamais homme devient immortel, de le devenir lui aussi. »

Le Banquet, 210 e - 212. Tr. Émile Chambry, Garnier.

BONHEUR ET JUSTICE

Le sac de peau

Le mythe de l'attelage ailé se retrouve dans cette image qui décrit les différentes tendances de l'homme : appétits, cœur et raison.

16

– Formons par la pensée une image de l'âme.

– Quelle image ? demanda-t-il.

– Une image, répondis-je, comme celle de ces anciens monstres dont parle la fable : la Chimère, Scylla, Cerbère, et nombre d'autres qui réunissaient, dit-on, en un seul corps des formes multiples.

– On le dit en effet, fit-il.

– Façonne donc une sorte de monstre à formes et à têtes multiples, têtes d'animaux paisibles et têtes de bêtes féroces, rangées en cercle, et donne-lui le pouvoir de changer et de tirer de lui-même toutes ces formes.

– Un pareil ouvrage, dit-il, exige un modeleur habile ; mais comme la pensée est plus facile à modeler que la cire ou toute autre matière semblable, c'est fait : je l'ai modelé.

– Modèle maintenant une autre forme, celle d'un lion, puis celle d'un homme ; mais que la première soit de beaucoup la plus grande des trois ; et la deuxième ensuite.

– Ceci est plus aisé, dit-il ; aussi est-ce fait.

– Réunis maintenant ces trois formes en une seule, de manière qu'elles ne fassent qu'un tout les unes avec les autres.

– Elles sont jointes, dit-il.

– Recouvre-les ensuite extérieurement d'une forme unique, la forme humaine, de manière que celui qui ne pourrait pas voir l'intérieur, et n'apercevrait que la seule enveloppe extérieure, croit voir un être unique, un homme.

– L'enveloppe y est, dit-il.

– Disons maintenant à celui qui prétend qu'il est utile à cet homme d'être injuste, et qu'il ne lui sert de rien de pratiquer la justice, que sa prétention revient à dire qu'il lui est avantageux de nourrir avec soin et de fortifier la bête aux cent formes et le lion, d'affamer au contraire et d'affaiblir l'homme, de sorte que les deux autres l'entraînent où ils voudront, et, au lieu de les accoutumer à vivre ensemble en bon accord, de les laisser se mordre et se dévorer en se battant ensemble.

– C'est exactement soutenir cela que de vanter l'injustice.

– Au contraire dire qu'il est utile d'être juste, c'est dire qu'il ne faut rien faire, qu'il ne faut rien dire qui n'assure à l'homme intérieur les moyens de dominer le plus possible l'homme entier et de veiller sur son nourrisson aux têtes multiples à la manière du laboureur qui nourrit et apprivoise les espèces pacifiques et empêche les sauvages de croître ; c'est ainsi qu'il traitera son élève, en prenant le lion pour allié, en partageant ses soins entre tous et en les maintenant en bonne intelligence entre eux et avec lui-même.

République, IX, 588 b - 589 b, Les Belles Lettres.

L'anneau de Gygès

Le vrai problème que pose la moralité est de savoir si seule la crainte du châtiment est capable de détourner l'homme de l'injustice.

17

GLAUCON. Pour prouver que l'on ne pratique la justice que malgré soi et par impuissance de commettre l'injustice, nous ne saurions mieux faire qu'en imaginant le cas que voici. Donnons à l'homme de bien et au méchant un égal pouvoir de faire ce qu'il leur plaira ; suivons-les ensuite et regardons où la passion va les conduire : nous surprendrons l'homme de bien s'engageant dans la même route que le méchant, entraîné par le désir d'avoir sans cesse davantage, désir que toute nature poursuit comme un bien, mais que la loi ramène de force au respect de l'égalité. Le meilleur moyen de leur donner le pouvoir dont je parle, c'est de leur prêter le privilège qu'eut autrefois, dit-on, Gygès, l'aïeul du Lydien. Gygès était un berger au service du roi qui régnait alors en Lydie. A la suite d'un grand orage et d'un tremblement de terre, le sol s'était fendu, et une ouverture béante s'était formée à l'endroit où il paissait son troupeau. Etonné à cette vue, il descendit dans ce trou, et l'on raconte qu'entre autres merveilles il aperçut un cheval d'airain, creux, percé de petites portes, à travers lesquelles ayant passé la tête il vit dans l'intérieur un homme qui était mort, selon toute apparence, et dont la taille dépassait la taille humaine. Ce mort était nu ; il avait seulement un anneau d'or à la main. Gygès le prit et sortit. Or les bergers s'étant réunis à leur ordinaire pour faire au roi leur rapport mensuel sur l'état des troupeaux, Gygès vint à l'assemblée, portant au doigt son anneau. Ayant pris place parmi les bergers, il tourna par hasard le chaton de sa bague par devers lui en dedans de sa main, et aussitôt il devint invisible à ses voisins, et l'on parla de lui comme s'il était parti, ce qui le remplit d'étonnement. En maniant de nouveau sa bague, il tourna le chaton en dehors et aussitôt il redevint visible. Frappé de ces effets, il refit l'expérience pour voir si l'anneau avait bien ce pouvoir, et il constata qu'en tournant le chaton à l'intérieur il devenait invisible ; à l'extérieur, visible. Sûr de son fait, il se fit mettre au nombre des bergers qu'on députait au roi. Il se rendit au palais, séduisit la reine et, avec son aide, attaqua et tua le roi, puis s'empara du trône.

Supposons maintenant deux anneaux comme celui-là, mettons l'un au doigt du juste, l'autre au doigt de l'injuste ; selon toute apparence, nous ne trouverons aucun homme d'une trempe assez forte pour rester fidèle à la justice et résister à la tentation de s'emparer du bien d'autrui, alors qu'il pourrait impunément prendre au marché ce qu'il voudrait, entrer dans les maisons pour s'accoupler à qui lui plairait, tuer les uns, briser les fers des autres, en un mot être maître de tout faire comme un dieu parmi les hommes. En cela, rien ne le distinguerait du méchant, et ils tendraient tous deux au même but, et l'on pourrait voir là une grande preuve qu'on n'est pas juste par choix, mais par contrainte, vu qu'on ne regarde pas la justice comme un bien individuel, puisque partout où l'on croit pouvoir être injuste, on ne s'en fait pas faute. Tous les hommes en effet croient que l'injustice leur est beaucoup plus avantageuse individuellement que la justice, et ils ont raison de le croire, si l'on s'en rapporte au partisan de la doctrine que j'expose. Si en effet un homme, devenu maître d'un tel pouvoir, ne consentait jamais à commettre une injustice et à toucher au bien d'autrui, il serait regardé par ceux qui seraient dans le secret comme le plus malheureux et le plus insensé des hommes. Ils n'en feraient pas moins en public l'éloge de sa vertu, mais à dessein de se tromper mutuellement dans la crainte d'éprouver eux-mêmes quelque injustice. Voilà ce que j'avais à dire sur ce point.

République, II, 359 b - 360 d, Les Belles Lettres

La justice

C'est dans la justice, qui résulte de l'harmonie, en l'homme, entre les appétits, le cœur et la raison, sous la conduite de la raison, que se trouve le bonheur.

18

Il faut donc nous souvenir que, lorsque chacune des parties qui sont en nous remplira sa fonction, alors nous serons justes et nous remplirons notre devoir.

– Oui, dit-il, il faut nous en souvenir.

– N'appartient-il pas à la raison de commander, puisqu'elle est sage et qu'elle est chargée de veiller sur l'âme tout entière, et à la colère de lui obéir et de la seconder ?

Si [...].

Et ces deux parties, ainsi élevées et vraiment instruites et entraînées à faire leur devoir, gouverneront celle du désir, qui tient la plus grande place dans notre âme et qui est naturellement insatiable de richesses ; elles veilleront sur elle, de peur qu'en se gorgeant de ce qu'on appelle les plaisirs corporels, elle ne grandisse et ne prenne de la force, et refuse de continuer sa tâche, pour essayer d'asservir et de gouverner, quoiqu'elle en soit naturellement indigne.

– Assurément, dit-il.

– Et, repris-je, à l'égard aussi des ennemis du dehors, est-ce que ces deux parties ne sont pas les plus propres à veiller au salut de l'âme tout entière et du corps, l'une en délibérant, l'autre en faisant la guerre, en obéissant au chef et en exécutant par son courage les décisions de la première ?

– Tu as raison.

– C'est, je pense, cette dernière qui vaut à l'individu le nom de courageux, quand la colère qui est en lui le maintient à travers les peines et les plaisirs soumis aux préceptes de la raison sur ce qui est ou n'est pas à craindre.

– C'est juste, dit-il.

– Et il est sage par cette petite partie qui a commandé en lui et donné ces préceptes dont je viens de parler, et qui possède d'autre part la science de ce qui est utile à chaque partie et à la communauté qu'elles forment à elles trois.

– C'est bien cela.

– Et n'est-il tempérant par l'amitié et l'harmonie de ces mêmes parties, quand celle qui commande et celles qui obéissent sont d'accord pour reconnaître que c'est à la raison de commander, et qu'elles ne lui disputent point l'autorité ?

– A coup sûr, dit-il, la tempérance n'est pas autre chose que cela, soit dans l'État, soit dans l'individu.

– Enfin il sera juste par la raison et de la manière que nous avons plusieurs fois exposée [...].

En fait la justice [...] ne s'applique pas aux actions extérieures de l'homme, mais à l'action intérieure, celle qui le concerne véritablement lui-même et les principes qui le composent. Elle fait que l'homme juste ne permet pas qu'aucune partie de lui-même fasse rien qui lui soit étranger, ni que les trois principes de son âme empiètent sur leurs fonctions respectives, qu'il établit au contraire un ordre véritable dans son intérieur, qu'il se commande lui-même, qu'il se discipline, qu'il devient ami de lui-même, qu'il harmonise les trois parties de son âme absolument comme les trois termes de l'échelle musicale, le plus élevé, le plus bas, le moyen, et tous les tons intermédiaires qui peuvent exister, qu'il lie ensemble tous ces éléments et devient un de multiple qu'il était, qu'il est tempérant et plein d'harmonie, et que dès lors dans tout ce qu'il entreprend, soit qu'il travaille à s'enrichir, soit qu'il soigne son corps, soit qu'il s'occupe de politique, soit qu'il traite avec des particuliers, il juge toujours et nomme juste et belle l'action qui maintient et contribue à réaliser cet état d'âme, et qu'il tient pour sagesse la science qui inspire cette action.

– Socrate, dit-il, rien n'est plus vrai que ce que tu dis [...].

– Après cela, dis-je, il nous reste à examiner l'injustice.

– Évidemment.

– N'est-elle pas nécessairement un désaccord de ces trois parties, une ingérence indiscrète, un empiètement des unes sur les fonctions des autres, et la révolte de certaine partie contre le tout, avec la prétention de commander dans l'âme, en dépit de toute convenance, la nature l'ayant faite pour obéir à la partie née pour commander ? C'est en cela, je crois, c'est dans le désordre et la confusion de ces parties que consistent à nos yeux l'injustice, l'intempérance, la lâcheté, l'ignorance, en un mot, tous les vices.

République, IV, 441 d - 444 b, passim, Les Belles Lettres.

Le mythe d'Er

Chacun est responsable de sa destinée : c'est ce qui ressort du récit d'Er le Pamphylien, revenu des Enfers.

19

Quand les âmes furent arrivées, il leur fallut aussitôt se présenter à Lachésis. Et d'abord un hiérophante les rangea en ordre ; puis prenant sur les genoux de Lachésis des lots et des modèles de vie, il monta sur une estrade élevée et cria :

« Voici ce que proclame Lachésis, fille de la Nécessité. Âmes éphémères, vous allez commencer une nouvelle carrière et renaître à la condition mortelle. Ce n'est pas un génie qui vous tirera au sort. C'est vous qui allez choisir votre génie. Le premier que le sort aura désigné choisira le premier la vie à laquelle il sera lié par la nécessité. Pour la vertu, elle n'a point de maître ; chacun en aura plus ou moins, suivant qu'il l'honorera ou la négligera. Chacun est responsable de son choix. Dieu est innocent. »

A ces mots, il jeta les sorts sur l'assemblée, et chacun ramassa celui qui était tombé près de lui [...], et connut alors le rang qui lui était échu pour choisir. Après cela, le même hiérophante étala sur terre devant eux les modèles de vie, dont le nombre surpassait de beaucoup celui des âmes présentes. Il y en avait de toutes sortes : toutes les vies possibles d'animaux et toutes les vies humaines ; on y trouvait des tyrannies, les unes durables jusqu'à la mort, les autres interrompues au milieu et finissant par la pauvreté, l'exil, la mendicité ; il y avait aussi des vies d'hommes renommés soit pour la beauté de leur corps et de leur visage ou pour leur vigueur et leur force à la lutte, soit pour leur noblesse et les grandes qualités de leurs ancêtres. Il y avait aussi des vies d'hommes obscurs, sous tous ces rapports, et des vies de femmes de la même variété [...]. Quant aux autres éléments de notre condition, ils étaient mélangés les uns avec les autres et avec la richesse et la pauvreté, avec la maladie, avec la santé. Il y avait aussi des partages moyens entre ces extrêmes [...].

Au moment même où l'hiérophante jetait les sorts, il avait, selon le rapport d'Er, ajouté ces paroles : « Même le dernier venu, s'il choisit judicieusement et s'efforce de bien vivre, peut ramasser une condition convenable et bonne. Que le premier choisisse avec attention, et que le dernier ne perde pas courage. » Le Pamphylien racontait que, lorsque l'hiérophante eut prononcé ces paroles, celui à qui était échu le premier sort, s'avançant aussitôt, choisit la plus grande tyrannie, et emporté par l'imprudence et par une avidité gloutonne, il la prit sans avoir examiné soigneusement toutes les conséquences de son choix. Il ne vit pas que son lot le destinait à manger ses propres enfants et à d'autres horreurs ; mais quand il l'eut examiné à loisir, il se frappa la poitrine et se lamenta d'avoir ainsi choisi, sans se souvenir des avertissements de l'hiérophante ; car, au lieu de s'accuser lui-même de ses maux, il s'en prenait à la fortune, aux démons, à tout, plutôt qu'à lui-même [...].

Enfin l'âme d'Ulysse, à qui le hasard avait assigné le dernier rang, s'avança pour choisir ; mais soulagé de l'ambition par le souvenir de ses épreuves passées, elle alla cherchant longtemps la vie d'un particulier étranger aux affaires ; elle eut quelque peine à en trouver une, qui gisait dans un coin, dédaignée par les autres. En l'apercevant, elle dit qu'elle aurait fait le même choix, si le sort l'eût désignée la première, et s'empressa de la prendre.

République, X, 617 e - 620 d, passim, Les Belles Lettres.

ARISTOTE

384-322

Fils d'un médecin de Philippe de Macédoine, précepteur du Grand Alexandre, fut vingt ans l'élève de Platon, puis fonda une école : le Lycée (vers 335) dont les élèves s'appelaient les Péripatéticiens.

Œuvre encyclopédique : *Physique, Métaphysique, Logique, Rhétorique, Politique, Éthique à Nicomaque, etc.*

Philosophie et métaphysique

La philosophie comprend, pour Aristote, l'ensemble des connaissances humaines, mais elle se définit plus spécialement par la philosophie première, qu'on appellera plus tard Métaphysique et qui répond à un besoin strictement intellectuel.

20

De tout ce que nous venons de dire sur la science elle-même sort la définition cherchée de la philosophie. Il faut bien qu'elle soit la science théorétique des premiers principes et des premières causes [...]. Ce qui dans l'origine poussa les hommes aux premières recherches philosophiques c'était comme aujourd'hui l'étonnement. Entre les objets qui les étonnaient et dont ils ne pouvaient se rendre compte ils s'appliquèrent d'abord à ceux qui étaient à leur portée, puis s'avançant ainsi peu à peu, ils cherchèrent à s'expliquer de plus grands phénomènes, par exemple les divers états de la lune, le cours du soleil et des astres, enfin la formation de l'univers... Par conséquent, si les premiers philosophes philosophèrent pour échapper à l'ignorance, il est évident qu'ils poursuivaient la science pour savoir et non en vue de quelque utilité. Le fait lui-même en est la preuve : presque tous les arts qui regardent les besoins et ceux qui s'appliquent au bien-être et au plaisir étaient connus déjà quand on commença à chercher les explications de ce genre. Il est donc évident que nous n'étudions pas la philosophie pour aucun autre intérêt étranger.

Métaphysique, Livre I.

Dynamisme et finalisme

L'analyse des différentes causes (matérielle, efficiente, formelle, finale) conduit Aristote à expliquer les phénomènes extérieurs comme on explique les phénomènes de l'ordre humain (artificialisme).

21

Les êtres sont par art ou par nature [...]. Or l'art est principe hors de la chose mais la nature est principe dans la chose même.

Métaphysique, I.

D'une manière générale, l'art ou bien exécute ce que la nature est impuissante à effectuer ou bien l'imite. Si donc les œuvres de l'art sont produites en vue de quelque fin, les choses de la nature le sont également ; c'est évident, car dans les œuvres de l'art et dans les choses de la nature analogue est le rapport entre les conséquents et les antécédents. Mais c'est surtout visible pour les animaux autres que l'homme, qui n'agissent ni par art ni par recherche ni par délibération ; d'où cette question : les araignées, fourmis et animaux de cette sorte travaillent-ils avec l'intelligence ou quelque chose d'approchant ? Or en avançant un peu de ce côté, on voit dans les plantes mêmes les choses utiles se produire en vue de la fin, par exemple les feuilles en vue d'abriter le fruit. Si donc c'est par une impulsion naturelle et en vue de quelque fin que l'hirondelle fait son nid et l'araignée sa toile, et si les plantes produisent leurs feuilles en vue des fruits et dirigent leurs racines non vers le haut mais vers le bas en vue de la nourriture, il est clair que cette sorte de causalité existe dans la génération et dans l'être des choses de la nature.

Physique, B.

Et le physicien doit parler [...] plutôt de la cause finale, car c'est bien la fin qui est cause de la matière et non la matière cause de la fin. Et la fin est ce que la nature a en vue et c'est de la définition et de la notion que la nature part. Il en est comme dans les ouvrages de l'art où, la maison étant telle, il faut que nécessairement telles choses soient faites ou existent et où, la santé étant telle, il faut que nécessairement telles choses soient faites ou existent. De même l'homme étant tel, il faut telles choses, et si telles choses, telles autres.

Physique, B.

Morale

Aristote fait du bonheur le souverain bien (eudémonisme) et le place dans l'activité même de la raison.

22

Mais, peut-être, tout en convenant que le bonheur est le souverain bien désire-t-on encore avoir quelques précisions supplémentaires. On arriverait rapidement à un résultat en se rendant compte de ce qu'est l'acte propre de l'homme. Pour le joueur de flûte, le statuaire, pour toute espèce d'artisan et en un mot pour tous ceux qui pratiquent un travail et exercent une activité, le bien et la perfection résident, semble-t-il, dans le travail même. De toute évidence, il en est de même pour l'homme, s'il existe quelque acte qui lui soit propre. Faut-il donc admettre que l'artisan et le cordonnier ont quelque travail et quelque activité particuliers, alors qu'il n'y en aurait pas pour l'homme et que la nature aurait fait de celui-ci un oisif ? Ou bien de même que l'œil, la main, le pied et en un mot toutes les parties du corps ont, de toute évidence, quelque fonction à remplir, faut-il admettre pour l'homme également quelque activité, en plus de celles que nous venons d'indiquer ? Quelle pourrait-elle être ? Car, évidemment, la vie est commune à l'homme ainsi qu'aux plantes ; et nous cherchons ce qui le caractérise spécialement. Il faut donc mettre à part la nutrition et la croissance. Viendrait ensuite la vie de sensations, mais, bien sûr, celle-ci appartient également au cheval, au bœuf et à tout être animé. Reste une vie active propre à l'être doué de raison [...]. Il faut la considérer dans son activité épanouie, car c'est alors qu'elle se présente avec plus de supériorité. Si le propre de l'homme est l'activité de l'âme, en accord complet ou partiel avec la raison ; si nous affirmons que cette fonction est propre à la nature de l'homme vertueux, comme lorsqu'on parle du bon citharède et du citharède accompli et qu'il en est de même en un mot en toutes circonstances, en tenant compte de la supériorité qui, d'après le mérite, vient couronner l'acte, le citharède jouant de la cithare, le citharède accompli en jouant bien ; s'il en est ainsi, nous supposons que le propre de l'homme est un certain genre de vie, que ce genre de vie est l'activité de l'âme, accompagnée d'actions raisonnables et que chez l'homme accompli tout se fait selon le Bien et le Beau, chacun de ces actes s'exécutant à la perfection selon la vertu qui lui est propre. A ces conditions, le bien propre à l'homme est l'activité de l'âme, en conformité avec la vertu ; et si les vertus sont nombreuses, selon celle qui est la meilleure et la plus accomplie.

Éthique à Nicomaque, I, 7, Garnier.

S'il est vrai que le bonheur est l'activité conforme à la vertu, il est de toute évidence que c'est celle qui est conforme à la vertu la plus parfaite, c'est-à-dire celle de la partie de l'homme la plus haute [...].

C'est l'activité de cette partie de nous-mêmes, activité conforme à sa vertu propre, qui constitue le bonheur parfait. Or nous avons dit qu'elle est contemplative. Cette proposition s'accorde, semble-t-il, tant avec nos développements antérieurs qu'avec la vérité. Car cette activité est par elle-même la plus élevée ; de ce qui est en nous, l'esprit occupe la première place ; et, parmi ce qui relève de la connaissance, les questions qu'embrasse l'esprit sont les plus hautes. Ajoutons aussi que son action est la plus continue ; il nous est possible de nous livrer à la contemplation d'une façon plus suivie qu'à aucune forme de l'action pratique. Et, puisque nous croyons que le plaisir doit être associé au bonheur, la plus agréable de toutes les activités conformes à la vertu se trouve être, d'un commun accord, celle qui est conforme à la sagesse. Il semble donc que la sagesse, elle au moins, comporte des plaisirs merveilleux autant par leur pureté que par leur solidité et il est de toute évidence que la vie pour ceux qui savent se révèle plus agréable que pour ceux qui cherchent encore à savoir. D'ailleurs l'indépendance dont nous avons fait mention caractérise tout particulièrement la vie contemplative. Certes le sage, le juste, comme tous les autres hommes, ont besoin de ce qui est indispensable à la vie [...].

Mais le sage, même abandonné à lui seul, peut encore se livrer à la contemplation et plus sa sagesse est grande, mieux il s'y consacre. Sans doute le ferait-il d'une façon supérieure encore, s'il associait d'autres personnes à sa contemplation ; quoi qu'il en soit, il est à un suprême degré l'homme qui ne relève que de lui-même [...].

En effet, il faudra beaucoup d'argent au généreux pour pratiquer sa générosité ; à l'homme courageux, la puissance sera indispensable, s'il veut agir conformément à sa vertu propre ; à l'homme tempérant, une certaine abondance de biens. Sinon comment montreraient-ils que leur nature est telle ou telle ? [...].

L'homme qui s'adonne à la contemplation n'a besoin, lui, d'aucun de ces moyens pour déployer son activité. Bien plus, ils lui sont, pour ainsi dire, un obstacle, tout au moins par rapport à la contemplation [...].

Éthique à Nicomaque, X, 7 et 8. Tr. Jean Voilquin, Garnier.

Toutefois le plaisir proprement dit n'est pas tout à fait étranger au bonheur, si l'on saisit bien la véritable nature du plaisir.

23

Le plaisir parachève l'activité qui se déploie, non pas à la manière d'une disposition ou d'une qualité inhérente, mais à la manière d'un ornement qui s'ajouterait de surcroît, comme la beauté pour ceux qui sont dans la fleur de la jeunesse...

Or la vie est, en quelque sorte, une activité qui se déploie et chacun consacre ses forces vives aux sujets pour lesquels il éprouve une préférence marquée et en employant les facultés qu'il aime exercer. Exemples : le musicien utilise le sens de l'ouïe pour les mélodies qu'il aime ; l'homme qui aime le savoir consacre sa réflexion aux spéculations de la science, et ainsi de suite, dans les différents domaines. Or, nous avons dit que le plaisir parachève les différentes formes d'activité ; il parachève donc la vie à quoi tendent les hommes. Aussi est-ce avec raison qu'ils recherchent également le plaisir qui donne son couronnement à la vie de chacun, chose désirable [...].

Or l'activité de la pensée diffère de celle des sens et leurs diverses formes sont différentes les unes des autres ; de même les plaisirs qui les parachèvent sont d'espèce différente. Cette constatation peut être confirmée par le fait que chaque plaisir est étroitement uni à l'activité qu'il parachève. Le plaisir propre à chaque genre d'activité accroît cette dernière. Aussi a-t-on des chances de juger avec plus de discernement et de précision, quand l'activité se déploie accompagnée de plaisir ; c'est ainsi que ceux qui ont plaisir à pratiquer la géométrie deviennent meilleurs géomètres et qu'ils saisissent mieux les différentes parties de cette science ; il en va de même pour ceux qui aiment la musique, l'architecture et les autres arts ; ils font des progrès dans l'occupation qui leur est propre, quand ils y trouvent du plaisir. Les plaisirs donc accroissent l'activité.

Éthique à Nicomaque, X, 4 et 5. Tr. Jean Voilquin, Garnier.

Ajoutons que la vertu, selon Aristote, est une habitude, c'est-à-dire une manière d'être et de faire permanente.

24

Une hirondelle ne fait pas le printemps, non plus qu'une seule journée de soleil ; de même ce n'est ni un seul jour ni un court intervalle de temps qui font la félicité et le bonheur.

Éthique à Nicomaque, I, 7.

L'habitude est comme une nature ; de même que par nature les choses se succèdent les unes aux autres, de même en est-il par l'acte de l'esprit ; et ce qui est répété souvent crée une nature.

Mémoire et réminiscence, 2.

Est habituel ce qu'on fait pour l'avoir déjà fait souvent [...].

L'habitude devient comme une chose innée ; car l'habitude ressemble à la nature ; en effet le souvent est très près du toujours ; et la nature, c'est le toujours ; l'habitude, c'est le souvent.

Rhétorique, I, 10 et 11.

La vertu est fille de l'habitude... Et il est clair qu'aucune des vertus morales ne naît en nous par nature ; en effet, rien ne peut changer les êtres naturels ; par exemple, la pierre, qui, par nature, est portée vers le bas ne peut s'accoutumer à se porter vers le haut, même si mille fois on la jette en l'air ; le feu ne peut descendre ; et aucun des corps naturels ne peut non plus se changer. Ce n'est donc ni par un effet de la nature, ni contrairement à la nature que les vertus naissent en nous, mais nous sommes prédisposés à les acquérir en nous y efforçant par l'habitude [...]. Nous les acquérons par l'exercice, comme il arrive aussi dans les arts et les métiers. En effet, ce qu'il faut apprendre pour le faire, nous l'apprenons en le faisant ; par exemple, c'est en bâtissant qu'on devient architecte ; en jouant de la cithare qu'on devient citharède. De même, c'est à force de pratiquer la justice, la tempérance et le courage que nous devenons justes, tempérants et courageux.

Éthique à Nicomaque, II, 7. Tr. Jean Voilquin, Garnier.

LES ÉPICURIENS

Le fondateur de l'épicurisme, Épicure, vécut en Grèce de 341 à 271 mais il ne nous est resté de son œuvre que quelques fragments. Sa doctrine est exposée principalement par le poète latin Lucrèce (98-54) dans son *De natura rerum*.

Le mécanisme

Disciple de Démocrite (né vers 460), Épicure adopte une conception mécaniste du monde.

25

L'univers est constitué de corps et de vide... S'il n'y avait pas ce qu'on appelle vide, espace, ou nature impalpable, les corps n'auraient pas où se placer. Ils ne pourraient pas non plus se mouvoir, ce qu'ils semblent bien faire. Et il est tout à fait impossible de concevoir, par le concept ou d'une manière analogue, des substances existant en dehors de ces réalités, si ce n'est comme manifestations ou accidents de ces dernières [...].

Il est nécessaire d'affirmer que les atomes n'ont aucune qualité phénoménale en dehors de la pesanteur, de la grandeur, de la forme et de ce qui, par nature, se rattache à cette dernière. Toute qualité se transforme ; les atomes par contre ne subissent aucun changement, puisqu'il faut qu'il reste, après la dissolution, quelque chose de solide et d'indissoluble, qui fait que les changements n'aboutissent pas au néant et n'y prennent pas naissance, mais s'effectuent grâce au déplacement des atomes et à leur va-et-vient. Il en résulte avec nécessité que les éléments qui se déplacent ainsi sont indestructibles et ne sont point affectés par le changement : ce sont les atomes, doués de formes particulières et subsistant nécessairement. Dans les choses en effet qui se transforment devant nos yeux en subissant une diminution, la forme est considérée comme leur étant inhérente ; mais il n'en est pas des qualités comme de cette dernière, qui disparaissent entièrement du corps qui change. Ces éléments qui persistent sont donc suffisants pour produire la diversité des composés, puisqu'il est nécessaire que quelque chose soit immuable et soustrait à la destruction.

Épicure, *Lettre à Hérodote.*

Le matérialisme

Il en résulte une conception matérialiste de l'homme, ainsi définie par Lucrèce.

26

Je dis que l'âme (souvent nous disons l'intelligence), dans laquelle résident le principe et la règle de nos actions, n'est pas moins une partie de notre corps que les mains, les pieds et les yeux [...]. Voici une raison de conclure que l'esprit et l'âme sont corporels : car, s'ils font mouvoir nos membres, s'ils nous arrachent des bras du sommeil, s'ils altèrent la couleur du visage et gouvernent à leur gré l'homme entier, comme ces opérations supposent un contact, et le contact une substance corporelle, ne faut-il pas avouer que l'esprit et l'âme sont corporels ? [...]. Mais quels sont les éléments de cette âme ? De quelle espèce d'atomes est-elle composée ? [...]. L'âme, cette substance si mobile, doit être formée des atomes les plus petits, les plus lisses et les plus arrondis [...]. L'âme est formée de molécules imperceptibles, beaucoup plus déliées que les éléments de l'eau, des nuages et de la fumée, puisqu'elle se meut avec plus de vitesse et de facilité [...].

Lucrèce, *De la nature,* III.

De même que les animaux, privés de nourriture, languissent et meurent, ce grand tout périra aussi quand la matière, détournée de son cours naturel, cessera de fournir aux reproductions.

La terre, l'eau, le feu et l'air sont de nature périssable ; il doit donc en être de même de la nature entière. En effet, les parties d'un tout ayant été formées par l'union et la rencontre de la matière première, c'est-à-dire d'éléments mortels, le tout qui est composé de ces parties est assujetti aux mêmes lois de destruction. Puisqu'on voit que les vastes parties du monde se détruisent et se réparent successivement, on peut dire que le ciel et la terre, ayant eu un commencement, auront une fin.

Lucrèce, *De la nature,* V.

La perception

De là un empirisme naïf concernant la théorie de la perception.

27

Les images ont la même forme que les réalités et sont d'une finesse incomparablement plus grande que les phénomènes. Il n'est aucunement impossible qu'il s'en forme de telles dans l'atmosphère, ni qu'il y ait des conditions favorables à la constitution de leur cavité et de leur ténuité, ni que les effluves gardent la même position relative et se suivent dans le même ordre que les corps solides. Nous appelons ces images simulacres. Ils parcourent dans le vide, étant donné qu'ils n'y rencontrent aucun obstacle, toute distance imaginable dans un intervalle de temps infiniment court [...].

Il faut bien que quelque chose émane des corps pour que nous puissions voir leurs formes et les connaître par la pensée. Car il n'est pas vraisemblable que les choses extérieures impriment en nous leurs couleurs et leurs formes véritables par l'intermédiaire de l'air qui nous en sépare, ni au moyen de rayons lumineux, ni par des émanations quelconques se propageant de nous à elles, mais plutôt que les objets nous envoient certaines empreintes qui leur ressemblent par la couleur et la forme, dont la grandeur est proportionnée à notre organe visuel ou à notre entendement et qui se déplacent à une vitesse très grande. C'est pour cette raison qu'elles arrivent à produire l'image de l'objet total et cohérent et à garder le rapport originel avec lui, conformément à l'afflux harmonieux qui est dû à la vibration des atomes à l'intérieur du corps solide. Et quand nous recevons d'une façon nette, par l'intelligence ou les sens, la représentation d'une forme ou de qualités accidentelles, c'est toujours la forme du corps solide produite par la condensation successive ou réduction de l'image.

Épicure, *Lettre à Hérodote.*

Il existe des êtres auxquels je donne le nom de simulacres, qui sont comme des membranes détachées de la surface des corps et qui voltigent çà et là dans les airs [...]. Je dis donc que de la surface de tous les corps émanent des effigies, des figures déliées, auxquelles conviennent les noms de membranes ou d'écorce, parce qu'elles ont la même apparence et la même force que les corps dont elles s'échappent pour se répandre dans les airs...

Lucrèce, *De la nature*, IV.

Morale

L'épicurisme, en vertu de ces principes, refuse tout providentialisme.

28

Dire que les dieux ont voulu établir en faveur des hommes l'ordre merveilleux qui règne dans la nature, que ce travail admirable exige nos hommages, et croire à cet ouvrage immortel ; soutenir que c'est un crime d'ébranler par des arguments impies les bases de l'édifice indestructible que la sagesse divine a construit, cela, Memmius, est une folie. En vérité quel profit notre reconnaissance pourrait-elle apporter à ces êtres immortels et fortunés pour les amener à faire de nos plaisirs le but de leurs travaux ? Tranquilles de toute éternité, après un si long temps d'oisiveté, qui aurait pu leur inspirer une vie active si différente de la première ? La nouveauté ne plaît qu'à ceux dont le sort est malheureux, mais ces êtres immortels, n'ayant jamais connu l'infortune, dont la vie se passait dans une sérénité perpétuelle, comment auraient-ils pu se laisser prendre à l'attrait de la nouveauté ? Dira-t-on qu'ils languissent dans l'horreur des ténèbres et qu'une sombre tristesse les accablait jusqu'au moment où brilla l'éclat de la nature naissante ? Quel malheur y aurait-il eu à ce que nous ne fussions pas nés ? Celui qui est entré dans la vie doit désirer y rester tant que la volupté la rend supportable, mais l'être qui est dans le néant peut-il regretter la lumière et les plaisirs qu'il ne connaît pas ?

Où donc les dieux du monde auraient-ils pris, d'ailleurs, l'idée et le plan de la construction du monde et même de la race humaine ? Comment ont-ils su ce qu'ils voulaient faire, et l'ont-ils vu dans leur pensée ? Comment auraient-ils connu la force inhérente aux atomes, de quelle manière ils pouvaient se combiner, si la nature ne leur eût donné un modèle de création ? Car depuis une infinité de siècles, les éléments innombrables de la matière, heurtés dans tous les sens, entraînés par leur propre poids, se sont assemblés de toutes les manières, essayant toutes les combinaisons capables de créer les êtres, de sorte qu'il n'est pas surprenant qu'ils aient rencontré à la fin l'ordre et le mouvement qui enfantèrent le monde, et qui le renouvellent tous les jours.

Quand même la puissance créatrice des éléments ne me serait pas connue, je n'en serais pas moins décidé à affirmer, par un grand nombre d'autres raisons, que la nature n'est pas l'œuvre des dieux, tant elle se montre défectueuse !

Lucrèce, *De la nature*, V.

Par suite le bonheur, aux yeux d'un épicurien, ne peut consister que dans le plaisir.

29

Je ne conçois pas en quoi peut consister le bonheur, je ne comprends plus le vrai bien, si j'écarte les plaisirs que produit le goût, si j'écarte ceux que le chant procure à l'ouïe, si j'écarte les impressions agréables que la beauté des formes procure à la vue, si je retranche toutes les sensations qui nous viennent par les organes du corps. On ne peut pas dire que les plaisirs de l'âme soient les seuls biens désirables, car j'ai toujours vu l'âme heureuse de la perspective des choses que je viens de nommer et de l'espoir d'en jouir sans mélange et sans douleur [...].

J'ai souvent demandé à ceux qu'on appelle les sages ce qu'il leur resterait des biens si les plaisirs des sens étaient retranchés. Je n'ai jamais pu obtenir de leur part que de vaines paroles.

Épicure, *Sentences* citées par Cicéron, dans les *Tusculanes*, III, 18.

Toutefois, il faut distinguer différentes sortes de plaisir.

30

Nous disons que le plaisir est le commencement et la fin de la vie heureuse. C'est lui en effet que nous avons reconnu comme bien principal et conforme à notre nature, c'est de lui que nous partons pour déterminer ce qu'il faut choisir et ce qu'il faut éviter, et c'est à lui que nous avons finalement recours lorsque nous nous servons de la sensation comme d'une règle pour apprécier tout bien qui s'offre. Or, précisément parce que le plaisir est notre bien principal et inné, nous ne recherchons pas tout plaisir ; il y a des cas où nous passons par-dessus beaucoup de plaisirs s'il en résulte pour nous de l'ennui. Il y a, d'autre part, beaucoup de douleurs que nous jugeons préférables aux plaisirs, ce qui arrive lorsque, des souffrances que nous avons endurées pendant longtemps, il résulte pour nous un plaisir plus élevé. Tout plaisir est ainsi, de par sa nature propre, un bien, mais tout plaisir ne doit pas être recherché ; pareillement, toute douleur est un mal, mais toute douleur ne doit pas être évitée à tout prix.

Épicure, *Lettre à Ménécée.*

Parmi les désirs il y en a qui sont naturels et nécessaires, d'autres qui sont naturels mais non nécessaires, d'autres enfin qui ne sont ni naturels ni nécessaires, mais des produits d'une vaine opinion.

Épicure, *Maximes.*

Et cette distinction conduit l'épicurien à une espèce d'ascétisme (refus des vains plaisirs, culte de la sagesse, de l'amitié, de l'art et de la science, mépris de la mort).

31

Pour qui règle sa vie d'après la vraie sagesse, la suprême richesse est de savoir vivre content de peu, de posséder l'égalité d'âme. De ce peu, en effet, il n'y a jamais de manque. Mais les hommes recherchent la puissance et les dignités, espérant donner ainsi à leur fortune une base solide. Ils s'imaginent que le chemin de la richesse est celui du bonheur, et qu'on ne peut être heureux sans elle. Mais que leur attente est vaine ! Que cette route est périlleuse ! A peine se croient-ils au faîte, que l'envie, comme la foudre, les précipite souvent, voués au mépris, dans les abîmes du Tartare. Laissez donc les mortels superbes suer sang et eau pour arriver au pouvoir. Ils oublient que les sentiers de l'ambition sont étroits et escarpés. Ils ne jugent que par autrui, s'en rapportent moins à leur propre sentiment qu'à celui des autres. Telle a été dans le passé la conduite des hommes élevés en dignité ; telle elle est aujourd'hui ; telle elle sera demain. Ils oublient que l'envie, semblable à la foudre, frappe presque toujours les sommets et les points plus élevés que les autres.

Lucrèce, *De la nature*, V.

De tous les biens que la sagesse nous procure pour le bonheur de toute notre vie celui de l'amitié est de beaucoup le plus grand.

Épicure, *Maximes*.

Les grandes joies proviennent de la contemplation des belles œuvres.

Démocrite, *Pensées*.

Dans toutes les autres occupations, la jouissance vient à la suite des travaux accomplis avec effort, mais en philosophie le plaisir est simultané à la connaissance. Ce n'est pas, en effet, après la recherche que nous éprouvons de la joie, mais pendant la recherche même.

Épicure, *Maximes*.

Familiarise-toi avec l'idée que la mort n'est rien relativement à nous, car tout bien et tout mal résident dans la sensation ; or la mort est la privation complète de cette dernière. Cette connaissance certaine que la mort n'est rien relativement à nous a pour conséquence que nous apprécions mieux les joies que nous offre la vie éphémère, parce qu'elle n'y ajoute pas une durée illimitée, mais nous ôte au contraire le désir d'immortalité. En effet, il n'y a plus d'effroi dans la vie pour celui qui a réellement compris que la mort n'a rien d'effrayant. Il faut ainsi considérer comme un sot celui qui dit que nous craignons la mort, non pas parce qu'elle nous afflige quand elle arrive, mais parce que nous souffrons déjà à l'idée qu'elle arrivera un jour. Car si une chose ne nous cause aucun trouble par sa présence, l'inquiétude qui est attachée à son attente est sans fondement. Ainsi, celui des maux qui nous fait le plus frémir n'est rien relativement à nous, puisque tant que nous existons la mort n'est pas, et que quand la mort est là nous ne sommes plus. La mort n'a, par conséquent, aucun rapport ni avec les vivants ni avec les morts, étant donné qu'elle n'est rien pour les premiers et que les derniers ne sont plus rien pour elle.

Épicure, *Lettre à Ménécée*.

LES STOÏCIENS

Le fondateur du stoïcisme ou École du Portique fut Zénon de Cittium (336-264). Ses successeurs immédiats furent Cléanthe (331-232) et Chrysippe (282-209). Nous connaissons surtout la philosophie stoïcienne à travers des auteurs romains : Sénèque (mort en 65 ap. J.-C.), Épictète (esclave affranchi, 1er siècle), Marc-Aurèle (empereur de 161 à 180).

Le fatalisme

Les stoïciens s'opposent aux épicuriens et notamment ils pensent que le monde est strictement gouverné par les dieux et que tout ce qui arrive est donc fatal. C'est ce que dit Sénèque qui exprime ainsi la doctrine stoïcienne :

32

Je sais que toutes choses découlent d'une loi imprescriptible et établie pour l'éternité. Les destins nous conduisent et la quantité de temps qui reste à chacun est arrêtée dès la première heure de la naissance. La cause dépend de la cause ; un long enchaînement de choses entraîne les événements privés et publics. Il faut donc tout accepter courageusement, puisque toutes choses ne sont pas, comme nous le figurons, des hasards, mais des effets.

Sénèque, *De Providentia*, V.

Liberté du jugement

L'homme est pourtant maître de ses opinions ; les événements ne dépendent pas de lui, mais il reste libre de ses jugements. L'empereur Marc-Aurèle dit, en effet :

33

Je peux du moins m'empêcher de juger, et par conséquent d'être troublé ; car les objets extérieurs n'ont pas la vertu de produire en nous des jugements [...].

Si quelque objet du dehors te chagrine, ce n'est pas lui qui cause ton chagrin, c'est le jugement que tu en portes, et il ne tient qu'à toi de l'effacer sur le champ de ton âme [...].

Puisqu'il est vrai que les choses dont le désir ou la crainte te troublent ne s'approchent pas de ton âme, et que c'est au contraire ton âme qui, en quelque sorte, s'approche d'elles par l'opinion qu'elle s'en forme, arrête donc cette opinion. Les objets resteront immobiles ; on ne te verra plus les désirer ni les craindre [...].

Tout n'est qu'opinion, et l'opinion dépend de toi : chasse-là, tu en es libre ; et comme le navigateur qui a doublé un cap, tu trouveras un temps serein, de la stabilité, un golfe uni et calme [...].

Ton mal n'est pas dans l'esprit d'un autre ni dans le changement et l'altération de ce qui enveloppe le tien. Où est-il donc ? Il est dans la partie de toi-même qui a jugé des maux. Qu'elle ne juge donc plus, et tout ira bien. Quoique le corps, si voisin de cette partie, soit coupé, brûlé, ulcéré, en pourriture, qu'elle reste tranquille ; ou plutôt qu'elle juge que ce qui arrive également à un homme vertueux et à un méchant n'est ni bon ni mauvais pour elle [...].

Que ton guide, la partie dominante de ton âme, reste inébranlable, malgré les impulsions douces ou rudes que la chair éprouve. Qu'au lieu de se confondre avec la chair, elle se renferme chez elle, et qu'elle confine les passions au corps [...].

Je peux affranchir ma vie de toute souffrance, et la passer dans la plus grande satisfaction de cœur, quand même les hommes viendraient, à grands cris, me charger de tous les outrages dont ils pourraient s'aviser, quand même les bêtes féroces viendraient mettre en pièces les membres de cette masse de boue qui m'enveloppe. Car, dans tous les cas, qu'est-ce qui empêche mon entendement de se maintenir dans un état paisible, de juger au vrai de ce qui se passe autour de lui, et de tourner promptement à son usage ce qui se présente ? Mon jugement ne peut-il pas dire à l'accident : Tu n'es au fond que cela, quoique l'opinion te fasse paraître autre chose ? Mon âme exercée ne peut-elle pas dire à l'accident : Je te cherchais, car dans tout ce qui se passe, je trouve, comme être raisonnable et sociable, occasion de pratiquer la vertu, d'exercer cet art qui convient à l'homme et à la divinité ? En effet, tout ce qui arrive est propre à me rapprocher, ou de Dieu, ou de l'homme.

Marc-Aurèle, *Pensées*.

Providentialisme

Mais il ne faut pas oublier que tout ce qui nous arrive nous est envoyé par les dieux qui sont bons.

34

Les œuvres des dieux sont pleines de providence. Les événements fortuits ne sont pas en dehors de la nature, c'est-à-dire de cet ordre dont la Providence règle l'enchaînement et le concert. C'est de la Providence que découlent toutes choses. A ce principe se rattachent et la nécessité, et ce qui est utile à l'harmonie de l'univers dont tu es une partie. Le bien, pour chaque partie de la nature, c'est ce qui est conforme au plan de tout l'ensemble, et ce qui tend à la conservation de ce plan.

Or, l'harmonie du monde se conserve à la fois, et par les changements des éléments, et par ceux des êtres qui en sont composés. Que cela te suffise ; que ce soient là pour toi les seules vérités [...].

C'est pour un bien que la nature est forcée d'agir comme elle fait.

Tout ce qui arrive, arrive justement. C'est ce que tu reconnaîtras, si tu observes attentivement les choses. Je ne dis pas seulement qu'il y a un ordre de succession marqué, mais que tout suit la loi de la justice et dénote un être qui distribue les choses selon le mérite. Prends-y donc bien garde [...].

L'esprit de l'univers aime l'union, l'harmonie des choses : il a donc fait les êtres inférieurs en vue des supérieurs ; il a uni les supérieurs entre eux par de mutuels liens. Tu vois comment il a établi la subordination, la combinaison dans toutes choses ; comment à chaque être il a fait sa part suivant son mérite ; comment enfin il a enchaîné dans un concert mutuel les êtres supérieurs.

Marc-Aurèle, *Pensées*.

Morale

Il en résulte que l'essentiel de la morale consiste à vivre selon la nature c'est-à-dire à se soumettre à l'ordre divin. Cela suppose que l'on se rende maître de soi pour ne s'attacher qu'aux vrais biens, supporter les autres hommes et ne pas redouter la mort.

35

A tout ce qui t'arrive, soumets-toi de bon gré, quelque dur que cela te paraisse, comme à une chose qui a pour résultat la santé du monde [...]. Car Zeus ne nous l'eût point envoyé, s'il n'y eût vu l'intérêt de l'univers.

Voilà donc deux raisons pour lesquelles il te faut aimer ce qui t'arrive : l'une, que c'est pour toi que la chose s'est faite, et qu'elle était ordonnée pour toi [...] ; l'autre, que même ce qui arrive à chaque homme en particulier est cause du succès, de l'accomplissement des vues de Celui qui gouverne l'univers...

Marc-Aurèle, *Pensées.*

Il y a des choses qui dépendent de nous, et des choses qui n'en dépendent pas. Celles qui dépendent de nous sont nos opinions, nos penchants, nos désirs, nos répugnances, en un mot tout ce qui est notre propre ouvrage. Celles qui ne dépendent pas de nous sont le corps, la richesse, les honneurs, le pouvoir, en un mot tout ce qui n'est pas notre ouvrage.

Épictète, *Manuel.*

Les hommes sont faits les uns pour les autres ; corrige-les, ou supporte-les.

Marc-Aurèle, *Pensées.*

Laissons la faute d'autrui là où elle est.

Marc-Aurèle, *Pensées.*

Il faut vivre, en te conformant à la nature, ce qui te reste encore de vie, comme si déjà tu étais mort, comme si la vie ne devait pas dépasser cet instant [...].

Recevoir sans fierté, quitter sans regret [...].

En toute occasion, règle chacune de tes actions et de tes pensées comme si tu étais sur le point de quitter la vie. Disparaître de ce monde, ce n'est pas bien redoutable s'il y a des dieux, car ils ne te feront aucun mal ; ou s'il n'y en a pas ou qu'ils ne s'occupent pas des choses humaines, quel intérêt ai-je à vivre dans un monde sans Providence et sans dieux ? Mais certes il y a des dieux...

La mort met fin au combat que les sens nous livrent ; c'est le repos qui succède à la violence des passions, c'est la fin de l'esclavage de notre intelligence qui échappe à la servitude que la chair nous impose.

Ne maudis pas la mort : fais-lui bon accueil, comme étant voulue par la nature. La dissolution de notre être est un fait aussi naturel que la jeunesse, la vieillesse, la croissance, la pleine maturité, la pousse des dents. Il convient au sage de ne témoigner en ce qui concerne la mort ni crainte, ni dédain, ni indignation, mais de l'attendre comme étant l'une des opérations de la nature.

Marc-Aurèle, *Pensées.*

LE SCEPTICISME

Le fondateur du scepticisme est Pyrrhon d'Élis (365-275). Mais on trouve le scepticisme sous sa forme la plus radicale chez Énésidème (Ier siècle ap. J.-C.) et Sextus Empiricus (fin du IIe - début du IIIe siècle), auteur des *Hypotyposes pyrrhoniennes.*

Les arguments sceptiques

On appelle « tropes » les arguments par lesquels les sceptiques soutenaient qu'on doit suspendre tout jugement. Voici les cinq principaux tropes résumés par Sextus Empiricus :

36

Le premier a trait au désaccord : nous trouvons que, sur une proposition qu'on nous met sous les yeux, il y a dans la vie et chez les philosophes un désaccord qu'on ne peut trancher ; et par suite, faute de pouvoir préférer ou repousser, nous aboutissons à la suspension du jugement. Le deuxième, c'est la régression à l'infini : nous disons que la preuve qu'on apporte pour garantir la proposition a besoin d'une autre preuve, et celle-ci d'une autre, à l'infini ; aussi, puisque nous ne savons où commencer le raisonnement, la suspension du jugement est-elle la conséquence naturelle. Le troisième est tiré de la relativité : l'objet apparaît tel ou tel selon celui qui juge et selon les concomitants de l'observation, mais nous nous abstenons de juger ce qu'il est par nature. Le quatrième mode est celui du postulat ou de la position de base : rejetés à l'infini, les Dogmatiques prennent un point de départ qu'ils ne prouvent pas, mais auquel ils jugent digne de donner leur assentiment absolument et sans démonstration. Le cinquième mode est celui du cercle vicieux (diallèle) : ce qui doit confirmer la chose en question a besoin d'être prouvé précisément par la chose en question ; aussi, ne pouvant prendre ni l'un ni l'autre pour trouver l'autre, nous abstenons-nous de juger de l'un et de l'autre. Il est possible de ramener à ces modes tout ce qui est en question.

Hypotyposes pyrrhoniennes.

PLOTIN

204-270

Élève du philosophe platonicien Ammonius, sa philosophie est un mysticisme inspiré de Platon et très proche du christianisme.

Œuvres : *Les Ennéades.*

De la procession à l'extase

De l'Un, principe suprême, naît l'Intelligence d'où naît l'Âme (procession). Mais l'homme peut retrouver l'Un en s'unissant à lui dans l'Extase.

37

Il faut que, contemplant cet Un qui est en lui-même comme à l'intérieur d'un sanctuaire et qui reste immobile au-delà de tout, nous contemplions les images stables qui tendent déjà vers l'extérieur, ou plutôt la première image qui s'est manifestée ; et elle est apparue de la manière suivante : pour tout mobile, il faut assigner un terme vers quoi il se meut ; comme il n'y a rien de pareil pour l'Un, posons qu'il ne se meut pas, mais que si une chose vient après lui, elle ne peut venir à l'existence que s'il est éternellement tourné vers lui-même... Si donc il y a un second terme après lui, il faut qu'il existe sans que l'Un se meuve, sans qu'il y incline, sans qu'il le veuille et, en un mot, sans aucun mouvement. De quelle manière donc ? et que faut-il concevoir autour de lui, s'il reste immobile ? Un rayonnement qui vient de lui, de lui qui reste immobile, comme la lumière resplendissante qui environne le soleil naît de lui, bien qu'il soit toujours immobile. Tous les êtres d'ailleurs, tant qu'ils subsistent, produisent nécessairement autour d'eux, de leur propre essence, une réalité qui tend vers l'extérieur et dépend de leur pouvoir actuel ; cette réalité est comme une image des êtres dont elle est née ; ainsi le feu fait naître de lui la chaleur ; et la neige ne garde pas en elle-même tout son froid. Les objets odorants surtout en sont la preuve : tant qu'ils existent, il vient d'eux tout alentour une émanation, réalité véritable dont jouit tout le voisinage. De plus, tous les êtres arrivés à l'état de perfection engendrent ; donc l'être toujours parfait engendre toujours ; il engendre un objet éternel, et il engendre un être moindre que lui. Que faut-il donc dire de l'être très parfait ? Rien ne vient de lui que ce qu'il y a de plus grand auprès de lui. Mais cc qu'il y a dc plus grand après lui, c'est l'Intelligence, qui est le second terme. En effet, l'Intelligence voit l'Un et n 'a besoin que de lui ; mais lui n'a pas besoin d'elle. Ce qui naît du terme supérieur à l'Intelligence, c'est l'Intelligence ; et l'Intelligence est supérieure à toutes choses parce que les autres choses viennent après elle ; par exemple, l'Âme est le verbe et l'acte de l'Intelligence, comme elle est elle-même le verbe et l'acte de l'Un. Mais le verbe de l'Âme est indistinct ; en effet, comme image de l'Intelligence, elle doit regarder vers l'Intelligence ; et de même l'Intelligence vers l'Un, afin d'être Intelligence. Et elle le voit sans en être séparée, parce qu'elle est après lui et qu'il n'y a rien entre eux, comme il n'y a rien entre l'Âme et l'Intelligence [...].

L'Un n'est aucune des choses qui sont en l'Intelligence ; mais de lui viennent toutes choses. Et c'est pourquoi ces choses sont des essences ; car chacune d'elles a une limite et comme une forme ; l'être ne peut appartenir à l'illimité ; l'être doit être fixé dans une limite déterminée et dans un état stable ; cet état stable, pour les intelligibles, c'est la définition et la forme, d'où ils tirent aussi leur réalité. L'Intelligence dont nous parlons est digne d'être engendrée par le plus pur des principes et de ne pas naître d'ailleurs que du premier principe ; une fois produite, elle engendre avec elle tous les êtres,toute la beauté des Idées et tous les dieux intelligibles. Mais, pleine des êtres qu'elle a engendrés, elle les engloutit en quelque sorte en les retenant en elle-même et les empêche de tomber dans la matière et de croître auprès de Rhéa. Selon l'interprétation des mystères et des mythes relatifs aux dieux, avant Zeus vient Cronos, le dieu très sage qui reprend toujours en lui les êtres qu'il engendre, si bien que l'intelligence en est pleine et rassasiée ; mais ensuite, une fois rassasié, on dit qu'il engendre Zeus ; de même l'Intelligence engendre l'Âme, quand elle arrive à son point de perfection [...]. Le produit de l'Intelligence est un Verbe, et la réflexion discursive est en réalité subsistante. Elle est l'être qui se meut autour de l'Intelligence, la lumière de l'Intelligence, la trace qui lui reste attachée [...].

Nous ne nous étonnerons pas de voir complètement affranchi de toute forme, même intelligible, l'objet qui produit cet immense désir : dès que l'âme s'enflamme d'amour pour lui, elle se dépouille de toutes ses formes et même de la forme de l'intelligible qui était en elle ; elle ne peut ni le voir ni s'ajuster à lui, si elle continue à s'occuper de n'importe quel objet ; elle ne doit rien garder pour elle, ni bien, ni mal, afin de le recevoir seule à seul. Supposons que l'âme ait la chance qu'il vienne vers elle ou plutôt que sa présence se manifeste à elle lorsqu'elle s'est détournée des choses présentes et lorsqu'elle s'est préparée en se faisant aussi belle et aussi semblable à lui que possible, préparation et arrangement intérieurs bien connus de ceux qui les pratiquent : alors elle le voit subitement apparaître en elle ; rien entre elle et lui ; ils ne sont plus deux, mais les deux ne font qu'un ; plus de distinction possible tant qu'il est là (voyez-en l'image ici-bas chez l'amant qui veut se confondre avec l'aimé) ; elle ne sent plus son corps parce qu'elle est en lui ; elle ne dit plus qu'elle est un homme, un être animé, un être ou quoi que ce soit ; contempler de tels objets, ce serait rompre l'uniformité de son état, et elle n'en a ni le loisir ni la volonté. Elle le cherche, va au-devant de lui quand il se présente et voit non plus elle, mais lui. Qui est-elle donc pour voir ? C'est ce qu'elle n'a pas le loisir de considérer. Elle n'échangerait rien contre lui, lui promît-on le ciel tout entier, parce qu'elle sait bien qu'il n'y a rien de meilleur et de préférable à lui ; elle ne peut monter plus haut et les autres choses, si hautes qu'elles soient, la forceraient à descendre. En cet état, elle peut juger et connaître que c'est bien là ce qu'elle désirait, et elle peut affirmer qu'il n'y a rien au-dessus. Là-bas, pas d'erreur possible : où trouver plus vrai que le vrai ? ... Elle ne craint aucun mal, tant qu'elle est avec lui et qu'elle le voit. Et si autour d'elle tout était détruit, elle y consentirait volontiers, afin d'être près de lui seule à seul : tel est l'excès de sa joie. [...] L'Intelligence doit donc avoir deux pouvoirs, celui de penser, pour voir ce qui est en elle, et celui de voir ce qui est au-delà d'elle-même : c'est une intuition qui reçoit son objet. D'abord l'âme le voit seulement ; puis, en le voyant, elle devient intelligence et s'unit à lui. Le premier de ces pouvoirs est l'acte de contempler qui appartient à une intelligence sage ; le second, c'est l'intelligence qui aime. Hors d'elle-même et enivrée de nectar, elle devient intelligence aimante en se simplifiant pour arriver à cet état de plénitude heureuse : et une telle ivresse vaut mieux pour elle que la sobriété [...].

Telle est la vie des dieux et des hommes divins et bienheureux : s'affranchir des choses d'ici-bas, s'y déplaire, fuir seul vers lui seul.

Ennéades, Les Belles Lettres.

LE CHRISTIANISME

La philosophie chrétienne se trouve non seulement chez les Pères de l'Église, mais aussi dans les textes mêmes qui sont le fondement de la religion, c'est-à-dire dans le Nouveau Testament.

La transfiguration des valeurs

C'est sans doute dans le Sermon sur la montagne que l'on voit le mieux apparaître ce qui fait l'originalité de l'enseignement du Christ.

38

Or, Jésus, voyant le peuple, monta sur une montagne ; et s'étant assis, ses disciples s'approchèrent de lui ; et ouvrant sa bouche, il les enseignait, en disant :

Heureux les pauvres en esprit : car le royaume des cieux est à eux. Heureux ceux qui sont dans l'affliction ; car ils seront consolés. Heureux les débonnaires, car ils hériteront de la terre. Heureux ceux qui ont faim et soif de la justice ; car ils seront rassasiés. Heureux les miséricordieux ; car ils obtiendront la miséricorde. Heureux ceux qui ont le cœur pur ; car ils verront Dieu. Heureux ceux qui procurent la paix ; car ils seront appelés enfants de Dieu. Heureux ceux qui sont persécutés pour la justice ; car le royaume des cieux est à eux. Vous serez heureux lorsqu'à cause de moi on vous dira des injures, qu'on vous persécutera, et qu'on dira faussement contre vous toute sorte de mal. Réjouissez-vous alors, et tressaillez de joie, parce que votre récompense sera plus grande dans les cieux ; car on a ainsi persécuté les prophètes qui ont été avant vous.

Vous êtes le sel de la terre ; mais si le sel perd sa saveur, avec quoi la lui rendra-t-on ? Il ne vaut rien qu'à être jeté dehors, et à être foulé aux pieds par les hommes. Vous êtes la lumière du monde : une ville située sur une montagne ne peut être cachée ; et on n'allume point une chandelle pour la mettre sous un boisseau, mais on la met sur un chandelier ; et elle éclaire tous ceux qui sont dans la maison. Que votre lumière luise ainsi devant les hommes, afin qu'ils voient vos bonnes œuvres et qu'ils glorifient votre Père qui est dans les Cieux [...].

Vous avez entendu qu'il a été dit aux anciens : Tu ne commettras point l'adultère. Mais moi je vous dis que quiconque regarde une femme pour la convoiter, il a déjà commis l'adultère avec elle dans son cœur. Que si ton œil droit te fait tomber dans le péché, arrache-le, et jette-le loin de toi ; car il vaudra mieux pour toi qu'un de tes membres périsse, que si tout ton corps était jeté dans la géhenne. Et si ta main droite te fait tomber dans le péché, coupe-la, et jette-la loin de toi ; car il vaut mieux pour toi qu'un de tes membres périsse, que si tout ton corps était jeté dans la géhenne.

Vous avez encore entendu qu'il a été dit aux anciens : Tu ne te parjureras point, mais tu t'acquitteras envers le Seigneur de ce que tu auras promis avec serment. Mais moi je vous dis : Ne jurez point du tout ; ni par le ciel, car c'est le trône de Dieu ; ni par la terre, car c'est son marchepied ; ni par Jérusalem, car c'est la ville du grand Roi. Ne jure pas non plus par ta tête ; car tu ne peux faire devenir un seul cheveu blanc ou noir. Mais que votre parole soit : Oui, oui. Non, non ; ce qu'on dit de plus vient du malin.

Vous avez entendu qu'il a été dit : Œil pour œil, et dent pour dent. Mais moi je vous dis de ne pas résister à celui qui vous fait du mal ; mais si quelqu'un te frappe à la joue droite, présente-lui aussi l'autre ; et si quelqu'un veut plaider contre toi, et t'ôter ta robe, laisse-lui encore l'habit ; et si quelqu'un te veut contraindre d'aller une lieue avec lui, vas-en deux. Donne à celui qui te demande, et ne te détourne point de celui qui veut emprunter de toi.

Vous avez entendu qu'il a été dit : Tu aimeras ton prochain, et tu haïras ton ennemi. Mais moi je vous dis : Aimez vos ennemis, bénissez ceux qui vous maudissent ; faites du bien à ceux qui vous haïssent et priez pour ceux qui vous outragent et qui vous persécutent ; afin que vous soyez enfants de votre Père qui est dans les cieux ; car il fait lever son soleil sur les méchants et sur les bons, et il fait pleuvoir sur les justes et sur les injustes. Car si vous n'aimez que ceux qui vous aiment quelle récompense en aurez-vous ? [...].

Soyez donc parfaits, comme votre Père qui est dans les cieux est parfait [...].

Ne vous amassez pas de trésors sur la terre, où les vers et la rouille gâtent tout, et où les larrons percent et dérobent ; mais amassez-vous des trésors dans le ciel, où les vers ni la rouille ne gâtent rien, et où les larrons ne percent ni ne dérobent point ; car où est votre trésor, là sera aussi votre cœur.

L'œil est la lumière du corps : si donc ton œil est mauvais, tout ton corps sera ténébreux. Si donc la lumière qui est en toi n'est que ténèbres, combien seront grandes ces ténèbres !

Nul ne peut servir deux maîtres ; car, ou il haïra l'un, et aimera l'autre ; ou il s'attachera à l'un et méprisera l'autre ; vous ne pouvez servir Dieu et Mammon. C'est pourquoi je vous dis : ne soyez point en souci pour votre vie, de ce que vous mangerez, ou de ce que vous boirez ; ni pour votre corps, de quoi vous serez vêtus. La vie n'est-elle pas plus que la nourriture, et le corps plus que le vêtement ? Regardez les oiseaux du ciel ; car ils ne sèment, ni ne moissonnent, ni n'amassent rien dans les greniers, et votre Père céleste les nourrit. N'êtes-vous pas beaucoup plus excellents qu'eux ? Et qui est-ce d'entre vous qui par son souci puisse ajouter une coudée à sa taille ? Et pour ce qui est du vêtement, pourquoi en êtes-vous en souci ? Apprenez comment les lis des champs croissent ; ils ne travaillent, ni ne filent. Cependant je vous dis que Salomon même, dans toute sa gloire, n'a point été vêtu comme l'un d'eux. Si donc Dieu revêt ainsi l'herbe des champs qui est aujourd'hui, et qui demain sera jetée dans le four, ne vous revêtira-t-il pas beaucoup plutôt, ô gens de petite foi ? Ne soyez donc point en souci, disant : Que mangerons-nous ? que boirons-nous ? ou de quoi serons-nous vêtus ? Car ce sont les païens qui recherchent toutes ces choses ; et votre Père céleste sait que vous avez besoin de toutes ces choses-là. Mais cherchez premièrement le royaume de Dieu et sa justice, et toutes ces choses vous seront données par-dessus. Ne soyez donc point en souci pour le lendemain ; car le lendemain aura soin de ce qui le regarde. A chaque jour suffit sa peine [...].

Ne jugez point, afin que vous ne soyez point jugés ; car on vous jugera du même jugement que vous aurez jugé ; et on vous mesurera de la même mesure que vous aurez mesuré les autres. Et pourquoi regardes-tu une paille qui est dans l'œil de ton frère, tandis que tu ne vois pas une poutre qui est dans ton œil ? Ou comment dis-tu à ton frère : Permets que j'ôte cette paille de ton œil, toi qui as une poutre dans le tien ? Hypocrite ! ôte premièrement de ton œil la poutre, et alors tu penseras à ôter la paille hors de l'œil de ton frère. Ne donnez point les choses saintes aux chiens, et ne jetez point vos perles devant les pourceaux, de peur qu'ils ne les foulent à leurs pieds, et que, se tournant, ils ne vous déchirent. Demandez, et on vous donnera ; cherchez et vous trouverez ; heurtez, et on vous ouvrira. Car quiconque demande, reçoit ; et qui cherche, trouve ; et l'on ouvre à celui qui heurte [...].

Entrez par la porte étroite ; car la porte large et le chemin spacieux mènent à la perdition, et il y en a beaucoup qui y entrent ; mais la porte étroite et le chemin étroit mènent à la vie, et il y en a peu qui le trouvent. Gardez-vous des faux prophètes, qui viennent à vous en habits de brebis, mais qui au dedans sont des loups ravissants. Vous les reconnaîtrez à leurs fruits. Cueille-t-on des raisins sur des épines, ou des figues sur des chardons ? Ainsi tout arbre qui est bon porte de bons fruits, mais un mauvais arbre porte de mauvais fruits. Un bon arbre ne peut porter de mauvais fruits, ni un mauvais arbre porter de bons fruits. Tout arbre qui ne porte point de bon fruit est coupé et jeté au feu. Vous les connaîtrez donc à leurs fruits [...].

Quiconque donc entend ces paroles que je dis, et les met en pratique, je le comparerai à un homme prudent qui a bâti sa maison sur le roc ; et la pluie est tombée, et les torrents se sont débordés ; et les vents ont soufflé, et sont venus fondre sur cette maison-là ; elle n'est point tombée, car elle était fondée sur le roc. Mais quiconque entend ces paroles que je dis, et ne les met pas en pratique, sera comparé à un homme insensé qui a bâti sa maison sur le sable ; et la pluie est tombée, et les torrents se sont débordés, et les vents ont soufflé, et sont venus fondre sur cette maison-là ; elle est tombée et sa ruine a été grande.

Matthieu.

La charité

Il faut aimer son prochain comme soi-même parce que tous les hommes sont des créatures de Dieu et ainsi la charité devient la vertu essentielle.

39

Quand même je parlerais toutes les langues des hommes, et même des anges, si je n'ai point la charité, je ne suis que comme l'airain qui résonne, ou comme une cymbale qui retentit. Et quand même j'aurais le don de prophétie, et que je connaîtrais tous les mystères et la science de toutes choses ; et quand même j'aurais toute la foi, jusqu'à transporter les montagnes, si je n'ai point la charité, je ne suis plus rien. Et quand même je distribuerais tout mon bien pour la nourriture des pauvres, et que même je livrerais mon corps pour être brûlé, si je n'ai point la charité, cela ne me sert de rien.

La charité est patiente, elle est pleine de bonté ; la charité n'est point envieuse ; la charité n'est point insolente ; elle ne s'enfle point d'orgueil ; elle n'est point malhonnête ; elle ne cherche point son intérêt ; elle ne s'aigrit point ; elle ne soupçonne point le mal ; elle ne se réjouit point de l'injustice, mais elle se réjouit de la vérité ; elle excuse tout, elle croit tout, elle espère tout, elle supporte tout. La charité ne périt jamais.

Pour ce qui est des prophéties, elles seront abolies, et le don des langues cessera, et la connaissance sera anéantie ; car nous ne connaissons qu'imparfaitement, et nous ne prophétisons qu'imparfaitement ; mais quand la perfection sera venue, alors ce qui est imparfait sera aboli. Quand j'étais enfant, je parlais comme un enfant, je jugeais comme un enfant, je pensais comme un enfant ; mais lorsque je suis devenu homme, j'ai quitté ce qui tenait de l'enfant. Nous voyons présentement confusément et comme dans un miroir, mais alors nous verrons face à face ; présentement je connais imparfaitement, mais alors je connaîtrai comme j'ai été connu.

Maintenant donc ces trois choses demeurent : la foi, l'espérance et la charité ; mais la plus grande est la charité.

SAINT PAUL, *Première Épître aux Corinthiens.*

SAINT AUGUSTIN

354-430

Né d'une mère chrétienne (Sainte Monique), perdit la foi puis la retrouva. Baptisé en 337, évêque d'Hippone (Bône) en 396. Sa philosophie incorpore au christianisme l'enseignement de Platon et de Plotin.

Œuvres principales : *Les Confessions, La Cité de Dieu.*

La foi et la raison

Que la foi doive précéder la raison, dit saint Augustin, cela même est un enseignement de la raison. Philosophie et théologie ne peuvent se distinguer.

40

Tu m'écris qu'il faut saisir la Vérité par la foi plutôt que par la raison. D'après ce que tu dis, tu devrais préférer, et surtout à propos de la Trinité, question de foi par excellence, te contenter de suivre l'autorité des saints au lieu de m'en demander, à moi, de t'en donner, à force de raisons, l'intelligence. Quand je m'efforcerais de t'introduire dans l'intelligence de ce grand mystère – ce que je ne pourrai réussir qu'avec l'aide de Dieu – que ferais-je sinon t'en rendre raison, dans la mesure du possible ? Si donc tu te crois bien fondé de recourir à moi, ou à tout autre maître, pour comprendre ce que tu crois, corrige ta formule : il ne s'agit pas de rejeter la foi, mais de chercher à saisir par la lumière de la raison ce que tu possèdes déjà fermement par la foi.

Que Dieu nous garde de penser qu'il haïsse en nous ce en quoi il nous a créés supérieurs aux autres animaux ! A Dieu ne plaise que la foi nous empêche de recevoir ou de demander la raison de ce que nous croyons ! Nous ne pourrions pas même croire si nous n'avions pas des âmes raisonnables. Dans les choses qui appartiennent à la doctrine du salut et que nous ne pouvons pas comprendre encore, mais que nous comprendrons un jour, il faut que la foi précède la raison : elle purifie ainsi le cœur et le rend capable de recevoir et de supporter la lumière de la grande raison. Aussi est-ce la raison même qui parle par la bouche du Prophète quand il dit : Si vous ne croyez pas, vous ne comprendrez pas (Isaïe, VII, 9) ! Par où il distingue les deux choses, nous conseillant de commencer par croire, afin de pouvoir comprendre ce que nous croirons. Ainsi c'est la raison qui veut que la foi la précède (si ce que dit le Prophète n'était pas selon la raison, il serait contre, ce que Dieu nous garde de penser !). Si donc il est raisonnable que la foi précède la raison pour accéder à certaines grandes vérités, il n'est pas douteux que la raison même qui nous le persuade précède elle-même la foi : ainsi il y a toujours quelque raison qui marche devant.

Lettres 120. D'après MARROU, *Saint Augustin*, Ed. du Seuil.

Le Cogito

On a souvent rapproché le Cogito cartésien de la formule augustinienne : Si fallor, sum *(si je me trompe, j'existe).*

41

Car nous sommes, et nous connaissons que nous sommes, et nous aimons notre être et notre connaissance. Et nous sommes assurés de la vérité de ces trois choses. Car ce n'est pas comme les objets de nos sens qui nous peuvent tromper par un faux rapport. Je suis très certain par moi-même que je suis, que je connais et que j'aime mon être. Je n'appréhende point ici les arguments des Académiciens, ni qu'ils me disent : Mais vous vous trompez ! Car si je me trompe, je suis, puisque l'on ne peut se tromper si l'on n'est. Puisque donc je suis, moi qui me trompe, comment me puis-je tromper à croire que je suis, vu qu'il est certain que je suis si je me trompe ? Ainsi puisque je serais toujours moi qui serais trompé, quand il serait vrai que je me tromperais, il est indubitable que je ne me puis tromper lorsque je crois que je suis.

Cité de Dieu, XI, Ed. du Seuil.

Les deux cités

*« Deux amours ont bâti deux cités : l'amour de soi jusqu'au mépris de Dieu fit la cité terrestre ; l'amour de Dieu jusqu'au mépris de soi fit la cité céleste » (*Cité de Dieu, *XIV).*

42

Mais ceux qui ne vivent pas de la foi cherchent la paix de leur maison dans les biens et les commodités de cette vie ; au lieu que ceux qui vivent de la foi attendent les biens éternels de l'autre vie qui leur ont été promis, et se servent des temporels comme des voyageurs et des étrangers, non pour y mettre leur cœur et se détourner de Dieu auquel ils tendent, mais pour en être soulagés et se rendre en quelque façon plus supportable le poids de ce corps corruptible qui appesantit l'âme. Ainsi, il est vrai que l'usage des choses nécessaires à la vie est commun aux uns et aux autres dans le gouvernement de leur maison, mais la fin à laquelle ils rapportent cet usage est bien différente. Il en est de même de la Cité de la terre qui ne vit pas de la foi. Elle recherche la paix temporelle ; et c'est l'unique but qu'elle se propose dans la concorde qu'elle tâche d'établir parmi ses citoyens, qu'il y ait entre eux une union de volonté pour pouvoir jouir plus aisément du repos et des plaisirs. Mais la Cité céleste, ou plutôt cette partie de cette Cité qui est étrangère ici-bas et qui vit de la foi, ne se sert de cette paix que par nécessité, en attendant que tout ce qu'il y a de mortel en elle passe. Cela est cause que, tandis qu'elle est comme captive dans la Cité de la terre, où toutefois elle a déjà reçu les promesses de sa rédemption et le don spirituel comme un gage de ses promesses, elle ne fait point de difficulté d'obéir aux lois de cette Cité qui servent à régler les choses nécessaires à la vie ; afin que, comme elle lui est commune avec elle, il y ait pour ce regard une concorde réciproque entre les deux Cités. Mais parce que la Cité de la terre a eu certains Sages dont la sagesse est condamnée dans l'Écriture, qui, sur de fausses imaginations, ou trompés par les démons, croyaient qu'il se fallait rendre favorables plusieurs dieux comme présidant chacun sur diverses choses, l'un sur le corps, l'autre sur l'âme, et dans le corps même, celui-ci sur la tête, celui-là sur le cou, et ainsi des autres membres, et dans l'âme aussi, l'un sur l'esprit, l'autre sur la doctrine ou sur la colère, ou sur l'amour, pareillement dans les choses qui servent à la vie, celui-ci sur les troupeaux, cet autre sur les blés ou sur les vignes, et ainsi du reste ; et que d'autre côté la Cité céleste ne reconnaissait qu'un seul Dieu, et croyait qu'à lui seul était dû le culte de latrie, elle n'a pu avoir une religion commune avec la Cité de la terre, et a été obligée de disconvenir avec elle pour ce regard ; si bien qu'elle aurait été en danger d'être toujours exposée à la haine et aux persécutions de ses ennemis, s'ils n'eussent enfin été effrayés du nombre de ceux qui embrassaient son parti, et de la protection visible du ciel.

Tandis donc que cette Cité céleste voyage sur la terre elle attire à soi des citoyens de toutes les nations, et ramasse de tous les endroits du monde une société qui est étrangère comme elle ici-bas, sans se mettre en peine de la diversité des mœurs, du langage et des coutumes de ceux qui la composent, pourvu que cela ne les empêche point de servir le même Dieu. La Cité céleste use donc aussi pendant son pèlerinage de la paix temporelle, et des choses qui sont nécessairement attachées à notre nature mortelle ; elle est bien aise que les hommes vivent en bonne intelligence autant que la piété et la Religion le peut permettre ; et elle rapporte la paix terrestre à la céleste, qui est tellement la vraie paix, que la créature raisonnable n'en peut justement avoir d'autre et qui consiste dans une union très réglée et très parfaite pour jouir de Dieu, et pour jouir les uns des autres en Dieu. Lorsque nous en serons venus là, notre vie ne sera plus mortelle ni notre corps animal ; mais nous posséderons une vie immortelle, et un corps spirituel sans aucune indigence et parfaitement soumis à la volonté. Elle a cette paix ici-bas par la foi, lorsqu'elle rapporte à l'acquisition de cette paix tout ce qu'elle fait de bonnes œuvres en ce monde, tant à l'égard de Dieu, que du prochain, d'autant que la vie de la Cité est une vie de société.

Cité de Dieu, XIX, Ed. du Seuil.

SAINT ANSELME

1034-1109

Moine en Normandie, puis archevêque de Cantorbéry, a subi fortement l'influence de saint Augustin. Met la philosophie au service de la théologie (*philosophia ancilla theologiae*) et voit dans la raison un appui de la foi (*fides quaerens intellectum*).

Œuvres : *Monologium, Proslogium.*

La preuve ontologique

Discutée du vivant même d'Anselme par Gaunilon, cette preuve a priori sera reprise et transformée par Descartes.

43

Seigneur, nous croyons que tu es quelque chose tel que rien de plus grand ne peut être conçu. Une nature pareille n'existe-t-elle donc pas pour que « l'insensé ait dit dans son cœur : Il n'y a pas de Dieu » (Ps. XIII, 1) ? Mais certainement cet insensé lorsqu'il entend ce que je dis : « Quelque chose tel que rien de plus grand ne peut être pensé » comprend ce qu'il entend, – et ce qu'il comprend est dans son intelligence, même s'il ne comprend pas que cela existe. Lorsque le peintre élabore son œuvre, il l'a dans son esprit, mais il ne saisit pas encore l'existence de ce qu'il n'a pas encore réalisé. Mais, après l'avoir peint, il l'a dans son intelligence et il comprend aussi l'existence de ce qu'il a maintenant créé. L'insensé, lui aussi, doit concevoir qu'il y a au moins dans l'intelligence quelque chose tel qu'on ne peut rien concevoir de plus grand, puisqu'il l'entend et le comprend, et que tout ce qui est compris est dans l'intelligence. Mais certainement ce qui est tel que rien de plus grand ne peut être conçu, ne peut exister seulement dans l'intelligence. En effet, si cela existait seulement dans l'esprit, on pourrait le concevoir comme étant aussi dans la réalité : ce qui serait supérieur. Donc, si ce qui est tel qu'on ne peut rien concevoir de plus grand est seulement dans l'esprit, ce qui est tel qu'on ne peut rien concevoir de plus grand est quelque chose tel qu'on peut concevoir quelque chose de plus grand : ce qui est certainement impossible. Il existe donc, sans aucun doute, quelque chose tel qu'on ne peut rien concevoir de plus grand, et ce à la fois dans l'intelligence et dans la réalité [...]. Et cela, c'est toi, Seigneur notre Dieu : tu existes donc si réellement que tu ne pourrais pas être pensé comme n'existant pas.

Proslogium.

SAINT THOMAS

1227-1272

Dominicain, enseigna à Paris, à Rome et à Naples. S'inspire d'Aristote et pense que la philosophie a sa valeur en elle-même mais que la foi doit la consolider (*ratio confortata fide*).

Œuvre essentielle : *La Somme théologique.*

Le réalisme thomiste

L'être et la vérité ne font qu'un c'est-à-dire que la vérité est en Dieu sous forme de « raisons éternelles » d'après lesquelles toutes choses ont été formées et d'après lesquelles l'âme humaine connaît tout.

44

Lors donc qu'on demande si l'âme humaine peut connaître toutes choses dans leurs raisons éternelles, il faut répondre qu'une chose peut être dite connue en une autre en deux sens. En un sens, elle l'est comme dans l'objet connu, ainsi qu'on voit dans un miroir les choses dont les images se réfléchissent dans ce miroir. Dans l'état de la vie présente, l'âme est incapable de voir toutes choses de cette façon dans les raisons éternelles ; mais c'est de cette façon que les bienheureux connaissent tout dans les raisons éternelles, eux qui voient Dieu et toutes choses en lui. En un autre sens, on dit qu'une chose est connue en quelque chose, comme dans le principe de sa connaissance : c'est ainsi que nous dirions que l'on voit dans le soleil les choses que l'on perçoit grâce au soleil ; et c'est en ce sens qu'il faut dire que l'âme humaine connaît tout dans les raisons éternelles, grâce à la participation desquelles nous connaissons tout. En effet, cette lumière même de l'intelligence qui est en nous, n'est rien d'autre qu'une certaine ressemblance par participation à la Lumière incréée, en laquelle sont contenues les raisons éternelles [...].

De même que le Bien désigne ce vers quoi tend l'appétit, le Vrai désigne ce vers quoi tend l'intelligence. Mais il y a cette différence [...] que la fin de l'appétit (qui est le bien) est dans la chose appétible, tandis que la fin de l'intelligence (qui est le vrai) est dans l'intelligence elle-même. Mais [...], le vrai étant dans l'intelligence en tant qu'elle se conforme à la chose qu'elle saisit, il est nécessaire que le caractère du vrai déborde de l'intelligence sur la chose, si bien que cette chose est dite vraie en tant qu'elle est ordonnée en quelque façon à l'intelligence [...]. C'est pourquoi une chose quelconque est dite vraie absolument, en tant qu'ordonnée à l'intelligence dont elle dépend. De là vient que les choses qui sont les produits de l'art humain sont dites vraies en tant qu'ordonnées à notre intelligence : une maison est dite vraie quand elle est semblable à la forme qui est dans l'esprit de l'architecte ; un discours est dit vrai en tant qu'il est le signe d'une intelligence vraie. De même, les choses naturelles sont dites vraies en tant qu'elles sont semblables aux formes qui résident dans l'intelligence divine [...]. Ainsi donc, la vérité est primordialement dans l'intelligence, mais secondairement dans les choses en tant qu'elles sont rapportées à l'intelligence comme à leur principe.

D'après cela, on peut faire connaître ce qu'est la vérité de diverses façons. Augustin, dans le livre *De la vraie religion* (chap. 36), dit que « la vérité est ce par quoi est montré ce qui est ». Hilaire dit que le vrai, c'est l'être qui se déclare ou se manifeste. Ces définitions se rapportent à la vérité en tant qu'elle est dans l'intelligence. Mais, à la vérité de la chose en tant qu'ordonnée à l'intelligence, se rapportent la définition d'Augustin dans *De la vraie religion* (loc. cit.) : « La vérité est la plus haute similitude [de chaque chose] avec son principe, laquelle est sans aucune dissemblance » ; une définition d'Anselme (dans le *Dialogue sur la vérité*, chap. 1) : « La vérité est une rectitude constatable par l'esprit seul » (car la rectitude est la conformité au principe) ; et une définition d'Avicenne qui est telle : « La vérité de chaque chose est la propriété de son être tel qu'il lui a été attribué ». Quant à la définition que l'on donne souvent : que « la vérité est l'adéquation de la chose et de l'intelligence », elle peut s'appliquer à l'une et à l'autre.

Somme théologique. D'après CHENU, *Saint Thomas d'Aquin*, Ed. du Seuil.

Les preuves de l'existence de Dieu

Saint Thomas distingue « cinq voies » pour démontrer l'existence de Dieu.

45

On peut prouver que Dieu existe par cinq voies. La première voie et la plus manifeste est celle qui se tire du *mouvement*. Il est certain, et les sens le confirment, qu'il y a du mouvement dans le monde. Or tout ce qui est en mouvement est mû par autre chose : rien en effet n'est en mouvement qu'en tant qu'il est en puissance à l'égard de ce vers quoi il tend, tandis qu'une chose donne le mouvement en tant qu'elle est en acte. Mettre en mouvement n'est en effet rien d'autre que faire passer quelque chose de la puissance à l'acte. Mais rien ne peut être amené de la puissance à l'acte que par quelque être qui soit lui-même en acte : il en est ainsi de la chaleur en acte, le feu, qui fait que le bois, qui est chaud en puissance, le soit en acte et par là le change et l'altère. Or il n'est pas possible que la même chose soit à la fois en acte et en puissance en même temps et sous le même rapport, mais seulement sous des rapports différents : ce qui est chaud en acte ne peut en même temps être chaud en puissance, mais il est en même temps froid en puissance. Il est donc impossible que, sous le même rapport et de la même façon, quelque chose soit à la fois moteur et mû, autrement dit, qu'il se meuve soi-même. Donc tout ce qui est en mouvement doit être mû par autre chose. Si donc ce qui donne le mouvement est lui-même en mouvement, il faut qu'il soit mû par autre chose, et celle-ci par une autre. Mais il n'est pas possible de remonter ici à l'infini : car ainsi il n'y aurait pas de moteur premier, et par conséquent pas d'autre non plus, puisque les moteurs seconds ne donnent du mouvement qu'autant qu'ils sont mûs par un moteur premier, tout comme un bâton ne meut que parce qu'il est mû par la main. Il est donc nécessaire d'en venir à un premier moteur qui ne soit mû par aucun autre ; et ce premier moteur, tout le monde entend que c'est Dieu.

La seconde voie vient de la considération de la *cause efficiente*. Nous voyons en effet que, dans les êtres sensibles qui nous entourent, il y a un ordre des causes efficientes ; cependant on ne voit pas, et il n'est pas possible, qu'une chose soit cause efficiente d'elle-même ; car elle serait antérieure à elle-même, ce qui est impossible. Mais il n'est pas possible de remonter, dans les causes efficientes, à l'infini ; car, dans l'enchaînement de toutes les causes efficientes, le premier terme est cause de ce qui est intermédiaire, et le terme intermédiaire est cause du dernier, que les intermédiaires soient multiples ou seulement un. Or, si l'on supprime la cause, on supprime l'effet ; donc, s'il n'y avait pas un premier terme dans la série des causes efficientes, il n'y aurait ni dernier, ni intermédiaire. Mais, si l'on remonte à l'infini dans cette série, il n'y aura pas de première cause efficiente, et ainsi il n'y aura pas non plus d'effet dernier, ni de causes efficientes intermédiaires, ce qui est de toute évidence faux. Il est donc nécessaire de poser une première cause efficiente, celle que tout le monde appelle Dieu.

La troisième voie est empruntée au *possible* et au *nécessaire*. La voici. Nous voyons dans la réalité certaines choses dont il est possible qu'elles soient ou ne soient point : ne voyons-nous pas que certaines choses naissent et périssent ? C'est donc qu'il est possible qu'elles soient ou ne soient point. Il est impossible que toutes les choses de ce genre soient toujours ; car ce qui peut ne pas être, est parfois inexistant. Si donc tout est susceptible de n'être point, il y a eu un moment où rien n'a existé dans l'univers : mais, si cela était vrai, maintenant encore rien ne serait ; car ce qui n'est pas, ne commence à être que par la vertu de quelque chose qui est. Si donc rien n'a existé, il a été impossible que quelque chose commence à être ; et ainsi, en cet instant même, rien ne serait, ce qui est évidemment faux. Les êtres ne sont donc pas tous de simples possibles, mais il faut qu'il y ait quelque chose de nécessaire dans l'univers. Mais tout ce qui est nécessaire a sa cause en dehors de soi ou non : or il n'est pas possible de remonter à l'infini parmi les êtres nécessaires qui ont une cause de leur nécessité, tout comme parmi les causes efficientes. Il faut donc poser un être qui soit nécessaire par soi-même, qui n'ait pas la cause de sa nécessité en dehors de lui, mais qui soit cause de la nécessité pour les autres : cet être, tous l'appellent Dieu.

La quatrième voie est tirée des *degrés* que nous trouvons dans les choses. On trouve dans celles-ci quelque chose de plus ou moins bon, de plus ou moins vrai, de plus ou moins noble, et ainsi de suite. Mais le plus et le moins se disent de différentes choses qui se rapprochent de diverses manières d'une chose qui possède cette qualité souverainement : par exemple, ce qui est plus chaud est ce qui se rapproche davantage de ce qui est souverainement chaud. Il y a donc quelque chose qui est souverainement vrai, souverainement bon, souverainement noble, et par conséquent, qui est souverainement être : car ce qui est souverainement vrai possède souverainement l'être, ainsi qu'il est dit au second livre de la *Métaphysique*. Et ce qui est dit souverainement tel en un genre, est cause de toutes les choses qui appartiennent à ce genre : ainsi, le feu qui est souverainement chaud, est cause de tout ce qui est chaud. Il y a donc un être qui, pour tous les êtres, est cause de leur être, de leur bonté et de toute perfection : et cet être, nous l'appelons Dieu.

La cinquième voie se prend du *gouvernement* des choses. Nous voyons en effet que des êtres qui n'ont pas de connaissance, à savoir les corps naturels, opèrent en tendant vers une fin, ce qui apparaît du fait que toujours ou très souvent ils opèrent de la même manière, de façon à réaliser ce qui est le meilleur. D'où il ressort avec évidence que ce n'est pas par hasard, mais par le fait d'une intention, qu'ils parviennent à leur fin. Or les êtres qui n'ont pas de connaissance ne tendent vers une fin que s'ils sont dirigés par quelque être connaissant et intelligent, comme la flèche par l'archer. Il existe donc un être intelligent par lequel toutes les choses naturelles sont ordonnées vers une fin ; et cet être, nous l'appelons Dieu.

Somme théologique. D'après CHENU, *Saint Thomas d'Aquin*, Ed. du Seuil.

Morale

Il existe en l'homme une « morale naturelle » qui est en quelque sorte le reflet du Créateur dans la créature.

46

Il y a dans les hommes quelque loi naturelle qui est une participation à la loi éternelle et d'après laquelle ils discernent le bien et le mal.

[...] Comme tous les êtres qui relèvent de la providence divine sont soumis à la règle et à la mesure de la loi éternelle, il est manifeste que tous participent en quelque façon à cette loi éternelle : en tant que c'est de l'impression reçue d'elle qu'ils tirent leurs inclinations à leurs actes et à leurs fins propres. Or, parmi les autres êtres, la créature raisonnable est subordonnée à la providence divine d'une manière plus excellente, en tant qu'elle devient elle aussi participante de la providence, étant capable de prévoir pour elle-même et pour les autres : d'où il suit qu'il y a aussi en elle une participation à la raison éternelle grâce à laquelle elle a une inclination naturelle à l'acte et à la fin légitime. Une telle participation à la loi éternelle dans la créature raisonnable est appelée *loi naturelle.* C'est pourquoi, quand le Psalmiste dit : « Offrez le sacrifice de justice », il ajoute comme pour ceux qui demanderaient quelles sont les œuvres de justice : « Beaucoup disent : Qui nous montrera ce qui est bien ? » et à cette question, il répond : « La lumière de votre face s'est imprimée sur nous, Seigneur », voulant dire par là que la lumière de la raison naturelle qui nous permet de discerner ce qui est bien de ce qui est mal (discernement qui relève de la loi naturelle), n'est rien d'autre que l'impression faite en nous par la lumière divine. D'où il apparaît que la loi naturelle n'est rien d'autre qu'une « participation à la loi éternelle dans la créature raisonnable ».

Somme théologique. D'après CHENU, *Saint Thomas d'Aquin*, Ed. du Seuil.

Mais la vertu suppose une discipline qui ne peut ordinairement venir que de l'extérieur.

47

Il y a chez l'homme une aptitude naturelle à la vertu, mais la perfection même de la vertu requiert nécessairement une certaine discipline pour qui veut l'acquérir ; exactement comme nous voyons l'homme mettre en œuvre, pour se procurer les aliments ou les vêtements nécessaires, une industrie dont la nature lui fournit les points de départ : sa raison et ses mains, mais non point l'achèvement, bien qu'elle le fournisse aux autres animaux à qui elle donne en suffisance le vivre et le couvert.

Or, cette discipline vertueuse, il n'est pas facile de trouver un homme capable de se la donner, puisque la perfection de la vertu consiste en effet principalement à détourner l'homme des plaisirs défendus ; or c'est à quoi les hommes sont le plus portés, et surtout les jeunes gens auxquels la discipline s'applique de la manière la plus efficace. Pour cette raison, il faut donc que les hommes reçoivent du dehors la discipline qui conduit à la vertu.

Lorsqu'il s'agit de ces jeunes gens qui sont portés à accomplir des actes vertueux, soit par une bonne disposition naturelle, soit par habitude, soit plutôt par la faveur divine, il suffit de la discipline paternelle qui procède par avertissements. Mais il y a de jeunes impudents, enclins au vice, et qui ne se laissent pas facilement émouvoir par des paroles ; il a fallu alors recourir à la force ou à la crainte pour les détourner du mal. Cessant en effet au moins par là de mal faire, et laissant les autres vivre tranquilles, ils se trouvent finalement conduits eux-mêmes, par l'habitude qu'ils ont prise, à faire volontairement ce dont ils s'acquittaient d'abord par crainte, et à devenir aussi vertueux.

Cette discipline qui contraint par la peur du châtiment, est la discipline des lois, dont l'établissement s'est trouvé nécessaire pour assurer la paix entre les hommes et développer la vertu. De même que l'homme consommé en vertu est le meilleur des animaux, de même, dit Aristote, l'homme sans loi et sans justice est le plus mauvais de tous ; l'homme en effet dispose, pour lutter contre ses emportements et ses concupiscences, des armes de la raison, dont ne disposent pas les autres animaux.

Somme théologique. D'après CHENU, *Saint Thomas d'Aquin*, Ed. du Seuil.

La prudence, vertu proprement humaine, doit se subordonner à la sagesse qui est connaissance de Dieu.

48

Puisque la prudence concerne les choses humaines, et la sagesse au contraire la cause suprême, il ne se peut pas que la vertu de prudence soit une vertu plus grande que la sagesse. Pour qu'il en fût autrement, il faudrait, comme le dit Aristote, que la plus grande des choses qui sont en ce monde fût l'homme. La prudence ne commande donc pas à la sagesse, mais la sagesse à la prudence. « L'homme spirituel juge toutes choses et n'est lui-même jugé par personne », dit saint Paul. La prudence en effet n'a pas à se mêler des choses sublimes que considère la sagesse ; elle commande dans les matières qui se subordonnent à la sagesse, et prescrit notamment ce que l'homme doit faire pour y parvenir ; si bien que la prudence, ou vertu politique, est en cela servante de la sagesse, car elle y introduit et en prépare la route, comme le serviteur qui se tient au seuil d'un roi.

En outre, la prudence considère les moyens de parvenir à la félicité, tandis que la sagesse considère l'objet même de la félicité, qui est le suprême intelligible. Si donc la connaissance que la sagesse dirige vers son objet était parfaite, le bonheur parfait consisterait dans l'exercice de la sagesse ; mais comme l'exercice de la sagesse en cette vie reste imparfait à l'égard de son objet principal qui est Dieu, l'acte de la sagesse est une sorte d'ébauche ou de participation de la félicité à venir, qui se tient, par là même, plus près que la prudence de la félicité.

Somme théologique. D'après CHENU, *Saint Thomas d'Aquin*, Ed. du Seuil.

BACON

1561-1626

Fils d'un Garde des sceaux d'Elizabeth, Francis Bacon eut une vie publique agitée ; fut lui-même Garde des sceaux en 1617, Grand Chancelier en 1618, puis condamné pour concussion en 1621.

Œuvres : *De dignitate et augmentis scientiarum* (Dignité et accroissement des sciences). *Novum Organum* (Nouvelle logique). Essais.

Le rôle de l'expérience

C'est Bacon qui, le premier sans doute, a montré les insuffisances de la logique formelle et la nécessité de recourir à l'expérience pour découvrir quelque vérité. En ce sens il est le premier théoricien de la méthode expérimentale.

49

L'homme, interprète et ministre de la nature, n'étend ses connaissances qu'à mesure qu'il découvre l'ordre naturel des choses, soit par l'observation, soit par la réflexion ; il ne sait et ne peut rien de plus [...].

Au fond, les sources et les causes de tous les abus qui se sont introduits dans les sciences se réduisent à une seule, à celle-ci : c'est précisément parce qu'on admire et qu'on vante les forces de l'esprit humain qu'on ne pense point à lui procurer de vrais secours.

La subtilité des opérations de la nature surpasse infiniment celle des sens et de l'entendement, en sorte que toutes ces brillantes spéculations et toutes ces explications dont on est si fier ne sont qu'un art d'extravaguer méthodiquement [...].

Le syllogisme est composé de propositions, les propositions le sont de mots, et les mots sont en quelque manière les étiquettes des notions. Que si les notions mêmes, qui sont la base de l'édifice, sont confuses et extraites au hasard, tout ce qu'on bâtit ensuite sur un tel fondement ne peut avoir la solidité. Il ne reste donc d'espérance que dans la véritable induction [...].

Il n'y a et ne peut y avoir que deux voies ou méthodes pour découvrir la vérité. L'une, partant des sensations et des faits particuliers, s'élance du premier saut jusqu'aux principes les plus généraux ; puis se reposant sur ces principes comme sur autant de vérités inébranlables, elle en déduit les axiomes moyens ou les y rapporte pour les juger ; c'est celle-ci qu'on suit ordinairement. L'autre part aussi des sensations et des faits particuliers ; mais s'élevant avec lenteur par une marche graduelle et sans franchir aucun degré, elle n'arrive que bien tard aux propositions les plus générales ; cette dernière méthode est la véritable, mais personne ne l'a encore tentée [...].

[...] Il faut se garder de permettre à l'entendement de sauter, de voler, pour ainsi dire, des faits particuliers aux axiomes qui en sont les plus éloignés et que j'appellerai généralissimes, tels que sont ceux qu'on nomme ordinairement les principes des arts et de toutes choses, de les regarder aussitôt comme des vérités immuables, et de s'en servir sur le champ pour établir les axiomes moyens, ce qui serait en effet très expéditif. Et c'est ce qu'on a fait jusqu'ici, l'entendement n'y étant que trop porté par son impétuosité naturelle et étant d'ailleurs de longue main accoutumé, dressé à cela par les démonstrations syllogistiques. Mais on pourra espérer beaucoup des sciences lorsque, par la véritable échelle, c'est-à-dire par des degrés continus, sans interruption, sans vide, on saura monter des faits particuliers aux axiomes du dernier ordre, de ceux-ci aux axiomes moyens, lesquels s'élèvent peu à peu les uns au-dessus des autres, pour arriver enfin aux plus généraux de tous. Car les axiomes du dernier ordre ne diffèrent que bien peu de l'expérience toute pure. Mais les axiomes suprêmes ou généralissimes (je parle des seuls que nous ayons actuellement) sont purement idéaux ; ce ne sont que de pures abstractions, n'ayant ni réalité ni solidité. Les vrais axiomes, les axiomes solides et comme vivants, ce sont les axiomes moyens, sur lesquels reposent toutes les espérances et toute la fortune réelle du genre humain. C'est sur ceux-là que s'appuient aussi les axiomes généralissimes ; et par ce mot nous n'entendons pas seulement des principes abstraits, mais des principes vraiment limités par des axiomes moyens. Ainsi, ce qu'il faut pour ainsi dire attacher à l'entendement, ce ne sont point des ailes, mais au contraire du plomb, un poids qui comprime son essor [...].

Novum Organum, I.

Déterminisme et liberté

Chez Bacon également se trouve affirmée pour la première fois cette idée essentielle que le déterminisme découvert par la science dans les phénomènes naturels est la condition même de l'action humaine.

50

La puissance de l'homme est en raison de sa science, parce que c'est l'ignorance de la cause qui fait manquer l'effet. On ne commande à la nature qu'en lui obéissant, et ce qui dans la théorie est cause devient moyen dans la pratique.

Novum Organum, I.

HOBBES

1588-1679

Philosophe anglais matérialiste, Thomas Hobbes peut être considéré comme le théoricien du despotisme absolu
Oeuvre principale : *Léviathan* (1651).

De l'état de nature à l'état social

Dans l'état naturel, l'homme a tous les droits, mais comme « l'homme est un loup pour l'homme », cet état est un état de guerre où règne la loi de la jungle. L'humanité n'a pu exister que parce que les hommes ont renoncé à tous leurs droits au profit d'un « Souverain » chargé de faire régner la paix.

51

L'art peut imiter l'homme, ce chef-d'œuvre rationnel de la nature. Car c'est bien un ouvrage de l'art que ce grand *Léviathan* qu'on appelle chose publique ou État (*Commonwealth*, en latin *Civitas*) et qui n'est rien autre qu'un homme artificiel, quoique d'une taille beaucoup plus élevée et d'une force beaucoup plus grande que l'homme naturel, pour la protection et la défense duquel il a été imaginé. En lui la *souveraineté* est une *âme* artificielle, puisqu'elle donne la vie et le mouvement au corps tout entier [...]. La *récompense* et le *châtiment* [...] sont ses nerfs. L'*opulence* et les *richesses* de tous les particuliers sont sa *force. Salus populi*, le salut du peuple, est sa *fonction* [...]. L'*équité* et les *lois* lui sont une *raison* et une *volonté* artificielles. La *concorde* est sa *santé*, la *sédition* sa *maladie*, et la *guerre civile* sa *mort*. Enfin les *pactes* et les contrats qui à l'origine présidèrent à la constitution, à l'assemblage et à l'union des parties de ce corps politique ressemblent à ce *fiat* ou *faisons l'homme* que prononça Dieu à la création.

Léviathan, Introduction.

Le seul moyen d'instituer un tel pouvoir commun, qui soit capable de défendre les hommes des invasions étrangères, ou de leurs injustices réciproques, et par suite de leur donner une telle sécurité que, par leur propre industrie et par les fruits de la terre, ils puissent se nourrir et vivre dans le contentement, est qu'ils confèrent tout leur pouvoir et toute leur force à un homme ou à une assemblée d'hommes qui puisse réduire toutes leurs volontés à une seule volonté, c'est-à-dire qu'ils nomment un homme, ou une assemblée d'hommes, pour prendre soin de leurs personnes... C'est plus qu'une entente, ou un accord : c'est une unité réelle de tous les hommes, en une seule et même personne, faite par convention de tout homme avec tout homme, de telle manière que tout homme puisse dire à tout homme : « Je transmets à cet homme ou à cette assemblée d'hommes le droit que j'ai de me gouverner moi-même, à la condition que tu lui transmettes le même droit et que tu autorises toutes ses actions de la même manière que moi ». Après cela, la multitude ainsi unie en une personne est nommée un « État », en latin : *civitas*.

Telle est la génération du grand « Léviathan » [...]. Car, par cette autorité qui lui est donnée par chaque individu de la communauté, il a l'usage d'un tel pouvoir et d'une telle force que, par la terreur, il est capable de combler les vœux de tous, à savoir la paix intérieure et l'aide mutuelle contre les ennemis du dehors.

Léviathan, Partie II, Chap. 17.

Le pouvoir doit être absolu

Il en résulte que tous les droits sont aux mains du « Souverain » et que rien ne peut les limiter, pas plus sur le plan spirituel que sur le plan temporel.

52

Ainsi il apparaît clairement, à mon jugement, que le pouvoir souverain, qu'il soit confié à un homme, comme dans la monarchie, ou à une assemblée d'hommes, comme dans les États populaires ou aristocratiques, doit être aussi grand que les hommes peuvent l'imaginer. Bien que d'un pouvoir si illimité on puisse craindre beaucoup de mauvaises conséquences, cependant les conséquences de son absence, qui seraient une guerre perpétuelle de chaque homme contre ses voisins, seraient bien pires.

Ibid., Partie II, Chap. 20.

Le souverain d'un État, que ce soit une assemblée ou un homme, n'est pas soumis aux lois civiles. Car, ayant le pouvoir de faire et de révoquer les lois, il peut, quand il lui plaît, se libérer de leur sujétion, en révoquant celles qui l'importunent et en y substituant des lois nouvelles.

Ibid., Partie II, Chap. 26.

La liberté des sujets se trouve seulement dans les choses qu'en réglant leurs actions le souverain a négligées : telle est la liberté d'acheter et de vendre, et de passer d'autres contrats ; de choisir sa propre demeure, sa propre nourriture, son propre genre de vie, et d'élever ses enfants comme on le juge meilleur [...]. Ces libertés dépendent du silence de la loi.

Ibid., Partie II, Chap. 21.

Il est partie de la puissance souveraine d'être juge des opinions et des doctrines qui sont contraires ou favorables à la paix ; et, par suite, de décider les occasions et les limites dans lesquelles certains hommes peuvent être chargés de parler aux attroupements du peuple, et qui examinera les doctrines de tous les livres avant leur publication. Car les actions des hommes proviennent de leurs opinions, et dans le bon gouvernement des opinions consiste le bon gouvernement des actions des hommes, en vue de leur paix et de leur concorde. Et bien qu'en matière de doctrine rien ne devrait être considéré que la vérité, cependant cela n'empêche pas de réglementer la vérité dans l'intérêt de la paix [...]. Il appartient donc à celui qui a le pouvoir souverain d'être juge, ou d'instituer des juges des opinions et des doctrines, comme une chose nécessaire à la paix, et pour prévenir la discorde et la guerre civile.

Ibid., Partie II, Chap. 18.

Une des « maladies » de l'État vient du poison d'une doctrine séditieuse, qui est « que chaque particulier est juge des bonnes et mauvaises actions ». Cela est vrai dans la condition de la simple nature, où il n'y a pas de lois civiles... Mais autrement il est manifeste que c'est la loi civile qui est la mesure des actions bonnes ou mauvaises, et que c'est le législateur qui est juge... Par cette fausse doctrine, les hommes sont disposés à débattre en eux-mêmes et à discuter les commandements de l'État, et ensuite à y obéir ou à n'y pas obéir, selon que, d'après leurs jugements privés, ils l'auront trouvé bon. Par là l'État est divisé et affaibli.

Une autre doctrine contraire à la société civile est que « tout ce qu'un homme fait contre sa conscience est péché », et elle vient de la présomption que les hommes ont de se faire juges, eux-mêmes, du bien et du mal... Mais, bien que celui qui n'est soumis à aucune loi civile pèche à chaque fois qu'il agit contre sa conscience, cependant il n'en est pas ainsi pour celui qui vit dans un État ; car la loi est la conscience publique, par laquelle chacun s'est engagé à se laisser guider.

Ibid., Partie II, Chap. 29.

[...] tous les sujets sont tenus d'obéir à la seule loi divine qui est déclarée être telle par les commandements de l'État.

Ibid., Partie II, Chap. 26.

DESCARTES

1596-1650

Après des études au Collège de La Flèche, vit à Paris, voyage et fait la guerre, puis se retire en Hollande (1629) pendant vingt ans. En 1649 il se rend à Stockholm, auprès de la reine Christine, et y meurt en février 1650.

Œuvres : *Règles pour la direction de l'esprit* (écrites en 1628, publiées en 1701).*Discours de la méthode* (1637). *Méditations* (1641). *Principes de la philosophie* (1644). *Traité des passions* (1649).

PHILOSOPHIE ET MÉTHODE

La philosophie

On trouve dans Descartes une définition de la philosophie inspirée de la tradition aristotélicienne.

53

J'aurais voulu premièrement y expliquer ce que c'est que philosophie, en commençant par les choses les plus vulgaires, comme sont, que ce mot de philosophie signifie l'étude de la sagesse, et que par la sagesse on n'entend pas seulement la prudence dans les affaires, mais une parfaite connaissance de toutes les choses que l'homme peut savoir, tant pour la conduite de sa vie que pour la conservation de sa santé et l'invention de tous les arts ; et qu'afin que cette connaissance soit telle il est nécessaire qu'elle soit déduite des premières causes ; en sorte que, pour étudier à l'acquérir, ce qui se nomme proprement philosopher, il faut commencer par les premiers principes [...].

C'est proprement avoir les yeux fermés, sans tâcher jamais de les ouvrir, que de vivre sans philosopher ; et le plaisir de voir toutes les choses que notre vue découvre n'est point comparable à la satisfaction que donne la connaissance de celles qu'on trouve par la philosophie ; et, enfin, cette étude est plus nécessaire pour régler nos mœurs et nous conduire en cette vie, que n'est l'usage de nos yeux pour guider nos pas. Les bêtes brutes, qui n'ont que leur corps à conserver, s'occupent continuellement à chercher de quoi le nourrir ; mais les hommes, dont la partie principale est l'esprit, devraient employer leurs principaux soins à la recherche de la sagesse, qui en est la vraie nourriture ; et je m'assure aussi qu'il y en a plusieurs qui n'y manqueraient pas, s'ils avaient l'espérance de réussir, et qu'ils sussent combien ils en sont capables.

[...] Il doit commencer tout de bon à s'appliquer à la vraie philosophie, dont la première partie est la métaphysique, qui contient les principes de la connaissance, entre lesquels est l'explication des principaux attributs de Dieu, de l'immatérialité de nos âmes, et de toutes les notions claires et simples qui sont en nous. La seconde est la physique, en laquelle, après avoir trouvé les vrais principes des choses matérielles, on examine en général comment tout l'univers est composé ; puis en particulier quelle est la nature de cette terre, et de tous les corps qui se trouvent le plus communément autour d'elle, comme de l'air, de l'eau, du feu, de l'aimant et des autres minéraux. Ensuite de quoi il est besoin aussi d'examiner la nature des plantes, celle des animaux, et surtout celle de l'homme ; afin qu'on soit capable par après de trouver les autres sciences qui lui sont utiles. Ainsi toute la philosophie est comme un arbre, dont les racines sont la métaphysique, le tronc est la physique, et les branches qui sortent de ce tronc sont toutes les autres sciences, qui se réduisent à trois principales, à savoir la médecine, la mécanique et la morale ; j'entends la plus haute et la plus parfaite morale, qui, présupposant une entière connaissance des autres sciences, est le dernier degré de la sagesse.

Principes, Préface.

Mais Descartes propose aussi une autre définition, où l'on peut voir l'esquisse du pragmatisme, et qui tendra à s'affirmer de plus en plus avec les Encyclopédistes, puis avec Comte et Marx.

54

Mais sitôt que j'ai eu acquis quelques notions générales touchant la physique, et que, commençant à les éprouver en diverses difficultés particulières, j'ai remarqué jusques où elles peuvent conduire, et combien elles diffèrent des principes dont on s'est servi jusques à présent, j'ai cru que je ne pouvais les tenir cachées sans pécher grandement contre la loi qui nous oblige à procurer autant qu'il est en nous le bien général de tous les hommes ; car elles m'ont fait voir qu'il est possible de parvenir à des connaissances qui soient fort utiles à la vie, et qu'au lieu de cette philosophie spéculative qu'on enseigne dans les écoles, on en peut trouver une pratique par laquelle, connaissant la force et les actions du feu, de l'eau, de l'air, des astres, des cieux, et de tous les autres corps qui nous environnent, aussi distinctement que nous connaissons les divers métiers de nos artisans, nous les pourrions employer en même façon à tous les usages auxquels ils sont propres, et ainsi nous rendre comme maîtres et possesseurs de la nature. Ce qui n'est pas seulement à désirer pour l'invention d'une infinité d'artifices qui feraient qu'on jouirait sans aucune peine des fruits de la terre et de toutes les commodités qui s'y trouvent, mais principalement aussi pour la conservation de la santé, laquelle est sans doute le premier bien et le fondement de tous les autres biens de cette vie ; car même l'esprit dépend si fort du tempérament et de la disposition des organes du corps, que, s'il est possible de trouver quelque moyen qui rende communément les hommes plus sages et plus habiles qu'ils n'ont été jusques ici, je crois que c'est dans la médecine qu'on doit le chercher.

Discours de la méthode, VI.

L'inspiration mathématique

L'exemple des Mathématiques conduit Descartes à poser « qu'il n'y a d'autres voies ouvertes à l'homme pour parvenir à la connaissance de la vérité que l'intuition évidente et la déduction nécessaire » (Regulae, XII).

55

Nous allons énumérer ici tous les actes de notre intelligence au moyen desquels nous pouvons atteindre à la connaissance des choses sans aucune crainte d'erreur. On n'en admet que deux : l'intuition et la déduction.

J'entends par intuition, non la croyance au témoignage variable des sens ou les jugements trompeurs de l'imagination, mauvaise régulatrice, mais la conception d'un esprit sain et attentif, si facile et si distincte qu'aucun doute ne reste sur ce que nous comprenons ; ou bien, ce qui est la même chose, la conception ferme qui naît dans un esprit sain et attentif des seules lumières de la raison, et qui, plus simple, est conséquemment plus sûre que la déduction elle-même, qui cependant, comme nous l'avons remarqué plus haut, ne peut être mal faite par l'homme. Ainsi chacun peut voir par intuition qu'il existe, qu'il pense, qu'un triangle se termine par trois lignes, qu'un globe n'a qu'une surface, et d'autres vérités semblables, qui sont plus nombreuses qu'on ne le croit communément, parce qu'on dédaigne d'appliquer son esprit à des choses si faciles.

[...] On se demandera peut-être pourquoi j'ai ajouté à l'intuition une autre manière de connaître, qui consiste dans la déduction, opération par laquelle nous comprenons toutes les choses qui sont la conséquence nécessaire de certaines autres dont nous avons une connaissance sûre. Mais j'ai dû le faire parce qu'il est beaucoup de choses que l'on peut savoir sûrement, bien qu'elles ne soient pas évidentes par elles-mêmes, pourvu toutefois qu'on les déduise de principes avérés et connus, au moyen d'un mouvement continu et non interrompu de la pensée, avec une intuition claire de chaque chose. C'est ainsi que nous savons que le dernier anneau d'une longue chaîne est uni au premier, bien que nous ne puissions embrasser d'un seul coup d'œil tous les anneaux intermédiaires qui les unissent, pourvu que nous les ayons parcourus successivement, et que nous nous rappelions que, depuis le premier jusqu'au dernier, chaque anneau tient à celui qui le précède et à celui qui le suit. Nous distinguons donc l'intuition de la déduction certaine, parce que dans la déduction on conçoit un mouvement ou une certaine succession, au lieu que dans l'intuition il n'en est pas de même, et qu'en outre la déduction n'a pas besoin, comme l'intuition, d'une évidence présente, mais qu'elle emprunte plutôt, en quelque sorte, toute sa certitude à la mémoire. D'où il résulte qu'on peut dire que les propositions qui sont la conséquence immédiate d'un premier principe peuvent être connues tantôt par l'intuition, tantôt par la déduction, suivant la manière de les considérer, tandis que les principes le sont seulement par l'intuition, et que les conséquences éloignées ne peuvent l'être que par la déduction.

Voilà les deux voies les plus sûres pour arriver à la science ; l'esprit ne doit pas en admettre davantage ; toutes les autres, au contraire, doivent être rejetées comme suspectes et sujettes à l'erreur ; ce qui néanmoins ne nous empêche pas de croire que les choses qui nous ont été révélées par Dieu sont les plus certaines de toutes nos connaissances, puisque la foi qu'on a en elles, comme dans toutes les choses obscures, est un acte non de l'esprit, mais de la volonté, et que, si elle a un fondement dans notre intelligence, c'est surtout par l'une des voies déjà indiquées qu'on peut et qu'on doit le trouver, comme nous le montrerons peut-être plus amplement quelque jour.

La méthode

De là les règles de la méthode qui est essentiellement une recherche de l'évidence par le doute.

56

Au lieu de ce grand nombre de préceptes dont la logique est composée, je crus que j'aurais assez des quatre suivants, pourvu que je prisse une ferme et constante résolution de ne manquer pas une seule fois à les observer.

Le premier était de ne recevoir jamais aucune chose pour vraie que je ne la connusse évidemment être telle, c'est-à-dire d'éviter soigneusement la précipitation et la prévention, et de ne comprendre rien de plus en mes jugements que ce qui se présenterait si clairement et si distinctement à mon esprit que je n'eusse aucune occasion de le mettre en doute ;

Le second, de diviser chacune des difficultés que j'examinerais en autant de parcelles qu'il se pourrait et qu'il serait requis pour les mieux résoudre ;

Le troisième, de conduire par ordre mes pensées, en commençant par les objets les plus simples et les plus aisés à connaître, pour monter peu à peu comme par degrés jusques à la connaissance des plus composés, et supposant même de l'ordre entre ceux qui ne se précèdent point naturellement les uns les autres.

Et le dernier, de faire partout des dénombrements si entiers et des revues si générales que je fusse assuré de ne rien omettre.

Ces longues chaînes de raisons toutes simples et faciles, dont les géomètres ont coutume de se servir pour parvenir à leurs plus difficiles démonstrations, m'avaient donné occasion de m'imaginer que toutes les choses qui peuvent tomber sous la connaissance des hommes s'entre-suivent en même façon, et que, pourvu seulement qu'on s'abstienne d'en recevoir aucune pour vraie qui ne le soit, et qu'on garde toujours l'ordre qu'il faut pour les déduire les unes des autres, il n'y en peut avoir de si éloignées auxquelles enfin on ne parvienne, ni de si cachées qu'on ne découvre.

Discours, II.

LE COGITO ET LES IDÉES INNÉES

Le Cogito

L'évident étant ce dont on ne peut douter, la première proposition qui résiste au doute est : « Je pense, donc je suis ».

57

J'avais dès longtemps remarqué que pour les mœurs, il est besoin quelquefois de suivre des opinions qu'on sait être fort incertaines tout de même que si elles étaient indubitables, ainsi qu'il a été dit ci-dessus ; mais, pour ce qu'alors je désirais vaquer seulement à la recherche de la vérité, je pensai qu'il fallait que je fisse tout le contraire, et que je rejetasse comme absolument faux tout ce en quoi je pourrais imaginer le moindre doute, afin de voir s'il ne resterait point après cela quelque chose en ma créance qui fût entièrement indubitable. Ainsi, à cause que les sens nous trompent quelquefois, je voulus supposer qu'il n'y avait aucune chose qui fût telle qu'ils nous la font imaginer ; et, pour ce qu'il y a des hommes qui se méprennent en raisonnant, même touchant les plus simples matières de géométrie, et y font des paralogismes, je rejetai comme fausses toutes les raisons que j'avais prises auparavant pour démonstrations ; et enfin, considérant que toutes les mêmes pensées que nous avons étant éveillés nous peuvent aussi venir quand nous dormons, sans qu'il y en ait aucune pour lors qui soit vraie, je me résolus de feindre que toutes les choses qui m'étaient jamais entrées dans l'esprit n'étaient non plus vraies que les illusions de mes songes.

Mais aussitôt je pris garde que, pendant que je voulais ainsi penser que tout était faux, il fallait nécessairement que moi qui le pensais fusse quelque chose ; et, remarquant que cette vérité : je pense, donc je suis, était si ferme et si assurée que toutes les plus extravagantes suppositions des sceptiques ne pouvaient l'ébranler, je jugeai que je pouvais la recevoir sans scrupule pour le premier principe de la philosophie que je cherchais.

Puis, examinant avec attention ce que j'étais, et voyant que je pouvais feindre que je n'avais aucun corps et qu'il n'y avait aucun monde ni aucun lieu où je fusse, mais que je ne pouvais pas feindre pour cela que je n'étais point, et qu'au contraire, de cela même que je pensais à douter de la vérité des autres choses, il suivait très évidemment et très certainement que j'étais, au lieu que, si j'eusse seulement cessé de penser, encore que tout le reste de ce que j'avais jamais imaginé eût été vrai, je n'avais aucune raison de croire que j'eusse été, je connus de là que j'étais une substance dont toute l'essence ou la nature n'est que de penser, et qui pour être n'a besoin d'aucun lieu ni ne dépend d'aucune chose matérielle ; en sorte que ce moi, c'est-à-dire l'âme, par laquelle je suis ce que je suis, est entièrement distincte du corps, et même qu'elle est plus aisée à connaître que lui, et qu'encore qu'il ne fût point, elle ne laisserait pas d'être tout ce qu'elle est.

Discours, IV.

La connaissance rationnelle

La caractéristique essentielle du Cogito est d'être une évidence rationnelle ; il faut bien distinguer, en effet, la connaissance sensible, tournée vers l'action, et la connaissance rationnelle qui est une intuition (« intuitus mentis ») ou « inspection de l'esprit ».

58

Que nos sens ne nous enseignent pas la nature des choses, mais seulement ce en quoi elles nous sont utiles ou nuisibles.

Il suffira que nous remarquions seulement que tout ce que nous apercevons par l'entremise de nos sens se rapporte à l'étroite union qu'a l'âme avec le corps, et que nous connaissons ordinairement par leur moyen ce en quoi les corps de dehors nous peuvent profiter ou nuire, mais non pas quelle est leur nature, si ce n'est peut-être rarement et par hasard. Car, après cette réflexion, nous quitterons sans peine tous les préjugés qui ne sont fondés que sur nos sens, et ne nous servirons que de notre entendement, parce que c'est en lui seul que les premières notions ou idées, qui sont comme les semences des vérités que nous sommes capables de connaître, se trouvent naturellement.

Principes, II, 3.

Prenons pour exemple ce morceau de cire : il vient tout fraîchement d'être tiré de la ruche, il n'a pas encore perdu la douceur du miel qu'il contenait, il retient encore quelque chose de l'odeur des fleurs dont il a été recueilli ; sa couleur, sa figure, sa grandeur sont apparentes ; il est dur, il est froid, il est maniable, et si vous frappez dessus, il rendra quelque son. Enfin toutes les choses qui peuvent distinctement faire connaître un corps se rencontrent en celui-ci.

Mais voici que pendant que je parle on l'approche du feu : ce qui y restait de saveur s'exhale, l'odeur s'évapore, sa couleur se change, sa figure se perd, sa grandeur augmente, il devient liquide, il s'échauffe, à peine peut-on le manier, et quoique l'on frappe dessus, il ne rendra plus aucun son.

La même cire demeure-t-elle encore après ce changement ? Il faut avouer qu'elle demeure ; personne n'en doute, personne ne juge autrement. Qu'est-ce donc que l'on connaissait en ce morceau de cire avec tant de distinction ? Certes ce ne peut être rien de tout ce que j'y ai remarqué par l'entremise des sens, puisque toutes les choses qui tombaient sous le goût, sous l'odorat, sous la vue, sous l'attouchement et sous l'ouïe, se trouvent changées, et que cependant la même cire demeure. Peut-être était-ce ce que je pense maintenant, à savoir que cette cire n'était pas ni cette douceur du miel, ni cette agréable odeur des fleurs, ni cette blancheur, ni cette figure, ni ce son ; mais seulement un corps qui un peu auparavant me paraissait sensible sous ces formes, et qui maintenant se fait sentir sous d'autres. Mais qu'est-ce, précisément parlant, que j'imagine lorsque je le conçois en cette sorte ? Considérons-le attentivement, et, retranchant toutes les choses qui n'appartiennent point à la cire, voyons ce qui reste. Certes il ne demeure rien que quelque chose d'étendu, de flexible et de muable.

Or qu'est-ce que cela : flexible et muable ? N'est-ce pas que j'imagine que cette cire étant ronde est capable de devenir carrée, et de passer du carré en une figure triangulaire ? Non certes, ce n'est pas cela, puisque je la conçois capable de recevoir une infinité de semblables changements, et je ne saurais néanmoins parcourir cette infinité par mon imagination, et par conséquent cette conception que j'ai de la cire ne s'accomplit pas par la faculté d'imaginer. Qu'est-ce maintenant que cette extension ? N'est-elle pas aussi inconnue ? car elle devient plus grande quand la cire se fond, plus grande quand elle bout, et plus grande encore quand la chaleur augmente ; et je ne concevrais pas clairement et selon la vérité ce que c'est que de la cire, si je ne pensais que même ce morceau que nous considérons est capable de recevoir plus de variétés selon l'extension que je n'en ai jamais imaginé. Il faut donc demeurer d'accord que je ne saurais pas même comprendre par l'imagination ce que c'est que ce morceau de cire, et qu'il n'y a que mon entendement seul qui le comprenne. Je dis ce morceau de cire en particulier : car pour la cire en général, il est encore plus évident. Mais quel est ce morceau de cire qui ne peut être compris que par l'entendement ou par l'esprit ? Certes c'est le même que je vois, que je touche, que j'imagine, et enfin, c'est le même que j'ai toujours cru que c'était au commencement. Or ce qui est ici grandement à remarquer, c'est que sa perception n'est point une vision, ni un attouchement, ni une imagination, et ne l'a jamais été quoiqu'il le semblât ainsi auparavant, mais seulement une inspection de l'esprit, laquelle peut être imparfaite et confuse, comme elle était auparavant, ou bien claire et distincte, comme elle est à présent, selon que mon attention se porte plus ou moins aux choses qui sont en elle, et dont elle est composée.

Méditations, II.

Les idées innées

L'objet de l'évidence rationnelle, ce sont les « natures simples » ou « idées qui ont leurs vraies et immuables natures » que je trouve « dans le trésor de mon esprit ».

59

En premier lieu j'imagine distinctement cette quantité que les philosophes appellent vulgairement la quantité continue, ou bien l'extension en longueur, largeur et profondeur, qui est en cette quantité, ou plutôt en la chose à qui on l'attribue. De plus, je puis nombrer en elle plusieurs diverses parties, et attribuer à chacune de ces parties toutes sortes de grandeurs, de figures, de situations et de mouvements ; et, enfin, je puis assigner à chacun de ces mouvements toutes sortes de durées. Et je ne connais pas seulement ces choses avec distinction lorsque je les considère ainsi en général ; mais aussi, pour peu que j'y applique mon attention, je viens à connaître une infinité de particularités touchant les nombres, les figures, les mouvements, et autres choses semblables, dont la vérité se fait paraître avec tant d'évidence et s'accorde si bien avec ma nature, que lorsque je commence à les découvrir il ne me semble pas que j'apprenne rien de nouveau, mais plutôt que je me ressouviens de ce que je savais déjà auparavant ; c'est-à-dire que j'aperçois des choses qui étaient déjà dans mon esprit, quoique je n'eusse pas encore tourné ma pensée vers elles. Et ce que je trouve ici de plus considérable, c'est que je trouve en moi une infinité d'idées de certaines choses qui ne peuvent pas être estimées un pur néant, quoique peut-être elles n'aient aucune existence hors de ma pensée, et qui ne sont pas feintes par moi, bien qu'il soit en ma liberté de les penser ou de ne les penser pas, mais qui ont leurs vraies et immuables natures. Comme, par exemple, lorsque j'imagine un triangle, encore qu'il n'y ait peut-être en aucun lieu du monde hors de ma pensée une telle figure, et qu'il n'y en ait jamais eu, il ne laisse pas néanmoins d'y avoir une certaine nature, ou forme, ou essence déterminée de cette figure, laquelle est immuable et éternelle, que je n'ai point inventée et qui ne dépend en aucune façon de mon esprit ; comme il paraît, de ce que l'on peut démontrer diverses propriétés de ce triangle, à savoir que ses trois angles sont égaux à deux droits, que le plus grand angle est soutenu par le plus grand côté, et autres semblables, lesquelles maintenant, soit que je le veuille ou non, je reconnais très clairement et très évidemment être en lui, encore que je n'y aie pensé auparavant en aucune façon lorsque je me suis imaginé la première fois un triangle ; et, partant, on ne peut pas dire que je les ai feintes ou inventées.

Et je n'ai que faire ici de m'objecter que peut-être cette idée du triangle est venue en mon esprit par l'entremise de mes sens, pour avoir vu quelquefois des corps de figure triangulaire ; car je puis former en mon esprit une infinité d'autres figures dont on ne peut avoir le moindre soupçon que jamais elles me soient tombées sous les sens, et je ne laisse pas toutefois de pouvoir démontrer diverses propriétés touchant leur nature, aussi bien que touchant celle du triangle ; lesquelles, certes, doivent être toutes vraies, puisque je les conçois clairement et, partant, elles sont quelque chose, et non pas un pur néant ; car il est très évident que tout ce qui est vrai est quelque chose, la vérité étant une même chose avec l'être.

Méditations, V.

DIEU

Dieu, source des idées et garant de l'évidence

Ces idées innées, c'est Dieu qui les a mises dans notre esprit et c'est pourquoi nous pouvons nous y fier.

60

Après cela je considérai en général ce qui est requis à une proposition pour être vraie et certaine ; car, puisque je venais d'en trouver une que je savais être telle, je pensai que je devais aussi savoir en quoi consiste cette certitude. Et ayant remarqué qu'il n'y a rien du tout en ceci, *je pense, donc je suis*, qui m'assure que je dis la vérité, sinon que je vois très clairement que pour penser il faut être, je jugeai que je pouvais prendre pour règle générale que les choses que nous concevons fort clairement et fort distinctement sont toutes vraies, mais qu'il y a seulement quelque difficulté à bien remarquer quelles sont celles que nous concevons distinctement [...].

Enfin, s'il y a encore des hommes qui ne soient pas assez persuadés de l'existence de Dieu et de leur âme par les raisons que j'ai apportées, je veux bien qu'ils sachent que toutes les autres choses dont ils se pensent peut-être plus assurés, comme d'avoir un corps, et qu'il y a des astres et une terre, et choses semblables, sont moins certaines ; car, encore qu'on ait une assurance morale de ces choses, qui est telle qu'il semble qu'à moins d'être extravagant on n'en peut douter, toutefois aussi, à moins que d'être déraisonnable, lorsqu'il est question d'une certitude métaphysique, on ne peut nier que ce ne soit assez de sujet pour n'en être pas entièrement assuré que d'avoir pris garde qu'on peut en même façon s'imaginer, étant endormi, qu'on a un autre corps, et qu'on voit d'autres astres et une autre terre, sans qu'il en soit rien. Car d'où sait-on que les pensées qui viennent en songe sont plutôt fausses que les autres, vu que souvent elles ne sont pas moins vives et expresses ? Et que les meilleurs esprits y étudient tant qu'il leur plaira, je ne crois pas qu'ils puissent donner aucune raison qui soit suffisante pour ôter ce doute, s'ils ne présupposent l'existence de Dieu. Car, premièrement, cela même que j'ai tantôt pris pour une règle, à savoir que les choses que nous concevons très clairement et très distinctement sont toutes vraies, n'est assuré qu'à cause que Dieu est ou existe, et qu'il est un être parfait, et que tout ce qui est en nous vient de lui ; d'où il suit que nos idées ou notions étant des choses réelles et qui viennent de Dieu en tout ce en quoi elles sont claires et distinctes, ne peuvent en cela être que vraies. En sorte que si nous en avons assez souvent qui contiennent de la fausseté, ce ne peut être que celles qui ont quelque chose de confus et obscur, à cause qu'en cela elles participent du néant, c'est-à-dire qu'elles ne sont en nous ainsi confuses qu'à cause que nous ne sommes pas tout parfaits. Et il est évident qu'il n'y a pas moins de répugnance que la fausseté ou l'imperfection procède de Dieu en tant que telle, qu'il y en a que la vérité ou la perfection procède du néant. Mais si nous ne savions point que tout ce qui est en nous de réel et de vrai vient d'un être parfait et infini, pour claires et distinctes que fussent nos idées, nous n'aurions aucune raison qui nous assurât qu'elles eussent la perfection d'être vraies.

Discours, IV.

La véracité divine

Il faut donc réfuter l'hypothèse d'un Malin Génie qui s'acharnerait à nous tromper, c'est-à-dire montrer que Dieu, être parfait, existe (la « véracité divine » découlant de la nature même de Dieu).

61

Or toutes les fois que cette opinion ci-devant conçue de la souveraine puissance d'un Dieu se présente à ma pensée, je suis contraint d'avouer qu'il lui est facile, s'il le veut, de faire en sorte que je m'abuse même dans les choses que je crois connaître avec une évidence très grande ; et au contraire, toutes les fois que je me tourne vers les choses que je pense concevoir fort clairement, je suis tellement persuadé par elles, que de moi-même je me laisse emporter à ces paroles : me trompe qui pourra, si est-ce qu'il ne saurait jamais faire que je ne sois rien, tandis que je penserai être quelque chose, ou que quelque jour il soit vrai que je n'aie jamais été étant vrai maintenant que je suis, ou bien que deux et trois joints ensemble fassent plus ni moins que cinq, ou choses semblables, que je vois clairement ne pouvoir être d'autre façon que je les conçois.

Et certes, puisque je n'ai aucune raison de croire qu'il y ait quelque Dieu qui soit trompeur, et même que je n'ai pas encore considéré celles qui prouvent qu'il y a un Dieu, la raison de douter qui dépend seulement de cette opinion est bien légère, et pour ainsi dire métaphysique. Mais afin de la pouvoir tout à fait ôter, je dois examiner s'il y a un Dieu, sitôt que l'occasion s'en présentera ; et si je trouve qu'il y en ait un, je dois aussi examiner s'il peut être trompeur ; car, sans la connaissance de ces deux vérités, je ne vois pas que je puisse jamais être certain d'aucune chose.

Méditations, III.

L'argument ontologique

La plus célèbre des trois preuves qu'invoque Descartes est sans doute la preuve ontologique qui déduit l'existence de Dieu de son essence même.

62

Si de cela seul que je puis tirer de ma pensée l'idée de quelque chose, il s'ensuit que tout ce que je reconnais clairement et distinctement appartenir à cette chose lui appartient en effet, ne puis-je pas tirer de ceci un argument et une preuve démonstrative de l'existence de Dieu ? Il est certain que je ne trouve pas moins en moi son idée, c'est-à-dire l'idée d'un être souverainement parfait, que celle de quelque figure ou de quelque nombre que ce soit ; et je ne connais pas moins clairement et distinctement qu'une actuelle et éternelle existence appartient à sa nature, que je connais que tout ce que je puis démontrer de quelque figure ou de quelque nombre appartient véritablement à la nature de cette figure ou de ce nombre ; et partant, encore que tout ce que j'ai conclu dans les méditations précédentes ne se trouvât point véritable, l'existence de Dieu devrait passer en mon esprit au moins pour aussi certaine que j'ai estimé jusques ici toutes les vérités mathématiques, qui ne regardent que les nombres et les figures ; bien qu'à la vérité cela ne paraisse pas d'abord entièrement manifeste, mais semble avoir quelque apparence de sophisme. Car ayant accoutumé dans toutes les autres choses de faire distinction entre l'existence et l'essence, je me persuade aisément que l'existence peut être séparée de l'essence de Dieu, et qu'ainsi on peut concevoir Dieu comme n'étant pas actuellement. Mais néanmoins, lorsque j'y pense avec plus d'attention, je trouve manifestement que l'existence ne peut non plus être séparée de l'essence de Dieu que de l'essence d'un triangle rectiligne la grandeur de ses trois angles égaux à deux droits, ou bien de l'idée d'une montagne l'idée d'une vallée ; en sorte qu'il n'y a pas moins de répugnance de concevoir un Dieu, c'est-à-dire un être souverainement parfait, auquel manque l'existence, c'est-à-dire auquel manque quelque perfection, que de concevoir une montagne qui n'ait pas de vallée.

Mais encore qu'en effet je ne puisse pas concevoir un Dieu sans existence, non plus qu'une montagne sans vallée, toutefois de cela que je conçois une montagne avec une vallée, il ne s'ensuit pas qu'il y ait aucune montagne dans le monde, de même aussi, quoique je conçoive Dieu comme existant, il ne s'ensuit pas, ce semble, pour cela qu'il y en ait aucun qui existe. Car ma pensée n'impose aucune nécessité aux choses ; et comme il ne tient qu'à moi d'imaginer un cheval ailé, encore qu'il n'y en ait aucun qui ait des ailes, ainsi je pourrais peut-être attribuer l'existence à Dieu, encore qu'il n'y eût aucun Dieu qui existât. Tant s'en faut, c'est ici qu'il y a un sophisme caché sous l'apparence de cette objection ; car de ce que je ne puis concevoir une montagne sans vallée, il ne s'ensuit pas qu'il y ait au monde aucune montagne ni aucune vallée, mais seulement que la montagne et la vallée, soit qu'il y en ait, soit qu'il n'y en ait point, sont inséparables l'une de l'autre ; au lieu que de cela seul que je ne puis concevoir Dieu que comme existant, il s'ensuit que l'existence est inséparable de lui, et partant qu'il existe véritablement : non que ma pensée puisse faire que cela soit de la sorte et qu'elle impose aux choses une nécessité ; mais, au contraire, parce que la nécessité de la chose même, à savoir de l'existence de Dieu, détermine ma pensée à le concevoir de cette façon. Car il n'est pas en ma liberté de concevoir un Dieu sans existence, c'est-à-dire un être souverainement parfait sans une souveraine perfection, comme il m'est libre d'imaginer un cheval sans ailes ou avec des ailes.

Méditations, V.

L'ESPRIT

Imagination et entendement

La connaissance sensible est l'œuvre de l'imagination, pensée tournée vers le corps, liée aux préjugés et aux passions.

63

Je remarque premièrement la différence qui est entre l'imagination et la pure intellection ou conception. Par exemple, lorsque j'imagine un triangle, non seulement je conçois que c'est une figure composée de trois lignes, mais avec cela j'envisage ces trois lignes comme présentes par la force et l'application intérieure de mon esprit ; et c'est proprement ce que j'appelle imaginer. Que si je veux penser à un chiliogone, je conçois bien à la vérité que c'est une figure composée de mille côtés, aussi facilement que je conçois qu'un triangle est une figure composée de trois côtés seulement ; mais je ne puis pas imaginer les mille côtés d'un chiliogone comme je fais les trois d'un triangle, ni pour ainsi dire les regarder comme présents avec les yeux de mon esprit. Et quoique, suivant la coutume que j'ai de me servir toujours de mon imagination lorsque je pense aux choses corporelles, il arrive qu'en concevant un chiliogone je me représente confusément quelque figure, toutefois il est très évident que cette figure n'est point un chiliogone, puisqu'elle ne diffère nullement de celle que je me représenterais si je pensais à un myriogone ou à quelque autre figure de beaucoup de côtés, et qu'elle ne sert en aucune façon à découvrir les propriétés qui font la différence du chiliogone d'avec les autres polygones. Que s'il est question de considérer un pentagone, il est bien vrai que je puis concevoir sa figure aussi bien que celle d'un chiliogone, sans le secours de l'imagination ; mais je la puis aussi imaginer en appliquant l'attention de mon esprit à chacun de ses cinq côtés, et tout ensemble à l'aire ou à l'espace qu'ils renferment. Ainsi je connais clairement que j'ai besoin d'une particulière contention d'esprit pour imaginer, de laquelle je ne me sers point pour concevoir ou pour entendre, et cette particulière contention d'esprit montre évidemment la différence qui est entre l'imagination et l'intellection ou conception pure. Je remarque outre cela que cette vertu d'imaginer qui est en moi, en tant qu'elle diffère de la puissance de concevoir, n'est en aucune façon nécessaire à ma nature ou à mon essence, c'est-à-dire à l'essence de mon esprit ; car, encore que je ne l'eusse point, il est sans doute que je demeurerais toujours le même que je suis maintenant : d'où il semble que l'on puisse conclure qu'elle dépend de quelque chose qui diffère de mon esprit. Et je conçois facilement que, si quelque corps existe auquel mon esprit soit tellement conjoint et uni qu'il se puisse appliquer à le considérer quand il lui plaît, il se peut faire que par ce moyen il imagine les choses corporelles ; en sorte que cette façon de penser diffère seulement de la pure intellection en ce que l'esprit en concevant se tourne en quelque façon vers soi-même, et considère quelqu'une des idées qu'il a en soi ; mais en imaginant il se tourne vers le corps, et considère en lui quelque chose de conforme à l'idée qu'il a lui-même formée, ou qu'il a reçue par les sens.

Méditations, VI.

Entendement et volonté

L'erreur vient de la disproportion entre l'entendement fini et la volonté infinie : la volonté peut affirmer plus que l'entendement ne conçoit, c'est-à-dire que les jugements de la volonté peuvent être déterminés non seulement par les idées claires et distinctes de l'entendement mais aussi par les représentations confuses de l'imagination.

64

Considérant quelles sont mes erreurs [...], je trouve qu'elles dépendent du concours de deux causes, à savoir, de la puissance de connaître qui est en moi, et de ma puissance d'élire, ou bien de mon libre arbitre ; c'est-à-dire de mon entendement, et ensemble de ma volonté. Car par l'entendement seul je n'assure ni ne nie aucune chose, mais je conçois seulement les idées des choses que je puis assurer ou nier. Or, en le considérant ainsi précisément, on peut dire qu'il ne se trouve jamais en lui aucune erreur, pourvu qu'on prenne le mot d'erreur en sa propre signification [...].

D'où est-ce donc que naissent mes erreurs ? C'est, à savoir, de cela seul que la volonté étant beaucoup plus ample et plus étendue que l'entendement, je ne la contiens pas dans les mêmes limites, mais que je l'étends aussi aux choses que je n'entends pas ; auxquelles étant de soi indifférente, elle s'égare fort aisément, et choisit le mal pour le bien, ou le faux pour le vrai : ce qui fait que je me trompe et que je pèche [...].

Or si je m'abstiens de donner mon jugement sur une chose, lorsque je ne la conçois pas avec assez de clarté et de distinction, il est évident que j'en use fort bien, et que je ne suis point trompé. Mais si je me détermine à la nier, ou assurer, alors je ne me sers plus comme je dois de mon libre arbitre ; et si j'assure ce qui n'est pas vrai, il est évident que je me trompe ; même aussi, encore que je juge selon la vérité, cela n'arrive que par hasard, et je ne laisse pas de faillir, et d'user mal de mon libre arbitre ; car la lumière naturelle nous enseigne que la connaissance de l'entendement doit toujours précéder la détermination de la volonté. Et c'est dans ce mauvais usage du libre arbitre que se rencontre la privation qui constitue la forme de l'erreur.

Méditations, IV.

La liberté

C'est dire que la volonté est entièrement libre, cette liberté apparaissant sous deux formes qui finalement sont liées : autonomie et liberté d'indifférence.

65

Il n'y a que la volonté seule ou la seule liberté du franc arbitre que j'expérimente en moi être si grande que je ne conçois point l'idée d'aucune autre plus ample et plus étendue, en sorte que c'est elle principalement qui me fait connaître que je porte l'image et la ressemblance de Dieu. Car encore qu'elle soit incomparablement plus grande dans Dieu que dans moi, soit à raison de la connaissance et de la puissance qui se trouvent jointes avec elle et qui la rendent plus ferme et plus efficace, soit à raison de l'objet, d'autant qu'elle se porte et s'étend infiniment à plus de choses, elle ne semble pas toutefois plus grande, si je la considère formellement et précisément en elle-même. Car elle consiste seulement en ce que nous pouvons faire une même chose ou ne la faire pas, c'est-à-dire affirmer ou nier, poursuivre ou fuir une même chose ; ou plutôt elle consiste seulement ce que, pour affirmer ou nier, poursuivre ou fuir les choses que l'entendement nous propose, nous agissons de telle sorte que nous ne sentons point qu'aucune force extérieure nous y contraigne. Car afin que je sois libre, il n'est pas nécessaire que je sois indifférent à choisir l'un ou l'autre des deux contraires ; mais plutôt, d'autant plus que je penche vers l'un, soit que je connaisse évidemment que le bien et le vrai s'y rencontrent, soit que Dieu dispose ainsi l'intérieur de ma pensée, d'autant plus librement j'en fais choix et je l'embrasse ; et certes la grâce divine et la connaissance naturelle, bien loin de diminuer ma liberté, l'augmentent plutôt et la fortifient ; de façon que cette indifférence que je sens lorsque je ne suis point emporté vers un côté plutôt que vers un autre par le poids d'aucune raison, est le plus bas degré de la liberté, et fait plutôt paraître un défaut dans la connaissance qu'une perfection dans la volonté ; car si je connaissais toujours clairement ce qui est vrai et ce qui est bon, je ne serais jamais en peine de délibérer quel jugement et quel choix je devrais faire, et ainsi je serais entièrement libre, sans jamais être indifférent.

Méditations, IV.

Mais peut-être que par ce mot d'indifférence, il y en a d'autres qui entendent cette faculté positive que nous avons de nous déterminer à l'un ou à l'autre des deux contraires, c'est-à-dire à poursuivre ou à fuir, à affirmer ou à nier une même chose. Sur quoi j'ai à dire que je n'ai jamais nié que cette faculté positive se trouvât en la volonté ; tant s'en faut, j'estime qu'elle s'y rencontre, non seulement toutes les fois qu'elle se détermine à ces sortes d'actions, où elle n'est point emportée par le poids d'aucune raison vers un côté plutôt que vers un autre ; mais même qu'elle se trouve mêlée dans toutes ses autres actions en sorte qu'elle ne se détermine jamais qu'elle ne la mette en usage ; jusque-là que, lors même qu'une raison fort évidente nous porte à une chose, quoique, moralement parlant, il soit difficile que nous puissions faire le contraire, parlant néanmoins absolument, nous le pouvons : car il nous est toujours libre de nous empêcher de poursuivre un bien qui nous est clairement connu, ou d'admettre une vérité évidente, pourvu seulement que nous pensions que c'est un bien de témoigner par là la liberté de notre franc arbitre.

Lettre à Mersenne, 27 mai 1641.

LE CORPS

Le rationalisme cartésien

La seule idée claire et distincte que nous puissions nous faire de l'âme est qu'elle est une substance pensante. (Cf. Texte 57).*C'est dire qu'il ne faut plus la considérer comme un principe vital mais l'identifier à la raison.*

66

Il n'y a point de meilleur chemin pour venir à la connaissance de nos passions que d'examiner la différence qui est entre l'âme et le corps, afin de connaître auquel des deux on doit attribuer chacune des fonctions qui sont en nous.

ART. 3. *Quelle règle on doit suivre pour cet effet.*

A quoi on ne trouvera pas grande difficulté si on prend garde que tout ce que nous expérimentons être en nous, et que nous voyons aussi pouvoir être en des corps tout à fait inanimés, ne doit être attribué qu'à notre corps ; et, au contraire, que tout ce qui est en nous, et que nous ne concevons en aucune façon pouvoir appartenir à un corps, doit être attribué à notre âme.

ART. 4. *Que la chaleur et le mouvement des membres procèdent du corps, les pensées de l'âme.*

Ainsi, à cause que nous ne concevons point que le corps pense en aucune façon, nous avons raison de croire que toutes sortes de pensées qui sont en nous appartiennent à l'âme ; et à cause que nous ne doutons point qu'il y ait des corps inanimés qui se peuvent mouvoir en autant ou plus de diverses façons que les nôtres, et qui ont autant ou plus de chaleur (ce que l'expérience fait voir en la flamme, qui seule a beaucoup plus de chaleur et de mouvement qu'aucun de nos membres), nous devons croire que toute la chaleur et tous les mouvements qui sont en nous, en tant qu'ils ne dépendent point de la pensée, n'appartiennent qu'au corps.

ART. 5. *Que c'est erreur de croire que l'âme donne le mouvement et la chaleur au corps.*

Au moyen de quoi nous éviterons une erreur très considérable en laquelle plusieurs sont tombés [...]. Elle consiste en ce que, voyant que tous les corps morts sont privés de chaleur et ensuite de mouvement, on s'est imaginé que c'était l'absence de l'âme qui faisait cesser ces mouvements et cette chaleur ; et ainsi on a cru sans raison que notre chaleur naturelle et tous les mouvements de nos corps dépendent de l'âme, au lieu qu'on devait penser au contraire que l'âme ne s'absente, lorsqu'on meurt, qu'à cause que cette chaleur cesse, et que les organes qui servent à mouvoir le corps se corrompent.

ART. 6. *Quelle différence il y a entre un corps vivant et un corps mort.*

Afin donc que nous évitions cette erreur, considérons que la mort n'arrive jamais par la faute de l'âme, mais seulement parce que quelqu'une des principales parties du corps se corrompt ; et jugeons que le corps d'un homme vivant diffère autant de celui d'un homme mort que fait une montre, ou autre automate (c'est-à-dire autre machine qui se meut de soi-même), lorsqu'elle est montée et qu'elle a en soi le principe corporel des mouvements pour lesquels elle est instituée, avec tout ce qui est requis pour son action, et la même montre, ou autre machine, lorsqu'elle est rompue et que le principe de son mouvement cesse d'agir.

Passions, 2-6.

Le mécanisme cartésien

La seule idée claire et distincte que nous puissions nous faire du corps est qu'il est une substance étendue (Cf. Texte 58). *C'est dire que la physique doit être toute mathématique.*

67

M. des Argues m'oblige du soin qu'il lui plaît avoir de moi, en ce qu'il témoigne être marri de ce que je ne veux plus étudier en géométrie. Mais je n'ai résolu de quitter que la géométrie abstraite, c'est-à-dire la recherche des questions qui ne servent qu'à exercer l'esprit ; et ce afin d'avoir d'autant plus de loisir de cultiver une autre sorte de géométrie, qui se propose pour question l'explication des phénomènes de la nature. Car s'il lui plaît de considérer ce que j'ai écrit du sel, de la neige, de l'arc-en-ciel, etc., il connaîtra bien que toute ma Physique n'est autre que Géométrie.

Lettre à Mersenne, 27 juillet 1638.

Que ce n'est pas la pesanteur, ni la dureté, ni la couleur, etc., qui constitue la nature du corps, mais l'extension seule.

En ce faisant, nous saurons que la nature de la matière, ou du corps pris en général, ne consiste point en ce qu'il est une chose dure, ou pesante, ou colorée, ou qui touche nos sens de quelque autre façon, mais seulement en ce qu'il est une substance étendue en longueur, largeur et profondeur. Pour ce qui est de la dureté, nous n'en connaissons autre chose, par le moyen de l'attouchement, sinon que les parties des corps durs résistent au mouvement de nos mains lorsqu'elles le rencontrent ; mais si, toutes les fois que nous portons nos mains vers quelque part, les corps qui sont en cet endroit se retiraient aussi vite comme elles en approchent, il est certain que nous ne sentirions jamais de dureté ; et néanmoins nous n'avons aucune raison qui nous puisse faire croire que les corps qui se retireraient de cette sorte perdissent pour cela ce qui les fait corps. D'où il suit que leur nature ne consiste pas en la dureté que nous sentons quelquefois à leur occasion, ni aussi en la pesanteur, chaleur et autres qualités de ce genre ; car si nous examinons quelque corps que ce soit, nous pouvons penser qu'il n'a en soi aucune de ces qualités, et cependant nous connaissons clairement et distinctement qu'il a tout ce qui le fait corps, pourvu qu'il ait de l'extension en longueur, largeur et profondeur : d'où il suit aussi que, pour être, il n'a besoin d'elles en aucune façon et que sa nature consiste en cela seul qu'il est une substance qui a de l'extension.

Principes, II, 4.

L'union de l'âme et du corps

Toutefois l'union de l'âme et du corps est consubstantielle, c'est-à-dire qu'elle forme comme une troisième substance originale, qui est l'homme même.

68

La nature m'enseigne aussi, par ces sentiments de douleur, de faim, de soif, etc., que je ne suis pas seulement logé dans mon corps ainsi qu'un pilote en son navire, mais outre cela que je lui suis conjoint très-étroitement, et tellement confondu et mêlé que je compose comme un seul tout avec lui. Car si cela n'était, lorsque mon corps est blessé, je ne sentirais pas pour cela de la douleur, moi qui ne suis qu'une chose qui pense ; mais j'apercevrais cette blessure par le seul entendement, comme un pilote aperçoit par la vue si quelque chose se rompt dans son vaisseau. Et lorsque mon corps a besoin de boire ou de manger, je connaîtrais simplement cela même, sans en être averti par des sentiments confus de faim et de soif ; car en effet tous ces sentiments de faim, de soif, de douleur, etc., ne sont autre chose que de certaines façons confuses de penser, qui proviennent et dépendent de l'union et comme du mélange de l'esprit avec le corps.

Méditations, VI.

En quoi consistent les combats qu'on a coutume d'imaginer entre la partie inférieure et la supérieure de l'âme.

Et ce n'est qu'en la répugnance qui est entre les mouvements que le corps par ses esprits, et l'âme par sa volonté, tendent à exciter en même temps dans la glande que consistent tous les combats qu'on a coutume d'imaginer entre la partie inférieure de l'âme, qu'on nomme sensitive, et la supérieure, qui est raisonnable, ou bien entre les appétits naturels et la volonté ; car il n'y a en nous qu'une seule âme, et cette âme n'a en soi aucune diversité de parties : la même qui est sensitive est raisonnable, et tous ses appétits sont des volontés. L'erreur qu'on a commise en lui faisant jouer divers personnages, qui sont ordinairement contraires les uns aux autres, ne vient que de ce qu'on n'a pas bien distingué ses fonctions d'avec celles du corps, auquel seul on doit attribuer tout ce qui peut être remarqué en nous qui répugne à notre raison ; en sorte qu'il n'y a point en ceci d'autre combat, sinon que la petite glande qui est au milieu du cerveau, pouvant être poussée d'un côté par l'âme et de l'autre par les esprits animaux, qui ne sont que des corps, ainsi que j'ai dit ci-dessus, il arrive souvent que ces deux impulsions sont contraires, et que la plus forte empêche l'effet de l'autre.

Passions, 47.

LA MORALE

La morale provisoire

L'idéal cartésien est une morale intellectualiste de la détermination de la volonté par la connaissance de l'entendement (Cf. Texte 64). *Mais les exigences de l'action étant incompatibles avec le doute, il faut se constituer une morale provisoire.*

69

Et enfin comme ce n'est pas assez, avant de commencer à rebâtir le logis où on demeure, que de l'abattre, et de faire provision de matériaux et d'architectes ou s'exercer soi-même à l'architecture, et outre cela d'en avoir soigneusement tracé le dessin, mais qu'il faut aussi s'être pourvu de quelque autre où on puisse être logé commodément pendant le temps qu'on y travaillera ; ainsi, afin que je ne demeurasse point irrésolu en mes actions pendant que la raison m'obligerait de l'être en mes jugements, et que je ne laissasse pas de vivre dès lors le plus heureusement que je pourrais, je me formai une morale par provision, qui ne consistait qu'en trois ou quatre maximes, dont je veux bien vous faire part.

La première était d'obéir aux lois et aux coutumes de mon pays, retenant constamment la religion en laquelle Dieu m'a fait la grâce d'être instruit dès mon enfance, et me gouvernant en toute autre chose suivant les opinions les plus modérées et les plus éloignées de l'excès, qui fussent communément reçues en pratique par les mieux sensés de ceux avec lesquels j'aurais à vivre. Car, commençant dès lors à ne compter pour rien les miennes propres, à cause que je les voulais remettre toutes à l'examen, j'étais assuré de ne pouvoir mieux que de suivre celles des mieux sensés. Et encore qu'il y en ait peut-être d'aussi bien sensés parmi les Perses ou les Chinois que parmi nous, il me semblait que le plus utile était de me régler selon ceux avec lesquels j'aurais à vivre ; et que, pour savoir quelles étaient véritablement leurs opinions, je devais plutôt prendre garde à ce qu'ils pratiquaient qu'à ce qu'ils disaient, non seulement à cause qu'en la corruption de nos mœurs, il y a peu de gens qui veuillent dire tout ce qu'ils croient, mais aussi à cause que plusieurs l'ignorent eux-mêmes ; car l'action de la pensée par laquelle on croit une chose étant différente de celle par laquelle on connaît qu'on la croit, elles sont souvent l'une sans l'autre. Et, entre plusieurs opinions également reçues, je ne choisissais que les plus modérées, tant à cause que ce sont toujours les plus commodes pour la pratique, et vraisemblablement les meilleures, tous excès ayant coutume d'être mauvais, comme aussi afin de me détourner moins du vrai chemin, en cas que je faillisse, que si, ayant choisi l'un des extrêmes, c'eût été l'autre qu'il eût fallu suivre. Et particulièrement je mettais entre les excès toutes les promesses par lesquelles on retranche quelque chose de sa liberté ; non que je désapprouvasse les lois qui, pour remédier à l'inconstance des esprits faibles, permettent, lorsqu'on a quelque bon dessein, ou même, pour la sûreté du commerce, quelque dessein qui n'est qu'indifférent, qu'on fasse des vœux ou des contrats qui obligent à y persévérer ; mais à cause que je ne voyais au monde aucune chose qui demeurât toujours en même état, et que, pour mon particulier, je me promettais de perfectionner de plus en plus mes jugements et non point de les rendre pires, j'eusse pensé commettre une grande faute contre le bon sens si, pour ce que j'approuvais alors quelque chose, je me fusse obligé de la prendre pour bonne encore après, lorsqu'elle aurait peut-être cessé de l'être, ou que j'aurais cessé de l'estimer telle.

Ma seconde maxime était d'être le plus ferme et le plus résolu en mes actions que je pourrais, et de ne suivre pas moins constamment les opinions les plus douteuses lorsque je m'y serais une fois déterminé, que si elles eussent été très assurées : imitant en ceci les voyageurs qui, se trouvant égarés en quelque forêt, ne doivent pas errer en tournoyant tantôt d'un côté, tantôt d'un autre, ni encore moins s'arrêter en une place, mais marcher toujours le plus droit qu'ils peuvent vers un même côté, et ne le changer point pour de faibles raisons, encore que ce n'ait peut-être été au commencement que le hasard seul qui les ait déterminés à le choisir car, par ce moyen, s'ils ne vont justement où ils désirent, ils arriveront au moins à la fin quelque part, où vraisemblablement ils seront mieux que dans le milieu d'une forêt. Et ainsi les actions de la vie ne souffrant souvent aucun délai, c'est une vérité très certaine que, lorsqu'il n'est pas en notre pouvoir de discerner les plus vraies opinions, nous devons suivre les plus probables : et même qu'encore que nous ne remarquions point davantage de probabilité aux unes qu'aux autres, nous devons néanmoins nous déterminer à quelques-unes, et les considérer après, non plus comme douteuses en tant qu'elles se rapportent à la pratique, mais comme très-vraies et très-certaines, à cause que la raison qui nous y a fait déterminer se trouve telle. Et ceci fut capable dès lors de me délivrer de tous les repentirs et les remords qui ont coutume d'agiter les consciences de ces esprits faibles et chancelants qui se laissent aller inconstamment à pratiquer comme bonnes les choses qu'ils jugent après être mauvaises.

Ma troisième maxime était de tâcher toujours plutôt à me vaincre que la fortune, et à changer mes désirs que l'ordre du monde, et généralement de m'accoutumer à croire qu'il n'y a rien qui soit entièrement en notre pouvoir que nos pensées, en sorte qu'après que nous avons fait notre mieux touchant les choses qui nous sont extérieures, tout ce qui manque de nous réussir est au regard de nous absolument impossible. Et ceci seul me semblait être suffisant pour m'empêcher de rien désirer à l'avenir que je n'acquisse, et ainsi pour me rendre content ; car notre volonté ne se portant naturellement à désirer que les choses que notre entendement lui représente en quelque façon comme possibles, il est certain que si nous considérons tous les biens qui sont hors de nous comme également éloignés de notre pouvoir, nous n'aurons pas plus de regret de manquer de ceux qui semblent être dus à notre naissance, lorsque nous en serons privés sans notre faute, que nous avons de ne posséder pas les royaumes de la Chine ou du Mexique ; et que faisant, comme on dit, de nécessité vertu, nous ne désirerons pas davantage d'être sains étant malades, ou d'être libres étant en prison, que nous faisons maintenant d'avoir des corps d'une matière aussi peu corruptible que les diamants, ou des ailes pour voler comme les oiseaux. Mais j'avoue qu'il est besoin d'un long exercice et d'une méditation souvent réitérée, pour s'accoutumer à regarder de ce biais toutes les choses et je crois que c'est principalement en ceci que consistait le secret de ces philosophes qui ont pu autrefois se soustraire à l'empire de la fortune, et, malgré les douleurs et la pauvreté, disputer de la félicité avec leurs dieux. Car, s'occupant sans cesse à considérer les bornes qui leur étaient prescrites par la nature, ils se persuadaient si parfaitement que rien n'était en leur pouvoir que leurs pensées, que cela seul était suffisant pour les empêcher d'avoir aucune affection pour d'autres choses ; et ils disposaient d'elles si absolument, qu'ils avaient en cela quelque raison de s'estimer plus riches et plus puissants, et plus libres et plus heureux qu'aucun des autres hommes, qui, n'ayant point cette philosophie, tant favorisés de la nature et de la fortune qu'ils puissent être, ne disposent jamais ainsi de tout ce qu'ils veulent.

Enfin, pour conclusion de cette morale, je m'avisai de faire une revue sur les diverses occupations qu'ont les hommes en cette vie, pour tâcher à faire choix de la meilleure ; et, sans que je veuille rien dire de celles des autres, je pensai que je ne pouvais mieux que de continuer en celle-là même où je me trouvais, c'est-à-dire que d'employer toute ma vie à cultiver ma raison, et m'avancer autant que je pourrais en la connaissance de la vérité, suivant la méthode que je m'étais prescrite. J'avais éprouvé de si extrêmes contentements depuis que j'avais commencé à me servir de cette méthode, que je ne croyais pas qu'on en pût recevoir de plus doux ni de plus innocents en cette vie ; et découvrant tous les jours par son moyen quelques vérités qui me semblaient assez importantes, et communément ignorées des autres hommes, la satisfaction que j'en avais remplissait tellement mon esprit, que tout le reste ne me touchait point. Outre que les trois maximes précédentes n'étaient fondées que sur le dessein que j'avais de continuer à m'instruire ; car Dieu nous ayant donné à chacun quelque lumière pour discerner le vrai d'avec le faux, je n'eusse pas cru devoir me contenter des opinions d'autrui un seul moment, si je ne me fusse proposé d'employer mon propre jugement à les examiner lorsqu'il serait temps ; et je n'eusse su m'exempter de scrupule en les suivant, si je n'eusse espéré de ne perdre pour cela aucune occasion d'en trouver des meilleures, en cas qu'il y en eût ; et enfin je n'eusse su borner mes désirs ni être content, si je n'eusse suivi un chemin par lequel, pensant être assuré de l'acquisition de toutes les connaissances dont je serais capable, je le pensais être par même moyen de celle de tous les vrais biens qui seraient jamais en mon pouvoir, d'autant que, notre volonté ne se portant à suivre ni à fuir aucune chose que selon que notre entendement la lui représente bonne ou mauvaise, il suffit de bien juger pour bien faire, et de juger le mieux qu'on puisse, pour faire aussi tout son mieux, c'est-à-dire pour acquérir toutes les vertus, et ensemble tous les autres biens qu'on puisse acquérir ; et lorsqu'on est certain que cela est, on ne saurait manquer d'être content.

Discours, III.

De la morale provisoire à la morale définitive

Dans les Lettres *à Elisabeth, on voit Descartes reprendre ces idées du* Discours *mais en insistant davantage sur l'autonomie rationnelle.*

70

Or, il me semble qu'un chacun se peut rendre content de soi-même et sans rien attendre d'ailleurs, pourvu seulement qu'il observe trois choses, auxquelles se rapportent les trois règles de morale, que j'ai mises dans le Discours de la Méthode.

La première est, qu'il tâche toujours de se servir, le mieux qu'il lui est possible, de son esprit, pour connaître ce qu'il doit faire ou ne pas faire en toutes les occurrences de la vie.

La seconde, qu'il ait une ferme et constante résolution d'exécuter tout ce que la raison lui conseillera, sans que ses passions ou ses appétits l'en détournent ; et c'est la fermeté de cette résolution, que je crois devoir être prise pour la vertu, bien que je ne sache point que personne l'ait jamais ainsi expliquée ; mais on l'a divisée en plusieurs espèces, auxquelles on a donné divers noms, à cause des divers objets auxquels elle s'étend.

La troisième, qu'il considère que, pendant qu'il se conduit ainsi, autant qu'il peut, selon la raison, tous les biens qu'il ne possède point sont aussi entièrement hors de son pouvoir les uns que les autres, et que, par ce moyen, il s'accoutume à ne les point désirer ; car il n'y a rien que le désir, et le regret ou le repentir qui nous puissent empêcher d'être contents : mais si nous faisons toujours tout ce que nous dicte notre raison, nous n'aurons jamais aucun sujet de nous repentir, encore que les événements nous fissent voir, par après, que nous nous sommes trompés, pour ce que ce n'est point par notre faute. Et ce qui fait que nous ne désirons point d'avoir, par exemple, plus de bras ou plus de langues que nous n'en avons, mais que nous désirons bien d'avoir plus de santé ou plus de richesses, c'est seulement que nous imaginons que ces choses ici pourraient être acquises par notre conduite, ou bien qu'elles sont dues à notre nature, et que ce n'est pas le même des autres : de laquelle opinion nous pourrons nous dépouiller, en considérant que, puisque nous avons toujours suivi le conseil de notre raison, nous n'avons rien omis de ce qui était en notre pouvoir, et que les maladies et les infortunes ne sont pas moins naturelles à l'homme que les prospérités et la santé.

Lettres, 4 août 1645.

La générosité

La plus haute vertu est finalement dans la volonté de bien juger pour bien faire, c'est-à-dire de juger librement et d'agir librement. Cette volonté de liberté, Descartes l'appelle Générosité et y voit la source du plus pur contentement.

71

Je ne remarque en nous qu'une seule chose qui nous puisse donner juste raison de nous estimer, à savoir l'usage de notre libre arbitre, et l'empire que nous avons sur nos volontés ; car il n'y a que les seules actions qui dépendent de ce libre arbitre pour lesquelles nous puissions avec raison être loués ou blâmés ; et il nous rend en quelque façon semblables à Dieu en nous faisant maîtres de nous-mêmes, pourvu que nous ne perdions point par lâcheté les droits qu'il nous donne.

Ainsi je crois que la vraie générosité, qui fait qu'un homme s'estime au plus haut point qu'il se peut légitimement estimer, consiste seulement partie en ce qu'il connaît qu'il n'y a rien qui véritablement lui appartienne que cette libre disposition de ses volontés, ni pourquoi il doive être loué ou blâmé sinon pour ce qu'il en use bien ou mal, et partie en ce qu'il sent en soi-même une ferme et constante résolution d'en bien user, c'est-à-dire de ne manquer jamais de volonté pour entreprendre et exécuter toutes les choses qu'il jugera être les meilleures : ce qui est suivre parfaitement la vertu.

Passions, 152, 153.

PASCAL

1623-1662

Mathématicien dès sa jeunesse, mondain pendant quelques années, entra à Port-Royal des Champs en 1654. Fait paraître les *Provinciales* en 1656 puis prépare un grand ouvrage d'apologie de la religion chrétienne dont il ne nous reste que des fragments : *Les Pensées.*

L'imagination

C'est à dessein d'humilier la raison que Pascal insiste sur la puissance de l'imagination. Mais les exemples qu'il donne illustrent bien la théorie cartésienne de l'imagination (pensée tournée vers le corps).

72

C'est cette partie décevante dans l'homme, cette maîtresse d'erreur et de fausseté, et d'autant plus fourbe qu'elle ne l'est pas toujours ; car elle serait règle infaillible de vérité, si elle l'était infaillible du mensonge. Mais, étant le plus souvent fausse, elle ne donne aucune marque de sa qualité, marquant du même caractère le vrai et le faux.

Je ne parle pas des fous, je parle des plus sages ; et c'est parmi eux que l'imagination a le grand don de persuader les hommes. La raison a beau crier, elle ne peut mettre le prix aux choses.

Cette superbe puissance, ennemie de la raison, qui se plaît à la contrôler et à la dominer, pour montrer combien elle peut en toutes choses, a établi dans l'homme une seconde nature. Elle a ses heureux, ses malheureux, ses sains, ses malades, ses riches, ses pauvres ; elle fait croire, douter, nier la raison ; elle suspend les sens, elle les fait sentir ; elle a ses fous et ses sages ; et rien ne dépite davantage que de voir qu'elle remplit ses hôtes d'une satisfaction bien autrement pleine et entière que la raison. Les habiles par imagination se plaisent tout autrement à eux-mêmes que les prudents ne se peuvent raisonnablement plaire. Ils regardent les gens avec empire ; ils disputent avec hardiesse et confiance ; et cette gaîté de visage leur donne souvent l'avantage dans l'opinion des écoutants, tant des sages imaginaires ont de faveur auprès des juges de même nature. Elle ne peut rendre sages les fous ; mais elle les rend heureux, à l'envie de la raison qui ne peut rendre ses amis que misérables, l'une les couvrant de gloire, l'autre de honte.

Qui dispense la réputation ? qui donne le respect et la vénération aux personnes, aux ouvrages, aux lois, aux grands, sinon cette faculté imaginante ? Combien toutes les richesses de la terre sont insuffisantes sans son consentement ! ...

Le plus grand philosophe du monde, sur une planche plus large qu'il ne faut, s'il y a au-dessous un précipice, quoique sa raison le convainque de sa sûreté, son imagination prévaudra. Plusieurs n'en sauraient soutenir la pensée sans pâlir et suer.

Je ne peux pas rapporter tous ses effets. Qui ne sait que la vue de chats, de rats, l'écrasement d'un charbon, etc..., emportent la raison hors de ses gonds ? Le ton de la voix impose aux plus sages, et change un discours et un poème de force.

L'affection ou la haine change la justice de face. Et combien un avocat bien payé par avance trouve-t-il plus juste la cause qu'il plaide ! combien son geste hardi le fait-il paraître meilleur aux juges, dupés par cette apparence ! Plaisante raison qu'un vent manie, et à tous sens !

L'imagination dispose de tous ; elle fait la beauté, la justice, et le bonheur qui est le tout du monde. Je voudrais de bon cœur voir le livre italien, qui vaut lui seul bien des livres : Della opinione regina del mondo. J'y souscris sans le connaître, sauf le mal, s'il y en a.

Pensées.

Le cœur

A la raison discursive, Pascal oppose un mode de connaissance qu'il rapporte au « cœur » et qui évoque à la fois la « raison pratique » de Kant et « l'intuition » bergsonienne.

73

Le cœur a ses raisons, que la raison ne connaît point ; on le sait en mille choses [...].

C'est le cœur qui sent Dieu et non la raison. Voilà ce que c'est que la foi : Dieu sensible au cœur [...].

Nous connaissons la vérité, non seulement par la raison, mais encore par le cœur ; c'est de cette dernière sorte que nous connaissons les premiers principes, et c'est en vain que le raisonnement, qui n'y a point de part, essaie de les combattre. Les pyrrhoniens, qui n'ont que cela pour objet, y travaillent inutilement. Nous savons que nous ne rêvons point ; quelque impuissance où nous soyons de le prouver par raison, cette impuissance ne conclut autre chose que la faiblesse de notre raison, mais non pas l'incertitude de nos connaissances, comme ils le prétendent. Car la connaissance des premiers principes, comme qu'il y a espace, temps, mouvement, nombres, est aussi ferme qu'aucune de celle que nos raisonnements nous donnent. Et c'est sur ces connaissances du cœur et de l'instinct qu'il faut que la raison s'appuie, et qu'elle y fonde tout son discours. (Le cœur sent qu'il y a trois dimensions dans l'espace et que les nombres sont infinis ; et la raison démontre ensuite qu'il n'y a point deux nombres carrés dont l'un soit le double de l'autre. Les principes se sentent, les propositions se concluent ; et le tout avec certitude, quoique par différentes voies.) Et il est aussi inutile et aussi ridicule que la raison demande au cœur des preuves de ses premiers principes, pour vouloir y consentir, qu'il serait ridicule que le cœur demandât à la raison un sentiment de toutes les propositions qu'elle démontre, pour pouvoir les recevoir.

Pensées.

L'humanité

Devançant Auguste Comte, Pascal voit dans l'humanité un seul être « qui subsiste toujours et qui apprend continuellement ». De là son attitude envers les Anciens.

74

Cependant il est étrange de quelle sorte on révère leurs sentiments. On fait un crime de les contredire et un attentat d'y ajouter, comme s'ils n'avaient plus laissé de vérités à connaître. N'est-ce pas là traiter indignement la raison de l'homme, et la mettre en parallèle avec l'instinct des animaux, puisqu'on en ôte la principale différence, qui consiste en ce que les effets du raisonnement augmentent sans cesse, au lieu que l'instinct demeure toujours dans un état égal ? Les ruches des abeilles étaient aussi bien mesurées il y a mille ans qu'aujourd'hui, et chacune d'elles forme cet hexagone aussi exactement la première fois que la dernière. Il en est de même de tout ce que les animaux produisent par ce mouvement occulte. La nature les instruit à mesure que la nécessité les presse ; mais cette science fragile se perd avec les besoins qu'ils en ont : comme ils la reçoivent sans étude, ils n'ont pas le bonheur de la conserver ; et toutes les fois qu'elle leur est donnée, elle leur est nouvelle, puisque, la nature n'ayant pour objet que de maintenir les animaux dans un ordre de perfection bornée, elle leur inspire cette science nécessaire, toujours égale, de peur qu'ils ne tombent dans le dépérissement, et ne permet pas qu'ils y ajoutent, de peur qu'ils ne passent les limites qu'elle leur a prescrites. Il n'en est pas de même de l'homme, qui n'est produit que pour l'infinité. Il est dans l'ignorance au premier âge de sa vie ; mais il s'instruit sans cesse dans son progrès : car il tire avantage non seulement de sa propre expérience, mais encore de celle de ses prédécesseurs, parce qu'il garde toujours dans sa mémoire les connaissances qu'il s'est une fois acquises, et que celles des anciens lui sont toujours présentes dans les livres qu'ils en ont laissés. Et comme il conserve ces connaissances, il peut aussi les augmenter facilement ; de sorte que les hommes sont aujourd'hui en quelque sorte dans le même état où se trouveraient ces anciens philosophes, s'ils pouvaient avoir vieilli jusques à présent, en ajoutant aux connaissances qu'ils avaient celles que leurs études auraient pu leur acquérir à la faveur de tant de siècles. De là vient que, par une prérogative particulière, non seulement chacun des hommes s'avance de jour en jour dans les sciences, mais que tous les hommes ensemble y font un continuel progrès à mesure que l'univers vieillit, parce que la même chose arrive dans la succession des hommes que dans les âges différents d'un particulier.

De sorte que toute la suite des hommes, pendant le cours de tant de siècles, doit être considérée comme un même homme qui subsiste toujours et qui apprend continuellement : d'où l'on voit avec combien d'injustice nous respectons l'antiquité dans ses philosophes ; car, comme la vieillesse est l'âge le plus distant de l'enfance, qui ne voit que la vieillesse dans cet homme universel ne doit pas être cherchée dans les temps proches de sa naissance, mais dans ceux qui en sont les plus éloignés ? Ceux que nous appelons anciens étaient véritablement nouveaux en toutes choses, et formaient l'enfance des hommes proprement ; et comme nous avons joint à leurs connaissances l'expérience des siècles qui les ont suivis, c'est en nous que l'on peut trouver cette antiquité que nous révérons dans les autres.

Opuscules.

Les grands

« Grandeur d'établissement, respect d'établissement », écrit Pascal dans les Pensées. *C'est cette idée qu'il développe dans le second des trois discours sur la condition des grands, marquant rigoureusement la distance qui sépare l'obéissance du respect.*

75

Il est bon, monsieur, que vous sachiez ce que l'on vous doit, afin que vous ne prétendiez pas exiger des hommes ce qui ne vous est pas dû ; car c'est une injustice visible : et cependant elle est fort commune à ceux de votre condition parce qu'ils en ignorent la nature.

Il y a dans le monde deux sortes de grandeurs ; car il y a des grandeurs d'établissement et des grandeurs naturelles. Les grandeurs d'établissement dépendent de la volonté des hommes, qui ont cru avec raison devoir honorer certains états et y attacher certains respects. Les dignités et la noblesse sont de ce genre. En un pays on honore les nobles, en l'autre les roturiers ; en celui-ci les aînés, en cet autre les cadets. Pourquoi cela ? parce qu'il a plu aux hommes. La chose était indifférente avant l'établissement : après l'établissement elle devient juste, parce qu'il est injuste de la troubler.

Les grandeurs naturelles sont celles qui sont indépendantes de la fantaisie des hommes, parce qu'elles consistent dans les qualités réelles et effectives de l'âme et du corps, qui rendent l'une ou l'autre plus estimable, comme les sciences, la lumière de l'esprit, la vertu, la santé, la force.

Nous devons quelque chose à l'une et à l'autre de ces grandeurs ; mais comme elles sont d'une nature différente, nous leur devons aussi différents respects. Aux grandeurs d'établissement, nous leur devons les respects d'établissement, c'est-à-dire certaines cérémonies extérieures qui doivent être néanmoins accompagnées, selon la raison, d'une reconnaissance intérieure de la justice de cet ordre, mais qui ne nous font pas concevoir quelque qualité réelle en ceux que nous honorons de cette sorte. Il faut parler aux rois à genoux ; il faut se tenir debout dans la chambre des princes. C'est une sottise et une bassesse d'esprit que de leur refuser ces devoirs.

Mais pour les respects naturels qui consistent dans l'estime, nous ne les devons qu'aux grandeurs naturelles ; et nous devons au contraire le mépris et l'aversion aux qualités contraires à ces grandeurs naturelles. Il n'est pas nécessaire, parce que vous êtes duc, que je vous estime ; mais il est nécessaire que je vous salue. Si vous êtes duc et honnête homme, je rendrai ce que je dois à l'une et à l'autre de ces qualités. Je ne vous refuserai point les cérémonies que mérite votre qualité de duc, ni l'estime que mérite celle d'honnête homme. Mais si vous étiez duc sans être honnête homme, je vous ferais encore justice ; car en vous rendant les devoirs extérieurs que l'ordre des hommes a attachés à votre naissance, je ne manquerais pas d'avoir pour vous le mépris intérieur que mériterait la bassesse de votre esprit.

Voilà en quoi consiste la justice de ces devoirs. Et l'injustice consiste à attacher les respects naturels aux grandeurs d'établissement, ou à exiger les respects d'établissement pour les grandeurs naturelles. M. N... est un plus grand géomètre que moi ; en cette qualité il veut passer devant moi : je lui dirai qu'il n'y entend rien. La géométrie est une grandeur naturelle ; elle demande une préférence d'estime ; mais les hommes n'y ont attaché aucune préférence extérieure. Je passerai donc devant lui ; et l'estimerai plus que moi, en qualité de géomètre. De même si, étant duc et pair, vous ne vous contentez pas que je me tienne découvert devant vous, et que vous voulussiez encore que je vous estimasse, je vous prierais de me montrer les qualités qui méritent mon estime. Si vous le faisiez, elle vous est acquise, et je ne vous la pourrais refuser avec justice ; mais si vous ne le faisiez pas, vous seriez injuste de me la demander, et assurément vous n'y réussiriez pas, fussiez-vous le plus grand prince du monde.

Opuscules.

MALEBRANCHE

1638-1715

Prêtre de l'Oratoire, fortement influencé par la philosophie de Descartes qu'il essaya de concilier avec celle de Saint Augustin.

Œuvres : *Recherche de la Vérité* (1674-1675), *Méditations chrétiennes* (1683), *Traité de morale* (1684), *Entretiens sur la métaphysique* (1688).

Théorie de la connaissance

« Nous voyons toutes choses en Dieu » dit Malebranche (Recherche de la Vérité, *2ᵉ partie, ch. IV). Nous connaissons Dieu par lui-même, c'est-à-dire sans idée, quoique d'une façon imparfaite ; nous connaissons les corps par leurs idées ; nous ne connaissons pas notre âme, mais nous en avons conscience ; nous connaissons les âmes des autres par conjecture.*

76

Il n'y a que Dieu que l'on connaisse par lui-même ; car encore qu'il n'y ait d'autres êtres spirituels que lui et qui semblent être intelligibles par leur nature, il n'y a que lui seul qui puisse agir dans l'esprit et se découvrir à lui. Il n'y a que Dieu que nous voyions d'une vue immédiate et directe ; il n'y a que lui qui puisse éclairer l'esprit par sa propre substance. Enfin, dans cette vie, ce n'est que par l'union que nous avons avec lui que nous sommes capables de connaître ce que nous connaissons, ainsi que nous l'avons expliqué dans le chapitre précédent ; car c'est notre seul maître qui préside à notre esprit, selon saint Augustin, sans l'entremise d'aucune créature.

On ne peut concevoir que quelque chose de créé puisse représenter l'infini, que l'être sans restriction, l'être immense, l'être universel puisse être aperçu par une idée, c'est-à-dire par un être particulier, par un être différent de l'être universel et infini ; mais, pour les êtres particuliers, il n'est pas difficile de concevoir qu'ils puissent être représentés par l'être infini qui les renferme dans sa substance très-efficace et par conséquent très-intelligible. Ainsi il est nécessaire de dire que l'on connaît Dieu par lui-même, quoique la connaissance que l'on en a en cette vie soit très imparfaite ; et que l'on connaît les choses corporelles par leurs idées, c'est-à-dire en Dieu, puisqu'il n'y a que Dieu qui renferme le monde intelligible, où se trouvent les idées de toutes choses.

Mais encore que l'on puisse voir toutes choses en Dieu, il ne s'ensuit pas qu'on les y voie toutes : on ne voit en Dieu que les choses dont on a des idées, et il y a des choses que l'on voit sans idées.

Toutes les choses qui sont en ce monde, dont nous ayons quelque connaissance, sont des corps ou des esprits : propriétés de corps, propriétés d'esprits. On ne peut douter que l'on ne voie les corps avec leurs propriétés par leurs idées, parce que n'étant pas intelligibles par eux-mêmes, nous ne les pouvons voir que dans l'être qui les renferme d'une manière intelligible. Ainsi c'est en Dieu et par leurs idées que nous voyons les corps avec leurs propriétés, et c'est pour cela que la connaissance que nous en avons est très-parfaite : je veux dire que l'idée que nous avons de l'étendue suffit pour nous faire connaître toutes les propriétés dont l'étendue est capable, et que nous ne pouvons désirer d'avoir une idée plus distincte et plus féconde de l'étendue, des figures et des mouvements que celle que Dieu nous en donne.

Comme les idées des choses qui sont en Dieu renferment toutes leurs propriétés, qui en voit les idées en peut voir successivement toutes les propriétés ; car, lorsqu'on voit les choses comme elles sont en Dieu, on les voit toujours d'une manière très parfaite, et elle serait infiniment parfaite si l'esprit qui les y voit était infini. Ce qui manque à la connaissance que nous avons de l'étendue, des figures et des mouvements n'est point un défaut de l'idée qui la représente, mais de notre esprit qui la considère.

Il n'en est pas de même de l'âme : nous ne la connaissons point par son idée ; nous ne la voyons point en Dieu ; nous ne la connaissons que par conscience, et c'est pour cela que la connaissance que nous en avons est imparfaite ; nous ne savons de notre âme que ce que nous sentons se passer en nous. Si nous n'avions jamais senti de douleur, de chaleur, de lumière, etc., nous ne pourrions savoir si notre âme en serait capable, parce que nous ne la connaissons point par son idée. Mais si nous voyions en Dieu l'idée qui répond à notre âme, nous connaîtrions en même temps ou nous pourrions connaître toutes les propriétés dont elle est capable ; comme nous connaissons ou nous pouvons connaître toutes les propriétés dont l'étendue est capable, parce que nous connaissons l'étendue par son idée.

Il est vrai que nous connaissons assez par notre conscience ou par le sentiment intérieur que nous avons de nous-mêmes que notre âme est quelque chose de grand, mais il se peut faire que ce que nous en connaissons ne soit presque rien de ce qu'elle est en elle-même. Si on ne connaissait de la matière que vingt ou trente figures dont elle aurait été modifiée, certainement on n'en connaîtrait presque rien, en comparaison de ce que l'on en connaît par l'idée qui la représente. Il ne suffit donc pas pour connaître parfaitement l'âme de savoir ce que nous en savons par le seul sentiment intérieur, puisque la conscience que nous avons de nous-mêmes ne nous montre peut-être que la moindre partie de notre être.

On peut conclure de ce que nous venons de dire qu'encore que nous connaissions plus distinctement l'existence de notre âme que l'existence de notre corps et de ceux qui nous environnent, cependant nous n'avons pas une connaisance si parfaite de la nature de l'âme que de la nature des corps, et cela peut servir à accorder les différents sentiments de ceux qui disent qu'il n'y a rien qu'on connaisse mieux que l'âme, et de ceux qui assurent qu'il n'y a rien qu'ils connaissent moins.

Recherche de la Vérité, III.

Morale

La Raison qui éclaire l'homme est la Sagesse de Dieu même ; grâce à elle nous pouvons contempler l'ordre immuable des perfections et y conformer notre conduite ; la vertu est obéissance à l'Ordre, soumission à la Loi Divine.

77

L'amour de l'Ordre n'est pas seulement la principale des vertus morales, c'est l'unique vertu : c'est la vertu mère, fondamentale, universelle ; Vertu qui seule rend vertueuses les habitudes ou les dispositions des esprits. Celui qui donne son bien aux pauvres ou par vanité, ou par une compassion naturelle, n'est point libéral, parce que ce n'est point la Raison qui le conduit, ni l'ordre qui le règle ; ce n'est qu'orgueil, ou que disposition de machine. Les officiers, qui s'exposent volontairement aux dangers, ne sont point généreux, si c'est l'ambition qui les anime ; ni les soldats, si c'est l'abondance des esprits et la fermentation du sang. Cette prétendue noble ardeur n'est que vanité ou jeu de machine : il ne faut souvent qu'un peu de vin pour en produire beaucoup. Celui qui souffre les outrages qu'on lui fait, n'est souvent ni modéré ni patient. C'est sa paresse qui le rend immobile, et sa fierté ridicule et stoïcienne qui le console, et qui le met en idée au-dessus de ses ennemis : ce n'est encore que disposition de machine, disette d'esprits, froideur de sang, mélancolie. Il en est de même de toutes les vertus. Si l'amour de l'Ordre n'en est le principe, elles sont fausses et vaines, indignes en toutes manières d'une nature raisonnable, qui porte l'image de Dieu même, et qui par la Raison a société avec lui. Elles tirent leur origine de la disposition du corps. L'Esprit-Saint ne les forme point : et quiconque en fait l'objet de ses désirs et le sujet de sa gloire, a l'âme basse, l'esprit petit, le cœur corrompu. Mais, quoiqu'en pense une imagination révoltée, ce n'est ni bassesse, ni servitude que de se soumettre à la loi de Dieu même. Rien n'est plus juste que de se conformer à l'Ordre. Rien n'est plus grand que d'obéir à Dieu. Rien n'est plus généreux que de suivre constamment, fidèlement, inviolablement le parti de la Raison ; non seulement lorsqu'on le peut suivre avec honneur, mais principalement lorsque les circonstances des temps et des lieux sont telles, qu'on ne le peut suivre que couvert de confusion et de honte. Car celui qui passe pour fou en suivant la Raison, l'aime véritablement. Mais, celui qui ne suit l'Ordre que lorsqu'il brille aux yeux du monde, ne recherche que la gloire ; et quoique alors il paraisse lui-même tout éclatant aux yeux des hommes, il est en abomination devant Dieu.

Morale.

LOCKE

1632-1704

Mêlé à la vie politique, dut quitter souvent l'Angleterre où il ne résida définitivement qu'à partir de 1688. Économiste et pédagogue autant que philosophe.

Œuvre essentielle : *Essai sur l'entendement humain* (1690).

L'empirisme

Contre la théorie cartésienne des idées innées Locke affirme que toutes nos connaissances viennent de l'expérience, soit externe, soit interne.

78

Supposons donc qu'au commencement l'âme est ce qu'on appelle une table rase (tabula rasa), vide de tous caractères, sans aucune idée quelle qu'elle soit : comment vient-elle à recevoir des idées ? Par quel moyen en acquiert-elle cette prodigieuse quantité que l'imagination de l'homme, toujours agissante et sans bornes, lui présente avec une variété presque infinie ? D'où puise-t-elle tous ces matériaux, qui sont comme le fonds de tous ses raisonnements et de toutes ses connaissances ? A cela je réponds en un mot, de l'expérience : c'est là le fondement de toutes nos connaissances ; et c'est de là qu'elles tirent leur première origine. Les observations que nous faisons sur les objets extérieurs, ou sur les opérations intérieures de notre âme, que nous apercevons, et sur lesquelles nous réfléchissons nous-mêmes, fournissent à notre esprit les matériaux de toutes ses pensées. Ce sont là les deux sources d'où découlent toutes les idées que nous avons, que nous pouvons avoir naturellement.

Et premièrement nos sens, étant frappés par certains objets extérieurs, font entrer dans notre âme plusieurs perceptions distinctes des choses, selon les diverses manières dont ces objets agissent sur nos sens. C'est ainsi que nous acquérons les idées que nous avons du blanc, du jaune, du chaud, du froid, du dur, du mou, du doux, de l'amer, et de tout ce que nous appelons qualités sensibles. Nos sens, dis-je, font entrer toutes ces idées dans notre âme, par où j'entends qu'ils font passer des objets extérieurs dans l'âme ; ce qui y produit ces sortes de perceptions. Et, comme cette grande source de la plupart des idées que nous avons dépend entièrement de nos sens, et se communique à l'entendement par ce moyen, je l'appelle sensation.

L'autre source, d'où l'entendement vient à recevoir des idées, c'est la perception des opérations de notre âme appliquée aux idées qu'elle a reçues par les sens : opérations qui, devenant l'objet des réflexions de l'âme, produisent dans l'entendement une autre espèce d'idées, que les objets extérieurs n'auraient pu lui fournir ; telles sont les idées de ce qu'on appelle percevoir, penser, douter, croire, raisonner, connaître, vouloir, et toutes les différentes actions de notre âme, de l'existence desquelles étant pleinement convaincus parce que nous les trouvons en nous-mêmes, nous recevons par leur moyen des idées aussi distinctes que celles que les corps produisent en nous lorsqu'ils viennent à frapper nos sens [...]. Mais, comme j'appelle l'autre source de nos idées sensation, je nommerai celle-ci réflexion, parce que l'âme ne reçoit par son moyen que les idées qu'elle acquiert en réfléchissant sur ses propres opérations.

Essai sur l'entendement humain, II, 1.

SPINOZA

1632-1677

D'une famille de juifs portugais émigrés en Hollande, il était destiné à devenir rabbin et étudia la philosophie et la théologie juives. Excommunié par le Consistoire en 1656 à cause de la liberté de sa pensée, il se fit polisseur de verres et vécut dans la plus complète indépendance.

Œuvres : *Éthique* (1677), *Réforme de l'entendement, Traité théologico-politique, Traité politique.*

Principes métaphysiques

Spinoza refuse d'invoquer les causes finales dans la recherche de la vérité.

79

Les hommes supposent communément que toutes les choses de la nature agissent, comme eux-mêmes, en vue d'une fin.

Si, par exemple, une pierre est tombée d'un toit sur la tête de quelqu'un et l'a tué, voici la manière dont ils démontreront que la pierre est tombée pour tuer cet homme ; si elle n'est pas tombée à cette fin, par la volonté de Dieu, comment tant de circonstances (et en effet il en est souvent un grand concours) ont-elles pu se trouver par chance réunies ? Peut-être répondrez-vous que cela est arrivé parce que le vent soufflait et que l'homme passait par là. Mais, insisteront-ils, pourquoi le vent a-t-il soufflé à ce moment ? Pourquoi l'homme passait-il par là à ce même instant ? Si vous répondez encore : le vent s'est levé parce que la mer, le jour avant, par un temps encore calme, avait commencé à s'agiter ; l'homme avait été invité par un ami ; alors ils insisteront encore, car ils n'en finissent pas de questionner : pourquoi donc la mer était-elle agitée ? Pourquoi l'homme a-t-il été invité à tel moment ? Et ils continueront ainsi de vous interroger sans relâche sur les causes des causes, jusqu'à ce que vous vous soyez réfugié dans la volonté de Dieu, cet asile d'ignorance. De même, quand ils voient la structure du corps humain, ils sont frappés de stupeur, et, de ce qu'ils ignorent les causes d'un ouvrage aussi parfait, ils concluent qu'il n'est point formé mécaniquement, mais par un art divin ou surnaturel, de telle façon qu'aucune partie ne nuise à l'autre. Et ainsi arrive-t-il que quiconque cherche les vraies causes des prodiges et s'applique à connaître en savant les choses de la nature, au lieu de s'émerveiller comme un sot, est souvent tenu pour hérétique ou impie et proclamé tel par ceux que la foule adore comme des interprètes de la Nature et des Dieux. Et c'est qu'ils savent bien que détruire l'ignorance, c'est détruire l'étonnement imbécile, c'est-à-dire la sauvegarde unique de leurs raisonnements et de leur autorité.

Éthique, I, Appendice.

Pour lui, en effet, tous les événements sont soumis à un strict déterminisme parce qu'il n'existe d'autre substance que Dieu dont tout est mode ou attribut.

80

Il n'est rien donné de contingent dans la nature, mais tout y est déterminé par la nécessité de la nature divine à exister et à produire quelque effet d'une certaine manière. (Livre I, Prop. 29.)

La volonté ne peut être appelée cause libre, mais seulement cause nécessaire. (Livre I, Prop. 32.)

Les hommes se trompent en ce qu'ils se croient libres ; et cette opinion consiste en cela seul qu'ils ont conscience de leurs actions et sont ignorants des causes par lesquelles ils sont déterminés ; ce qui constitue donc leur idée de la liberté, c'est qu'ils ne connaissent aucune cause de leurs actions. (Livre II, Prop. 35, Scolie.)

Il n'y a dans l'Ame aucune volonté absolue ou libre ; mais l'Ame est déterminée à vouloir ceci ou cela par une cause qui est aussi déterminée par une autre, et cette autre l'est à son tour par une autre, et ainsi à l'infini. (Livre II, Prop. 48.)

Ni le Corps ne peut déterminer l'Ame à penser ; ni l'Ame, le Corps au mouvement ou au repos ou à quelque autre manière d'être que ce soit (s'il en est quelque autre). (Livre III, Prop. 2.)

Éthique.

Il y a donc un parfait parallélisme entre les choses (attribut « étendue ») et les idées (attribut « pensée »).

81

L'ordre et la connexion des idées sont les mêmes que l'ordre et la connexion des choses.

Éthique, II, 12.

L'Ame et le Corps sont une seule et même chose qui est conçue tantôt sous l'attribut de la Pensée, tantôt sous celui de l'Étendue [...]. Et conséquemment l'ordre des actions et des passions de notre Corps concorde par nature avec l'ordre des actions et des passions de l'Ame.

Éthique, III, I.

Toutefois il faut distinguer les idées que nous avons selon l'ordre des affections du corps et celle que nous formons selon l'ordre des pensées dans la connaissance rationnelle.

82

La Mémoire n'est rien d'autre qu'un certain enchaînement d'idées, enveloppant la nature de choses extérieures au Corps humain, qui se fait suivant l'ordre et l'enchaînement des affections de ce Corps. Je dis : 1° que c'est un enchaînement de ces idées seulement qui enveloppent la nature de choses extérieures au Corps humain, non d'idées qui expliquent la nature de ces mêmes choses, car ce sont, en réalité, des idées des affections du Corps humain, lesquelles enveloppent à la fois sa nature propre et celle des corps extérieurs. Je dis : 2° que cet enchaînement se fait suivant l'ordre et l'enchaînement des affections du Corps humain pour le distinguer de l'enchaînement d'idées qui se fait suivant l'ordre de l'entendement, enchaînement en vertu duquel l'Ame perçoit les choses par leurs premières causes et qui est même dans tous les hommes.

Éthique, II, 18.

Il est de la nature de la Raison de considérer les choses non comme contingentes, mais comme nécessaires [...].

Il est de la nature de la Raison de percevoir les choses comme possédant une certaine sorte d'éternité.

Éthique, II, 44.

Nous sentons et nous savons par expérience que nous sommes éternels. Car l'Ame ne sent pas moins ces choses qu'elle conçoit par un acte de l'entendement que celles qu'elle a dans la mémoire. Les yeux de l'Ame par lesquels elle voit et observe les choses sont les démonstrations elles-mêmes.

Éthique, V, 23.

Différents genres de connaissance

Spinoza distingue dans la Réforme de l'Entendement *quatre genres de connaissance, qu'il réduira à trois dans l'* Éthique, *en assimilant la connaissance par ouï-dire à la connaissance par expérience vague.*

83

I. Il y a une perception acquise par ouï-dire ou par le moyen d'un signe conventionnel arbitraire.

II. Il y a une perception acquise par expérience vague, c'est-à-dire par une expérience qui n'est pas déterminée par l'entendement ; ainsi nommée seulement parce que, s'étant fortuitement offerte et n'ayant été contredite par aucune autre, elle est demeurée comme inébranlée en nous.

III. Il y a une perception où l'essence d'une chose se conclut d'une autre chose, mais non adéquatement, comme il arrive ou bien quand, d'un effet, nous faisons ressortir la cause, ou bien quand une conclusion se tire de quelque caractère général toujours accompagné d'une certaine propriété.

IV. Il y a enfin une perception dans laquelle une chose est perçue par sa seule essence ou par la connaissance de sa cause prochaine.

Voici des exemples pour illustrer ces distinctions. Je sais par ouï-dire seulement quel a été mon jour de naissance ; que j'ai eu tels parents et autres choses semblables, dont je n'ai jamais douté. Je sais par expérience vague que je mourrai ; si je l'affirme, en effet, c'est que j'ai vu d'autres êtres semblables à moi rencontrer la mort, bien que tous n'aient pas vécu le même espace de temps et ne soient pas morts de la même maladie. C'est par expérience vague encore que je sais que l'huile est pour la flamme un aliment propre à l'entretenir, et que l'eau est propre à l'éteindre, que le chien est un animal aboyant et l'homme un animal raisonnable ; et ainsi ai-je appris presque tout ce qui se fait pour l'usage de la vie. Voici maintenant comment nous concluons une chose d'une autre chose. Quand nous percevons clairement que nous sentons tel corps et n'en sentons aucun autre, nous concluons clairement de là que l'âme est unie au corps et que cette union est la cause de cette sensation ; mais en quoi cette sensation, ou cette union, consiste, c'est ce que nous ne pouvons connaître absolument par là ; de même, quand je connais la nature de la vision et aussi cette propriété à elle appartenant, qu'un même objet vu à grande distance paraît plus petit que si nous le regardons de près, j'en conclus que le soleil est plus grand qu'il ne m'apparaît et autres propositions semblables. Une chose enfin est perçue par sa seule essence quand, par cela même que je sais quelque chose, je sais ce que c'est que de savoir quelque chose ou quand, par la connaissance que j'ai de l'essence de l'âme, je sais qu'elle est unie au corps. C'est de cette sorte de connaissance que nous savons que deux et trois font cinq et que deux lignes parallèles à une troisième sont parallèles entre elles, etc. Très peu nombreuses toutefois sont les choses que j'ai pu jusqu'ici connaître d'une connaissance de cette sorte.

Pour faire mieux entendre tout ce qui précède, je me servirai enfin d'un exemple unique : Soient donnés trois nombres ; on en cherche un quatrième qui soit au troisième comme le second est au premier. Des marchands diront ici maintes fois qu'ils savent ce qu'il faut faire pour trouver ce quatrième nombre parce qu'ils n'ont pas encore oublié le procédé que sans démonstration ils ont appris de leurs maîtres. D'autres, de l'expérience des cas simples, tirent un principe universel : il arrive que le quatrième nombre soit connu comme dans la proportion 2, 4, 3, 6, et l'expérience montre qu'en divisant par le premier le produit du second et du troisième, on a comme quotient le nombre 6 ; obtenant par cette opération le même nombre qu'ils savaient déjà être le quatrième proportionnel demandé, ils en concluent que cette opération permet toujours de trouver un quatrième proportionnel. Les Mathématiciens, s'appuyant sur la démonstration d'Euclide (proposition 19, livre VII), savent quels nombres sont proportionnels entre eux : ils le concluent de la nature de la proportion et de cette propriété lui appartenant que le produit du premier terme et du quatrième égale le produit du second et du troisième ; ils ne voient pas toutefois adéquatement la proportionnalité des nombres donnés et, s'ils la voient, ce n'est point par la vertu de la proposition d'Euclide, mais intuitivement, sans faire aucune opération [...].

Pour le premier mode, il est de soi manifeste que par le simple ouï-dire, outre que ce mode est fort incertain, nous ne percevons nulle essence de chose ainsi qu'il apparaît dans notre exemple ; or nous ne pouvons connaître l'existence singulière d'une chose que si l'essence nous en est connue, comme on le verra par la suite ; d'où nous concluons que toute certitude acquise par ouï-dire doit être exclue des sciences. Par la simple audition en effet, sans un acte préalable de l'entendement propre, nul ne peut être affecté.

Quant au deuxième mode on ne peut dire non plus qu'il ait l'idée de la proportion qu'il cherche. Outre que cette connaissance est fort incertaine et n'est jamais définitive, on ne percevra jamais par expérience vague autre chose que des accidents dans les choses de la Nature, et de ces derniers nous n'avons d'idée claire que si les essences nous sont d'abord connues. Il faut donc également rejeter l'expérience vague.

Au sujet du troisième mode par contre, on doit dire en quelque manière qu'il nous donne l'idée d'une chose et aussi nous permet de conclure sans danger d'erreur ; il n'est cependant pas par lui-même un moyen d'atteindre à notre perfection.

Seul le quatrième mode saisit l'essence adéquate d'une chose et cela sans risque d'erreur ; c'est pourquoi nous devons nous en servir principalement.

Réforme de l'entendement.

Les passions

Ainsi nos passions sont liées aux connaissances du premier genre, mais nous pouvons nous en affranchir en en formant des idées claires et distinctes.

84

Il est impossible que l'homme ne soit pas une partie de la Nature et puisse éprouver d'autres changements que ceux qui se peuvent connaître par sa seule nature et dont il est la cause adéquate [...].

COROLLAIRE

Il suit de là que l'homme est nécessairement toujours soumis aux passions, suit l'ordre commun de la Nature et lui obéit, et s'y adapte autant que la nature des choses l'exige.

Éthique, IV, 4.

Une affection qui est une passion cesse d'être une passion, sitôt que nous en formons une idée claire et distincte.

DÉMONSTRATION

Une action qui est une passion est une idée confuse. Si donc nous formons de cette affection une idée claire et distincte [...], l'affection cessera d'être une passion.

Éthique, V, 3.

De ce troisième genre de connaissance naît le contentement de l'Âme le plus élevé qu'il puisse y avoir.

DÉMONSTRATION

La suprême vertu de l'Âme est de connaître Dieu, c'est-à-dire de connaître les choses par le troisième genre de connaissance ; et cette vertu est d'autant plus grande que l'Âme connaît plus de choses par ce genre de connaissance ; qui donc connaît les choses par ce genre de connaissance, il passe à la plus haute perfection humaine et en conséquence est affecté de la Joie la plus haute, avec l'accompagnement de l'idée de lui-même et de sa propre vertu ; et par suite de ce genre de connaissance naît le contentement le plus élevé qu'il puisse y avoir.

Éthique, V, 27.

L'intellectualisme

Contre Descartes, Spinoza affirme que l'idée vraie s'affirme d'elle-même et que l'erreur n'est pas le résultat d'une intervention positive de la volonté.

85

Il n'y a dans l'Âme aucune volition, c'est-à-dire aucune affirmation et aucune négation, en dehors de celle qu'enveloppe l'idée en tant qu'elle est idée.

DÉMONSTRATION

[...] Concevons donc quelque volition singulière, soit un mode de penser par lequel l'Âme affirme que les trois angles d'un triangle égalent deux droits. Cette affirmation enveloppe le concept ou l'idée du triangle, c'est-à-dire ne peut être conçue sans l'idée du triangle [...]. De plus, cette idée du triangle doit envelopper cette même affirmation, à savoir que ses trois angles égalent deux droits. Donc, inversement, cette idée du triangle ne peut ni être ni être conçue sans cette affirmation, et ainsi cette affirmation appartient à l'essence de l'idée du triangle et n'est rien en dehors d'elle. Et ce que nous avons dit de cette volition (puisque nous avons choisi un exemple quelconque), on devra le dire aussi de n'importe quelle volition, à savoir qu'elle n'est rien en dehors de l'idée.

COROLLAIRE

La volonté et l'entendement sont une seule et même chose.

SCOLIE

[...] On peut nous objecter que, s'il est une chose qui semble clairement enseignée par l'expérience, c'est que nous pouvons suspendre notre jugement, de façon à ne pas assentir aux choses perçues par nous ; et cela est confirmé par ce fait que nul n'est dit se tromper en tant qu'il perçoit quelque chose, mais seulement en tant qu'il donne ou refuse son assentiment. Celui qui, par exemple, imagine un cheval ailé, n'admet pas pour cela qu'il existe un cheval ailé, c'est-à-dire qu'il ne se trompe pas pour cela, à moins qu'il n'admette en même temps qu'il existe un cheval ailé. Par conséquent, ce que l'expérience paraît nous enseigner de plus clair, c'est que la volonté, autrement dit la faculté de consentir, est libre et différente de la faculté de connaître [...].

Je réponds en niant que nous ayons le libre pouvoir de suspendre notre jugement. Car lorsque nous disons que quelqu'un suspend son jugement, nous ne disons rien d'autre que ceci, à savoir qu'il voit qu'il ne perçoit pas la chose d'une façon adéquate. Par conséquent, la suspension du jugement implique en fait une perception, et non pas une libre volonté. Pour que l'on comprenne cela plus clairement, concevons un enfant qui imagine un cheval ailé et qui ne perçoive aucune autre chose. Puisque cette imagination comprend l'existence du cheval, et que l'enfant n'aperçoit aucune chose qui nie cette existence, il considère nécessairement le cheval comme présent, et ne pourra douter de son existence, bien qu'il n'en ait pas la certitude. Nous éprouvons cela tous les jours dans le sommeil, et je ne pense pas qu'il y ait quelqu'un qui croie, durant qu'il rêve, avoir le libre pouvoir de suspendre son jugement sur ce qu'il rêve et de faire qu'il ne rêve pas ce qu'il rêve qu'il voit... Qu'est-ce donc que percevoir un cheval ailé, sinon affirmer que ce cheval a des ailes ? En effet, si l'Âme, en dehors du cheval ailé, ne percevait rien d'autre, elle le considérerait comme lui étant présent, et n'aurait aucune raison de douter de son existence, à moins que cette imagination d'un cheval ailé ne soit jointe à une idée qui nie l'existence de ce cheval, ou que l'Ame perçoive que l'idée qu'elle a du cheval ailé est inadéquate, et alors ou bien elle niera nécessairement l'existence de ce cheval ailé, ou bien en doutera nécessairement.

Éthique, II, 49.

Jamais que je sache, on n'a conçu, comme nous ici, l'âme agissant selon des lois déterminées et telle qu'un automate spirituel.

Réforme de l'entendement, § 46.

Qui a une idée vraie sait en même temps qu'il a une idée vraie et ne peut douter de la vérité de sa connaissance.

SCOLIE

Nul, ayant une idée vraie, n'ignore que l'idée vraie enveloppe la plus haute certitude ; avoir une idée vraie, en effet, ne signifie rien, sinon connaître une chose parfaitement ou le mieux possible ; et certes personne ne peut en douter, à moins de croire que l'idée est quelque chose de muet comme une peinture sur un panneau et non un mode de penser, savoir l'acte même de connaître ; et, je le demande, qui peut savoir qu'il connaît une chose, s'il ne connaît auparavant la chose ? c'est-à-dire qui peut savoir qu'il est certain d'une chose, s'il n'est auparavant certain de cette chose ? D'autre part, que peut-il y avoir de plus clair et de plus certain que l'idée vraie, qui soit norme de la vérité ? Certes, comme la lumière se fait connaître elle-même et fait connaître les ténèbres, la vérité est norme d'elle-même et du faux.

Éthique, II, 43.

La connaissance du premier genre est l'unique cause de la fausseté ; celle du deuxième et du troisième est nécessairement vraie.

Éthique, II, 41.

Il n'y a rien dans les idées de positif à cause de quoi elles sont dites fausses.

Éthique, II, 33.

La fausseté consiste dans une privation de connaissance qu'enveloppent les idées inadéquates, c'est-à-dire mutilées et confuses.

Éthique, II, 35

Morale

La morale consiste donc essentiellement dans une sorte d'ascension qui permet à l'homme de passer de la connaissance du premier genre aux connaissances supérieures.

86 *La fausse morale :*

Qui est dirigé par la Crainte et fait ce qui est bon pour éviter un mal, n'est pas conduit par la Raison.

Éthique, IV, 63.

La concorde est aussi engendrée par la Crainte, mais sans bonne foi. De plus, la Crainte tire son origine de l'impuissance de l'âme et n'appartient donc pas à l'usage de la Raison. Il en est de même de la Pitié, bien qu'elle ait l'apparence extérieure de la Moralité.

Éthique, IV, Appendice, 16.

La Joie n'est jamais mauvaise directement, mais bonne ; la Tristesse, au contraire, est directement mauvaise.

Éthique, IV, 41.

La Joie est le passage de l'homme d'une moindre à une plus grande perfection.

La Tristesse est le passage de l'homme d'une plus grande à une moindre perfection.

Éthique, III, Déf. 2 et 3.

Seule assurément une farouche et triste superstition interdit de prendre des plaisirs. En quoi, en effet, convient-il mieux d'apaiser la faim et la soif que de chasser la mélancolie ? Telle est ma règle, telle est ma conviction : aucune divinité, et nul autre qu'un envieux ne prend plaisir à mon impuissance et à ma peine ; nul autre ne tient pour vertu nos larmes, nos sanglots, notre crainte et autres marques d'impuissance intérieure.

Éthique, IV, 43.

La Mésestime de soi a une fausse apparence de moralité et de religion.

Éthique, IV, Appendice, 32.

La Honte est une espèce de Tristesse ; elle ne concerne pas l'usage de la Raison.

Éthique, IV, Appendice, 23.

L'Humilité n'est pas une vertu, c'est-à-dire qu'elle ne tire pas de la Raison son origine.

DÉMONSTRATION

L'Humilité est une Tristesse née de ce que l'homme considère sa propre impuissance ; or dans la mesure où l'homme se connaît par la vraie Raison, il est supposé avoir une idée claire de son essence, c'est-à-dire de sa puissance...

Éthique, IV, 53.

Le Repentir n'est pas une vertu, c'est-à-dire qu'il ne tire pas son origine de la Raison ; mais celui qui se repend de ce qu'il a fait est deux fois misérable et impuissant.

Éthique, IV, 54.

La Pitié est en elle-même mauvaise et inutile, dans un homme qui vit sous la conduite de la Raison.

DÉMONSTRATION

La Pitié en effet est une Tristesse ; par suite, elle est mauvaise par elle-même...

SCOLIE

Qui sait droitement que tout suit de la nécessité de la nature divine, et arrive suivant les lois et règles éternelles de la Nature, ne trouvera certes rien qui soit digne de Haine, de Raillerie ou de Mépris, et il n'aura de Pitié pour personne : mais autant que le permet l'humaine vertu, il s'efforcera de bien faire, comme on dit, et de se tenir en joie. A cela s'ajoute que celui qui est facilement affecté de Pitié, et ému par la misère ou les larmes d'autrui, fait souvent quelque chose de quoi plus tard il se repent : d'une part, en effet, nous ne faisons rien sous le coup d'une affection que nous sachions avec certitude être bon, de l'autre nous sommes facilement trompés par de fausses larmes.

Éthique, IV, 50.

87 *Le vrai bien :*

Un homme libre ne pense à aucune chose moins qu'à la mort ; et sa sagesse est une méditation non de la mort, mais de la vie.

DÉMONSTRATION

Un homme libre, c'est-à-dire qui vit suivant le seul commandement de la Raison, n'est pas dirigé par la crainte de la mort, mais désire ce qui est bon directement, c'est-à-dire désire agir, vivre, conserver son être suivant le principe de la recherche de l'utile propre ; par suite, il ne pense à aucune chose moins qu'à la mort, et sa sagesse est une méditation de la vie.

Éthique, IV, 67.

Tout effort dont la Raison est en nous le principe n'a d'autre objet que la connaissance ; et l'Âme, en tant qu'elle use de la Raison, ne juge pas qu'aucune chose lui soit utile, sinon ce qui conduit à la connaissance.

Éthique, IV, 26.

Il est donc utile avant tout dans la vie de perfectionner l'Entendement ou la Raison autant que nous pouvons ; et en cela seul consiste la félicité suprême ou la béatitude de l'homme ; car la béatitude de l'homme n'est rien d'autre que le contentement intérieur lui-même, lequel naît de la connaissance intuitive de Dieu ; et perfectionner l'Entendement n'est rien d'autre aussi que connaître Dieu et les attributs de Dieu et les actions qui suivent de la nécessité de sa nature. C'est pourquoi la fin ultime d'un homme qui est dirigé par la Raison, c'est-à-dire le Désir suprême par lequel il s'applique à gouverner tous les autres, est celui qui le porte à se concevoir adéquatement et à concevoir adéquatement toutes les choses pouvant être pour lui objets de connaissance claire.

Il n'y a donc point de vie conforme à la Raison sans connaissance claire ; et les choses sont bonnes dans la mesure seulement où elles aident l'homme à jouir de la vie de l'Âme, qui se définit par la connaissance claire. Celles qui, au contraire, empêchent que l'homme ne perfectionne la Raison et ne jouisse d'une vie conforme à elle, celles-là seules, nous disons qu'elles sont mauvaises.

Éthique, IV, Appendice, 4 et 5.

Les chagrins et les infortunes tirent leur principale origine d'un Amour excessif pour une chose soumise à de nombreux changements et que nous ne pouvons posséder entièrement. Nul en effet n'a de tourment ou d'anxiété qu'au sujet de ce qu'il aime ; et les offenses, les soupçons et les inimitiés ne naissent que de l'Amour pour les choses dont personne ne peut réellement avoir la possession complète. Nous concevons facilement par là ce que peut sur les affections la connaissance claire et distincte, et principalement ce troisième genre de connaissance dont le principe est la connaissance même de Dieu. Si en effet les affections, en tant qu'elles sont des passions, ne sont point par là absolument ôtées, il arrive du moins qu'elles constituent la moindre partie de l'Âme. De plus, cette connaissance engendre un Amour envers une chose immuable et éternelle et dont la possession nous est réellement assurée ; et par conséquent cet Amour ne peut être gâté par aucun des vices qui sont inhérents à l'Amour ordinaire, mais il peut devenir de plus en plus grand et occuper la plus grande partie de l'Âme.

Éthique, V, 20.

Le bien suprême de ceux qui suivent la vertu est commun à tous, et tous peuvent en tirer pareillement de la joie.

DÉMONSTRATION

Agir par vertu, c'est agir sous la conduite de la Raison, et tout ce que nous nous efforçons de faire par Raison, c'est connaître ; ainsi le bien suprême de ceux qui suivent la vertu est de connaître Dieu, c'est-à-dire un bien qui est commun à tous les hommes, et peut être possédé pareillement par tous les hommes, en tant qu'ils sont de même nature.

Éthique, IV, 36.

Dans la mesure seulement où les hommes vivent sous la conduite de la raison, ils s'accordent nécessairement en nature.

DÉMONSTRATION

En tant que les hommes sont dominés par des affections qui sont des passions, ils peuvent être différents en nature et contraires les uns aux autres. Mais [...], puisque ce que nous jugeons être bon ou mauvais par le commandement de la Raison est bon ou mauvais nécessairement, les hommes, dans la mesure seulement où ils vivent sous la conduite de la Raison, font nécessairement ce qui est nécessairement bon pour la nature humaine, et par suite pour tout homme, c'est-à-dire ce qui s'accorde avec la nature de tout homme ; donc les hommes aussi s'accordent nécessairement toujours entre eux, en tant qu'ils vivent sous la conduite de la Raison.

Éthique, IV, 35.

L'homme qui est dirigé par la Raison est plus libre dans la Cité où il vit selon le décret commun que dans la solitude où il n'obéit qu'à lui-même.

DÉMONSTRATION

L'homme qui est dirigé par la Raison n'est pas conduit par la Crainte à obéir ; mais, en tant qu'il s'efforce de conserver son être suivant le commandement de la Raison, c'est-à-dire en tant qu'il s'efforce de vivre librement, il désire observer la règle de la vie et de l'utilité communes et, en conséquence, vivre suivant le décret commun de la Cité. L'homme qui est dirigé par la Raison désire donc, pour vivre plus librement, observer le droit commun de la cité.

Éthique, IV, 73.

Plus l'Âme connaît de choses par le deuxième et le troisième genre de connaissance, moins elle pâtit des affections qui sont mauvaises et moins elle craint la mort.

DÉMONSTRATION

L'essence de l'Âme consiste dans la connaissance ; à mesure donc que l'Âme connaît plus de choses par le deuxième et le troisième genre de connaissance, une plus grande partie d'elle-même demeure, et par conséquent une plus grande partie d'elle-même n'est pas atteinte par les affections qui sont contraires à notre nature, c'est-à-dire mauvaises. Plus donc l'Âme connaît de choses par le deuxième et troisième genre de connaissance, plus grande est la partie d'elle-même qui demeure indemne...

SCOLIE

La mort est d'autant moins nuisible qu'il y a dans l'Âme plus de connaissance claire et distincte et conséquemment d'amour de Dieu. De plus, puisque du troisième genre de connaissance naît le contentement le plus élevé qu'il puisse y avoir, l'Âme humaine peut être, par conséquent, d'une nature telle que la partie d'elle-même qui périra avec le Corps soit insignifiante par rapport à celle qui demeurera.

Éthique, V, 38.

LEIBNIZ

1646-1716

De culture très vaste (mathématique, philosophique, religieuse), il découvrit le calcul infinitésimal en 1676. Homme politique très actif, il rêvait de réconcilier le protestantisme et le catholicisme et de fonder une confédération des États européens.

Principales œuvres : *Nouveaux essais sur l'entendement humain* (1704), *Théodicée* (1710), *Monadologie* (1714), *Principes de la nature et de la grâce* (1714).

Critique de l'empirisme

Contre Locke, qui comparait l'esprit à une table rase où seule l'expérience peut inscrire quelque connaissance, Leibniz défend le rationalisme.

88

Cette table rase, dont on parle tant, n'est à mon avis qu'une fiction, que la nature ne souffre point et qui n'est fondée que dans les notions incomplètes des philosophes, comme le vide, les atomes, et le repos, ou absolu ou respectif de deux parties d'un tout entre elles, ou comme la matière première qu'on conçoit sans aucune forme. Les choses uniformes et qui ne renferment aucune variété ne sont jamais que des abstractions, comme le temps, l'espace et les autres êtres des mathématiques pures. Il n'y a point de corps dont les parties soient en repos, et il n'y a point de substance qui n'ait de quoi se distinguer de toute autre. Les âmes humaines diffèrent non seulement des autres âmes, mais encore entre elles, quoique la différence ne soit pas de la nature de celles qu'on appelle spécifiques. Et selon les démonstrations que je crois avoir, toute chose substantielle, soit âme ou corps, a son rapport à chacune des autres, qui lui est propre ; et l'une doit toujours différer de l'autre par des dénominations intrinsèques. Ceux qui parlent tant de cette table rase après lui avoir ôté les idées, ne sauraient dire ce qui lui reste, comme les philosophes de l'école, qui ne laissent rien à leur matière première. On me répondra peut-être que cette table rase des philosophes veut dire que l'âme n'a naturellement et originairement que des facultés nues. Mais les facultés sans quelque acte, en un mot les pures puissances de l'école, ne sont aussi que des fictions, que la nature ne connaît point, et qu'on n'obtient qu'en faisant des abstractions. Car où trouvera-t-on jamais, dans le monde, une faculté qui se renferme dans la seule puissance sans exercer aucun acte ? Il y a toujours une disposition particulière à l'action et à une action plutôt qu'à l'autre. Et outre la disposition il y a une tendance à l'action, dont même il y a toujours une infinité à la fois dans chaque sujet : et ces tendances ne sont jamais sans quelque effet. L'expérience est nécessaire, je l'avoue, afin que l'âme soit déterminée à telles ou telles pensées, et afin qu'elle prenne garde aux idées qui sont en nous ; mais le moyen que l'expérience et les sens puissent donner des idées ? L'âme a-t-elle des fenêtres, ressemble-t-elle à des tablettes, est-elle comme de la cire ? Il est visible que tous ceux qui pensent ainsi de l'âme, la rendent corporelle dans le fond. On m'opposera cet axiome, reçu parmi les philosophes : que rien n'est dans l'âme qui ne vienne des sens. Mais il faut excepter l'âme même et ses affections. « Nihil est in intellectu, quod non fuerit in sensu, excipe : nisi ipse intellectus. » Or l'âme renferme l'être, la substance, l'un, le même, la cause, la perception, le raisonnement, et quantités d'autres notions, que les sens ne sauraient donner.

Nouveaux essais, II, 1.

On est obligé d'ailleurs de confesser que la Perception et ce qui en dépend, est inexplicable par des raisons mécaniques, c'est-à-dire par les figures et par les mouvements. Et feignant qu'il y ait une Machine, dont la structure fasse penser, sentir, avoir perception, on pourra la concevoir agrandie en conservant les mêmes proportions, en sorte qu'on y puisse entrer, comme dans un moulin. Et cela posé, on ne trouvera en la visitant au dedans que des pièces, qui se poussent les unes les autres, et jamais de quoi expliquer une perception. Ainsi c'est dans la substance simple, et non dans le composé, ou dans la machine, qu'il faut la chercher.

Monadologie, § 17.

Le dynamisme

Se séparant du mécanisme cartésien, Leibniz voit partout dans la nature des principes d'ordre spirituel.

89

Par où l'on voit qu'il y a un monde de créatures, de vivants, d'animaux, d'entéléchies, d'âmes dans la moindre partie de la matière.

Chaque portion de la matière peut être conçue comme un jardin plein de plantes, et comme un étang plein de poissons. Mais chaque rameau de la plante, chaque membre de l'animal, chaque goutte de ses humeurs est encore un tel jardin, ou un tel étang.

Et quoique la terre et l'air interceptés entre les plantes du jardin, ou l'eau interceptée entre les poissons de l'étang, ne soit ni plante, ni poisson ; ils en contiennent pourtant encore, mais le plus souvent d'une subtilité à nous imperceptible.

Ainsi il n'y a rien d'inculte, de stérile, de mort dans l'univers, point de chaos, point de confusion qu'en apparence ; à peu près comme il en paraîtrait dans un étang à une distance dans laquelle on verrait un mouvement confus et grouillement, pour ainsi dire, de poissons de l'étang, sans discerner les poissons mêmes.

Monadologie, §§ 65-69.

La pensée elle-même est conçue comme force plutôt que comme raison.

90

L'importance de ces remarques paraîtra surtout par la notion que je donne de la substance, qui est si féconde qu'on en tire toutes les vérités premières et sur Dieu et sur les âmes, et sur la nature des corps, les unes déjà connues, mais peu démontrées, les autres inconnues encore et qui seront d'un merveilleux usage dans les autres sciences. Pour en donner un avant-goût, je dirai en passant que la notion de force (en allemand kraft, en latin virtus), au développement de laquelle je destine une science spéciale, la dynamique, jette le plus grand jour sur la notion de substance. La force active ou agissante n'est pas la puissance nue de l'école ; il ne faut pas l'entendre en effet, ainsi que les scolastiques, comme une simple faculté ou possibilité d'agir, qui, pour être effectuée ou réduite à l'acte, aurait besoin d'une excitation venue du dehors, et comme d'un stimulus étranger. La véritable force active renferme l'action elle-même ; elle est entéléchie, pouvoir moyen entre la simple faculté d'agir et l'acte déterminé ou effectué : elle contient et enveloppe l'effort ; elle se détermine d'elle-même à l'action, et n'a pas besoin d'y être aidée, mais seulement de n'être pas empêchée. L'exemple d'un poids qui tend la corde à laquelle il est suspendu, ou celui d'un arc tendu, peut éclaicir cette notion [...]. Et cette puissance d'agir, je dis qu'elle est dans toute substance, et qu'il en naît toujours quelque action ; au point que ni la substance spirituelle, ni même la substance corporelle, ne cesse jamais d'agir [...].

Erd. 122 b.

De là résulte qu'on peut parler d'une pensée inconsciente.

91

D'ailleurs il y a mille marques qui font juger qu'il y a à tout moment une infinité de perceptions en nous, mais sans aperception et sans réflexion, c'est-à-dire des changements dans l'âme même, dont nous ne nous apercevons pas, parce que ces impressions sont ou trop petites et en trop grand nombre, ou trop unies, en sorte qu'elles n'ont rien d'assez distinguant à part, mais, jointes à d'autres, elles ne laissent pas de faire leur effet et de se faire sentir dans l'assemblage, au moins confusément. C'est ainsi que la coutume fait que nous ne prenons pas garde au mouvement d'un moulin ou à une chute d'eau, quand nous avons habité tout auprès depuis quelque temps. Ce n'est pas que ce mouvement ne frappe toujours nos organes et qu'il ne se passe pas encore quelque chose dans l'âme qui y réponde, à cause de l'harmonie de l'âme et du corps ; mais les impressions qui sont dans l'âme et dans le corps, destituées des attraits de la nouveauté, ne sont pas assez fortes pour s'attirer notre attention et notre mémoire, qui ne s'attachent qu'à des objets plus occupants. Toute attention demande de la mémoire et quand nous ne sommes point avertis, pour ainsi dire, de prendre garde à quelques-unes de nos propres perceptions présentes, nous les laissons passer sans réflexion et même sans les remarquer ; mais si quelqu'un nous en avertit incontinent et nous fait remarquer, par exemple, quelque bruit qu'on vient d'entendre, nous nous en souvenons et nous nous apercevons d'en avoir eu tantôt quelque sentiment. Ainsi c'étaient des perceptions dont nous ne nous étions pas aperçus incontinent, l'aperception ne venant, dans ce cas, que de l'avertissement, après quelque intervalle, tout petit qu'il soit.

Pour juger encore mieux des petites perceptions que nous ne saurions distinguer dans la foule, j'ai coutume de me servir de l'exemple du mugissement ou du bruit de la mer dont on est frappé quand on est au rivage. Pour entendre ce bruit, comme on le fait, il faut bien qu'on entende les parties qui composent ce tout, c'est-à-dire le bruit de chaque vague, quoique chacun de ces petits bruits ne se fasse connaître que dans l'assemblage confus de tous les autres ensemble, et qu'il ne se remarquerait pas si cette vague qui le fait était seule. Car il faut qu'on soit affecté un peu par le mouvement de cette vague et qu'on ait quelque perception de chacun de ces bruits, quelque petits qu'ils soient ; autrement on n'aurait pas celle de cent mille vagues, puisque cent mille riens ne sauraient faire quelque chose.

D'ailleurs on ne dort jamais si profondément qu'on n'ait quelque sentiment faible et confus ; et on ne serait jamais éveillé par le plus grand bruit du monde, si on n'avait quelque perception de son commencement, qui est petit ; comme on ne romprait jamais une corde par le plus grand effort du monde, si elle n'était tendue et allongée un peu par de moindres efforts, quoique cette petite extension qu'ils font ne paraisse pas.

Ces petites perceptions sont de plus grande efficacité qu'on ne pense. Ce sont elles qui forment ce je ne sais quoi, ces goûts, ces images des qualités des sens, claires dans l'assemblage, mais confuses dans les parties ; ces impressions que les corps qui nous environnent font sur nous et qui enveloppent l'infini ; cette liaison que chaque être a avec le reste de l'univers. On peut même dire qu'en conséquence de ces petites perceptions le présent est plein de l'avenir et chargé du passé, que tout est conspirant [...], et que dans la moindre des substances, des yeux aussi perçants que ceux de Dieu pourraient lire toute la suite des choses de l'univers :

Quæ sint, quæ fuerint, quæ mox ventura trahantur.

Ces perceptions insensibles marquent encore et constituent le même individu, qui est caractérisé par les traces qu'elles conservent des états précédents de cet individu, en faisant la connexion avec son état présent [...].

Nouveaux essais, Avant-Propos.

Le monadisme

Faisant la critique de la notion cartésienne d'étendue, Leibniz en arrive à dire que toute substance est spirituelle (idéalisme).

92

Je crois qu'un carreau de marbre n'est peut-être que comme un tas de pierres, et ainsi ne saurait passer pour une seule substance, mais pour un assemblage de plusieurs. Car supposons qu'il y ait deux pierres, par exemple le diamant du Grand Duc et celui du Grand Mogol ; on pourra mettre un même nom collectif en ligne de compte pour tous deux, et on pourra dire que c'est une paire de diamants quoiqu'ils se trouvent bien éloignés l'un de l'autre ; mais on ne dira pas que ces deux diamants composent une substance. Or, le plus et le moins ne fait rien ici. Qu'on les approche donc davantage l'un de l'autre et qu'on les fasse toucher même, ils n'en seront pas plus substantiellement unis ; et quand après l'attouchement on y joindrait quelque autre corps propre à empêcher leur séparation, par exemple si on les enchâssait dans un seul anneau, tout cela n'en fera que ce qu'on appelle un uni *per accidens*. Car c'est comme par accident qu'ils sont obligés à un même mouvement. Je tiens donc qu'un carreau de marbre n'est pas une seule substance accomplie non plus que le serait l'eau d'un étang avec tous les poissons y compris, quand même toute l'eau avec tous ces poissons se trouverait glacée ; ou bien un troupeau de moutons, quand même ces moutons seraient tellement liés qu'ils ne pussent marcher que d'un pas égal et que l'un ne pût être touché sans que tous les autres criassent. Il y a autant de différence entre une substance et entre un tel être qu'il y en a entre un homme et une communauté, comme peuple, armée, société ou collège, qui sont des êtres moraux où il y a quelque chose d'imaginaire et de dépendant de la fiction de notre esprit. L'unité substantielle demande un être accompli indivisible et naturellement indestructible [...], ce qu'on ne saurait trouver ni dans la figure ni dans le mouvement [...], mais bien dans une âme ou forme substantielle [...].

Lettres.

La Monade dont nous parlerons ici, n'est autre chose qu'une substance simple qui entre dans les composés ; simple, c'est-à-dire sans parties.

Et il faut bien qu'il y ait des substances simples, puisqu'il y a des composés ; car le composé n'est autre chose qu'un amas ou *aggregatum* des simples.

Or là où il n'y a point de parties, il n'y a ni étendue, ni figure, ni divisibilité possible. Et ces Monades sont les véritables Atomes de la Nature et en un mot les Eléments des choses.

Monadologie, §§ 1-2-3.

La matière prise pour la masse en elle-même n'est qu'un pur phénomène ou apparence bien fondée, comme encore l'espace et le temps. Elle n'a pas même de qualités précises et arrêtées qui la puissent faire passer pour un être déterminé [...], puisque la figure même, qui est de l'essence d'une masse étendue terminée, n'est jamais exacte et déterminée à la rigueur dans la nature à cause de la division actuelle à l'infini des parties de la matière [...].

Et je puis dire la même chose de la grandeur et du mouvement, savoir que ces qualités ou prédicats tiennent du phénomène comme les couleurs et les sons, et quoiqu'ils enferment plus de connaissance distincte, ils ne peuvent pas soutenir non plus la dernière analyse ; et, par conséquent, la masse étendue considérée sans les entéléchies, ne consistant qu'en ces qualités, n'est pas la substance corporelle, mais un phénomène tout pur comme l'arc-en-ciel [...]. Il n'y a que les substances indivisibles et leurs différents états qui soient absolument réels.

Lettres.

Le moi est ainsi une monade qui exprime un point de vue particulier sur l'univers, ensemble de monades.

93

Et, comme une même ville regardée de différents côtés paraît toute autre, et est comme multipliée perspectivement, il arrive de même que, par la multitude infinie des substances simples, il y a comme autant de différents univers, qui ne sont pourtant que les perspectives d'un seul selon les différents points de vue de chaque Monade.

Ainsi quoique chaque Monade créée représente tout l'univers, elle représente plus distinctement le corps qui lui est affecté particulièrement et dont elle fait l'Entéléchie : et comme ce corps exprime tout l'univers par la connexion de toute la matière dans le plein, l'âme représente aussi tout l'univers en représentant ce corps, qui lui appartient d'une manière particulière.

Monadologie, §§ 57 et 62.

De l'essentialisme à l'optimisme

Le grand principe sur lequel repose la philosophie de Leibniz est le principe de raison suffisante.

94

Nos raisonnements sont fondés sur deux grands Principes, celui de la Contradiction, en vertu duquel nous jugeons faux ce qui en enveloppe, et vrai ce qui est opposé ou contradictoire au faux : et celui de la Raison suffisante, en vertu duquel nous considérons qu'aucun fait ne saurait se trouver vrai ou existant, aucune Enonciation véritable, sans qu'il y ait une raison suffisante pourquoi il en soit ainsi et non pas autrement. Quoique ces raisons le plus souvent ne puissent point nous être connues.

Monadologie, §§ 31, 32

C'est en vertu de ce principe qu'il faut admettre que Dieu est la source de toute existence.

95

Mais la raison suffisante se doit aussi trouver dans les vérités contingentes ou de fait, c'est-à-dire, dans la suite des choses répandues par l'univers des créatures, où la résolution en raisons particulières pourrait aller à un détail sans bornes, à cause de la variété immense des choses de la Nature et de la division des corps à l'infini. Il y a une infinité de figures et de mouvements présents et passés, qui entrent dans la cause efficiente de mon écriture présente ; et il y a une infinité de petites inclinations et dispositions de mon âme, présentes et passées, qui entrent dans la cause finale.

Et comme tout ce détail n'enveloppe que d'autres contingents antérieurs ou plus détaillés, dont chacun a encore besoin d'une analyse semblable pour en rendre raison, on n'est pas plus avancé ; et il faut que la raison suffisante ou dernière soit hors de la suite ou séries de ce détail des contingences, quelqu'infini qu'il pourrait être.

Et c'est ainsi que la dernière raison des choses doit être dans une Substance nécessaire, dans laquelle le détail des changements ne soit qu'éminemment, comme dans sa source : et c'est ce que nous appelons Dieu.

Monadologie, §§ 36, 37, 38.

Mais Dieu est aussi la source des essences, si bien que l'existence n'est jamais que le développement de l'essence.

96

Il est vrai aussi qu'en Dieu est non seulement la source des existences, mais encore celle des essences, en tant que réelles, ou de ce qu'il y a de réel dans la possibilité. C'est parce que l'entendement de

Dieu est la région des vérités éternelles, ou des idées dont elles dépendent, et que sans lui il n'y aurait rien de réel dans les possibilités, et non seulement rien d'existant, mais encore rien de possible.

Car il faut bien que s'il y a une réalité dans les Essences ou possibilités, ou bien dans les vérités éternelles, cette réalité soit fondée en quelque chose d'existant ou d'Actuel ; et par conséquent dans l'existence de l'Etre nécessaire, dans lequel l'Essence renferme l'Existence, ou dans lequel il suffit d'être possible pour être actuel.

Monadologie, §§ 43 et 44.

Comme la notion individuelle de chaque personne enferme une fois pour toutes ce qui lui arrivera à jamais, on y voit les preuves *a priori* ou raisons de la vérité de chaque événement, ou pourquoi l'un est arrivé plutôt que l'autre. Mais ces vérités quoique assurées ne laissent pas d'être contingentes, étant fondées sur le libre arbitre de Dieu et des créatures. Il est vrai que leur choix a toujours ses raisons mais elles inclinent sans nécessiter.

Discours de métaphysique, Article 13.

De là résulte que tout est pour le mieux dans le meilleur des mondes possibles.

97

Or, comme il y a une infinité d'Univers possibles dans les idées de Dieu, et qu'il n'en peut exister qu'un seul, il faut qu'il y ait une raison suffisante du choix de Dieu, qui le détermine à l'un plutôt qu'à l'autre.

Et cette raison ne peut se trouver que dans la convenance, ou dans les degrés de perfection que ces Mondes contiennent ; chaque possible ayant droit de prétendre à l'Existence à mesure de la perfection qu'il enveloppe.

Et c'est ce qui est la cause de l'Existence du meilleur, que sa sagesse fait connaître à Dieu, que sa bonté le fait choisir, et que sa puissance le fait produire.

Monadologie, §§ 53, 54, 55.

BERKELEY

1685-1753

Fit ses études à Dublin où il devint prêtre, professeur puis doyen de la Faculté de Théologie. Voyagea en France et en Italie et se lança dans une entreprise d'évangélisation de l'Amérique, qui échoua. Nommé évêque en 1734.

Principales œuvres : *Essai sur une nouvelle théorie de la vision* (1709), *Traité sur les principes de la connaissance humaine* (1710), *Dialogues entre Hylas et Philonous* (1713).

Le nominalisme

Reprenant une idée de Locke, Berkeley conteste l'existence des idées générales ; toutes nos représentations, étant issues de l'expérience, ne peuvent être que particulières ; la généralité se trouve seulement dans les mots (les « noms », d'où le nominalisme).

98

Je ne sais si d'autres personnes ont cette admirable faculté d'abstraire leurs idées : pour moi, je trouve que j'ai la faculté d'imaginer ou de me représenter les idées des choses particulières que j'ai perçues, de les combiner, et de les séparer de diverses manières. Je peux imaginer un homme à deux têtes, ou la partie supérieure de son corps jointe au corps d'un cheval. Je peux considérer la main, l'œil, le nez, l'un après l'autre, abstraits ou séparés du reste du corps. Mais quelle que soit la main ou quel que soit l'œil que j'imagine, il faut qu'ils aient une forme, une couleur particulières. De même, mon idée d'homme doit être l'idée d'un homme blanc, ou noir, ou basané, droit ou contrefait, grand ou petit, ou de taille moyenne. Je ne peux, par aucun effort de pensée, concevoir l'idée abstraite ci-dessus décrite. Et il m'est également impossible de me former l'idée abstraite de mouvement distinct du corps qui se meut, et qui ne soit ni rapide, ni lent, ni curviligne, ni rectiligne : et l'on peut en dire autant de toutes les autres idées générales abstraites. Pour parler clairement, je suis moi-même capable d'abstraire en un sens, par exemple quand je considère certaines parties ou qualités particulières séparées des autres auxquelles elles sont unies dans quelque objet, mais aussi sans lesquelles il est possible qu'elles existent réellement.

Mais je nie que je puisse abstraire l'une de l'autre, ou concevoir séparément les qualités qui ne peuvent exister séparées, ou que je puisse former une notion générale en faisant abstraction des particularités concrètes de la manière dite ci-dessus. Ces deux derniers sens sont les acceptions propres du mot Abstraction. Et il y a des raisons de penser que la plupart des hommes reconnaîtront qu'ils sont dans ce cas [...].

Je passe maintenant à l'examen de l'origine de cette erreur, et elle me paraît être le langage [...]. Tout d'abord on pense que chaque nom a, ou doit avoir, un seul sens précis et fixe ; ce qui porte les hommes à penser qu'il y a certaines idées abstraites déterminées dont chacune constitue le sens véritable et le seul immédiat d'un nom général. Mais, en réalité, aucun sens précis ni défini n'est attaché à un nom général qui signifie toujours indifféremment un grand nombre d'idées particulières...

Principes de la connaissance humaine, Introduction.

L'idéalisme

Locke distinguait, dans les objets, des qualités secondes (odeur, couleur, etc.), relatives au sujet, et des qualités premières (étendue, mouvement) dont il admettait l'objectivité. Berkeley, en réduisant les qualités premières aux qualités secondes, aboutit à l'idéalisme, ou, plus précisément, immatérialisme, qui affirme qu'être c'est percevoir ou être perçu.

99

Ceux qui affirment l'existence hors de l'intelligence de la forme, du mouvement et des autres qualités premières ou originales dans les substances non pensantes, reconnaissent en même temps qu'il n'en est pas de même pour les couleurs, les sons, le chaud, le froid et les qualités secondes analogues ; celles-ci, nous disent-ils, sont des sensations qui existent seulement dans l'intelligence ; elles dépendent des grandeurs, contextures et mouvements divers des menues particules matérielles qui les produisent. C'est là, admettent-ils, une vérité indubitable qu'ils prétendent démontrer de manière péremptoire. Or, si c'est un fait certain que ces qualités originales sont unies de manière inséparable aux autres qualités sensibles et qu'on ne peut, même en pensée, les en abstraire, il en résulte clairement qu'elles existent seulement dans l'intelligence. Mais je désire qu'on rentre en soi-même et qu'on tente, par une abstraction de pensée si l'on est capable de penser l'étendue et le mouvement d'un corps sans les autres qualités sensibles. Pour moi, je le vois évidemment, je ne puis former l'idée d'un corps étendu en mouvement sans lui donner aussi une couleur ou une autre qualité sensible, qui, reconnaît-on, existe uniquement dans l'intelligence. Bref, l'étendue, la forme et le mouvement, abstraits de toutes les autres qualités, ne peuvent se penser. Ils se trouvent donc aussi là où se trouvent les autres qualités sensibles, à savoir dans l'intelligence et nulle part ailleurs.

Principes de la connaissance humaine, Part. 1.

Nos pensées, nos sentiments, les idées forgées par notre imagination n'existent pas hors de l'intelligence, chacun l'accordera. Il me semble non moins évident que les sensations variées ou idées imprimées dans les sens, quel que soit leur mélange ou leur combinaison (c'est-à-dire quelques objets qu'elles composent) ne peuvent exister autrement que dans une intelligence qui les perçoit. On peut, je pense, obtenir de ce fait une connaissance intuitive, si l'on porte attention au sens du mot exister quand on l'applique aux choses sensibles. La table sur laquelle j'écris, je dis qu'elle existe ; c'est-à-dire, je la vois et je la touche ; si j'étais sorti de mon bureau, je dirais qu'elle existe ; j'entendrais par ces mots que si j'étais dans mon bureau, je la percevrais ou qu'un autre esprit la perçoit actuellement. Il y avait une odeur, c'est-à-dire on odorait ; il y avait un nom, c'est-à-dire on entendait ; une couleur ou une forme, on percevait par la vue ou le toucher. C'est tout ce que je peux entendre par ces expressions et les expressions analogues. Car ce que l'on dit de l'existence absolue de choses non pensantes, sans rapport à une perception qu'on en prendrait, c'est pour moi complètement inintelligible. Leur existence *(esse)*, c'est d'être perçues *(percipi)* ; il est impossible qu'elles aient une existence hors des intelligences ou choses pensantes qui les perçoivent.

Principes de la connaissance humaine, Part. 1.

HUME

1711-1776

Destiné au barreau, fut chargé de missions politiques, puis nommé Conservateur de la Bibliothèque des Avocats d'Edimbourg. Fut célèbre comme économiste et comme historien.

Œuvres philosophiques : *Traité de la nature humaine* (1739-1740), *Essai sur l'entendement humain* (1748), *Enquête sur les principes de la morale* (1751).

L'atomisme psychologique

Voulant « introduire la méthode expérimentale dans les sujets moraux », Hume s'efforce d'analyser les états psychiques en leurs éléments (impressions et idées) et de découvrir les lois qui président à la synthèse de ces éléments (lois de l'association des idées).

100

Nous pouvons diviser toutes les perceptions de l'esprit en deux classes ou espèces, qui se distinguent par leurs différents degrés de force et de vivacité. Les moins fortes et les moins vives sont communément nommées pensées ou idées. L'autre espèce n'a pas de nom dans notre langue et dans la plupart des autres langues ; je suppose qu'il en est ainsi parce qu'il n'est pas nécessaire, pour des desseins autres que philosophiques, de les ranger sous une appellation ou un nom général. Usons donc de liberté et appelons-les impressions, en employant ce mot dans un sens qui diffère quelque peu du sens habituel. Par le terme impression, j'entends donc toutes nos plus vives perceptions quand nous entendons, voyons, touchons, aimons, haïssons, désirons ou voulons. Et les impressions se distinguent des idées, qui sont les moins vives perceptions, dont nous avons conscience quand nous réfléchissons à l'une des sensations ou à l'un des mouvements que je viens de citer.

Rien, à première vue, ne peut paraître plus libre que la pensée humaine, qui non seulement échappe à toute autorité et à tout pouvoir humain, mais que ne contiennent même pas les limites de la nature et de la réalité. Former des monstres et unir des formes et des apparences discordantes, cela ne coûte pas plus de trouble à l'imagination que de concevoir les objets les plus familiers [...].

Mais, bien que notre pensée semble posséder cette liberté illimitée, nous trouverons, à l'examiner de plus près, qu'elle est réellement resserrée en de très étroites limites et que tout ce pouvoir créateur de l'esprit ne monte à rien de plus qu'à la faculté de composer, de transposer, d'accroître ou de diminuer les matériaux que nous apportent les sens et l'expérience. Quand nous pensons à une montagne d'or, nous joignons seulement deux idées compatibles, or et montagne, que nous connaissions auparavant. Nous pouvons concevoir un cheval vertueux ; car le sentiment que nous avons de nous-mêmes nous permet de concevoir la vertu ; et nous pouvons unir celle-ci à la figure et à la forme d'un cheval, animal qui nous est familier. Bref, tous les matériaux de la pensée sont tirés de nos sens, externes ou internes ; c'est seulement leur mélange et leur composition qui dépendent de l'esprit et de la volonté. Ou, pour m'exprimer en langage philosophique, toutes nos idées ou perceptions plus faibles sont des copies de nos impressions, ou perceptions plus vives.

Pour le prouver, il suffira, j'espère, des deux arguments suivants. Premièrement, quand nous analysons nos pensées ou nos idées, quelque composées ou sublimes qu'elles soient, nous trouvons toujours qu'elles se résolvent en des idées simples qui ont été copiées de quelque manière précédente de sentir, d'une sensation. Même les idées qui, à première vue, semblent les plus éloignées de cette origine, on voit, à les examiner de plus près, qu'elles en dérivent. L'idée de Dieu, en tant qu'elle signifie un être infiniment intelligent, sage et bon, naît de la réflexion sur les opérations de notre propre esprit quand nous augmentons sans limites ces qualités de bonté et de sagesse [...].

Deuxièmement, s'il arrive qu'un défaut de l'organe prive un homme d'une espèce de sensations, nous trouvons toujours que cet homme est aussi peu à même d'avoir les idées correspondantes. Un aveugle ne peut former aucune notion de couleur ; un sourd, aucune notion de son. Rendez à l'un et à l'autre le sens qui leur fait défaut ; en ouvrant ce nouveau guichet pour ses sensations, vous ouvrez aussi un guichet pour les idées ; et l'homme ne trouve pas de difficulté à concevoir ces objets [...]. Un homme de mœurs douces ne peut former aucune idée d'une vengeance ou d'une cruauté obstinées ; un cœur égoïste ne peut aisément concevoir les sommets de l'amitié et de la générosité [...].

Évidemment, il y a un principe de connexion entre les différentes pensées et idées de l'esprit ; celles-ci apparaissent à la mémoire ou à l'imagination en s'introduisant les unes les autres avec un certain degré de méthode et de régularité. Dans nos pensées et nos conversations les plus sérieuses, le fait peut s'observer au point que toute pensée particulière, qui brise la suite régulière et l'enchaînement des idées, est immédiatement remarquée et rejetée. Même dans nos rêveries les plus désordonnées et les plus errantes, mieux dans nos rêves, nous trouverons, à la réflexion, que l'imagination ne courait pas tout à fait à l'aventure, mais qu'il y avait toujours une connexion entre les différentes idées qui se succédaient [...].

Bien que cette connexion des différentes idées les unes avec les autres soit trop évidente pour échapper à l'observation, aucun philosophe, à ce que je trouve, n'a tenté d'énumérer ou de classer tous les principes d'association : sujet qui, pourtant, semble digne de curiosité. Pour moi, il me paraît qu'il y a seulement trois principes de connexion entre des idées, à savoir ressemblance, contiguïté dans le temps ou dans l'espace, et relation de cause à effet.

Que ces principes servent à unir les idées, on n'en doutera guère, je crois. Un tableau conduit naturellement nos pensées à l'original ; la mention d'un appartement dans une maison introduit naturellement une enquête ou une conversation sur les autres appartements ; et si nous pensons à une blessure, nous pouvons à peine nous empêcher de réfléchir à la douleur qui la suit.

Enquête sur l'entendement humain, Sections II et III. Aubier.

Empirisme et scepticisme

Les atomes de la vie mentale étant les impressions venues des sens, il ne saurait y avoir autre chose dans l'esprit que des données de l'expérience (empirisme), et la raison elle-même se réduit finalement à un ensemble d'habitudes (d'où le scepticisme).

101

[...] Il faut que nous recherchions comment nous arrivons à la connaissance de la cause et de l'effet.

J'oserai affirmer, comme une proposition générale qui n'admet pas d'exception, que la connaissance de cette relation ne s'obtient, en aucun cas, par des raisonnements *a priori* ; mais qu'elle naît entièrement de l'expérience quand nous trouvons que des objets particuliers sont en conjonction constante l'un avec l'autre [...].

L'esprit ne peut sans doute jamais trouver l'effet dans la cause supposée par l'analyse et l'examen les plus précis. Car l'effet est totalement différent de la cause et, par suite, on ne peut jamais l'y découvrir. Le mouvement de la seconde bille de billard est un événement distinct du mouvement de la première ; il n'y a rien dans l'un qui suggère la plus petite indication sur l'autre. Une pierre ou un morceau de métal élevés en l'air et laissés sans support tombent immédiatement ; mais à considérer la question *a priori*, découvrons-nous rien dans cette situation qui puisse engendrer l'idée d'une chute, plutôt que d'une élévation ou de tout autre mouvement, dans la pierre ou le morceau de métal ?

[...] De causes qui paraissent semblables, nous attendons des effets semblables [...].

Car, toutes les fois que la répétition d'une opération ou d'un acte particulier produit une tendance à renouveler le même acte ou la même opération sans l'impulsion d'aucun raisonnement ou progrès de l'entendement, nous disons toujours que cette tendance est effet de l'accoutumance. En employant ce mot, nous ne prétendons pas que nous avons donné la raison dernière d'une telle tendance. Nous désignons seulement un principe de la nature humaine, universellement reconnu et bien connu par ses effets. Peut-être pouvons-nous ne pas pousser plus loin nos recherches, ni prétendre donner la cause de cette cause ; mais il faut que nous nous en contentions comme du principe dernier que nous puissions assigner pour nos conclusions tirées de l'expérience. C'est une satisfaction suffisante que de pouvoir aller aussi loin ; et il n'y a pas à nous irriter de l'étroitesse de nos facultés parce qu'elles ne veulent pas nous conduire plus loin. Assurément, nous avons ici, au moins, une proposition très intelligible, sinon une vérité, quand nous affirmons que, après la constante conjonction de deux objets – chaleur et flamme, par exemple, ou poids et solidité – nous sommes déterminés par la seule accoutumance à attendre l'un quand paraît l'autre. Cette hypothèse, semble-t-il, est la seule qui explique la difficulté ; pourquoi tirons-nous de mille cas une conclusion que nous étions incapables de tirer d'un seul cas, qui ne diffère à aucun égard des précédents ? La raison est incapable de varier de pareille manière. Les conclusions qu'elle tire de la considération d'un cercle sont les mêmes que celles qu'elle formerait à l'examen de tous les cercles de l'univers. Mais si l'on n'a vu qu'un seul corps se mouvoir sous l'impulsion d'un autre, personne n'inférerait que tout autre corps se mouvra sous une impulsion analogue. Toutes les conclusions tirées de l'expérience sont donc des effets de l'accoutumance et non des effets du raisonnement.

Alors l'accoutumance est le grand guide de la vie humaine. C'est ce seul principe qui fait que notre expérience nous sert, c'est lui seul qui nous fait attendre dans le futur, une suite d'événements semblables à ceux qui ont paru dans le passé. Sans l'action de l'accoutumance, nous ignorerions complètement toute question de fait en dehors de ce qui est immédiatement présent à la mémoire et aux sens. Nous ne saurions jamais comment ajuster des moyens en vue de fins ni comment employer nos pouvoirs naturels pour produire un effet. Ce serait à la fois la fin de toute action aussi bien que de presque toute spéculation.

Quelle est donc la conclusion de tout ceci ? Elle est simple, quoique, il faut l'avouer, passablement éloignée des théories ordinaires de la philosophie. Toute croyance à une chose de fait ou à une existence réelle dérive simplement de quelque objet présent à la mémoire ou aux sens, et d'une conjonction habituelle entre cet objet et quelque autre. Ou en d'autres termes, ayant trouvé, dans beaucoup de cas, que deux genres quelconques d'objets – flamme et chaleur, neige et froid – ont toujours été joints entre eux, si la flamme ou la neige se présente derechef aux sens, l'esprit est porté par l'habitude à attendre la chaleur ou le froid, et à croire qu'une telle qualité existe et se découvrira si l'on approche davantage. La croyance résulte nécessairement de ce que l'esprit est placé en de telles circonstances. C'est une opération de l'âme aussi inévitable, quand nous sommes en pareille situation, que d'éprouver la passion de l'amour, quand nous recevons des bienfaits, ou de la haine, quand nous subissons des injures. Toutes ces opérations sont au nombre des instincts naturels, que nul raisonnement ou nulle démarche de la pensée n'est jamais capable ni de produire, ni de prévenir.

Enquête sur l'entendement humain, Sections IV et V. Aubier.

ROUSSEAU

1712-1778

Vie tourmentée mais féconde. Ses principales œuvres intéressant la philosophie sont : l'*Émile* (1762), qui contient la célèbre « profession de foi d'un vicaire savoyard » et *Le Contrat social* (1762).

Conscience et moralité

Contre le scepticisme qui souligne les variations de la morale et des mœurs, Rousseau affirme que la conscience est universelle et infaillible.

102

Je n'ai qu'à me consulter sur ce que je veux faire : tout ce que je sens être bien est bien, tout ce que je sens être mal est mal : le meilleur de tous les casuistes est la conscience ; et ce n'est que quand on marchande avec elle qu'on a recours aux subtilités du raisonnement. Le premier de tous les soins est celui de soi-même : cependant combien de fois la voix intérieure nous dit qu'en faisant notre bien aux dépens d'autrui nous faisons mal ! Nous croyons suivre l'impulsion de la nature, et nous lui résistons ; en écoutant ce qu'elle dit à nos sens, nous méprisons ce qu'elle dit à nos cœurs : l'être actif obéit, l'être passif commande. La conscience est la voix de l'âme, les passions sont la voix du corps. Est-il étonnant que souvent ces deux langages se contredisent ? et alors lequel faut-il écouter ? Trop souvent la raison nous trompe, nous n'avons que trop acquis le droit de la récuser, mais la conscience ne trompe jamais ; elle est le vrai guide de l'homme : elle est à l'âme ce que l'instinct est au corps ; qui la suit obéit à la nature, et ne craint point de s'égarer. Ce point est important, poursuivit mon bienfaiteur, voyant que j'allais l'interrompre : souffrez que je m'arrête un peu plus à l'éclaircir.

Toute la moralité de nos actions est dans le jugement que nous en portons nous-mêmes. S'il est vrai que le bien soit bien, il doit l'être au fond de nos cœurs comme dans nos œuvres, et le premier prix de la justice est de sentir qu'on la pratique. Si la bonté morale est conforme à notre nature, l'homme ne saurait être sain d'esprit ni bien constitué qu'autant qu'il est bon. Si elle ne l'est pas, et que l'homme soit méchant naturellement, il ne peut cesser de l'être sans se corrompre, et la bonté n'est en lui qu'un vice contre nature. Fait pour nuire à ses semblables comme le loup pour égorger sa proie, un homme humain serait un animal aussi dépravé qu'un loup pitoyable ; et la vertu seule nous laisserait des remords.

Rentrons en nous-mêmes, ô mon jeune ami ! examinons, tout intérêt personnel à part, à quoi nos penchants nous portent. Quel spectacle nous flatte le plus, celui des tourments ou du bonheur d'autrui ? Qu'est-ce qui nous est le plus doux à faire, et nous laisse une impression plus agréable après l'avoir fait, d'un acte de bienfaisance ou d'un acte de méchanceté ? Pour qui vous intéressez-vous sur vos théâtres ? Est-ce aux forfaits que vous prenez plaisir ? est-ce à leurs auteurs punis que vous donnez des larmes ? Tout nous est indifférent, disent-ils, hors notre intérêt : et, tout au contraire, les douceurs de l'amitié, de l'humanité, nous consolent dans nos peines : et, même dans nos plaisirs, nous serions trop seuls, trop misérables, si nous n'avions avec qui les partager. S'il n'y a rien de moral dans le cœur de l'homme, d'où lui viennent donc ces transports d'admiration pour les actions héroïques, ces ravissements d'amour pour les grandes âmes ? Cet enthousiasme de la vertu, quel rapport a-t-il avec notre intérêt privé ? Pourquoi voudrais-je être Caton qui déchire ses entrailles, plutôt que César triomphant ? Otez de nos cœurs cet amour du beau, vous ôtez tout le charme de la vie. Celui dont les viles passions ont étouffé dans son âme étroite les sentiments délicieux ; celui qui, à force de se concentrer au-dedans de lui, vient à bout de n'aimer que lui-même, n'a plus de transports, son cœur glacé ne palpite plus de joie ; un doux attendrissement n'humecte jamais ses yeux ; il ne jouit plus de rien ; le malheureux ne sent plus, il ne vit plus ; il est déjà mort.

Mais, quel que soit le nombre des méchants sur la terre, il est peu de ces âmes cadavéreuses devenues insensibles, hors leur intérêt, à tout ce qui est juste et bon. L'iniquité ne plaît qu'autant qu'on en profite ; dans tout le reste on veut que l'innocent soit protégé. Voit-on dans une rue ou sur un chemin quelque acte de violence et d'injustice ; à l'instant un mouvement de colère et d'indignation s'élève au fond du cœur, et nous porte à prendre la défense de l'opprimé : mais un devoir plus puissant nous retient, et les lois nous ôtent le droit de protéger l'innocence. Au contraire, si quelque acte de clémence ou de générosité frappe nos yeux, quelle admiration, quel amour il nous inspire ! Qui est-ce qui ne se dit pas : J'en voudrais avoir fait autant ? Il nous importe sûrement fort peu qu'un homme ait été méchant ou juste il y a deux mille ans ; et cependant le même intérêt nous affecte dans l'histoire ancienne, que si tout cela s'était passé de nos jours. Que me font à moi les crimes de Catilina ? ai-je peur d'être sa victime ? Pourquoi donc ai-je de lui la même horreur que s'il était mon contemporain ? Nous ne haïssons pas seulement les méchants parce qu'ils nous nuisent, mais parce qu'ils sont méchants. Non seulement nous voulons être heureux, nous voulons aussi le bonheur d'autrui, et quand ce bonheur ne coûte rien au nôtre, il l'augmente. Enfin l'on a, malgré soi, pitié des infortunés ; quand on est témoin de leur mal, on en souffre. Les plus pervers ne sauraient perdre tout à fait ce penchant ; souvent il les met en contradiction avec eux-mêmes. Le voleur qui dépouille les passants couvre encore la nudité du pauvre ; et le plus féroce assassin soutient un homme tombant en défaillance.

On parle du cri des remords, qui punit en secret les crimes cachés et les met si souvent en évidence. Hélas ! qui de nous n'entendit jamais cette importune voix ? On parle par expérience ; et l'on voudrait étouffer ce sentiment tyrannique qui nous donne tant de tourment. Obéissons à la nature, nous connaîtrons avec quelle douceur elle règne, et quel charme on trouve, après l'avoir écoutée, à se rendre un bon témoignage de soi. Le méchant se craint et se fuit ; il s'égaye en se jetant hors de lui-même : il tourne autour de lui des yeux inquiets, et cherche un objet qui l'amuse ; sans la satire amère, sans la raillerie insultante, il serait toujours triste ; le ris moqueur est son seul plaisir. Au contraire, la sérénité du juste est intérieure ; son ris n'est point de malignité, mais de joie ; il en porte la source en lui-même ; il est aussi gai seul qu'au milieu d'un cercle ; il ne tire pas son contentement de ceux qui l'approchent, il le leur communique.

Jetez les yeux sur toutes les nations du monde, parcourez toutes les histoires ; parmi tant de cultes inhumains et bizarres, parmi cette prodigieuse diversité de mœurs et de caractères, vous trouverez partout les mêmes idées de justice et d'honnêteté, partout les mêmes principes de morale, partout les mêmes notions du bien et du mal. L'ancien paganisme enfanta des dieux abominables, qu'on eût punis ici-bas comme des scélérats, et qui n'offraient pour tableau de bonheur suprême que des forfaits à commettre et des passions à contenter. Mais le vice, armé d'une autorité sacrée, descendait en vain du séjour éternel, l'instinct moral le repoussait du cœur des humains. En célébrant les débauches de Jupiter, on admirait la continence de Xénocrate ; la chaste Lucrèce adorait l'impudique Vénus ; l'intrépide Romain sacrifiait à la Peur ; il invoquait le dieu qui mutila son père, et mourait sans murmure de la main du sien. Les plus méprisables divinités furent servies par les plus grands hommes. La sainte voix de la nature, plus forte que celle des dieux, se faisait respecter sur la terre, et semblait reléguer dans le ciel le crime avec les coupables.

Il est donc au fond des âmes un principe inné de justice et de vertu, sur lequel, malgré nos propres maximes, nous jugeons nos actions et celles d'autrui comme bonnes ou mauvaises, et c'est à ce principe que je donne le nom de conscience [...].

Conscience ! conscience ! instinct divin, immortelle et céleste voix ; guide assuré d'un être ignorant et borné, mais intelligent et libre ; juge infaillible du bien et du mal, qui rend l'homme semblable à Dieu, c'est toi qui fais l'excellence de sa nature et la moralité de ses actions ; sans toi je ne sens rien en moi qui m'élève au-dessus des bêtes, que le triste privilège de m'égarer d'erreurs en erreurs à l'aide d'un entendement sans règle et d'une raison sans principe.

Émile, IV.

Le pacte social

« C'est le peuple qui compose le genre humain » (Émile , IV) *dit Rousseau et, selon lui, tout pouvoir appartient au peuple et doit être exercé par lui. Par le pacte social, en effet, l'individu renonce à sa liberté absolue mais accède à la « liberté civile » définie par les lois qui doivent être l'œuvre de tous.*

103

« *Trouver une forme d'association qui défende et protège de toute la force commune la personne et les biens de chaque associé, et par laquelle chacun s'unissant à tous n'obéisse pourtant qu'à lui-même et reste aussi libre qu'auparavant.* » Tel est le problème fondamental dont le contrat social donne la solution.

Les clauses de ce contrat sont tellement déterminées par la nature de l'acte, que la moindre modification les rendrait vaines et de nul effet ; en sorte que, bien qu'elles n'aient peut-être jamais été formellement énoncées, elles sont partout les mêmes, partout tacitement admises et reconnues ; jusqu'à ce que, le pacte social étant violé, chacun rentre alors dans ses premiers droits et reprenne sa liberté naturelle, en perdant la liberté conventionnelle pour laquelle il y renonça.

Ces clauses, bien entendues, se réduisent toutes à une seule, savoir l'aliénation totale de chaque associé avec tous ses droits à toute la communauté : Car, premièrement, chacun se donnant tout entier, la condition est égale pour tous, et la condition étant égale pour tous, nul n'a intérêt de la rendre onéreuse aux autres.

De plus, l'aliénation se faisant sans réserve, l'union est aussi parfaite qu'elle peut l'être et nul associé n'a plus rien à réclamer. Car s'il restait quelques droits aux particuliers, comme il n'y aurait aucun supérieur commun qui pût prononcer entre eux et le public, chacun étant en quelque point son propre juge prétendrait bientôt l'être en tous, l'état de nature subsisterait, et l'association deviendrait nécessairement tyrannique ou vaine.

Enfin chacun se donnant à tous ne se donne à personne, et comme il n'y a pas un associé sur lequel on n'acquiert le même droit qu'on lui cède sur soi, on gagne l'équivalent de tout ce qu'on perd, et plus de force pour conserver ce qu'on a.

Si donc on écarte du pacte social ce qui n'est pas de son essence, on trouvera qu'il se réduit aux termes suivants : *Chacun de nous met en commun sa personne et toute sa puissance sous la suprême direction de la volonté générale ; et nous recevons en corps chaque membre comme partie indivisible du tout.*

A l'instant, au lieu de la personne particulière de chaque contractant, cet acte d'association produit un corps moral et collectif composé d'autant de membres que l'assemblée a de voix, lequel reçoit de ce même acte son unité, son moi commun, sa vie et sa volonté. Cette personne publique qui se forme ainsi par l'union de toutes les autres prenait autrefois le nom de *Cité*, et prend maintenant celui de *République* ou de *corps politique*, lequel est appelé par ses membres *État* quand il est passif, *Souverain* quand il est actif, *Puissance* en le comparant à ses semblables. A l'égard des associés ils prennent collectivement le nom de *peuple*, et s'appellent en particulier *Citoyens*, comme participant à l'autorité souveraine, et *Sujets* comme soumis aux lois de l'État. Mais ces termes se confondent souvent et se prennent l'un pour l'autre ; il suffit de les savoir distinguer quand ils sont employés dans toute leur précision.

Contrat social, I, 6.

La souveraineté du peuple

En vertu de ces principes la souveraineté du peuple est inaliénable, indivisible et infaillible, mais à condition que chaque citoyen conserve l'autonomie de son jugement.

104

Il s'ensuit de ce qui précède que la volonté générale est toujours droite et tend toujours à l'utilité publique : mais il ne s'ensuit pas que les délibérations du peuple aient toujours la même rectitude. On veut toujours son bien, mais on ne le voit pas toujours. Jamais on ne corrompt le peuple, mais souvent on le trompe, et c'est alors seulement qu'il paraît vouloir ce qui est mal.

Il y a souvent bien de la différence entre la volonté de tous et la volonté générale ; celle-ci ne regarde qu'à l'intérêt commun, l'autre regarde à l'intérêt privé, et ce n'est qu'une somme de volontés particulières : mais ôtez de ces mêmes volontés les plus et les moins qui s'entre-détruisent, reste pour somme des différences la volonté générale.

Si, quand le peuple suffisamment informé délibère, les Citoyens n'avaient aucune communication entre eux, du grand nombre de petites différences résulterait toujours la volonté générale, et la délibération serait toujours bonne. Mais quand il se fait des brigues, des associations partielles aux dépens de la grande, la volonté de chacune de ces associations devient générale par rapport à ses membres, et particulière par rapport à l'État : on peut dire alors qu'il n'y a plus autant de votants que d'hommes, mais seulement autant que d'associations. Les différences deviennent moins nombreuses et donnent un résultat moins général. Enfin quand une de ces associations est si grande qu'elle l'emporte sur toutes les autres, vous n'avez plus pour résultat une somme des petites différences, mais une différence unique ; alors il n'y a plus de volonté générale, et l'avis qui l'emporte n'est qu'un avis particulier.

Il importe donc pour avoir bien l'énoncé de la volonté générale qu'il n'y ait pas de société partielle dans l'État, et que chaque Citoyen n'opine que d'après lui.

Contrat social, II, 3.

Nature et culture

De plus, le pacte social permet l'avènement de ce qu'il y a de vraiment humain en l'homme.

105

Ce passage de l'état de nature à l'état civil produit dans l'homme un changement très remarquable, en substituant dans sa conduite la justice à l'instinct, et donnant à ses actions la moralité qui leur manquait auparavant. C'est alors seulement que, la voix du devoir succédant à l'impulsion physique et le droit à l'appétit, l'homme, qui jusque-là n'avait regardé que lui-même, se voit forcé d'agir sur d'autres principes, et de consulter sa raison avant d'écouter ses penchants. Quoiqu'il se prive dans cet état de plusieurs avantages qu'il tient de la nature, il en regagne de si grands, ses facultés s'exercent et se développent, ses idées s'étendent, ses sentiments s'ennoblissent, son âme tout entière s'élève à tel point que, si les abus de cette nouvelle condition ne le dégradaient souvent au-dessous de celle dont il est sorti, il devrait bénir sans cesse l'instant heureux qui l'en arracha pour jamais et qui, d'un animal stupide et borné, fit un être intelligent et un homme.

Contrat social, I, 8.

CONDILLAC

1715-1780

Destiné d'abord à la prêtrise, il sortit du séminaire en 1740 pour fréquenter les philosophes.

Principales œuvres : *Essai sur l'origine des connaissances humaines* (1746), *Traité des systèmes* (1749), *Traité des sensations* (1754).

Les signes et la pensée

Empiriste, Condillac voit dans la sensation l'origine de toutes nos connaissances et explique par le langage les idées abstraites.

106

Je distingue trois sortes de signes : 1° Les signes accidentels, ou les objets que quelques circonstances particulières ont liés avec quelques-unes de nos idées, en sorte qu'ils sont propres à les réveiller. 2° Les signes naturels ou les cris que la nature a établis pour les sentiments de joie, de crainte, de douleur, etc. 3° Les signes d'institution, ou ceux que nous avons nous-mêmes choisis, et qui n'ont qu'un rapport arbitraire avec nos idées.

Essai sur l'origine des connaissances humaines, I, Section II, 4.

Qu'est-ce au fond que la réalité qu'une idée générale et abstraite a dans notre esprit ? Ce n'est qu'un nom ; ou si elle est quelque autre chose, elle cesse nécessairement d'être abstraite et générale.

Quand, par exemple, je pense à homme, je puis ne considérer dans ce mot qu'une dénomination commune ; auquel cas il est bien évident que mon idée est en quelque sorte circonscrite dans ce nom, qu'elle ne s'étend à rien au delà, et que, par conséquent, elle n'est que ce nom même.

Si au contraire, en pensant à homme, je considère dans ce mot quelque autre chose qu'une dénomination, c'est qu'en effet je me représente un homme ; et un homme, dans mon esprit comme dans la nature, ne saurait être l'homme abstrait et général.

Les idées abstraites ne sont donc que des dénominations. Si nous voulions absolument y supposer autre chose, nous ressemblerions à un peintre qui s'obstinerait à vouloir peindre l'homme en général, et qui cependant ne peindrait jamais que des individus.

Cette observation sur les idées abstraites et générales démontre que leur clarté et leur précision dépendent uniquement de l'ordre dans lequel nous avons fait les dénominations des classes, et que, par conséquent, pour déterminer ces sortes d'idées, il n'y a qu'un moyen, c'est de bien faire la langue.

Elle confirme ce que nous avons déjà démontré, combien les mots nous sont nécessaires : car, si nous n'avions point de dénominations, nous n'aurions point d'idées abstraites ; si nous n'avions point d'idées abstraites, nous n'aurions ni genres ni espèces ; et si nous n'avions ni genres ni espèces, nous ne pourrions raisonner sur rien. Or, si nous ne raisonnons qu'avec le secours de ces dénominations, c'est une nouvelle preuve que nous ne raisonnons bien ou mal que parce que notre langue est bien ou mal faite. L'analyse ne nous apprendra donc à raisonner qu'autant qu'en nous apprenant à déterminer les idées abstraites et générales, elle nous apprendra à bien faire notre langue ; et tout l'art de raisonner se réduit à l'art de bien parler.

Logique, Chap. V.

KANT

1724-1804

D'une famille très modeste. Étudiant puis professeur à Kœnigsberg. Il ne lui arriva « rien d'autre que d'avoir du génie » (Faguet). Culture encyclopédique.

Principales œuvres : *Critique de la raison pure* (1781), *Prolégomènes à toute métaphysique future* (1784), *Fondements de la métaphysique des mœurs* (1785), *Critique de la raison pratique* (1788), *Critique du jugement* (1790).

RAISON SPÉCULATIVE ET RAISON PRATIQUE

La méthode

Kant compare à la « révolution copernicienne » le changement de méthode qu'il introduit en philosophie et qui revient à substituer au point de vue réaliste (la connaissance se règle sur l'objet) un point de vue idéaliste (l'esprit met quelque chose de lui-même dans la connaissance).

107

Je devais penser que l'exemple de la Mathématique et de la Physique qui, par l'effet d'une révolution subite, sont devenues ce que nous les voyons, était assez remarquable pour faire réfléchir sur le caractère essentiel de ce changement de méthode qui leur a été si avantageux et pour porter à l'imiter ici – du moins à titre d'essai – autant que le permet leur analogie, en tant que connaissances rationnelles, avec la métaphysique. Jusqu'ici on admettait que toute notre connaissance devait se régler sur les objets ; mais, dans cette hypothèse, tous les efforts tentés pour établir sur eux quelque jugement *a priori* par concepts, ce qui aurait accru notre connaissance, n'aboutissaient à rien. Que l'on essaie donc enfin de voir si nous ne serons pas plus heureux dans les problèmes de la métaphysique en supposant que les objets doivent se régler sur notre connaissance, ce qui s'accorde déjà mieux avec la possibilité désirée d'une connaissance *a priori* de ces objets qui établisse quelque chose à leur égard avant qu'ils nous soient donnés. Il en est précisément ici comme de la première idée de Copernic ; voyant qu'il ne pouvait pas réussir à expliquer les mouvements du ciel en admettant que toute l'armée des étoiles évoluait autour du spectateur, il chercha s'il n'aurait pas plus de succès en faisant tourner l'observateur lui-même autour des astres immobiles. Or, en Métaphysique, on peut faire un pareil essai, pour ce qui est de l'*intuition* des objets. Si l'intuition devait se régler sur la nature des objets, je ne vois pas comment on en pourrait connaître quelque chose *a priori* ; si l'objet, au contraire (en tant qu'objet des sens), se règle sur la nature de notre pouvoir d'intuition, je puis me représenter à merveille cette possibilité. Mais, comme je ne peux pas m'en tenir à ces intuitions, si elles doivent devenir des connaissances ; et comme il faut que je les rapporte, en tant que représentations, à quelque chose qui en soit l'objet et que je le détermine par leur moyen, je puis admettre l'une de ces deux hypothèses : ou les *concepts* par lesquels j'opère cette détermination se règlent aussi sur l'objet, et alors je me trouve dans la même difficulté sur la question de savoir comment je peux en connaître quelque chose *a priori*, ou bien les objets, ou, ce qui revient au même, l'*expérience* dans laquelle seule ils sont connus (en tant qu'objets donnés) se règle sur ces concepts – et je vois aussitôt un moyen plus facile de sortir d'embarras. En effet, l'expérience elle-même est un mode de connaissance qui exige le concours de l'entendement dont il me faut présupposer la règle en moi-même avant que les objets me soient donnés, par conséquent *a priori*, et cette règle s'exprime en des concepts *a priori* sur lesquels tous les objets de l'expérience doivent nécessairement se régler et avec lesquels ils doivent s'accorder. Pour ce qui regarde les objets en tant qu'ils sont simplement conçus par la raison – et cela, il est vrai, nécessairement – mais sans pouvoir (du moins tels que la raison les conçoit) être donnés dans l'expérience – toutes les tentatives de les penser (car il faut pourtant qu'on puisse les penser) doivent, par conséquent, fournir une excellente pierre de touche de ce que nous regardons comme un changement de méthode dans la façon de penser, c'est que nous ne connaissons *a priori* des choses que ce que nous y mettons nous-mêmes.

Critique de la raison pure, Préface de la seconde édition.

L'attitude critique

En limitant la puissance de la raison dans le domaine spéculatif (nous ne pouvons connaître que des objets d'expérience), Kant prétend la fonder dans le domaine pratique (nous pouvons penser que Dieu existe, que l'homme est libre et que l'âme est immortelle).

108

Mais quel est donc, demandera-t-on, ce trésor que nous pouvons léguer à la postérité avec une Métaphysique ainsi épurée par la Critique et placée aussi par elle dans une position fixe. On sera amené, par un coup d'œil rapide jeté sur cette œuvre, à penser que l'utilité n'en est que *négative*, c'est-à-dire que nous ne pourrons jamais, avec la raison spéculative, nous risquer au-delà des limites de l'expérience, et c'est là, dans le fait, sa première utilité. Mais cette utilité deviendra positive, dès qu'on s'apercevra que les principes sur lesquels la raison spéculative s'appuie pour se hasarder au-delà de ses limites ont en réalité pour conséquence inévitable non pas une *extension*, mais bien, à y regarder de plus près, un *rétrécissement* de l'usage de notre raison. En effet, ces principes menacent d'étendre réellement à tout les limites de la sensibilité dont ils relèvent proprement et d'annihiler entièrement l'usage pur de la raison (pratique). C'est pourquoi une critique qui limite la raison spéculative est *négative* en tant que telle ; mais supprimant du même coup un obstacle qui en menace l'usage pratique, ou qui menace même de l'anéantir, elle est en réalité d'une utilité positive et très importante, dès qu'on est convaincu qu'il y a un usage pratique absolument nécessaire de la raison pure (l'usage moral), dans lequel elle s'étend inévitablement au delà des limites de la sensibilité – en quoi, en vérité, elle n'a besoin d'aucun secours de la raison spéculative – mais dans lequel aussi il faut qu'elle soit assurée contre toute opposition de la raison spéculative, pour ne pas tomber en contradiction avec elle-même. Dénier cette utilité *positive* à ce service que nous rend la Critique équivaudrait à dire que la police n'a pas d'utilité positive, parce que sa fonction principale n'est que de fermer la porte à la violence que les citoyens peuvent craindre les uns des autres, pour que chacun puisse faire ses affaires en toute tranquillité et sécurité. Que l'espace et le temps ne soient que des formes de l'intuition sensible et, par conséquent, que des conditions de l'existence des choses comme phénomènes, qu'en outre nous n'ayons de concepts de l'entendement ni, par suite, d'éléments pour la connaissance des choses, que dans la mesure où une intuition correspondant à ces concepts peut être donnée, que, par conséquent, nous ne puissions connaître aucun objet comme chose en soi, mais seulement en tant qu'objet d'intuition sensible, c'est-à-dire en tant que phénomène, cela sera prouvé dans la partie analytique de la Critique. Il en résultera évidemment que la seule connaissance spéculative possible de la raison sera limitée aux simples objets de l'*expérience*. Toutefois, il faut bien le remarquer, il y a toujours ici cette réserve à faire, que nous pouvons au moins *penser* ces mêmes objets comme choses en soi, quoique nous ne puissions pas les *connaître* (en tant que tels). Car autrement on arriverait à cette proposition absurde qu'un phénomène (ou apparence) existerait sans qu'il y ait rien qui apparaisse.

Or, supposons maintenant que cette distinction nécessairement faite par notre Critique entre les choses comme objets d'expérience et ces mêmes choses comme choses en soi ne fût pas du tout faite, alors, le principe de causalité, et par conséquent, le mécanisme naturel dans la détermination des choses, devrait s'étendre absolument à toutes les choses en général considérées comme causes efficientes. Du même être, par conséquent, par exemple de l'âme humaine, je ne pourrais pas dire que sa volonté est libre et qu'elle est en même temps soumise à la nécessité physique, c'est-à-dire qu'elle n'est pas libre, sans tomber dans une contradiction manifeste, puisque, dans ces deux propositions, j'ai pris l'âme *dans le même sens*, c'est-à-dire comme une chose en général (comme une chose en soi), et que, sans une critique préalable, je ne peux pas la prendre dans un autre sens.

Mais si la Critique ne s'est pas trompée en nous apprenant à prendre l'objet *dans deux sens différents*, c'est-à-dire comme phénomène et comme chose en soi ; si sa déduction des concepts de l'entendement est exacte, si, par conséquent aussi le principe de causalité ne s'applique qu'aux choses prises dans le premier sens, c'est-à-dire en tant qu'elles sont des objets d'expérience, tandis que, dans le second sens, ces choses ne lui sont pas soumises ; alors la même volonté dans l'ordre des phénomènes (des actions visibles) peut être pensée comme nécessairement soumise aux lois de la nature, et, sous ce rapport, comme *n'étant pas libre* – et pourtant, d'autre part, en tant qu'appartenant à une chose en soi, comme échappant à cette loi naturelle, et par conséquent comme *libre*, sans qu'il y ait ici contradiction. Or, quoique je ne puisse *connaître* mon âme, envisagée sous ce dernier point de vue, par la raison spéculative (encore moins par une observation empirique), ni, par conséquent, la liberté comme la propriété d'un être auquel j'attribue des effets dans le monde sensible, parce qu'il me faudrait connaître, d'une manière déterminée, un tel être dans son existence et non cependant dans le temps (ce qui est impossible, parce que je ne puis étayer mon concept sur aucune intuition), je puis pourtant *penser* la liberté, c'est-à-dire que la représentation de cette liberté ne renferme au moins en moi aucune contradiction, si l'on admet notre distinction critique des deux modes de représentation (mode sensible et mode intellectuel) et la limitation qui en découle relativement aux concepts purs de l'entendement, par conséquent aussi relativement aux principes qui dérivent de ces concepts. Or, supposé que la morale implique nécessairement la liberté (au sens le plus strict), comme une propriété de notre volonté, puisqu'elle pose *a priori* comme des *données* de la raison des principes pratiques qui ont leur origine dans cette même raison et qui seraient absolument impossibles sans la supposition de la liberté ; mais que la raison spéculative ait démontré que cette liberté ne se laisse nullement concevoir, il faut nécessairement que la première de ces suppositions – la supposition morale – fasse place à celle dont le contraire renferme une contradiction manifeste ; par conséquent, *la liberté*, et avec elle, la moralité (dont le contraire ne renferme aucune contradiction, quand on ne suppose pas au préalable la liberté) doivent céder la place au *mécanisme de la nature*. Mais, comme, au point de vue de la morale, j'ai seulement besoin que la liberté ne soit pas contradictoire en elle-même, et qu'ainsi, du moins, elle se laisse concevoir sans qu'il soit nécessaire de l'examiner plus à fond, que, par suite, elle ne mette aucun obstacle au mécanisme naturel du même acte (envisagé sous un autre rapport), ainsi la doctrine de la moralité garde sa position et la physique aussi la sienne. Or, cela n'aurait pas lieu, si la Critique ne nous avait pas instruits auparavant de notre inévitable ignorance par rapport aux choses en soi et si elle n'avait pas limité à de simples phénomènes tout ce que nous pouvons *connaître* théoriquement. La même illustration de l'utilité positive des principes critiques de la raison pure se montrerait si nous envisagions le concept de *Dieu* et celui de la *nature simple* de notre *âme*, mais je n'y insiste pas pour être court.

Je ne peux donc jamais *admettre Dieu*, la *liberté*, l'*immortalité* en faveur de l'usage pratique nécessaire de ma raison, sans *enlever* en même temps à la raison spéculative ses prétentions injustes à des vues transcendantes. Car, pour arriver à ces vues, il faut qu'elle emploie des principes qui ne s'étendent en fait qu'aux objets de l'expérience possible, mais qui, dès qu'on les applique à ce qui ne peut pas être un objet d'expérience, transforment réellement aussitôt cette chose en phénomène et déclarent impossible toute *extension pratique* de la raison pure. Je dus donc abolir le savoir afin d'obtenir une place pour la croyance.

Critique de la raison pure, Préface de la seconde édition.

PHILOSOPHIE DE LA CONNAISSANCE

La notion d'a priori

L'a priori est ce que l'esprit met de lui-même dans la connaissance. On le reconnaît à un double caractère : l'universalité et la nécessité.

109

Il n'est pas douteux que toutes nos connaissances ne commencent avec l'expérience, car par quoi notre faculté de connaître serait-elle éveillée [et appelée] à s'exercer, si elle ne l'était point par des objets qui frappent nos sens et qui, d'un côté, produisent par eux-mêmes des représentations, et de l'autre, mettent en mouvement notre activité intellectuelle [et l'excitent] à les comparer, à les unir ou à les séparer et à mettre ainsi en œuvre la matière brute des impressions sensibles pour [en former] cette connaissance des objets ? Ainsi, *dans le temps*, aucune connaissance ne précède en nous l'expérience, et toutes commencent avec elle.

Mais si toute notre connaissance commence *avec* l'expérience, il n'en résulte pas qu'elle dérive toute *de* l'expérience. En effet, il se pourrait bien que notre connaissance expérimentale elle-même fût un composé de ce que nous recevons par des impressions, et de ce que notre propre faculté de connaître tire d'elle-même (en étant excitée par ces impressions sensibles), quoique nous ne distinguions pas cette addition d'avec la matière première, jusqu'à ce qu'un long exercice nous ait appris à y appliquer notre attention et à les séparer l'une de l'autre.

C'est donc, pour le moins, une question qui exige un examen plus approfondi et qu'on ne peut expédier du premier coup, que celle de savoir s'il y a une connaissance indépendante de l'expérience et même de toutes les impressions des sens. Cette espèce de connaissance est dite *a priori*, et on la distingue de la connaissance *empirique*, dont les sources sont *a posteriori*, c'est-à-dire dans l'expérience [...].

Il importe maintenant d'avoir un critérium qui nous permette de distinguer sûrement une connaissance pure d'une connaissance empirique. L'expérience nous enseigne bien qu'une chose est ceci ou cela, mais non pas qu'elle ne puisse être autrement. Si donc, *en premier lieu*, il se trouve une proposition qu'on ne puisse concevoir que comme *nécessaire*, c'est un jugement *a priori* ; si, de plus, elle ne dérive d'aucune proposition qui n'ait elle-même la valeur d'un jugement nécessaire, elle est absolument *a priori. En second lieu*, l'expérience ne donne jamais à ses jugements une *universalité* véritable et rigoureuse, mais seulement supposée et comparative (fondée sur l'éducation), qui revient à dire seulement que nous n'avons pas trouvé jusqu'ici dans nos observations, si nombreuses qu'elles aient été, d'exception à telle ou telle règle. Si donc on conçoit un jugement comme rigoureusement universel, tel par conséquent qu'on ne puisse croire à la possibilité d'aucune exception, c'est que ce jugement n'est point dérivé de l'expérience, mais valable absolument *a priori.* L'universalité empirique n'est donc qu'une extension arbitraire de valeur : d'une proposition qui vaut pour la plupart des cas, on passe à une autre qui vaut pour tous, comme celle-ci par exemple : tous les corps sont pesants. Lorsqu'au contraire un jugement a essentiellement [le caractère] d'une rigoureuse universalité, c'est qu'il suppose une source particulière de connaissance, c'est-à-dire une faculté de connaissance *a priori.* La nécessité et l'universalité rigoureuse sont donc des marques certaines d'une connaissance *a priori*, et elles sont inséparables. Mais comme, dans l'usage, il est parfois plus facile de montrer la limitation empirique des jugements que leur contingence, plus facile aussi d'en montrer clairement l'absolue universalité présumée que la nécessité, il est bon de se servir séparément de ces deux critères, dont chacun est par lui-même infaillible.

Maintenant, qu'il y ait dans la connaissance humaine des jugements nécessaires et rigoureusement universels, c'est-à-dire des jugements purs *a priori*, c'est ce qu'il est facile de montrer. Veut-on prendre un exemple dans les sciences ? On n'a qu'à jeter les yeux sur toutes les propositions des mathématiques. Veut-on le tirer de l'usage le plus ordinaire de l'entendement ? On le trouvera dans cette proposition, que tout changement a une cause. Dans ce dernier exemple, le concept d'une cause contient si évidemment celui de la nécessité d'une liaison nécessaire avec un effet et celui d'une rigoureuse universalité de la règle, qu'il serait tout à fait perdu si, comme l'a tenté Hume, on voulait le dériver de la fréquente association du fait actuel avec le fait précédent et de l'habitude qui en résulte pour nous (et qui n'a qu'une nécessité subjective, par conséquent) de lier entre elles des représentations. Il n'est pas nécessaire d'ailleurs de recourir à ces exemples pour démontrer la réalité de principes purs *a priori* dans notre connaissance ; on pourrait aussi le prouver *a priori* en montrant qu'ils sont (des conditions) indispensables de la possibilité de l'expérience. En effet, où puiserait-elle la certitude, si toutes les règles d'après lesquelles elle se dirige étaient toujours empiriques, et par conséquent contingentes ? Aussi ne saurait-on donner à des règles de ce genre la valeur de premiers principes. Nous pouvons nous contenter ici d'avoir établi comme une chose de fait l'usage pur de notre faculté de connaître ainsi que les critères qui servent à le distinguer. Mais ce n'est pas seulement dans les jugements, c'est aussi dans les concepts que se révèle une origine *a priori*. Enlevez successivement de votre concept expérimental d'un *corps* tout ce qu'il contient d'*empirique* : la couleur, la dureté ou la mollesse, la pesanteur, l'impénétrabilité même, il reste toujours l'espace qu'occupait ce corps (maintenant tout à fait évanoui), et que vous ne pouvez faire disparaître. De même, si de votre concept empirique d'un objet quelconque, corporel ou non, vous retranchez toutes les propriétés que l'expérience vous enseigne, vous ne pouvez cependant lui enlever celle qui vous le fait concevoir comme une *substance* ou comme *inhérent* à une substance (quoique ce concept soit plus déterminé que celui d'un objet en général). Contraints par la nécessité avec laquelle ce concept s'impose à vous, il vous faut donc reconnaître qu'il a son siège *a priori* dans votre faculté de connaître.

Critique de la raison pure.

L'espace et le temps

Appelant « forme » ce qui dans la connaissance est l'œuvre de l'esprit, par opposition à la « matière » que fournit l'expérience, la Critique de la raison pure *se présente comme une sorte d'inventaire des formes a priori de l'esprit. Or l'esprit, c'est d'abord la sensibilité, faculté de recevoir des intuitions sensibles dont les formes a priori sont l'espace et le temps.*

110

1° L'espace n'est pas un concept empirique, dérivé d'expériences extérieures. En effet, pour que je puisse rapporter certaines sensations à quelque chose d'extérieur à moi (c'est-à-dire à quelque chose placé dans un autre lieu de l'espace que celui où je me trouve) et, de même, pour que je puisse me représenter les choses comme en dehors et à côté les unes des autres, et par conséquent comme n'étant pas seulement différentes, mais placées en des lieux différents, il faut que la représentation de l'espace soit déjà posée comme fondement.

2° L'espace est une représentation nécessaire, *a priori*, qui sert de fondement à toutes les intuitions externes. Il est impossible de se représenter jamais qu'il n'y ait pas d'espace, quoiqu'on puisse bien concevoir qu'il n'y ait pas d'objets en lui. Il est donc considéré comme la condition de la possibilité des phénomènes, et non pas comme une détermination qui en dépende.

3° L'espace n'est pas un concept discursif ou, comme on dit, un concept universel de rapports des choses en général, mais une intuition pure. En effet, d'abord on ne peut se représenter qu'un seul espace, et, quand on parle de plusieurs espaces, on n'entend par là que les parties d'un seul et même espace. Ces parties ne sauraient non plus être antérieures à cet espace unique qui comprend tout, comme si elles en étaient les éléments (et qu'elles puissent le constituer par leur assemblage) ; elles ne sont au contraire pensées qu'en lui. Il est essentiellement un ; le divers que nous y reconnaissons et par conséquent le concept universel d'espace en général ne reposant finalement que sur des limitations.

4° L'espace est représenté comme une grandeur infinie donnée.

La géométrie est une science qui détermine synthétiquement, et pourtant *a priori*, les propriétés de l'espace. Que doit donc être la représentation de l'espace pour qu'une telle connaissance en soit possible ? Il faut qu'il soit originairement une intuition ; car il est impossible de tirer d'un simple concept des propositions qui le dépassent, comme cela arrive pourtant en Géométrie. Mais cette intuition doit se trouver en nous *a priori*, c'est-à-dire antérieurement à toute perception d'un objet, et, par conséquent, être pure et non empirique. En effet, les propositions géométriques, comme celle-ci par exemple : l'espace n'a que trois dimensions, sont toutes apodictiques, c'est-à-dire qu'elles impliquent la conscience de leur nécessité ; mais de telles propositions ne peuvent être des jugements empiriques ou d'expérience, ni en dériver.

L'espace ne représente aucune propriété des choses en soi, soit qu'on les considère en elles-mêmes, soit qu'on les considère dans leurs rapports entre elles. En d'autres termes, il ne représente aucune détermination des choses qui soit inhérente aux objets mêmes, et qui subsiste abstraction faite de toutes les conditions subjectives de l'intuition.

L'espace n'est autre chose que la forme de tous les phénomènes des sens extérieurs, c'est-à-dire la seule condition subjective de la sensibilité sous laquelle soit possible pour nous une intuition extérieure [...]. Nous ne pouvons donc parler d'espace, d'êtres étendus, etc., qu'au point de vue de l'homme [...].

Notre examen de l'espace nous en montre donc la *réalité* (c'est-à-dire la valeur objective) au point de vue de la perception des choses comme objets extérieurs ; mais il nous en montre aussi l'*idéalité* au point de vue de la raison considérant les choses en elles-mêmes, c'est-à-dire abstraction faite de la constitution de notre sensibilité. Nous affirmons donc la *réalité empirique* de l'espace (relativement à toute expérience extérieure possible) ; mais nous en affirmons aussi l'*idéalité transcendantale*, c'est-à-dire sa non-existence, dès que nous laissons de côté les conditions de la possibilité de toute expérience, et que nous l'acceptons comme quelque chose qui sert de fondement aux choses en soi.

Critique de la raison pure.

L'analyse du temps conduit à des conclusions semblables.

111

1°Le temps n'est pas un concept empirique ou qui dérive d'une expérience quelconque.

2°Le temps est une représentation nécessaire qui sert de fondement à toutes les intuitions.

3°Sur cette nécessité *a priori* se fonde aussi la possibilité de principes apodictiques concernant les rapports du temps ou d'axiomes du temps en général.

4°Le temps n'est pas un concept discursif ou, comme on dit, général, mais une forme pure de l'intuition sensible.

5°L'infinité du temps ne signifie rien autre chose, sinon que toute grandeur déterminée du temps n'est possible que circonscrite par un temps unique qui lui sert de fondement.

Le temps n'est pas quelque chose qui existe en soi ou qui soit inhérent aux choses comme une détermination objective, et qui, par conséquent, subsiste quand on fait abstraction de toutes les conditions subjectives de leur intuition [...]. Le temps n'est autre chose que la forme du sens interne, c'est-à-dire de l'intuition de nous-mêmes et de notre état intérieur [...].

Le temps est la condition formelle *a priori* de tous les phénomènes en général. L'espace, comme forme pure de toute intuition externe, ne sert de condition *a priori* qu'aux phénomènes extérieurs. Au contraire, comme toutes les représentations, qu'elles aient ou non pour objet des choses extérieures, appartiennent toujours par elles-mêmes, en tant que détermination de l'esprit, à un état intérieur, et que cet état intérieur, toujours soumis à la condition formelle de l'intuition interne, rentre ainsi dans le temps, le temps est une condition *a priori* de tous les phénomènes en général, la condition immédiate des phénomènes intérieurs (de notre âme), la condition médiate des phénomènes extérieurs.

Critique de la raison pure.

Les catégories

Mais l'esprit, c'est aussi l'entendement, dont les formes a priori sont les concepts purs ou catégories. Kant en établit la liste en partant des formes logiques du jugement. En effet :

112

La même fonction, qui donne l'unité aux diverses représentations *dans un jugement*, donne aussi l'unité à la simple synthèse des représentations diverses *dans une intuition*, et c'est cette unité qui, prise d'une manière générale, s'appelle un concept pur de l'entendement. Ainsi le même entendement qui, au moyen de l'unité analytique, a produit dans les concepts la forme logique du jugement introduit aussi, par la même opération, au moyen de l'unité synthétique des éléments divers de l'intuition en général, un contenu transcendantal dans ces représentations, et c'est pourquoi elles s'appellent des concepts purs de l'entendement, qui s'appliquent a *priori* à des objets.

De là les tableaux suivants :

FORMES LOGIQUES DU JUGEMENT	TABLE DES CATÉGORIES
Quantité	*Quantité*
Universels	Unité
Particuliers	Pluralité
Singuliers	Totalité
Qualité	*Qualité*
Affirmatifs	Réalité
Négatifs	Négation
Indéfinis	Limitation
Relation	*Relation*
Catégoriques	Substance et accident
Hypothétiques	Causalité et dépendance
Disjonctifs	Action réciproque
Modalité	*Modalité*
Problématiques	Possibilité-Impossibilité
Assertoriques	Existence-Non existence
Apodictiques	Nécessité-Contingence

Critique de la raison pure.

L'erreur métaphysique

Comme il existe des jugements synthétiques a priori en Mathématiques et en Physique, on a pu croire que la Métaphysique elle aussi était une science ; c'était oublier que nos connaissances doivent pouvoir se rapporter à quelque expérience.

113

Entraîné par cette preuve de la puissance de la raison, notre penchant à étendre nos connaissances ne voit plus de bornes. La colombe légère, qui, dans son libre vol, fend l'air dont elle sent la résistance, pourrait s'imaginer qu'elle volerait bien mieux encore dans le vide. C'est ainsi que Platon, quittant le monde sensible, qui renferme l'intelligence dans de si étroites limites, se hasarda, sur les ailes des idées, dans les espaces vides de l'entendement pur. Il ne s'apercevait pas que, malgré tous ses efforts, il ne faisait aucun chemin parce qu'il n'avait pas de point d'appui, de support sur lequel il pût faire fonds et appliquer ses forces pour changer l'entendement de place. C'est le sort ordinaire de la raison humaine, dans la spéculation, de construire son édifice en toute hâte, et de ne songer que plus tard à s'assurer si les fondements sont solides.

Critique de la raison pure, Introduction.

Toute connaissance suppose, en effet, l'intervention de la sensibilité et de l'entendement et la raison est autre chose que l'entendement.

114

Nous désignons sous le nom de *sensibilité* la capacité qu'a notre esprit de recevoir des représentations, en tant qu'il est affecté de quelque manière. Par opposition à cette *réceptivité* [...], la faculté de penser l'objet de l'intuition sensible est l'*entendement*. De ces deux propriétés, aucune n'est préférable à l'autre. Sans la sensibilité, nul objet ne serait donné ; sans l'entendement, nul ne serait pensé. Des pensées sans matière sont vides ; des intuitions sans concepts sont aveugles. Aussi est-il tout aussi nécessaire de rendre sensibles les concepts (c'est-à-dire d'y joindre l'objet donné dans l'intuition) que de rendre intelligibles les intuitions (c'est-à-dire de les soumettre à des concepts). Ces deux facultés ou capacités ne sauraient non plus échanger leurs fonctions. L'entendement ne peut avoir l'intuition de rien, ni les sens rien penser. La connaissance ne peut résulter que de leur union [...].

Si l'entendement peut être défini : la faculté de ramener les phénomènes à l'unité au moyen des règles, la raison est la faculté de ramener à l'unité les règles de l'entendement sous des principes. Elle ne se rapporte donc jamais immédiatement à l'expérience ou à un objet, mais à l'entendement, aux connaissances diverses duquel elle s'efforce de donner une unité *a priori* par le moyen de certains concepts ; cette unité peut être appelée rationnelle et diffère essentiellement de celle qu'on peut tirer de l'entendement.

Critique de la raison pure.

Critique de l'argument ontologique

C'est de ces distinctions que résulte la réfutation kantienne de l'argument ontologique : on ne peut tirer l'existence de l'essence, parce que l'essence est conçue par l'entendement tandis que l'existence est donnée à la sensibilité.

115

Être n'est évidemment pas un prédicat réel, c'est-à-dire un concept de quelque chose qui puisse s'ajouter au concept d'une chose. C'est simplement la position d'une chose ou de certaines déterminations en soi. Dans l'usage logique, ce n'est que la copule d'un jugement. Cette proposition : *Dieu est tout-puissant*, renferme deux concepts qui ont leurs objets : Dieu et toute-puissance ; le petit mot *est* n'est pas du tout encore par lui-même un prédicat, c'est seulement ce qui met le prédicat *en relation* avec le sujet. Or, si je prends le sujet (Dieu) avec tous ses prédicats (dont la toute-puissance fait aussi partie) et que je dise : *Dieu est*, ou il est un Dieu, je n'ajoute aucun nouveau prédicat au concept de Dieu, mais je ne fais que poser le sujet en lui-même avec tous ses prédicats, et en même temps, il est vrai, *l'objet* qui correspond à mon *concept*. Tous deux doivent exactement renfermer la même chose et, par conséquent, rien de plus ne peut s'ajouter au concept qui exprime simplement la possibilité, par le simple fait que je conçois (par l'expression : il est) l'objet de ce concept comme donné absolument. Et ainsi, le réel ne contient rien de plus que le simple possible. Cent thalers réels ne contiennent rien de plus que 100 thalers possibles. Car, comme les thalers possibles expriment le concept, et les thalers réels l'objet et sa position en lui-même, au cas où celui-ci contiendrait plus que celui-là, mon concept n'exprimerait pas l'objet tout entier et, par conséquent, il n'en serait pas, non plus, le concept adéquat. Mais je suis plus riche avec 100 thalers réels qu'avec leur simple concept (c'est-à-dire qu'avec leur possibilité). Dans la réalité, en effet, l'objet n'est pas simplement contenu analytiquement dans mon concept, mais il s'ajoute synthétiquement à mon concept (qui est une détermination de mon état), sans que, par cette existence en dehors de mon concept, ces 100 thalers conçus soient le moins du monde augmentés.

Quand donc je conçois une chose, quels que soient et si nombreux que soient les prédicats par lesquels je la pense (même dans la détermination complète), en ajoutant, de plus, que cette chose existe, je n'ajoute absolument rien à cette chose. Car autrement, ce qui existerait ne serait pas exactement ce que j'avais conçu dans mon concept, mais bien quelque chose de plus, et je ne pourrais pas dire que c'est précisément l'objet de mon concept qui existe. Si je conçois aussi dans une chose toute réalité sauf une, du fait que je dis qu'une telle chose défectueuse existe, la réalité qui lui manque ne s'y ajoute pas, mais au contraire cette chose existe avec exactement le même défaut qui l'affectait lorsque je l'ai conçue, car autrement il existerait quelque chose d'autre que ce que j'ai conçu. Or, si je conçois un être à titre de réalité suprême (sans défaut), il reste toujours à savoir, pourtant, si cet être existe ou non.

Critique de la raison pure.

PHILOSOPHIE MORALE

La bonne volonté

Soucieux de faire reposer sa philosophie morale sur l'analyse de la conscience commune, Kant part de cette constatation que la seule chose qui soit toujours bonne est la bonne volonté.

116

De tout ce qu'il est possible de concevoir dans le monde, et même en général hors du monde, il n'est rien qui puisse sans restriction être tenu pour bon, si ce n'est seulement une bonne volonté [...].

Alors même que par une particulière défaveur du sort ou par l'avare dotation d'une nature marâtre, cette volonté serait complètement dépourvue du pouvoir de faire aboutir ses desseins ; alors même que dans son plus grand effort elle ne réussirait à rien ; alors même qu'il ne resterait que la bonne volonté toute seule (je comprends par là, à vrai dire, non pas quelque chose comme un simple vœu, mais l'appel à tous les moyens dont nous pouvons disposer), elle n'en brillerait pas moins, ainsi qu'un joyau, de son éclat à elle, comme quelque chose qui a en soi sa valeur tout entière [...].

Une action accomplie par devoir tire sa valeur morale *non pas du but* qui doit être atteint par elle, mais de la maxime d'après laquelle elle est décidée ; elle ne dépend donc pas de la réalité de l'objet de l'action, mais uniquement du *principe du vouloir* d'après lequel l'action est produite sans égard à aucun des objets de la faculté de désirer [...].

Le devoir est la nécessité d'accomplir une action par respect pour la loi [...]. Pour l'objet conçu comme effet de l'action que je me propose, je peux bien sans doute avoir de l'*inclination*, mais jamais du *respect*, précisément, parce que c'est simplement un effet, et non l'activité d'une volonté. De même je ne peux avoir de respect pour aucune inclination en général, qu'elle soit mienne ou d'un autre ; je peux tout au plus l'approuver dans le premier cas, dans le second cas aller parfois jusqu'à l'aimer, c'est-à-dire la considérer comme favorable à mon intérêt propre. Il n'y a que ce qui est lié à ma volonté uniquement comme principe et jamais comme effet, ce qui ne sert pas mon inclination, mais la domine, ce qui du moins empêche entièrement qu'on en tienne compte dans la décision, par suite la simple loi pour elle-même, qui puisse être un objet de respect et par conséquent un commandement. Or si une action accomplie par devoir doit exclure complètement l'influence de l'inclination et avec elle tout objet de la volonté, il ne reste rien pour la volonté qui puisse la déterminer, si ce n'est objectivement la *loi*, et subjectivement un *pur respect* pour cette loi pratique, par suite, la maxime d'obéir à cette loi, même au préjudice de toutes mes inclinations.

Fondements de la métaphysique des mœurs,
Edition V. Delbos, Delagrave.

Légalité et moralité

De la définition même du devoir découle la distinction des points de vue de la légalité (simple conformité extérieure à la loi morale) et de la moralité (action accomplie par pur respect de la loi morale).

117

Il est sans doute conforme au devoir qu'un marchand ne surfasse pas sa marchandise aux acheteurs inexpérimentés ; et quand il fait un grand commerce, le marchand sage ne surfait jamais, mais il a un prix fixe chez lui tout aussi bien qu'un autre. On est donc *loyalement* servi, mais cela ne suffit pas pour croire que le marchand agit ainsi par devoir et d'après les principes de probité ; son intérêt l'exigeait, car il ne peut être ici question d'inclination immédiate, et l'on ne peut supposer en lui une sorte d'amour pour tous ses chalands qui l'empêcherait de traiter l'un plus favorablement que l'autre. Voilà donc une action qui n'a été faite ni par devoir, ni par inclination immédiate, mais seulement par intérêt personnel.

Au contraire, si c'est un devoir de conserver sa vie, c'est aussi une chose à laquelle chacun est porté par une inclination immédiate. Or c'est précisément ce qui fait que ce soin, souvent si plein d'anxiété, que la plupart des hommes prennent de leur vie, n'a aucun caractère moral. Ils conservent leur vie *conformément* au *devoir* sans doute, mais non pas *par devoir*. Mais que des malheurs et un chagrin sans espoir ôtent à un homme toute espèce de goût pour la vie : si ce malheureux, fort de caractère, plutôt irrité de son sort qu'abattu ou découragé, conserve la vie, sans l'aimer, et tout en souhaitant la mort, et ainsi ne la conserve ni par inclination ni par crainte, mais par devoir, alors sa maxime aura un caractère moral.

Être bienfaisant, lorsqu'on le peut, est un devoir, et de plus, il y a certaines âmes, si naturellement sympathiques, que sans aucun motif de vanité ni d'intérêt, elles trouvent une satisfaction intérieure à répandre la joie autour d'elles, et jouissent du bonheur d'autrui en tant qu'il est leur ouvrage. Mais je soutiens que dans ce cas l'action, si conforme au devoir, si aimable qu'elle soit, n'a pourtant aucune vraie valeur morale, et qu'elle va de pair avec les autres inclinations, par exemple avec l'ambition, qui, lorsque, par bonheur, elle a pour objet une chose d'intérêt public, conforme au devoir, et, par conséquent, honorable, mérite des éloges et des encouragements, mais non pas notre respect ; car la maxime manque alors du caractère moral, qui veut qu'on agisse *par devoir* et non par inclination. Supposez maintenant qu'un de ces hommes bienfaisants soit accablé par un chagrin personnel, qui éteigne en son cœur toute compassion pour le malheur d'autrui, et qu'ayant toujours le pouvoir de soulager les malheureux, sans être touché par leur malheur, tout absorbé qu'il est par le sien, il s'arrache à cette morne insensibilité pour venir à leur secours, quoiqu'il n'y soit poussé par aucune inclination, mais parce que cela est un devoir, sa conduite alors a une véritable valeur morale. Je dis plus : si le cœur d'un homme n'était naturellement doué que d'un faible degré de sympathie ; si cet homme (honnête d'ailleurs) était froid et indifférent aux souffrances d'autrui par tempérament, et peut-être aussi parce que, sachant lui-même supporter ses propres maux avec courage et patience, il supposerait dans les autres ou exigerait d'eux la même force ; si enfin la nature n'avait pas précisément travaillé à faire de cet homme (qui ne serait certainement pas son plus mauvais ouvrage) un philanthrope, ne trouverait-il pas en lui un moyen de se donner à lui-même une valeur bien supérieure à celle que lui donnerait un tempérament compatissant ? Sans doute ! Et c'est ici précisément qu'éclate la valeur morale du caractère, la plus haute de toutes sans comparaison.

Fondements de la métaphysique des mœurs.

L'impératif catégorique

Le devoir n'est donc subordonné à aucune fin ; il est un ordre que la raison nous donne sans nous en donner les raisons, c'est-à-dire un impératif catégorique.

118

Les impératifs sont de différentes sortes, ils commandent soit *hypothétiquement*, soit *catégoriquement*. Les impératifs hypothétiques expriment la nécessité pratique d'une action possible, envisagée comme moyen d'obtenir quelque autre chose que l'on veut (ou qu'il est possible que l'on veuille). L'impératif catégorique serait celui qui représenterait une action comme objectivement nécessaire en elle-même indépendamment de tout autre but [...].

En concevant un impératif *hypothétique* en général, je ne prévois pas d'avance ce qu'il contiendra, mais je le sais seulement lorsque la condition m'est donnée. Au contraire, si c'est un impératif *catégorique* que je conçois, je suis renseigné aussitôt sur ce qu'il contient. En effet, l'impératif ne contenant en dehors de la loi que la nécessité de la maxime, il faut se conformer à cette loi, et cette loi ne contenant aucune condition qui la détermine, il ne reste plus rien que l'universalité d'une loi en général, à laquelle la maxime de l'action doit être conforme, et c'est uniquement cette conformité que l'impératif nous représente comme nécessaire. Il n'y a donc qu'un impératif catégorique, il se formule ainsi : *Agis toujours d'après une maxime telle que tu puisses vouloir qu'elle devienne en même temps loi universelle.*

Fondements de la métaphysique des mœurs.

L'universalité de la loi d'après laquelle des effets se produisent constituant ce qu'on appelle proprement la *nature* dans le sens le plus général du mot (quant à la forme), c'est-à-dire la réalité extérieure en tant qu'elle est déterminée par des lois universelles, l'impératif universel du devoir peut encore être présenté de la façon suivante : *Agis comme si par ta volonté la maxime de ton action devait être érigée en* LOI UNIVERSELLE DE LA NATURE.

[...] En conséquence, s'il doit exister un principe pratique suprême, et en ce qui regarde la volonté humaine un impératif catégorique, il doit être tel que, en s'appuyant sur la représentation de ce qui, étant *fin en soi*, est nécessairement une fin pour chaque homme, il soit un principe *objectif* de la volonté ; par ce moyen, il pourra servir de loi universelle pratique. Le fondement de ce principe c'est que la *nature raisonnable existe comme fin en soi.* Ainsi l'homme se représente nécessairement sa propre existence, et ce principe est en ce sens un principe *subjectif* de l'activité humaine. Mais tout autre être raisonnable se représente aussi de la même façon son existence, comme suite au principe rationnel qui vaut pour moi ; conséquemment ce principe est aussi un principe *objectif* dont toutes les lois de la volonté doivent être tirées, comme de leur principe pratique suprême. L'impératif pratique sera donc le suivant : *Agis de telle sorte que tu traites l'humanité dans ta personne et dans celle d'autrui toujours en même temps comme une fin, jamais simplement comme un moyen* [...].

Ce principe selon lequel l'humanité et toute nature raisonnable en général sont regardées *comme fins en soi* (c'est là la condition suprême qui limite la liberté des actes de tous les hommes), ne vient pas de l'expérience, tout d'abord à cause de son universalité ; il s'étend en effet à tous les êtres raisonnables en général, et aucune expérience ne suffit à légitimer cela ; ensuite parce que l'humanité se trouve représentée dans ce principe, pas comme une fin purement humaine (subjective), c'est-à-dire comme un objet qu'on prend comme fin, mais comme fin objective, c'est-à-dire que nous regardons, quelles que soient les fins que nous nous proposions, comme la loi et la condition suprême qui limite toutes les fins subjectives. Or, un tel principe dérive nécessairement de la raison pure. Le principe de toute législation pratique, en effet, réside *objectivement dans la règle* et dans la forme de l'universalité, qui lui permet (d'après le premier principe) d'être une loi (une loi de nature), tandis que *subjectivement* il réside dans la *fin*. Or, le sujet de toutes les fins, d'après le deuxième principe, est tout être doué de raison et fin en soi. Il suit là un troisième principe pratique de la volonté, comme condition suprême de l'accord de la dite volonté avec la raison pratique universelle, c'est à savoir, l'idée *de la volonté de chaque être raisonnable conçue comme volonté législatrice universelle.*

Fondements de la métaphysique des mœurs.

LE JUGEMENT ESTHÉTIQUE

Le beau

Kant a donné du beau quelques définitions célèbres qui visent essentiellement à le distinguer de l'agréable et de l'utile.

119

1°Le goût est la faculté de juger un objet ou un mode de représentation par la satisfaction ou le déplaisir d'une *façon toute désintéressée.* On appelle *beau* l'objet de cette satisfaction.

2°Est *beau* ce qui plaît universellement sans concept.

3°La *beauté* est la forme de la *finalité* d'un objet en tant qu'elle y est perçue sans la *représentation d'une fin.*

4°Est *beau* ce qui est reconnu sans concept comme l'objet d'une satisfaction *nécessaire.*

Critique du jugement, Vrin.

Le beau et le sublime

Il faut distinguer d'autre part le sentiment du beau qui se rattache à l'entendement et le sentiment du sublime qui relève de la raison : « Nous appelons sublime ce qui est grand absolument. » (Critique du jugement). *Voici quelques exemples de Kant :*

120

Le sentiment délicat, que nous voulons examiner ici, comprend deux espèces : le sentiment du *sublime* et celui du *beau.* Tous deux nous émeuvent agréablement, mais très diversement. L'aspect d'une chaîne de montagnes dont les sommets couverts de neige s'élèvent au-dessus des nuages, la description d'un violent orage, ou la peinture que nous fait *Milton* du royaume infernal, excitent en nous une satisfaction mêlée d'horreur. Au contraire, la vue de prairies émaillées de fleurs, de vallons où serpentent des ruisseaux et où paissent des troupeaux nombreux, la description de l'Élysée, ou la peinture que fait Homère de la ceinture de Vénus, nous causent aussi un sentiment de plaisir, mais qui n'a rien que de joyeux et de riant. Pour être capable de recevoir la première impression dans toute sa force, il faut être doué du *sentiment du sublime*, et pour bien jouir de la seconde, du *sentiment du beau.* Des chênes élevés et des ombrages solitaires dans un bois sacré sont *sublimes* ; des lits de fleurs, de petits buissons et des arbres taillés en figures sont *beaux.* La nuit est *sublime*, le jour est *beau.* Les esprits qui ont le sentiment du sublime sont entraînés insensiblement vers les sentiments élevés de l'amitié, du mépris du monde, de l'éternité, par le calme et le silence d'une soirée d'été, alors que la lumière tremblante des étoiles perce les ombres de la nuit, et que la lune solitaire paraît à l'horizon. Le jour brillant inspire l'ardeur du travail et le sentiment de la joie. Le sublime *émeut*, le beau *charme.*

Observations sur le sentiment du beau et du sublime.

De l'art en général

Il faut distinguer l'art, œuvre de génie, de la nature, de la science et du métier.

121

1. L'*art* se distingue de la *nature* comme faire (facere) d'agir ou effectuer en général (agere) et le produit ou la conséquence du premier, l'*ouvrage* (opus), se distingue de même des effets (effectus) de la seconde.

A vrai dire on ne devrait nommer art que le produit de la liberté, c'est-à-dire d'un vouloir qui fonde ses actes sur la raison. On se plaît à nommer œuvre d'art le travail des abeilles (les rayons de cire régulièrement construits), mais ce n'est que par analogie ; car dès que l'on songe qu'aucune réflexion particulière de la raison ne préside à leur travail, on dit aussitôt : c'est une production de leur nature (leur instinct) et comme œuvre d'art, on ne l'attribue qu'à leur Créateur.

Quand en fouillant un marécage on trouve, comme il est arrivé parfois, un morceau de bois taillé, on dit que c'est un produit de l'art et non de la nature ; sa cause efficiente a pensé une fin à laquelle il doit sa forme. On voit un produit de l'art dans tout ce qui est ainsi constitué que la représentation en a dû dans la cause précéder la réalisation (même chez les abeilles) sans que cependant cette cause ait pu à vrai dire concevoir cet effet. Mais quand on nomme simplement une chose œuvre d'art pour la distinguer d'un effet de la nature, on entend toujours par là un ouvrage des hommes.

2. L'*art*, habileté de l'homme, se distingue aussi de la *science* (comme *pouvoir* de *savoir*) comme la faculté pratique de la faculté théorique, la technique de la théorie (l'arpentage par exemple de la géométrie). Ce que l'on *peut*, dès que l'on *sait* seulement ce qui doit être fait et que l'on connaît suffisamment l'effet recherché, ne s'appelle pas de l'art. Ce que l'on n'a pas l'habileté d'exécuter de suite alors même qu'on en possède complètement la science, voilà seulement ce qui dans cette mesure est de l'art.

3. L'art se distingue aussi du *métier* ; l'un s'appelle *libéral*, l'autre peut s'appeler aussi art *mercenaire*. On considère le premier comme ne pouvant avoir de la finalité (réussir) qu'en tant que jeu, c'est-à-dire une occupation agréable en soi ; le second comme un travail, c'est-à-dire une occupation en soi désagréable (pénible), attrayante par son effet seulement (le salaire par exemple), et qui par suite peut être imposée par la force. Doit-on dans la hiérarchie des corps de métiers, considérer les horlogers comme des artistes et les forgerons comme des artisans ? Pour répondre il faut se placer à un autre point de vue que nous ne faisons ici, à savoir au point de vue du degré de talent nécessaire à l'une ou l'autre de ces occupations. Je ne veux pas non plus rechercher si des sept arts libéraux quelques-uns ne devraient pas être rangés parmi les sciences, et d'autres comparés à des métiers. Il est bon cependant de rappeler que dans tous les arts libéraux, il faut qu'il y ait une certaine contrainte ou, comme on l'appelle, un *mécanisme* sans lequel l'*esprit* qui dans l'art doit être *libre* et anime seul l'ouvrage, n'aurait point de corps et s'évaporerait complètement (par exemple la poésie exige la précision des termes et leur abondance, de même la connaissance de la prosodie et de la métrique) ; en effet, maint pédagogue s'imagine aujourd'hui contribuer pour le mieux au progrès d'un art libéral en lui ôtant toute contrainte et en transformant le travail en un jeu pur.

Critique du jugement, Vrin.

HEGEL

1770-1831

Carrière universitaire classique ; célèbre dès sa nomination à l'Université de Berlin (1818), où il enseigna jusqu'à sa mort.

Œuvres : *Phénoménologie de l'esprit* (1807), *Logique* (1812-1816), *Encyclopédie des sciences philosophiques* (1817), *Leçons sur la philosophie de l'histoire* (posthume).

Qu'est-ce que la philosophie ?

Hegel dénonce un certain nombre de fausses attitudes philosophiques et avant tout le recours au sentiment et à l'intuition. L'instrument du philosophe c'est la pensée conceptuelle qui seule conduit à l'universel.

122

Il paraît particulièrement nécessaire de faire de nouveau de la philosophie une affaire sérieuse. Pour toutes les sciences, les arts, les talents, les techniques, prévaut la conviction qu'on ne les possède pas sans se donner de la peine et sans faire l'effort de les apprendre et de les pratiquer. [...] De nos jours domine le préjugé selon lequel chacun sait immédiatement philosopher et apprécier la philosophie puisqu'il possède l'unité de mesure nécessaire dans sa raison naturelle. [...]

Puisque le sens commun fait appel au sentiment, son oracle intérieur, il rompt tout contact avec qui n'est pas de son avis ; [...] en d'autres termes, il foule aux pieds la racine de l'humanité, car la nature de l'humanité c'est de tendre à l'accord mutuel [...]. Ce qui est anti-humain, ce qui est seulement animal, c'est de s'enfermer dans le sentiment et de ne pouvoir se communiquer que par le sentiment. [...]

Les pensées vraies et la pénétration scientifique peuvent seulement se gagner par le travail du concept. Le concept seul peut produire l'universalité du savoir.

Phénoménologie de l'esprit, Aubier.

Contre Kant, Hegel affirme la possibilité de connaître l'essence : « l'absolu seul est vrai ». C'est que l'absolu n'est pas au-delà du réel : il se manifeste en lui.

123

L'être fermé de l'univers n'a en lui nulle force qui pourrait offrir de la résistance à l'ardeur de la connaissance, il doit s'ouvrir devant elle et offrir à ses regards sa richesse et sa profondeur.

Encyclopédie in *Morceaux choisis*, Gallimard.

[...] Précisément parce que la philosophie est le fondement du rationnel, elle est l'intelligence du présent et du réel et non la construction d'un au-delà qui se trouverait Dieu sait où, ou plutôt on sait bien où il se trouve ; il est dans l'erreur, dans les raisonnements partiels et vides... [...] Concevoir ce qui est, est la tâche de la philosophie, car ce qui est, c'est la raison. En ce qui concerne l'individu, chacun est le fils de son temps ; de même aussi la philosophie, elle résume son temps dans la pensée. Il est aussi fou de s'imaginer qu'une philosophie quelconque dépassera le monde contemporain que de croire qu'un individu sautera au-dessus de son temps, franchira le Rhodus.

Philosophie du droit, Gallimard.

Le monde étant l'aliénation de Dieu ou du « Logos », ce qui est réel est aussi rationnel. Mais cela ne sanctifie pas tout car tout ce qui existe n'est pas réel : le réel c'est le nécessaire, qui est donc l'objet de la connaissance philosophique.

124

L'on trouve dans la préface de ma *Philosophie du Droit* ces propositions : ce qui est rationnel est aussi réel, et ce qui est réel est aussi rationnel. Ces propositions bien simples ont étés vivement attaquées, [...]. Mais en ce qui concerne leur signification, pour la bien saisir, il faut se pénétrer de ce principe que Dieu est la réalité la plus haute et la seule réalité, et que, relativement à la forme, l'existence est en partie apparence et en partie réalité. Dans la vie ordinaire, tous les événements, l'erreur, le mal et tout ce qui appartient à cet ordre de choses ainsi que toute existence passagère et périssable, sont accidentellement appelés des réalités. [...] Mais, lorsque j'ai parlé de réalité, il était bien aisé de comprendre dans quel sens j'ai employé cette expression, puisque dans ma *Logique*, j'ai traité de la réalité, et que non seulement je l'ai distinguée du contingent, qui a, lui aussi, une existence, mais de l'être, de l'existence et d'autres déterminations.

Introduction à la Petite Logique
in *Morceaux choisis*, Gallimard.

[...] La connaissance scientifique exige qu'on s'abandonne à la vie de l'objet ou, ce qui signifie la même chose, qu'on ait présente et qu'on exprime la nécessité intérieure de cet objet.

Au lieu d'être le principe moteur et arbitraire du contenu, elle doit enfoncer cette liberté dans le contenu, laisser ce contenu se mouvoir suivant sa propre nature, c'est-à-dire suivant le Soi, en tant que Soi du contenu, et contempler ce mouvement.

Phénoménologie de l'esprit, Aubier.

La dialectique

L'absolu hégélien peut être étudié en tant que tel : c'est l'objet de la science de la Logique qui examine les catégories logiques. Mais il s'aliène dans la nature et dans l'histoire qu'étudient la philosophie de la Nature et la philosophie de l'Esprit. A travers ces aliénations il se réalise : il est donc un Résultat inséparable de son histoire, de son devenir. La dialectique c'est l'étude du Devenir et de ses Lois.

125

On supposera ici connue d'après la logique la méthode selon laquelle, dans la science, le concept se développe à partir de lui-même, progresse et produit ses déterminations d'une manière immanente [...]. Cette dialectique est par suite, non l'action externe d'un entendement subjectif, mais l'âme propre d'un contenu de pensée qui propage organiquement ses branches et ses fruits. [...]. La science a seulement à porter à la conscience ce travail propre de la raison de la chose.

Principes de la philosophie du droit, Gallimard.

Le bouton disparaît dans l'éclatement de la floraison, et on pourrait dire que le bouton est réfuté par la fleur. A l'apparition du fruit, également, la fleur est dénoncée comme un faux être-là de la plante, et le fruit s'introduit à la place de la fleur comme sa vérité. Ces formes ne sont pas seulement distinctes, mais encore chacune refoule l'autre, parce qu'elles sont mutuellement incompatibles. Mais en même temps leur nature fluide en fait des moments de l'unité organique dans laquelle elles ne se repoussent pas seulement, mais dans laquelle l'une est aussi nécessaire que l'autre, et cette égale nécessité constitue seule la vie du tout.

Phénoménologie de l'esprit, Aubier.

La contradiction est la racine de tout mouvement et de toute manifestation vitale ; c'est seulement dans la mesure où elle renferme une contradiction qu'une chose est capable de mouvement, d'activité, de manifester des tendances ou impulsions [...]. Mais c'est un fait d'expérience courante qu'il y a une foule de choses contradictoires, d'institutions contradictoires, etc., dont la contradiction n'a pas seulement sa source dans la réflexion extérieure, mais réside dans les choses et les institutions elles-mêmes. Elle ne doit pas non plus être considérée comme une simple anomalie qui s'observerait ici ou là, mais elle est le négatif d'après sa détermination essentielle, elle est le principe de tout mouvement spontané, lequel n'est pas autre chose que la manifestation de la contradiction [...].

Une chose n'est donc vivante que pour autant qu'elle renferme une contradiction et possède la force de l'embrasser et de la soutenir.

Le dialectique, tel que nous le comprenons ici, et qui consiste à concevoir les contraires comme fondus en une unité ou le positif comme immanent au négatif, constitue le spéculatif. C'est là son côté le plus important, mais aussi le plus difficile pour une pensée encore peu exercée, non-libre.

Chaque concept constitue une unité de moments opposés auxquels on pourrait par conséquent donner également la forme d'affirmations antinomiques. Devenir, existence, etc., bref, n'importe quel concept peut ainsi révéler des antinomies qui lui sont propres, et l'on pourrait en conséquence établir autant d'antinomies qu'il y a de concepts. [...] La seule vraie solution ne peut consister qu'en ce que les deux déterminations, tout en étant opposées et parties nécessaires d'un même concept, soient considérées, non dans ce qu'elles ont d'unilatéral, chacune pour elle-même, mais comme ayant leur vérité dans leur suppression, dans l'unité de leur concept.

Dans le langage courant, supprimer a un double sens : celui de conserver, de maintenir [*aufheben* signifie en allemand relever, soulever et supprimer], et celui de faire cesser, de mettre un terme. [...] C'est ainsi que ce qui est supprimé est en même temps ce qui est conservé, mais a seulement perdu son immédiateté sans être pour cela anéanti. [...] La pensée spéculative ne peut que se réjouir de trouver dans la langue des mots ayant par eux-mêmes une signification spéculative, et la langue allemande possède plusieurs de ces mots.

Science de la logique, Aubier.

Phénoménologie de la conscience

Hegel pense échapper au dogmatisme de ce savoir absolu en montrant que la conscience y parvient au terme d'un « long chemin de culture ». La Phénoménologie de l'esprit présente donc « le chemin de la conscience naturelle qui subit une impulsion la poussant vers le vrai savoir ». C'est l'homme, sa conscience, son activité, sa vie spirituelle, qui y trouvent leur description.

126

Ce n'est pas cette vie qui recule d'horreur devant la mort et se préserve pure de la destruction, mais la vie qui porte la mort, et se maintient dans la mort même, qui est la vie de l'esprit. L'esprit conquiert sa vérité seulement à condition de se retrouver soi-même dans l'absolu déchirement. L'esprit est cette puissance en n'étant pas semblable au positif qui se détourne du négatif [...]. L'esprit est cette puissance seulement en sachant regarder le négatif en face, et en sachant séjourner près de lui.

[...[Ce qui est limité à une vie naturelle n'a pas, par soi-même, le pouvoir d'aller au-delà de son être-là immédiat ; mais il est poussé au-delà de cet être-là par un autre, et cet être-arraché à sa position, est sa mort. Mais la conscience est pour soi-même son propre concept, elle est donc immédiatement l'acte d'outrepasser le limité, et, quand ce limité lui appartient, l'acte de s'outrepasser soi-même [...]. La conscience subit donc cette violence venant d'elle-même, violence par laquelle elle se gâte toute satisfaction limitée. Dans le sentiment de cette violence, l'angoisse peut bien reculer devant la vérité, aspirer et tendre à conserver cela même dont la perte menace. Mais cette angoisse ne peut s'apaiser : en vain elle veut se fixer dans une inertie sans pensée, la pensée trouble alors l'absence de pensée et son inquiétude dérange cette inertie.

Phénoménologie de l'esprit, Aubier.

Nous avons un but : il est ma représentation – celle-ci est pour soi, elle peut se réaliser, ou ne pas se réaliser. L'activité de réalisation est impliquée dans la fin ; nous accomplissons cette détermination ; et le produit doit être conforme au but ; si l'on n'est pas maladroit l'objet ne doit contenir rien d'autre que la fin. Il y a une transition de la subjectivité à l'objectivité ; je suis insatisfait de ma fin, parce qu'elle est seulement subjective ; mon activité consiste à lui enlever ce défaut, à la rendre objective. La fin s'est conservée dans l'objectivité. Par exemple, je poursuis comme fin la construction d'une maison ; j'y suis actif ; la maison est le résultat, la fin y est réalisée.

Cours d'Histoire de la Philosophie in *Morceaux choisis*, Gallimard.

L'outil est la ruse de la Raison par laquelle la nature est tournée contre la nature, si bien que l'homme n'est pas subjugué par l'extériorité inerte. Ces découvertes humaines appartiennent à l'Esprit ; un instrument inventé par l'homme est plus haut qu'une chose de la nature ; car il est une production de l'Esprit.

Philosophie de l'histoire in *Morceaux choisis*, Gallimard.

Volonté et liberté

Reprenant le débat qui opposa Descartes et Spinoza sur les rapports de la volonté et de l'entendement, Hegel tente d'y apporter une solution dialectique. C'est aussi une semblable solution qu'il veut apporter au problème de la liberté. Au-delà des positions philosophiques, c'est une morale de l'action très moderne qui s'affirme ici, précédant celles de Marx, d'Alain ou de Sartre.

127

En ce qui concerne le lien de la volonté avec la pensée, voici ce qu'il faut retenir. L'esprit est la pensée, et l'homme se distingue de l'animal par la pensée ; mais il ne faut pas s'imaginer que l'homme est d'une part pensant et d'autre part voulant, qu'il a dans une poche la pensée et dans l'autre, la volonté. Ce serait une représentation vide. La différence entre la pensée et la volonté est celle du comportement pratique et du théorique ; mais il ne s'agit pas de deux facultés séparées ; la volonté est une forme particulière de la pensée : la pensée en tant qu'elle se traduit dans l'existence, en tant que désir de se donner de l'existence.

Cette différence entre la pensée et la volonté peut s'exprimer ainsi : en pensant un objet, j'en fais une pensée, j'en ôte le sensible, j'en fais quelque chose qui est immédiatement et essentiellement mien. Car c'est seulement dans la pensée que je suis en moi ; l'appréhension conceptuelle seule est une pénétration de l'objet qui alors ne s'oppose plus à moi, mais à qui j'ai pris ce qu'il avait pour soi vis-à-vis de moi. [...] Le tableau multicolore du monde est devant moi, je suis en face de lui, et dans cet acte je dépasse l'opposition, je m'approprie le contenu. Le « je » est chez soi dans le monde quand il le connaît et plus encore quand il l'a saisi par le concept. Cela est le comportement théorique.

Le comportement pratique commence par contre dans la pensée, dans le moi lui-même. [...] En étant pratique, actif, c'est-à-dire en agissant, je me détermine, et me déterminer signifie précisément poser une différence. Mais ces différences que je pose sont encore les miennes. Les déterminations s'appliquent à moi, et les buts auxquels je suis poussé m'appartiennent. Quand j'extériorise ces déterminations et différences, c'est-à-dire quand je les pose dans ce qu'on appelle « le monde extérieur », elles restent pourtant miennes, elles sont ce que j'ai agi, fait, elles portent la trace de mon esprit.

Telle est la différence du comportement pratique et théorique. Maintenant il s'agit d'indiquer le rapport des deux. [...] On ne peut avoir la volonté sans intelligence. Au contraire la volonté contient en soi le théorique ; la volonté se détermine ; cette détermination est d'abord interne ; ce que je veux, je me le représente, et c'est l'objet pour moi. L'animal agit selon l'instinct, il est aussi poussé du dehors et il est aussi pratique, mais il n'a pas de volonté, car il ne se représente pas ce qu'il désire. Cependant on ne peut pas se comporter théoriquement, ou penser sans volonté ; car en pensant, nous sommes actifs. [...] Ces différences sont donc inséparables ; elles sont une et même chose, et dans chaque activité, qu'elle soit pensée ou volonté, se trouvent les deux moments.

Une volonté qui veut seulement l'universel abstrait [...] ne veut rien, elle n'est donc pas une volonté. Le particulier que la volonté veut est une limitation, car la volonté doit se limiter pour être volonté. Le fait que la volonté veuille quelque chose est la limite, la négation. La particularisation est ce qu'on nomme ordinairement la finitude. D'habitude la réflexion considère le premier moment, l'indéterminé, comme l'absolu et le supérieur – et la limite, comme une simple négation de cette indétermination. [...] La volonté indéterminée est [...] aussi unilatérale que celle qui reste seulement dans la détermination.

Ce que nous nommons « volonté » proprement dite contient les deux moments susmentionnés. [...] Comme troisième terme l'universel doit être en soi-même dans sa limitation, dans cet autre ; en se déterminant il doit rester pourtant en soi-même et ne pas cesser de garder l'universalité. On obtient ainsi le concept concret de la liberté, alors que les deux autres moments sont abstraits et unilatéraux.

Cette liberté, nous l'avons déjà dans le sentiment, par exemple dans l'amitié et dans l'amour. Ici on n'est pas étroitement en soi-même. Mais on se limite volontiers par rapport à un autre, tout en sachant que dans cette limitation on est soi-même. [...] La liberté n'est donc ni dans l'indétermination, ni dans la détermination, elle est les deux. [...] La liberté est de vouloir quelque chose de déterminé, mais de rester en soi-même dans cette détermination, et de revenir dans l'universel.

Une volonté qui ne se décide pas n'est pas une volonté actuelle ; l'homme sans caractère n'arrive pas à se décider. Le fondement de l'hésitation peut résider dans la tendresse d'une âme qui sait que la détermination l'engage dans la finitude, lui confère une limite et la pousse hors de l'infinitude ; or elle ne veut pas renoncer à la totalité qu'elle a en vue. Une telle âme est morte, même si elle veut être belle. Celui qui veut de grandes choses, dit Gœthe, doit savoir se limiter. C'est seulement par la résolution que l'homme entre dans l'actualité, si désagréable cela soit-il ; tandis que l'inertie ne cesse de couver en soi et de se réserver toutes les possibilités. Mais possibilité n'est pas encore actualité. La volonté sûre d'elle-même ne se perd pas dans la détermination.

Morceaux choisis, Gallimard.

L'esthétique

L'Esprit, pour Hegel, c'est l'homme comme être spirituel actif et c'est le monde humain – nous dirions aujourd'hui la « culture » – qui résulte de cette activité. Les œuvres d'art, comme la philosophie et la religion (Esprit absolu), comme le droit, la morale et l'État (Esprit objectif) sont œuvres de l'Esprit et l'expriment à leur manière. Hegel montre aussi ce qui différencie la contemplation esthétique du désir et de la connaissance.

128

Le besoin général et absolu qui donne naissance à l'art (du point de vue forme) vient de ce que l'homme est conscience pensante, c'est-à-dire qu'il fait pour soi ce qu'il est et ce qui est. Les choses de la nature sont seulement immédiatement et une fois ; l'homme en tant qu'esprit se dédouble : d'abord, comme les choses de la nature, il est ; puis, il est également pour soi, il ne saisit par l'intuition, par la pensée, et n'est esprit que par cet être actif pour soi. Cette conscience de soi, l'homme l'atteint de deux manières : en premier lieu, théoriquement, en tant qu'il doit devenir intimement conscient de ce qui se meut dans le cœur humain [...]. En second lieu, l'homme conquiert l'existence pour soi par l'activité pratique en tant qu'il a l'instinct de se produire lui-même dans ce qui lui est donné immédiatement, dans ce qui existe extérieurement pour lui [...]. Ce but il l'atteint en transformant les choses externes auxquelles il imprime le sceau de son intériorité ; il y retrouve ensuite ses propres déterminations. L'homme fait cela, en tant que libre, pour enlever au monde externe son insensible étrangeté, – pour jouir dans la forme des choses de sa propre réalité extériorisée. [...] Ce besoin traverse les formes les plus variées jusqu'à ce mode de production de lui-même dans les choses externes qui est l'œuvre d'art.

Nous trouvons notamment que l'homme s'est toujours servi de l'art comme d'un moyen de prendre conscience des idées et des intérêts les plus élevés de son esprit. Les peuples ont déposé leurs conceptions les plus hautes dans les productions de l'art, les ont exprimées et en ont pris conscience par le moyen de l'art.

L'intérêt de l'art diffère de l'intérêt pratique du désir en ce qu'il sauvegarde la liberté de son objet, alors que le désir en fait un usage utilitaire et le détruit ; quant au point de vue théorique de l'intelligence scientifique, celui de l'art en diffère au contraire, par le fait que l'art s'intéresse à l'existence individuelle de l'objet, sans chercher à la transformer en idée universelle et concept.

Esthétique, Aubier.

SCHOPENHAUER

1786-1860

Bourgeois aisé, professa un an, sans grand succès, à l'Université de Berlin (1820).

Œuvre essentielle : *Le Monde comme volonté et comme représentation* (1818).

Pessimisme

Le vouloir vivre, qui est le principe de toute existence, engendre la souffrance et le mal ; la sagesse consiste en un bonheur fait de détachement, comme l'enseignent les Hindous.

129

Tout homme qui s'est éveillé des premiers rêves de la jeunesse, qui tient compte de sa propre expérience et de celle des autres, qui a étudié l'histoire du passé et celle de son époque, si des préjugés indéracinables ne troublent pas sa raison finira par arriver à cette conclusion, que ce monde des hommes est le royaume du hasard et de l'erreur, qui le dominent et le gouvernent à leur guise sans aucune pitié, aidés de la folie et de la méchanceté, qui ne cessent de brandir leur fouet. Aussi ce qu'il y a de meilleur parmi les hommes ne se fait-il jour qu'à travers mille peines ; toute inspiration noble et sage trouve difficilement l'occasion de se montrer, d'agir, de se faire entendre, tandis que l'absurde et le faux dans le domaine des idées, la platitude et la vulgarité dans les régions de l'art, la malice et la ruse dans la vie pratique, règnent sans partage, et presque sans discontinuité ; il n'est pas de pensée, d'œuvre excellente qui ne soit une exception, un cas imprévu, étrange, inouï, tout à fait isolé, comme un aérolithe produit par un autre ordre de choses que celui qui nous gouverne. Pour ce qui est de chacun en particulier, l'histoire d'une vie est toujours l'histoire d'une souffrance, car toute carrière parcourue n'est qu'une suite non interrompue de revers et de disgrâces, que chacun s'efforce de cacher, parce qu'il sait que loin d'inspirer aux autres de la sympathie ou de la pitié, il les comble par là de satisfaction, tant ils se plaisent à se représenter les ennuis des autres, auxquels ils échappent pour le moment ; – il est rare qu'un homme à la fin de sa vie, s'il est à la fois sincère et réfléchi, souhaite recommencer la route, et ne préfère infiniment le néant absolu.

Le Monde comme volonté et comme représentation.

Accord intime, prédominance de la pensée pure sur le vouloir, cela peut se produire en tout lieu. Témoins ces admirables peintres hollandais, qui ont su voir d'une façon si objective des objets si minimes, et qui nous ont laissé une preuve si durable de leur détachement et de leur placidité d'esprit dans les scènes d'intérieur. Le spectateur ne peut les considérer sans être touché, sans se représenter l'état d'esprit de l'artiste, tranquille, paisible, plein de sérénité, tel qu'il le fallait pour fixer son attention à des objets insignifiants, indifférents, et les reproduire avec tant de sollicitude ; et l'impression est d'autant plus forte que par un retour sur nous-mêmes, nous sommes frappés du contraste de ces peintures si calmes avec nos sentiments toujours obscurcis, toujours agités d'inquiétudes et de désirs.

Pensées, tirées de ses œuvres par J. Frauenstaedt.

MAINE DE BIRAN

1766-1824

Administrateur de la Dordogne (1795-1797), membre du Conseil des Cinq Cents (1797-1798), sous-préfet de Bergerac (1806-1812), questeur à la Chambre (1815), conseiller d'État (1816), député de Bergerac (1818-1824), il était pourtant tourné plutôt vers la vie intérieure qu'il ne cessait d'étudier.

Ses œuvres ne furent publiées qu'à partir de 1841 : *Journal intime, Mémoire sur l'habitude, Mémoire sur la décomposition de la pensée.*

Le moi

Le sentiment de l'effort est le « fait primitif du sens intime » par lequel le moi prend conscience de lui-même.

130

« Le moi (s'accordent à dire deux maîtres célèbres dont notre nation s'honore) réside exclusivement dans la volonté ; la conscience du moi senti, reconnu distinct des autres existences, ne s'acquiert que dans celle d'un effort voulu [...]. »

Plusieurs kantistes énoncent le même principe, à peu près sous la même forme, quoique dans un sens plus absolu et plus indéterminé [...]. Écoutons-les.

« Le premier acte qui pose un moi, et qui constitue la science, dit l'un d'entre eux, est volontaire ; il ne faut lui chercher d'autre principe que la volonté qu'il renferme en lui-même. »

« L'action par laquelle le moi se réfléchit, se connaît, dit un autre, ne peut être expliquée que par la détermination qu'il se donne à lui-même ; et cette détermination est un acte primitif, c'est un vouloir. Ainsi le moi n'obtient la conscience de son action que dans le vouloir seul ; et l'exercice de la volonté est la première condition de la conscience de soi-même. »

« L'individualité, dit enfin d'une manière bien plus précise un philosophe qui s'avance jusque sur notre terrain, n'est autre chose que le principe d'une force vivante, mais qui ne peut se connaître que par l'effet d'une résistance. L'effort et l'activité ne peuvent être connus ou réfléchis que par la séparation du sujet qui fait effort des objets qui résistent ; c'est là qu'est pour nous [...] l'origine de toute connaissance de nous-mêmes et des choses. »

Lorsque des doctrines, formellement opposées sur tant d'autres points, s'accordent à reconnaître un principe, il faut croire qu'il est vrai et fondamental [...]. Qu'est-ce donc que cette volonté en qui le moi réside exclusivement ? Qu'est-ce que ce vouloir primitif, cet acte libre, base unique de la conscience de soi-même ?

Mémoire sur la décomposition de la pensée, II, Section I, Chap. 2.

L'objet

Et c'est dans sa résistance à la volonté que l'objet est perçu comme une réalité étrangère au moi.

131

Si (un) corps est abandonné sur ma main, en lui supposant un certain poids [...], je sens ma main poussée en bas et entraînée par une force opposée à la mienne ; assurément ce qui pousse ma main, ou qui contraint le mouvement qui tend à élever ou à retenir mon bras, ce n'est pas le moi qui agit pour le retenir ou l'élever ; quand je serais réduit à cette seule impression, je saurais qu'il y a quelque chose hors de moi que je distingue, que je compare, et tous les sophismes de l'idéalisme ne sauraient ébranler cette conviction.

Le corps étant toujours sur ma main, si je veux la fermer, pendant que mes doigts tendent à se replier sur eux-mêmes, leur mouvement est brusquement arrêté par un obstacle qu'ils pressent et qui les écarte : nouveau jugement nécessaire ; ce n'est pas moi. Impression très distincte de solidité, de résistance qui se compose d'un mouvement contraint, d'un effort que je fais, dans lequel je suis actif, et de plus des modifications plus ou moins affectives, correspondantes à ce que l'on appelle les qualités tactiles (de poli, de rude, de froid ou de chaud) sur lesquelles je ne puis rien.

Arrêtons-nous un instant sur cette impression d'effort qui naît de tout mouvement contraint : nous avons besoin de la bien connaître.

L'effort emporte nécessairement avec lui la perception d'un rapport entre l'être qui meut ou qui veut mouvoir, et un obstacle quelconque qui s'oppose à son mouvement ; sans un sujet ou une volonté qui détermine le mouvement, sans un terme qui résiste, il n'y a point d'effort, et sans effort point de connaissance, point de perception d'aucune espèce.

Si l'individu ne voulait pas ou s'il n'était pas déterminé à commencer de se mouvoir, il ne connaîtrait rien. Si rien ne lui résistait, il ne connaîtrait rien non plus, il ne soupçonnerait aucune existence, il n'aurait même pas d'idée de la sienne propre.

Influence de l'habitude sur la faculté de penser, Introduction.

COMTE

1798-1857

Polytechnicien à seize ans, secrétaire de Saint-Simon de 1817 à 1824, eut une vie agitée, marquée essentiellement par une crise d'aliénation mentale en 1826 et la rencontre de Clotilde de Vaux en 1844.

Œuvres essentielles : *Cours de philosophie positive* (1830-1842), *Système de politique positive* ou *Traité de sociologie instituant la religion de l'Humanité* (1851-1854).

La Philosophie positive

Refusant de séparer science et philosophie, Comte fait de la philosophie une sorte de science des sciences.

132

J'emploie le mot philosophie dans l'acception que lui donnaient les anciens, et particulièrement Aristote, comme désignant le système général des conceptions humaines [...]. Par philosophie positive, comparée à sciences positives, j'entends seulement l'étude propre des généralités des différentes sciences, conçues comme soumises à une méthode unique, et comme formant les différentes parties d'un plan général de recherches...

Il suffit [...] de faire de l'étude des généralités scientifiques une grande spécialité de plus. Qu'une classe nouvelle de savants, préparés par une éducation convenable, sans se livrer à la culture spéciale d'aucune branche particulière [...], s'occupe uniquement, en considérant les diverses sciences positives dans leur état actuel, à déterminer exactement l'esprit de chacune d'elles, à découvrir leurs relations et leur enchaînement, à résumer, s'il est possible, tous leurs principes propres en un moindre nombre de principes communs, en se conformant sans cesse aux maximes fondamentales de la méthode positive.

Cours de philosophie positive, I.

La loi des trois états

Le développement de la pensée, aussi bien pour l'individu que pour l'espèce, obéit à la loi des trois états.

133

En étudiant [...] le développement total de l'intelligence humaine dans ses diverses sphères d'activité, depuis son premier essor, le plus simple, jusqu'à nos jours, je crois avoir découvert une grande loi fondamentale, à laquelle il est assujetti par une nécessité invariable, et qui me semble pouvoir être solidement établie, soit sur les preuves rationnelles fournies par la connaissance de notre organisation, soit sur les vérifications historiques résultant d'un examen attentif du passé. Cette loi consiste en ce que chacune de nos conceptions principales, chaque branche de nos connaissances, passe successivement par trois états théoriques différents : l'état théologique ou fictif ; l'état métaphysique, ou abstrait ; l'état scientifique, ou positif [...].

Dans l'état théologique, l'esprit humain dirigeant essentiellement ses recherches vers la nature intime des êtres, les causes premières et finales de tous les effets qui le frappent, en un mot vers les connaissances absolues, se représente les phénomènes comme produits par l'action directe et continue d'agents surnaturels plus ou moins nombreux, dont l'intervention arbitraire explique toutes les anomalies apparentes de l'univers.

Dans l'état métaphysique, qui n'est au fond qu'une simple modification générale du premier, les agents surnaturels sont remplacés par des forces abstraites, véritables entités (abstractions personnifiées) inhérentes aux divers êtres du monde, et conçues comme capables d'engendrer par elles-mêmes tous les phénomènes observés, dont l'explication consiste alors à assigner pour chacun l'entité correspondante.

Enfin, dans l'état positif, l'esprit humain, reconnaissant l'impossibilité d'obtenir des notions absolues, renonce à chercher l'origine et la destination de l'univers, et à connaître les causes intimes des phénomènes, pour s'attacher uniquement à découvrir, par l'usage bien combiné du raisonnement et de l'observation, leurs lois effectives, c'est-à-dire leurs relations invariables de succession et de similitude. L'explication des faits, réduite alors à ses termes réels, n'est plus désormais que la liaison établie entre les divers phénomènes particuliers et quelques faits généraux, dont les progrès de la science tendent de plus en plus à diminuer le nombre [...].

Cette révolution générale de l'esprit humain peut d'ailleurs être aisément constatée aujourd'hui, d'une manière très sensible, quoique indirecte, en considérant le développement de l'intelligence individuelle. Le point de départ étant nécessairement le même dans l'éducation de l'individu que dans celle de l'espèce, les diverses phases principales de la première doivent représenter les époques fondamentales de la seconde. Or, chacun de nous, en contemplant sa propre histoire, ne se souvient-il pas qu'il a été successivement, quant à ses notions les plus importantes, théologien dans son enfance, métaphysicien dans sa jeunesse, et physicien dans sa virilité ? Cette vérification est facile aujourd'hui pour tous les hommes au niveau de leur siècle.

Ibid, 1.

La sociologie

Successivement les Mathématiques, l'Astronomie, la Physique, la Chimie, la Biologie sont parvenues à l'état positif. Il reste une dernière discipline à constituer scientifiquement, la Sociologie ou Physique sociale.

134

Sans admirer ni maudire les faits politiques et en y voyant essentiellement, comme en toute autre science, de simples sujets d'observation, la physique sociale considère donc chaque phénomène sous le double point de vue élémentaire de son harmonie avec les phénomènes coexistants, et de son enchaînement avec l'état antérieur et l'état postérieur du développement humain ; elle s'efforce, à l'un et à l'autre titre, de découvrir, autant que possible, les vraies relations générales qui lient entre eux tous les faits sociaux ; chacun d'eux lui paraît expliqué, dans l'acception vraiment scientifique du terme, quand il a pu être convenablement rattaché, soit à l'ensemble de la situation correspondante, soit à l'ensemble du mouvement précédent, en écartant toujours soigneusement toute vaine et inaccessible recherche de la nature intime et du mode essentiel de production des phénomènes quelconques. Développant au plus haut degré le sentiment social, cette science nouvelle, selon la célèbre formule de Pascal, dès lors pleinement réalisée, représente nécessairement d'une manière directe et continue la masse de l'espèce humaine, soit actuelle, soit passée, soit même future, comme constituant, à tous égards, et de plus en plus, ou dans l'ordre des lieux ou dans celui des temps, une immense et éternelle unité sociale, dont les divers organes individuels ou nationaux, unis sans cesse par une intime et universelle solidarité, concourent inévitablement, chacun suivant un mode et un degré déterminés, à l'évolution fondamentale de l'humanité, conception vraiment capitale et toute moderne qui doit devenir ultérieurement la principale base rationnelle de la morale positive.

Ibid, IV.

Les sciences

S'il affirme que la science est au service de l'action, Comte n'en maintient pas moins qu'elle répond d'abord à une curiosité naturelle de l'intelligence humaine.

135

Quand on envisage l'ensemble complet des travaux de tout genre de l'espèce humaine, on doit concevoir l'étude de la nature comme destinée à fournir la véritable base rationnelle de l'action de l'homme sur la nature, puisque la connaissance des lois des phénomènes, dont le résultat constant est de nous faire prévoir, peut seule évidemment nous conduire, dans la vie active, à les modifier à notre avantage, les uns par les autres. Nos moyens naturels et directs pour agir sur les corps qui nous entourent sont extrêmement faibles, et tout à fait disproportionnés à nos besoins. Toutes les fois que nous parvenons à exercer une grande action, c'est seulement parce que la connaissance des lois naturelles nous permet d'introduire, parmi les circonstances déterminées sous l'influence desquelles s'accomplissent les divers phénomènes, quelques éléments modificateurs, qui, quelque faibles qu'ils soient en eux-mêmes, suffisent, dans certains cas, pour faire tourner à notre satisfaction les résultats définitifs de l'ensemble des causes extérieures. En résumé, science, d'où prévoyance ; prévoyance, d'où action : telle est la formule très simple qui exprime d'une manière exacte, la relation générale de la science et de l'art, en prenant ces deux expressions dans leur acception totale.

Mais, malgré l'importance capitale de cette relation, qui ne doit jamais être méconnue, ce serait se former des sciences une idée bien imparfaite que de les concevoir seulement comme les bases des arts, et c'est à quoi malheureusement on n'est que trop enclin de nos jours. Quels que soient les immenses services rendus à l'industrie par les théories scientifiques, quoique, suivant l'énergique expression de Bacon, la puissance soit nécessairement proportionnée à la connaissance, nous ne devons pas oublier que les sciences ont, avant tout, une destination plus directe et plus élevée, celle de satisfaire au besoin fondamental qu'éprouve notre intelligence de connaître les lois des phénomènes. Pour sentir combien ce besoin est profond et impérieux, il suffit de penser un instant aux effets physiologiques de l'étonnement, et de considérer que la sensation la plus terrible que nous puissions éprouver est celle qui se produit toutes les fois qu'un phénomène nous semble s'accomplir contradictoirement aux lois naturelles qui nous sont familières. Le besoin de disposer les faits dans un ordre que nous puissions concevoir avec facilité (ce qui est l'objet propre de toutes les théories scientifiques) est tellement inhérent à notre organisation que, si nous ne parvenions pas à le satisfaire par des conceptions positives, nous retournerions inévitablement aux explications théologiques et métaphysiques auxquelles il a primitivement donné naissance, comme je l'ai exposé dans la dernière leçon.

Ibid, I,2.

L'homme

Contre les psychologues de son temps, Comte affirme que la connaissance de l'homme ne saurait résulter de l'introspection.

136

Ils ont imaginé, dans ces derniers temps, de distinguer, par une subtilité fort singulière, deux sortes d'observation d'égale importance, l'une extérieure, l'autre intérieure, et dont la dernière est uniquement destinée à l'étude des phénomènes intellectuels. Ce n'est point ici le lieu d'entrer dans la discussion spéciale de ce sophisme fondamental. Je dois me borner à indiquer la considération principale qui prouve clairement que cette prétendue contemplation directe de l'esprit par lui-même est une pure illusion.

On croyait, il y a encore peu de temps, avoir expliqué la vision, en disant que l'action lumineuse des corps détermine sur la rétine des tableaux représentatifs des formes et des couleurs extérieures. A cela les physiologistes ont objecté avec raison que, si c'était comme images qu'agissaient les impressions lumineuses, il faudrait un autre œil pour les regarder. N'en est-il pas encore plus fortement de même, dans le cas présent ?

Il est sensible, en effet, que, par une nécessité invincible, l'esprit humain peut observer directement tous les phénomènes, excepté les siens propres. Car, par qui serait faite l'observation ? [...] Le meilleur moyen de connaître les passions sera toujours de les observer en dehors ; car tout état de passion très prononcé, c'est-à-dire précisément celui qu'il serait le plus essentiel d'examiner, est nécessairement incompatible avec l'état d'observation [...]. Quant à observer [...] les phénomènes intellectuels pendant qu'ils s'exécutent, il y a impossibilité manifeste. L'individu pensant ne saurait se partager en deux, dont l'un raisonnerait, tandis que l'autre regarderait raisonner. L'organe observé et l'organe observateur étant, dans ce cas, identiques, comment l'observation pourrait-elle avoir lieu ?

Cette prétendue méthode psychologique est donc radicalement nulle dans son principe. Aussi, considérons à quels procédés profondément contradictoires elle conduit immédiatement ! D'un côté, on vous recommande de vous isoler, autant que possible, de toute sensation extérieure ; il faut surtout vous interdire tout travail intellectuel ; car, si vous étiez seulement occupés à faire le calcul le plus simple, que deviendrait l'observation intérieure ? D'un autre côté, après avoir, enfin, à force de précautions, atteint cet état parfait de sommeil intellectuel, vous devrez vous occuper à contempler les opérations qui s'exécuteront dans votre esprit lorsqu'il ne s'y passera plus rien ! Nos descendants verront sans doute de telles prétentions transportées un jour sur la scène.

Ibid, I.

C'est en effet dans la biologie et dans la sociologie que nous découvrons la vérité de l'homme. Et notamment, c'est parce qu'il est un être social que l'homme est homme.

137

Quoique beaucoup de races soient douées de la sociabilité, cette éminente aptitude ne se développe réellement que dans le genre humain. Là, seulement elle offre ses deux attributs caractéristiques, une entière solidarité, et surtout une continuité éternelle. [...]

Quoique toute espèce sociable tende spontanément à former un Grand-Être, une seule peut réellement y parvenir. Cette unité sociocratique résulte directement des deux attributs d'immensité et d'éternité qui caractérisent l'organisme collectif. A chacun de ces titres, les divers Grands-Êtres ainsi possibles deviennent nécessairement incompatibles. Le plus puissant d'entre eux doit donc subjuguer bientôt tous les autres, ou même détruire les plus indisciplinables. Ce conflit est d'autant moins évitable que, comme je vais l'indiquer, l'espèce prépondérante est naturellement carnassière. Elle se trouve ainsi forcée de soumettre les herbivores qui doivent assurer sa nutrition, et surmonter la concurrence des autres carnivores.

Si donc l'intelligence animale s'arrête spontanément sur le seuil de notre premier degré encyclopédique, cela tient moins à sa propre infériorité qu'au défaut de société convenable [...]. On a beaucoup exagéré l'infériorité mentale des animaux, faute de distinguer assez entre les aptitudes individuelles et les résultats sociaux. Par exemple, l'institution du langage, d'abord naturel, puis artificiel, qui a tant influé sur notre essor intellectuel, doit être surtout rapportée à la société, comme l'indique leur marche simultanée. L'infériorité intellectuelle de plusieurs races peut donc tenir moins à leur imperfection cérébrale qu'à l'impossibilité de leur développement collectif.

Système de politique positive, I.

La décomposition de l'humanité en individus proprement dits ne constitue qu'une analyse anarchique, autant irrationnelle qu'immorale, qui tend à dissoudre l'existence sociale au lieu de l'expliquer, puisqu'elle ne devient applicable que quand l'association cesse. Elle est aussi vicieuse en sociologie que le serait, en biologie, la décomposition chimique de l'individu lui-même en molécules irréductibles, dont la séparation n'a jamais lieu pendant la vie. A la vérité, quand l'état social se trouve profondément altéré, la dissolution pénètre, à un certain degré, jusqu'à la constitution domestique, comme on ne le voit que trop aujourd'hui. Mais, quoique ce soit là le plus grave de tous les symptômes anarchiques, on peut alors remarquer, d'une part, la disposition universelle à maintenir autant que possible les anciens liens domestiques, et, d'une autre part, la tendance spontanée à former de nouvelles familles, plus homogènes et plus stables. Ces cas maladifs confirment donc eux-mêmes l'axiome élémentaire de la sociologie statique : la société humaine se compose de familles et non d'individus. Suivant un principe philosophique posé, depuis longtemps, par mon ouvrage fondamental, un système quelconque ne peut être formé que d'éléments semblables à lui et seulement moindres. Une société n'est donc pas plus décomposable en individus qu'une surface géométrique ne l'est en lignes, ou une ligne en points. La moindre société, savoir la famille, quelquefois réduite à son couple fondamental, constitue donc le véritable élément sociologique. De là dérivent ensuite les groupes plus composés qui, sous le nom de classes et de cités, deviennent, pour le Grand-Être, les équivalents des tissus et des organes biologiques.

Ibid, II.

Une étude positive de l'homme nous révèle aussi qu'il doit « agir par affection et penser pour agir », l'esprit étant toujours « le ministre du cœur ».

138

Même dans la vie privée, il ne peut régner entre nos diverses tendances une harmonie continue que par l'universelle prépondérance du sentiment qui nous inspire la volonté sincère et habituelle de faire le bien. Ce penchant est, sans doute, comme tout autre, essentiellement aveugle, et il a besoin du secours de la raison pour connaître les vrais moyens de se satisfaire, de même que l'activité lui devient ensuite indispensable pour les appliquer. Mais l'expérience journalière prouve néanmoins qu'une telle impulsion constitue, en effet, la principale condition du bien, parce que, d'après le degré ordinaire d'intelligence et d'énergie que présente notre nature, cette stimulation soutenue suffit pour diriger avec fruit les recherches de l'une et les entreprises de l'autre. Privées d'un tel mobile naturel, toutes deux s'épuiseraient nécessairement en tentatives stériles ou incohérentes, et retomberaient bientôt dans leur torpeur initiale. Notre existence morale ne comporte donc une véritable unité qu'autant que l'affection domine à la fois la spéculation et l'action.

[...] Au fond, les superbes aspirations de l'intelligence à la domination universelle, depuis que la grande unité théologique s'est irrévocablement rompue, n'ont jamais pu comporter aucune réalisation, et n'étaient susceptibles que d'une efficacité insurrectionnelle contre un régime devenu rétrograde. L'esprit n'est pas destiné à régner, mais à servir : quand il croit dominer, il rentre au service de la personnalité, au lieu de seconder la sociabilité, sans qu'il puisse nullement se dispenser d'assister une passion quelconque. En effet, le commandement réel exige, par-dessus tout, de la force, et la raison n'a jamais que de la lumière ; il faut que l'impulsion lui vienne d'ailleurs. Les utopies métaphysiques, trop accueillies chez les savants modernes, sur la prétendue perfection d'une vie purement contemplative, ne constituent que d'orgueilleuses illusions, quand elles ne couvrent pas de coupables artifices. Quelque réelle que soit, sans doute, la satisfaction attachée à la seule découverte de la vérité, elle n'a jamais assez d'intensité pour diriger la conduite habituelle ; l'impulsion d'une passion quelconque est même indispensable à notre chétive intelligence pour déterminer et soutenir presque tous ses efforts.

Ibid, I.

La morale

Les deux instincts fondamentaux de l'homme étant la personnalité ou égoïsme, et la sociabilité ou altruisme, la morale consiste dans le triomphe de celle-ci sur celle-là.

139

Le positivisme conçoit directement l'art moral comme consistant à faire, autant que possible, prévaloir les instincts sympathiques sur les impulsions égoïstes, la sociabilité sur la personnalité [...].

Ainsi, la morale positive se distingue, non seulement de la morale métaphysique, mais aussi de la morale théologique, en prenant pour principe universel la prépondérance directe du sentiment social. Elle représente le bonheur humain, tant privé que public, comme consistant surtout dans le plus grand essor possible des affections bienveillantes, qui sont à la fois les plus douces à éprouver et les seules dont l'expansion puisse être simultanée chez tous les individus.

Ibid, Discours préliminaire.

Tout individu, homme ou animal, qui, n'aimant rien au dehors, ne vit réellement que pour lui-même, se trouve, par cela seul, habituellement condamné à une malheureuse alternative d'ignoble torpeur et d'agitation déréglée [...].

C'est pourquoi le bonheur et le mérite, même personnels, dépendent surtout d'un juste ascendant des instincts sympathiques. Vivre pour autrui devient ainsi le résumé naturel de toute la morale positive [...].

Ibid, Introduction fondamentale.

De là une religion nouvelle, la religion de l'Humanité.

140

Le digne concours du cœur avec l'esprit fit enfin surgir, au centre de l'anarchie moderne, le dogme fondamental de l'Humanité, seule base possible de la religion universelle, vainement cherchée, depuis vingt siècles, en Occident et en Orient. Notre unité consiste dès lors à rapporter toujours notre existence, privée ou publique, à cet être immense et éternel, spontanément composé de toutes les individualités vraiment assimilables. Sa destinée normale, constamment subordonnée aux lois immuables de l'ordre universel, domine sans cesse l'essor, personnel ou social, de nos sentiments, de nos pensées, et de nos actions qui ne peut se régulariser pleinement qu'en se consacrant à l'aimer et le connaître afin de le servir. De sa seule notion générale, résulte aussitôt la formule sacrée de la religion positive : l'Amour pour principe, l'Ordre pour base, et le Progrès pour but. Afin de mieux guider la vie réelle, cette règle universelle s'y décompose en deux devises usuelles ; l'une, morale et esthétique, Vivre pour autrui ; l'autre, politique et scientifique, Ordre et Progrès ; spécialement propres au sexe affectif et au sexe actif.

Ibid, III, *Préface.*

De là aussi une politique nouvelle qui substitue « à l'orageuse discussion des droits la détermination paisible des devoirs ».

141

Suivant son exacte appréciation de l'ensemble de nos vraies destinées, le positivisme doit enfin régénérer la politique en la réduisant au culte actif de l'Humanité, comme la morale en constitue le culte affectif, et la science avec la poésie le culte contemplatif [...].

Cette régénération décisive consiste surtout à substituer toujours les devoirs aux droits, pour mieux subordonner la personnalité à la sociabilité. Le mot droit doit être autant écarté du vrai langage politique que le mot cause du vrai langage philosophique. De ces deux notions théologico-métaphysiques, l'une est désormais immorale et anarchique, comme l'autre irrationnelle et sophistique. Également incompatibles avec l'état final, elles ne convenaient, chez les modernes, qu'à la transition révolutionnaire, par leur action dissolvante sur le système antérieur. Il ne put exister de droits véritables qu'autant que les pouvoirs réguliers émanèrent de volontés surnaturelles. Pour lutter contre ces autorités théocratiques, la métaphysique des cinq derniers siècles introduisit de prétendus droits humains, qui ne comportaient qu'un office négatif. Quand on tente de leur donner une destination vraiment organique, ils ont bientôt manifesté leur nature anti-sociale, en tendant toujours à conserver l'individualité. Dans l'état positif, qui n'admet plus de titres célestes, l'idée de droit disparaît irrévocablement. Chacun a des devoirs, et envers tous ; mais personne n'a aucun droit proprement dit. Les justes garanties individuelles résultent seulement de cette universelle réciprocité d'obligation, qui reproduit l'équivalent moral des droits antérieurs, sans offrir leurs graves dangers politiques. En d'autres termes, nul ne possède plus d'autre droit que celui de toujours faire son devoir. C'est uniquement ainsi que la politique peut enfin se subordonner réellement à la morale.

Ibid, I, *Discours préliminaire.*

STUART MILL

1806-1875

Fondateur d'une société utilitaire, traversa une crise mentale qui lui fit comprendre l'importance du sentiment immédiat et non réfléchi.

Principales œuvres : *Système de logique inductive et déductive* (1843), *L'Utilitarisme* (1863), *Autobiographie* (1873).

Critique du syllogisme

Opposant l'induction à la déduction, Stuart Mill montre que l'on ne peut parvenir à la découverte de vérités nouvelles par les seules ressources de la logique formelle.

142

Il doit d'abord être accordé que dans tout syllogisme, considéré comme un argument prouvant une conclusion, il y a une *petitio principii.* Quand on dit :

Tous les hommes sont mortels,
Socrate est homme,
Donc Socrate est mortel,

les adversaires de la théorie du syllogisme objectent irréfutablement que la proposition « Socrate est mortel » est présupposée dans l'assertion plus générale « Tous les hommes sont mortels » ; que nous ne pouvons pas être assurés de la mortalité de tous les hommes, à moins d'être déjà certains de la mortalité de chaque homme individuel ; que s'il est encore douteux que Socrate soit mortel, l'assertion que tous les hommes sont mortels est frappée de la même incertitude ; que le principe général, loin d'être une preuve du cas particulier, ne peut lui-même être admis comme vrai, tant qu'il reste l'ombre d'un doute sur un des cas qu'il embrasse et que ce doute n'a pas été dissipé par une preuve *aliunde* ; et, dès lors, que reste-t-il à prouver au syllogisme ? Bref, ils concluent qu'aucun raisonnement du général au particulier ne peut, comme tel, rien prouver, puisque d'un principe général on ne peut inférer d'autres faits particuliers que ceux que le principe même suppose connus.

Logique, I.

Théorie empiriste du moi

Reprenant un thème de Hume, Stuart Mill montre que le « moi » n'est autre chose qu'une collection d'états de conscience (phénomènisme).

143

Nous ne concevons pas l'esprit tout seul, en tant que distinct de ses manifestations de conscience. Nous ne le connaissons pas et nous ne pouvons pas nous le figurer, si ce n'est comme représenté par la succession des divers sentiments que les métaphysiciens appellent du nom d'états ou de modifications de l'Esprit. Néanmoins, il est vrai que notre notion de l'esprit, aussi bien que celle de la matière, est la notion de quelque chose dont la permanence contraste avec le flux perpétuel des sensations et des autres sentiments ou états de conscience que nous y rattachons ; de quelque chose que nous nous figurons comme restant le même, tandis que les impressions particulières par lesquelles il révèle son existence changent. Cet attribut de permanence, en supposant qu'il n'y ait rien autre chose à considérer, pourrait s'expliquer pour l'esprit comme pour la matière. La croyance que mon esprit existe, alors même qu'il ne sent pas, qu'il ne pense pas, qu'il n'a pas conscience de sa propre existence, se réduit à la croyance d'une possibilité permanente de ces états. Si je me conçois plongé dans un sommeil sans rêve, ou dans le sommeil de la mort, et si je crois que mon moi, ou, en d'autres termes, mon esprit existe ou existera sous ces états, bien que ce ne soit pas d'une manière consciente, l'examen le plus scrupuleux de ma croyance n'y découvrira qu'une chose, c'est que je crois effectivement que ma capacité de sentir n'est pas détruite dans cet intervalle, et qu'elle n'est suspendue que parce qu'elle ne rencontre pas la combinaison de conditions qui pourrait la mettre en action ; que dès qu'elle la rencontrera, elle revivra, et par conséquent qu'elle demeure une possibilité permanente. Ainsi, je ne vois rien qui nous empêche de considérer l'esprit comme n'étant que la série de nos sensations (auxquelles il faut joindre nos sentiments internes) telles qu'elles se présentent effectivement, en y ajoutant des possibilités indéfinies de sentir qui demandent pour leur réalisation actuelle des conditions qui peuvent avoir ou n'avoir pas lieu, mais qui, en tant que possibilités, existent toujours, et dont beaucoup peuvent se réaliser à volonté...

Il n'est pas croyable que notre première sensation éveille en nous une notion d'un Moi ou Soi. La rapporter à un Soi, c'est la considérer comme une partie d'une série d'états de conscience dont une portion est déjà écoulée. Je pense que ce qui constitue la perception que c'est moi qui sens un état présent de conscience, c'est que je l'identifie avec un état remémoré que je connais comme passé. *Je* veut dire celui qui a vu, touché ou senti quelque chose hier ou avant-hier. Nulle sensation isolée ne peut suggérer l'identité personnelle : pour cela il faut une série de sensations conçues sous la forme d'une file de successions, et fondues par la pensée en une Unité.

Philosophie de Hamilton, chap. 12 et 13.

Théorie empiriste des mathématiques

Allant plus loin que Hume, Stuart Mill applique aux notions mathématiques la théorie empiriste de l'origine des idées.

144

Pour sauver le crédit de l'hypothèse des vérités nécessaires, on a coutume de dire que les points, lignes, cercles et carrés de la géométrie existent seulement dans nos conceptions et font partie de notre esprit, lequel esprit, travaillant sur ses propres matériaux, construit une science *a priori* dont l'évidence est purement mentale et n'a rien à faire du tout avec l'expérience externe. Quelque considérables que soient les autorités en faveur de cette doctrine, elle me semble psychologiquement inexacte. Les points, les lignes, les cercles que chacun a dans l'esprit sont, il me semble, de simples copies des points, lignes, cercles et carrés qu'il a connus par l'expérience. Notre idée du point est simplement l'idée du minimum visible, c'est-à-dire la plus petite portion de surface que nous puissions voir [...].

Il ne reste qu'une chose à dire, c'est que la géométrie a pour objet les lignes, les angles et les figures tels qu'ils existent ; et que les définitions doivent être considérées comme nos premières, nos plus évidentes généralisations relatives à ces objets naturels [...].

Reste la question : quel est le fondement de notre croyance aux axiomes ? sur quoi repose leur évidence ? Je réponds : ce sont des vérités expérimentales ; des généralisations de l'observation. La proposition : deux lignes droites ne peuvent enfermer un espace, ou, en d'autres termes : deux lignes droites qui se sont rencontrées une fois ne se rencontrent plus et continuent de diverger, est une induction résultant du témoignage de nos sens [...]. L'axiome est, en fait, confirmé presque à tout instant de notre vie, puisque nous ne pouvons pas regarder deux lignes droites qui se croisent, sans voir que de ce point d'intersection elles divergent de plus en plus.

Système de logique, Tome I, II, 5.

Utilitarisme

Comme l'épicurisme, l'utilitarisme voit dans le principe du plus grand bonheur l'essentiel de la morale, ce qui ne l'empêche pas d'accorder plus de valeur aux plaisirs de l'esprit qu'aux plaisirs du corps.

145

La croyance selon laquelle le fondement de la morale est l'utilité ou principe du plus grand bonheur, affirme que les actions sont bonnes dans la mesure du bonheur qu'elles donnent, mauvaises, si elles ont pour résultat de produire le contraire du bonheur. Par le mot bonheur, est entendu le plaisir ou l'absence de souffrance ; par malheur, la souffrance et l'absence de bonheur [...]. Le plaisir et l'absence de souffrance, voilà les seules choses désirables, soit pour le plaisir inhérent en elles, soit comme moyen de se procurer le plaisir, d'écarter la souffrance.

Cette théorie de la vie provoque en beaucoup d'esprits une antipathie profonde, parce qu'elle va à l'encontre d'un sentiment très respectable. Supposer que la vie n'a pas de but plus élevé, d'objet préférable et plus noble à poursuivre que le plaisir, c'est, suivant ces esprits, une doctrine bonne tout au plus pour les pourceaux. On traitait de la sorte, il y a peu de temps encore, les disciples d'Épicure ; et actuellement, les adversaires de la morale utilitaire, allemands, français, anglais, n'usent pas de termes de comparaison plus polis.

On doit admettre cependant qu'en général les philosophes utilitaires ont reconnu la supériorité des plaisirs de l'esprit sur ceux du corps, principalement dans la plus grande durée, certitude, intensité, etc., des premiers, c'est-à-dire plutôt dans les avantages qu'ils procurent que dans leur nature intrinsèque.

[...] Un être, dont les facultés de jouissance sont inférieures, a incontestablement de très grandes chances de les satisfaire complètement, tandis que l'être pourvu de facultés supérieures éprouvera toujours l'imperfection des plaisirs qu'il désire. Toutefois cet être supérieur apprendra facilement à supporter une telle imperfection ; il ne sera pas jaloux de l'être qui n'a pas conscience de cette imperfection, parce qu'il n'entrevoit pas l'excellence que fait envisager toute imperfection. Il vaut mieux être un homme mécontent qu'un pourceau satisfait, être Socrate malheureux plutôt qu'un imbécile content, et si l'imbécile et le pourceau sont d'un autre avis, c'est qu'ils ne connaissent qu'un côté de la question. Les autres connaissent les deux côtés [...].

En conséquence, d'après le principe du plus Grand Bonheur dont il a été question plus haut, la fin suprême (qu'il s'agisse de notre propre bien ou de celui des autres) est une vie aussi exempte que possible de douleur, aussi riche que possible en plaisirs, au double point de vue de la quantité et de la qualité.

De l'utilitarisme, 2.

PROUDHON

1809-1865

Socialiste de tempérament libertaire, il a exercé dans certains milieux anarchistes et syndicalistes une influence opposée à celle de Marx.

Principales œuvres : *Qu'est-ce que la propriété ?* (1840), *Philosophie de la misère* (1846), *De la justice dans la révolution et dans l'Église* (1861), *La guerre et la paix* (1863).

La propriété, c'est le vol

La propriété, pour Proudhon, c'est le « droit d'aubaine, c'est-à-dire le pouvoir de produire sans travailler » et les arguments des juristes et des économistes ne peuvent justifier ce prétendu droit, qui est contraire à la justice.

146

Si j'avais à répondre à la question suivante : *Qu'est-ce que l'esclavage*, et que d'un seul mot je répondisse : *c'est l'assassinat*, ma pensée serait d'abord comprise, je n'aurais pas besoin d'un long discours pour montrer que le pouvoir d'ôter à l'homme la pensée, la volonté, la personnalité, est un pouvoir de vie et de mort, et que faire un homme esclave, c'est l'assassiner. Pourquoi donc à cette autre demande : *Qu'est-ce que la propriété*, ne puis-je répondre de même : *c'est le vol*, sans avoir la certitude de n'être pas entendu bien que cette seconde proposition ne soit que la première transformée ?

J'entreprends de discuter le principe même de notre gouvernement et de nos institutions, la propriété ; je suis dans mon droit ; il me plaît de mettre la dernière pensée de mon livre au commencement : je suis toujours dans mon droit.

Tel auteur enseigne que la propriété est un droit civil, né de l'occupation et sanctionné par la loi ; tel autre soutient qu'elle est un droit naturel, ayant sa source dans le travail ; et ces doctrines, tout opposées qu'elles semblent, sont encouragées, applaudies. Je prétends que ni le travail ni l'occupation ni la loi ne peuvent créer la propriété, qu'elle est un effet sans cause ; suis-je répréhensible ? [...]

Non seulement l'occupation conduit à l'égalité : elle *empêche* la propriété. Car, puisque tout homme a droit d'occuper par cela seul qu'il existe et qu'il ne peut se passer pour vivre d'une matière d'exploitation et de travail et puisque, d'autre part, le nombre des occupants varie continuellement par les naissances et les décès, il s'ensuit que la quantité de matière à laquelle chaque travailleur peut prétendre est variable comme le nombre des occupants : par conséquent, que la possession, en droit, ne pouvant jamais demeurer fixe, il est impossible, en fait, qu'elle devienne propriété [...].

Le capitaliste, dit-on, a payé *les journées* des ouvriers : pour être exact, il faut dire que le capitaliste a payé autant de fois *une journée* qu'il a employé d'ouvriers chaque jour, ce qui n'est point du tout la même chose [...]. Deux cents grenadiers ont, en quelques heures, dressé l'obélisque de Louqsor sur sa base : suppose-t-on qu'un seul homme, en deux cents jours, en serait venu à bout ? Cependant, au compte du capitaliste, la somme des salaires eût été la même. Eh bien, un désert à mettre en culture, une maison à bâtir, une manufacture à exploiter, c'est l'obélisque à soulever, c'est une montagne à changer de place. La plus petite fortune, le plus mince établissement, la mise en train de la plus chétive industrie exige un concours de travaux et de talents si divers que le même homme n'y suffirait jamais [...]. Lorsque vous avez payé toutes les forces individuelles, vous n'avez pas payé la force collective que vous n'avez point acquise et dont vous jouissez injustement.

Qu'est-ce que la propriété ?

La justice

La raison nous fait reconnaître en autrui une personnalité égale à la nôtre et la justice n'est autre chose que le respect de la personne humaine. La morale de Proudhon est une morale de la réciprocité, fondée sur l'égale dignité des personnes.

147

1) L'homme, en vertu de la raison dont il est doué, a la faculté de sentir sa dignité dans la personne de son semblable comme dans sa propre personne, de s'affirmer tout à la fois comme individu et comme espèce.

2) La justice est le produit de cette faculté : c'est le respect, spontanément éprouvé et réciproquement garanti, de la dignité humaine, en quelque personne et dans quelque circonstance qu'elle se trouve compromise, et à quelque risque que nous expose sa défense.

3) Ce respect est au plus bas degré chez le barbare, qui y supplée par la religion ; il se fortifie et se développe chez le civilisé qui pratique la justice pour elle-même et s'affranchit incessamment de tout intérêt personnel et de toute considération divine [...].

4) Ainsi conçue, la justice, rendant toutes les conditions équivalentes et solidaires, identifiant l'homme et l'humanité, est virtuellement adéquate à la béatitude, principe et fin de la destinée de l'homme.

5) De la définition de la justice se déduit celle du droit et du devoir.

Le droit est pour chacun la faculté d'exiger des autres le respect de la dignité humaine dans sa personne ; le devoir, l'obligation pour chacun de respecter cette dignité en autrui.

Au fond, droit et devoir sont termes identiques, puisqu'ils sont toujours l'expression du respect exigible ou dû, dû parce qu'il est exigible : ils ne diffèrent que par le sujet : moi ou toi, en qui la dignité est compromise.

6) De l'identité de la raison chez tous les hommes, et du sentiment de respect qui les porte à maintenir à tout prix leur dignité mutuelle, résulte l'égalité devant la justice.

De la justice dans la révolution et dans l'Église, II, VII.

Le progrès

Le progrès, qui est d'abord négation de l'absolu, est la grande loi de l'histoire. Proudhon précisera que le progrès consiste « non pas dans une évolution fatale de l'humanité, mais dans son affranchissement indéfini de toute fatalité » (De la justice... XII. VI).

148

[...] Ce qui constitue, enfin, mon originalité comme penseur, si je puis m'en attribuer quelqu'une, c'est que j'affirme résolument, irrévocablement, en tout et partout, le Progrès, et que je nie, non moins résolument, en tout et partout, l'Absolu [...].

Le Progrès, dans l'acception la plus *pure* du mot, c'est-à-dire la moins empirique, est le mouvement de l'idée, *processus* : mouvement inné, spontané, essentiel, incoercible et indestructible, qui est à l'esprit ce que la pesanteur est à la matière (je suppose avec le vulgaire que l'esprit et la matière, abstraction faite du mouvement, soient quelque chose), et qui se manifeste principalement dans la marche des sociétés, dans l'histoire.

D'où il suit que l'essence de l'esprit étant le mouvement, la vérité, c'est-à-dire la réalité, aussi bien dans la nature que dans la civilisation, est essentiellement *historique*, sujette à progressions, conversions, évolutions et métamorphoses. Il n'y a de fixe et d'éternel que les *lois* mêmes du mouvement, dont l'étude forme l'objet de la logique et des mathématiques.

Le vulgaire, le gros des savants comme des ignorants, entend le Progrès dans un sens tout utilitaire et matériel. Accumulation de découvertes, multiplication des machines, accroissement du bien-être général, tout au plus extension de l'enseignement et amélioration des méthodes : en un mot, augmentation de la richesse matérielle et morale, et participation d'un nombre d'hommes toujours plus grand aux jouissances de la fortune et de l'esprit : tel est pour eux, à peu de chose près, le Progrès. A coup sûr, cela aussi est du Progrès, et la philosophie progressive serait de peu de fruit et de courte vue, si dans ses spéculations elle commençait par mettre de côté *l'amélioration physique, morale et intellectuelle de la classe la plus nombreuse et la plus pauvre*, comme dit la formule de Saint-Simon. Mais du Progrès tout cela ne nous donne qu'une expression restreinte, une image, un symbole, que dis-je ? un produit : philosophiquement, une pareille notion du Progrès est sans valeur.

Le Progrès, encore une fois, c'est l'affirmation du mouvement universel, par conséquent la négation de toute forme et formule immuable, de toute doctrine d'éternité, d'inamovibilité, d'impeccabilité, etc., appliquée à quelque être que ce soit : de tout ordre permanent, sans excepter celui même de l'univers : de tout sujet ou objet, empirique ou transcendantal, qui ne change pas.

L'Absolu, au contraire, ou l'absolutisme, est l'affirmation de tout ce que le Progrès nie, la négation de tout ce qu'il affirme. C'est la recherche, dans la nature, la société, la religion, la politique, la morale, etc., de l'éternel, de l'immuable, du parfait, du définitif, de l'inconvertible, de l'indivis : c'est, pour me servir d'un mot devenu célèbre dans nos débats parlementaires, en tout et partout le *statu quo*.

Philosophie du progrès, 1853.

KIERKEGAARD

1813-1885

Philosophe et théologien danois, considéré comme le « père de l'existentialisme ». A la dialectique hégélienne du concept, il oppose le drame quotidien de l'existence.

Œuvres principales : *Ou bien... ou bien* (1843), *Le Concept d'angoisse* (1844), *Miettes philosophiques* (1846), *Traité du désespoir* (1849).

Éthique et histoire mondiale

C'est une erreur de Hegel, selon Sören Kierkegaard, que de vouloir découvrir dans l'histoire du monde l'éthique, qui est pure intériorité.

149

L'éthique a, en tant que l'absolu, une valeur infinie en soi-même et n'a besoin d'aucune mise en scène pour avoir meilleur air. Mais cette mise en scène (quand ce n'est pas le regard de Celui qui sait tout mais un œil d'homme qui doit la scruter), c'est justement l'histoire mondiale, où l'éthique, comme la nature d'après le mot du poète, est au service de la loi de la pesanteur ; car la différence de la quantité est aussi une loi de la pesanteur. Plus on peut simplifier l'éthique, mieux on la voit. C'est pourquoi on ne la voit pas mieux, comme on veut se l'imaginer faussement, dans l'histoire mondiale du monde où il s'agit de millions de gens, que dans sa propre vie, justement parce que là on ne se trompe pas à l'étoffe et à la masse. L'éthique est l'intériorité et, plus petit est ce dans quoi on la voit (quand on la voit pourtant dans son infinité), mieux on la voit ; tandis que celui qui a besoin du décor de l'histoire mondiale pour, croit-il, mieux l'y voir, montre justement par là qu'il n'est pas éthiquement mûr. Qui ne comprend pas l'infinie valeur de l'éthique, même si elle ne concernait que lui seul dans le monde entier, il ne la comprend pas à proprement parler ; car qu'elle concerne tous les hommes, cela ne le regarde en un sens absolument pas, sauf comme une ombre qui suit la clarté éthique dans laquelle il vit lui-même [...].

Il se produit facilement une autre confusion : on pense que l'éthique se concrétise seulement dans l'histoire mondiale, et que ce n'est que dans cette concrétion qu'elle est un devoir pour les vivants. Ainsi l'éthique n'est plus ce qui est originel, ce qui, chez un homme, est le plus originel, mais plutôt une abstraction de l'expérience historico-mondiale. On considère l'histoire mondiale, et, voyez, chaque siècle a sa substance morale : on devient objectivement grandiose et, bien qu'on existe, on ne veut plus se contenter de la prétendue éthique subjective, non, la génération qui vit aujourd'hui veut déjà de son vivant découvrir son idée morale historico-mondiale, et agir en la prenant pour point de départ. Hélas ! que ne fait pas un Allemand pour de l'argent, et que ne fait pas un Danois après un Allemand ! En ce qui concerne le passé, l'illusion est facile, qui oublie, et pour une part ne peut pas savoir, ce qui appartient à l'individu et ce qui appartient à cet ordre objectif des choses qui est l'esprit de l'histoire mondiale. Mais, en ce qui concerne la génération vivant actuellement et chaque individu pris séparément, laisser l'éthique devenir quelque chose qu'il appartient à un prophète au coup d'œil historico-mondial de découvrir, c'est une rare trouvaille et d'un comique riche de sens. Heureux XIXe siècle : si un tel prophète ne se lève pas, nous pouvons fermer boutique, car personne ne sait ce qu'est l'éthique. Il est déjà assez drôle que l'éthique soit tenue pour quelque chose de si peu de valeur que son enseignement soit laissé de préférence aux séminaristes et aux maîtres d'école de village ; il est déjà ridicule que quelqu'un vienne vous dire que l'éthique n'est pas encore découverte. Pourtant ce ne serait pas fou si on voulait dire que cela doive être découvert dans l'approfondissement, par l'individu, de lui-même et de sa relation à Dieu ; mais qu'il faille pour cela un prophète, non pas un juge, mais un voyant, un gaillard historico-mondial qui, à l'aide d'un œil noir et d'un œil bleu, de la connaissance de l'histoire mondiale et aussi sans doute de marc de café et d'un jeu de cartes, découvre l'éthique, c'est-à-dire (car tel est le mot de passe moderne de l'éthique démoralisante) ce que demande l'époque : c'est une double confusion pour laquelle un amateur de rire devra toujours être reconnaissant aux philosophes.

Post-scriptum, II, I.

Désespoir virtuel et désespoir réel

Le thème du désespoir, comme celui de l'angoisse, tient une place importante dans l'œuvre du penseur danois et illustre bien son style philosophique, dont l'influence sera grande sur de nombreux philosophes du siècle suivant.

150

Le désespoir est-il un avantage ou un défaut ? L'un et l'autre en dialectique pure. A n'en retenir que l'idée abstraite, sans penser de cas déterminé, on devrait le tenir pour un avantage énorme. Être passible de ce mal nous place au-dessus de la bête, progrès qui nous distingue bien autrement que la marche verticale, signe de notre verticalité infinie ou du sublime de notre spiritualité. La supériorité de l'homme sur l'animal, c'est donc d'en être passible, celle du chrétien sur l'homme naturel, c'est d'en être conscient, comme sa béatitude est d'en être guéri.

Ainsi, c'est un avantage infini de pouvoir désespérer, et, cependant, le désespoir n'est pas seulement la pire des misères, mais notre perdition. D'habitude le rapport du possible au réel se présente autrement, car si c'est un avantage, par exemple, de pouvoir être ce qu'on souhaite, c'en est un encore plus grand de l'être, c'est-à-dire que le passage du possible au réel est un progrès, une montée. Par contre, avec le désespoir, du virtuel au réel on tombe, et la marge infinie d'habitude du virtuel sur le réel mesure ici la chute. C'est donc s'élever que de n'être pas désespéré. Mais notre définition est encore équivoque. La négation, ici, n'est pas la même que de n'être pas boiteux, n'être pas aveugle, etc. Car si ne pas désespérer équivaut au défaut absolu de désespoir, le progrès, alors, c'est le désespoir. Ne pas être désespéré doit signifier la destruction de l'aptitude à l'être : pour qu'un homme vraiment ne le soit pas, il faut qu'à chaque instant il en anéantisse en lui la possibilité. D'habitude le rapport du virtuel au réel est autre. Les philosophes disent bien que le réel, c'est du virtuel détruit ; sans pleine justesse toutefois, car c'est du virtuel comblé, du virtuel agissant. Ici, au contraire, le réel (n'être pas désespéré), une négation par conséquent, c'est du virtuel impuissant et détruit ; d'ordinaire le réel confirme le possible, ici il le nie.

Le désespoir est la discordance interne d'une synthèse dont le rapport se rapporte à lui-même. Mais la synthèse n'est pas la discordance, elle n'en est que le possible, ou encore elle l'implique. Sinon, il n'y aurait trace de désespoir, et désespérer ne serait qu'un trait humain, inhérent à notre nature, c'est-à-dire qu'il n'y aurait pas de désespoir, mais ce ne serait qu'un accident pour l'homme, une souffrance, comme une maladie où l'on tombe, ou comme la mort, notre lot à tous. Le désespoir est donc en nous : mais si nous n'étions une synthèse, nous ne pourrions désespérer, et si cette synthèse n'avait pas reçu de Dieu en naissant sa justesse, nous ne le pourrions pas non plus.

D'où vient donc le désespoir ? Du rapport où la synthèse se rapporte à elle-même, car Dieu, en faisant de l'homme ce rapport, le laisse comme échapper de sa main, c'est-à-dire que, dès lors, c'est au rapport à se diriger. Ce rapport, c'est l'esprit, le moi, et là gît la responsabilité dont dépend toujours tout désespoir, tant qu'il existe ; dont il dépend en dépit des discours et de l'ingéniosité des désespérés à se leurrer et leurrer les autres, en le prenant pour un malheur – comme dans le cas du vertige que le désespoir, quoique différent de nature, sur plus d'un point rappelle, le vertige étant à l'âme comme le désespoir à l'esprit et fourmillant d'analogies avec lui.

Puis, quand la discordance, le désespoir, est là, s'ensuit-il sans plus qu'elle persiste ? Point du tout ; la durée de la discordance ne vient pas de la discordance, mais du rapport qui se rapporte à lui-même. Autrement dit, chaque fois qu'une discordance se manifeste, et tant qu'elle existe, il faut remonter au rapport.

Traité du désespoir, N.R.F.

CLAUDE BERNARD

1814-1878

Docteur en médecine, célèbre par ses travaux sur la fonction glycogénique du foie, le rôle des nerfs vaso-moteurs, les fonctions du pancréas, la chaleur animale, etc. Professeur à la Sorbonne, membre de l'Académie de médecine, de l'Académie des sciences et de l'Académie française.

Œuvre essentielle : *Introduction à la médecine expérimentale* (1865).

L'esprit scientifique

Claude Bernard distingue soigneusement, dans la science, les principes auxquels il faut croire et les théories qui ne représentent jamais que des vérités provisoires.

151

La première condition que doit remplir un savant qui se livre à l'investigation dans les phénomènes naturels, c'est de conserver une entière liberté d'esprit assise sur le doute philosophique. Il ne faut pourtant point être sceptique ; il faut croire à la science, c'est-à-dire au déterminisme, au rapport absolu et nécessaire des choses, aussi bien dans les phénomènes propres aux êtres vivants que dans tous les autres ; mais il faut en même temps être bien convaincu que nous n'avons ce rapport que d'une manière plus ou moins approximative, et que les théories que nous possédons sont loin de représenter des vérités immuables [...].

Le grand principe expérimental est donc le doute, le doute philosophique qui laisse à l'esprit sa liberté et son initiative, et d'où dérivent les qualités les plus précieuses pour un investigateur en physiologie et en médecine. Il ne faut croire à nos observations, à nos théories, que sous bénéfice d'inventaire expérimental. Si l'on croit trop, l'esprit se trouve lié et rétréci par les conséquences de son propre raisonnement ; il n'a plus de liberté d'action et manque par suite de l'initiative que possède celui qui sait se dégager de cette foi aveugle dans les théories, qui n'est au fond qu'une superstition scientifique.

Introduction à la médecine expérimentale.

MARX

1818-1883

Se destinant d'abord au professorat de philosophie, puis au journalisme, fut étroitement mêlé à la vie politique de son époque, vivant tantôt à Paris, tantôt à Bruxelles, tantôt à Londres (fondation de l'Association internationale des travailleurs).

Principales œuvres : *La Sainte Famille* (1845), *Manifeste du Parti communiste* (1848, en collaboration avec Engels), *Le Capital* (1867-1894).

Le matérialisme dialectique

Marx reproche au matérialisme de Feuerbach de n'avoir pas compris la praxis humaine, à l'idéalisme de Hegel de mettre la « conscience » à la place de l'homme réel et de mystifier la dialectique.

Il conçoit une synthèse nouvelle : le matérialisme dialectique qui est essentiellement une philosophie de la praxis.

152

Le principal défaut de tout matérialisme passé – y compris celui de Feuerbach – est que l'objet, la réalité, le monde sensible n'y sont considérés que sous la forme d'objet ou d'intuition, mais non pas en tant qu'activité concrète humaine, en tant que pratique, pas de façon subjective. C'est ce qui explique pourquoi le côté actif fut développé par l'idéalisme en opposition au matérialisme, mais seulement abstraitement, car l'idéalisme ne connaît naturellement pas l'activité réelle, concrète, comme telle. [...]

Thèses sur Feuerbach, Éditions Sociales.

Il [Feuerbach] ne voit pas que le monde sensible qui l'entoure n'est pas un objet donné directement de toute éternité et sans cesse semblable à lui-même, mais le produit de l'industrie et de l'état de la société, et cela en ce sens qu'il est un produit historique, le résultat de l'activité de toute une série de générations, dont chacune se hissait sur les épaules de la précédente, perfectionnait son industrie et son commerce et modifiait son régime social en fonction de la transformation des besoins.

L'Idéologie allemande, Éditions Sociales.

Ma méthode dialectique, non seulement diffère par la base de la méthode hégélienne, mais elle en est même l'exact opposé. Pour Hegel, le mouvement de la pensée, qu'il personnifie sous le nom de l'idée, est le démiurge de la réalité, laquelle n'est que la forme phénoménale de l'idée. Pour moi, au contraire, le mouvement de la pensée n'est que la réflexion du mouvement réel, transporté et transposé dans le cerveau de l'homme.

Le Capital, I, Éditions Sociales.

La doctrine matérialiste que les hommes sont des produits des circonstances et de l'éducation, que par conséquent, des hommes modifiés sont des produits d'autres circonstances et d'une éducation modifiée, oublie que ce sont précisément les hommes qui modifient les circonstances et que l'éducateur a besoin lui-même d'être éduqué. [...] La coïncidence du changement des circonstances et de l'activité humaine ne peut être considérée et comprise rationnellement qu'en tant que pratique subversive.

Thèses sur Feuerbach, Éditions Sociales.

La théorie de l'homme

L'homme est un être de la nature mais un être actif conscient qui se produit comme être social humain à travers son histoire.

153

L'homme est immédiatement être de la nature. En qualité d'être naturel, et d'être naturel vivant, il est d'une part pourvu de forces naturelles, de forces vitales ; il est un être naturel actif ; ces forces existent en lui sous la forme de dispositions, de capacités, sous la forme d'inclinations. D'autre part, en qualité d'être naturel, en chair et en os, sensible, objectif, il est, pareillement aux animaux et aux plantes, un être passif, dépendant et limité ; c'est-à-dire que les objets de ses inclinations existent en dehors de lui, en tant qu'objets indépendants de lui ; mais ces objets sont objets de ses besoins ; ce sont des objets indispensables, essentiels pour la mise en jeu et la confirmation de ses forces essentielles.

Manuscrits de 1844, Éditions Sociales.

Le travail est d'abord un phénomène qui unit l'homme et la nature. Un phénomène dans lequel l'homme accommode, règle et contrôle l'échange de matière qu'il fait avec la nature. Il agit en face de la matière naturelle comme une force naturelle. Les forces naturelles qui appartiennent à son corps, ses bras et ses jambes, sa tête et ses mains, il les met en mouvement pour s'approprier la matière naturelle sous une forme qui puisse servir à sa propre vie. En agissant sur la nature qui est hors de lui à travers ce mouvement et en la transformant, il transforme aussi sa propre nature. Il développe les puissances endormies en lui et il soumet le jeu de leurs forces à sa propre autorité.

Le Capital, I, Éditions Sociales.

Mais l'homme n'est pas seulement un être naturel, il est aussi un être naturel humain ; [...] de même que tout ce qui est naturel doit naître, de même l'homme a aussi son acte de naissance, l'histoire [...]. Tout ce qu'on appelle l'histoire universelle n'est rien d'autre que l'engendrement de l'homme par le travail humain ; [...] il a donc la preuve évidente et irréfutable de son engendrement par lui-même, du processus de sa naissance.

Manuscrits de 1844, Éditions Sociales.

Une araignée accomplit des opérations qui ressemblent à celles du tisserand ; une abeille, par la construction de ses cellules de cire, confond plus d'un architecte. Mais ce qui distingue d'abord le plus mauvais architecte et l'abeille la plus habile, c'est que le premier a construit la cellule dans sa tête avant de la réaliser dans la cire. A la fin du travail se produit un résultat qui, dès le commencement, existait déjà dans la représentation du travailleur, d'une manière idéale, par conséquent. Ce n'est pas seulement une modification de formes qu'il effectue dans la nature ; c'est aussi une réalisation dans la nature de ses fins ; il connaît cette fin, qui définit comme une loi les modalités de son action et à laquelle il doit subordonner sa volonté.

Le Capital, I, Éditions Sociales.

Ce sont les hommes qui sont les producteurs de leurs représentations, de leurs idées, etc. ; mais les hommes réels, agissants, tels qu'ils sont conditionnés par un développement déterminé de leurs forces productives et des relations qui y correspondent [...]. La conscience ne peut jamais être autre chose que l'Être conscient et l'Être des hommes est leur processus de vie réel.

[...] Dès le début, une malédiction pèse sur « l'esprit », celle d'être « entaché » d'une matière qui se présente ici sous forme de couches d'air agitées, de sons, de langage en un mot. Le langage est aussi vieux que la conscience, – le langage est la conscience réelle, pratique, existant aussi pour d'autres hommes, existant donc également pour moi-même pour la première fois, et, tout comme la conscience, le langage n'apparaît qu'avec le besoin, la nécessité du commerce avec d'autres hommes. [...] La conscience est donc d'emblée un produit social et le demeure aussi longtemps qu'il existe des hommes en général.

L'Idéologie allemande, Éditions Sociales.

Il faut surtout éviter de fixer de nouveau la « société » comme une abstraction en face de l'individu. L'individu est l'être social. La manifestation de sa vie – même si elle n'apparaît pas sous la forme immédiate d'une manifestation collective de la vie, accomplie avec d'autres et en même temps qu'eux – est donc une manifestation et une affirmation de la vie sociale.

Manuscrits de 1844, Éditions Sociales.

L'art et l'humain

La création d'œuvres d'art et la capacité d'en jouir sont les formes suprêmes de la transformation de la nature et de l'homme par la praxis humaine. Les œuvres d'art sont les « produits » les plus riches en signification, et la contemplation esthétique est la manifestation objective de la richesse humaine subjective.

154

La production ne fournit pas seulement des matériaux aux besoins, elle fournit aussi un besoin aux matériaux. Quand la consommation sort de sa grossièreté primitive, perd son caractère immédiat – et s'y attarder serait le résultat d'une production enfoncée encore dans sa grossièreté primitive – elle est elle-même sollicitée par l'objet comme cause excitatrice. Le besoin qu'elle éprouve de lui est créé par la perception de cet objet. L'objet d'art – et pareillement tout autre produit – crée un public sensible à l'art et capable de jouir de la beauté. La production ne produit donc pas seulement un objet pour le sujet, mais un sujet pour l'objet.

Introduction à la Critique de l'Économie politique, Éditions Sociales.

[...] C'est d'abord la musique qui éveille le sens musical de l'homme ; pour l'oreille qui n'est pas musicienne, la musique la plus belle n'a aucun sens, n'est pas un objet, car mon objet ne peut être que la confirmation d'une de mes forces essentielles, il ne peut donc être pour moi que tel que ma force essentielle est pour soi en tant que faculté subjective, car le sens d'un objet pour moi (il n'a de signification que pour un sens qui lui correspond) s'étend exactement aussi loin que s'étend mon sens. Voilà pourquoi les sens de l'homme social sont autres que ceux de l'homme non social ; c'est seulement grâce à la richesse déployée objectivement de l'essence humaine que la richesse de la faculté subjective de sentir de l'homme est tout d'abord soit développée, soit produite, qu'une oreille devient musicienne, qu'un œil perçoit la beauté de la forme, bref que les sens deviennent capables de jouissance humaine, deviennent des sens qui s'affirment comme des forces essentielles de l'homme. Car non seulement les cinq sens, mais aussi les sens dits spirituels, les sens pratiques (volonté, amour, etc.) en un mot le sens humain, l'humanité des sens, ne se forment que grâce à l'existence de leur objet, à la nature humanisée. La formation des cinq sens est le travail de toute l'histoire passée. Le sens qui est encore prisonnier du besoin pratique grossier n'a qu'une signification limitée. Pour l'homme qui meurt de faim, la forme humaine de l'aliment n'existe pas mais seulement son existence abstraite en tant qu'aliment ; il pourrait tout aussi bien se trouver sous sa forme la plus grossière et on ne peut dire en quoi cette activité nutritive se distinguerait de l'activité nutritive animale. L'homme qui est dans le souci et le besoin n'a pas de sens pour le plus beau spectacle ; [...] Donc l'objectivation de l'essence humaine, tant au point de vue théorique que pratique est nécessaire aussi bien pour rendre humain le sens de l'homme que pour créer le sens humain qui correspond à toute la richesse de l'essence de l'homme et de la nature.

Manuscrits de 1844, Éditions Sociales.

Le matérialisme historique

L'homme fait son histoire mais dans des conditions déterminées qui le conditionnent. Il est à chaque étape le produit de sa propre histoire et l'« essence humaine » est historique.

155

L'histoire ne fait rien, elle « ne possède pas de richesse immense », elle « ne livre pas de combats » ! C'est plutôt l'homme, l'homme réel et vivant qui fait et possède tout cela et livre des combats ; ce n'est pas, soyez-en certains, l'histoire qui se sert de l'homme comme d'un moyen pour réaliser – comme si elle était un personnage particulier – ses propres buts ; elle n'est que l'activité de l'homme qui poursuit ses objectifs.

La Sainte Famille, Éditions Sociales.

Les hommes font leur propre histoire, mais ils ne la font pas d'une façon arbitraire ni dans des circonstances librement choisies ; ils la font dans des conditions qu'ils ont trouvées devant eux, qui leur ont été léguées par le passé, bref, dans des circonstances données.

Le 18 Brumaire de Louis Bonaparte, Éditions Sociales.

L'histoire n'est pas autre chose que la succession des différentes générations dont chacune exploite les matériaux, les capitaux, les forces productives qui lui sont transmises par toutes les précédentes ; de ce fait, chaque génération continue donc, d'une part l'activité qui lui est transmise, mais dans des circonstances radicalement transformées, et d'autre part elle modifie les anciennes circonstances par une activité radicalement transformée.

L'Idéologie allemande, Éditions Sociales.

C'est dans l'économie politique qu'il faut chercher l'anatomie de la société civile. Dans la production sociale de leur vie, les hommes contractent certains rapports indépendants de leur volonté, nécessaires, déterminés. Ces rapports de production correspondent à un certain degré de développement de leurs forces productives matérielles. L'ensemble de ces rapports de production forme la structure économique de la société, la base réelle sur laquelle s'élève une superstructure juridique et politique, et à laquelle répondent des formes sociales et déterminées de conscience. Le mode de production de la vie matérielle détermine, d'une façon générale, le procès social, politique et intellectuel de la vie. Ce n'est pas la conscience de l'homme qui détermine son existence, mais son existence sociale qui détermine sa conscience. A un certain degré de leur développement, les forces productives matérielles de la société se trouvent en contradiction avec les rapports de production qui existent alors, ou, en termes juridiques, avec les rapports de propriété au sein desquels ces forces productives s'étaient mues jusqu'alors. Ces rapports, qui constituaient autrefois les formes de développement des forces productives, deviennent des obstacles pour celles-ci. Alors naît une époque de révolution sociale.

[...] Un état social ne meurt jamais avant que ne soient développées en lui toutes les forces productives qu'il pouvait renfermer ; de nouveaux rapports de production, supérieurs aux anciens, ne prennent pas leur place avant que leurs raisons d'être matérielles ne se soient développées au sein de la vieille société. L'humanité ne se pose jamais que les énigmes qu'elle peut résoudre ; car, à mieux considérer les choses on s'apercevra que l'énigme n'est proposée que quand les conditions matérielles de sa solution existent déjà ou tout au moins se trouvent en cours de formation.

Critique de l'Économie politique, Schleicher.

Les catégories économiques ne sont que les expressions théoriques, les abstractions des rapports sociaux de la production. M. Proudhon, en vrai philosophe, prenant les choses à l'envers, ne voit dans des rapports réels que les incarnations de ces principes, de ces catégories, qui sommeillaient, nous dit encore M. Proudhon le philosophe, au sein de la « raison impersonnelle de l'humanité ».

M. Proudhon l'économiste, a très bien compris que les hommes font le drap, la toile, les étoffes de soie, dans les rapports déterminés de production. Mais ce qu'il n'a pas compris, c'est que ces rapports sociaux déterminés sont aussi bien produits par les hommes que la toile, le lin, etc. Les rapports sociaux sont intimement liés aux forces productives. En acquérant de nouvelles forces productives, les hommes changent leur mode de production, et en changeant le mode de production, la manière de gagner leur vie, ils changent tous leurs rapports sociaux. Le moulin à bras vous donnera la société avec le suzerain ; le moulin à vapeur, la société avec le capitalisme industriel.

Les mêmes hommes qui établissent les rapports sociaux conformément à leur productivité matérielle, produisent aussi les principes, les idées, les catégories, conformément à leurs rapports sociaux.

Ainsi ces idées, ces catégories sont aussi peu éternelles que les relations qu'elles expriment. Elles sont des *produits historiques et transitoires.*

[...] M. Proudhon ignore que l'histoire tout entière n'est qu'une transformation continue de la nature humaine.

Misère de la philosophie, Éditions Sociales.

Lutte des classes, capitalisme et communisme

Esclaves et hommes libres, serfs et seigneurs, prolétaires et bourgeois, c'est toujours un même antagonisme entre opprimés et oppresseurs que l'on retrouve tout au long de l'histoire. Dans la société capitaliste, c'est le phénomène de la plus-value qui caractérise le mieux cette opposition, et avec la disparition du capitalisme, c'est-à-dire de la propriété privée des instruments de production, doit apparaître la société sans classes.

156

L'histoire de toute société jusqu'à nos jours n'a été que l'histoire de luttes de classes.

Homme libre et esclave, patricien et plébéien, baron et serf, maître de jurande et compagnon, en un mot oppresseurs et opprimés, en opposition constante, ont mené une guerre ininterrompue, tantôt ouverte, tantôt dissimulée, une guerre qui finissait toujours soit par une transformation révolutionnaire de la société tout entière, soit par la destruction des deux classes en lutte.

Manifeste du Parti communiste, Éditions Sociales.

La valeur de la force de travail est déterminée par la quantité de travail nécessaire pour son entretien ou sa reproduction, mais l'usage de cette force de travail n'est limité que par l'énergie agissante et la force physique de l'ouvrier. La valeur journalière ou hebdomadaire de la force de travail est tout à fait différente de l'exercice journalier ou hebdomadaire de cette force, tout comme la nourriture dont un cheval a besoin et le temps pendant lequel il peut porter son cavalier sont deux choses tout à fait distinctes. La quantité de travail qui limite la valeur de la force du travail de l'ouvrier ne constitue en aucun cas la limite de la quantité de travail que peut exécuter sa force de travail. Nous avons vu que pour renouveler journellement sa force de travail, il lui faut créer une valeur journalière de 3 shillings, ce qu'il réalise par son travail journalier de six heures. Mais cela ne le rend pas incapable de travailler journellement dix ou douze heures ou davantage. En payant la valeur journalière ou hebdomadaire de la force de l'ouvrier fileur, le capitaliste s'est acquis le droit de se servir de celle-ci pendant toute la journée ou toute la semaine. Il le fera donc travailler, mettons, douze heures par jour. Au-dessus des six heures qui lui sont nécessaires pour produire l'équivalent de son salaire, c'est-à-dire de la valeur de sa force de travail, le fileur devra donc travailler six autres heures que j'appellerai les heures de surtravail, lequel surtravail se réalisera en une plus-value et un sur-produit. Si notre ouvrier fileur, par exemple, au moyen de son travail journalier de six heures ajoute au coton une valeur de trois shillings qui forme l'équivalent exact de son salaire, il ajoutera au coton en 12 heures une valeur de 6 shillings et produira un surplus correspondant de filés. Comme il a vendu sa force de travail au capitaliste, la valeur totale, c'est-à-dire le produit qu'il a créé, appartient au capitaliste qui est, pour un temps déterminé, propriétaire de sa force de travail. En déboursant trois shillings, le capitaliste va donc réaliser une valeur de 6 shillings puisque, en déboursant la valeur dans laquelle sont cristallisées six heures de travail, il recevra, en retour, une valeur dans laquelle sont cristallisées douze heures de travail. S'il répète journellement ce processus, le capitaliste déboursera journellement 3 shillings et en empochera 6, dont une moitié sera de nouveau employée à payer de nouveaux salaires et dont l'autre moitié formera la plus-value pour laquelle le capitaliste ne paie aucun équivalent. C'est sur cette sorte d'échange entre le Capital et le Travail qu'est fondée la production capitaliste.

Le Capital, Éditions Sociales.

La condition essentielle d'existence et de suprématie pour la classe bourgeoise est l'accumulation de la richesse aux mains des particuliers, la formation et l'accroissement du capital ; la condition d'existence du capital, c'est le salariat. Le salariat repose exclusivement sur la concurrence des ouvriers entre eux. Le progrès de l'industrie, dont la bourgeoisie est l'agent involontaire et passif, remplace l'isolement des ouvriers, résultant de leur concurrence, par leur union révolutionnaire au moyen de l'association. Ainsi, le développement de la grande industrie sape, sous les pieds de la bourgeoisie, le terrain même sur lequel elle a établi son système de production et d'appropriation. Avant tout, la bourgeoisie produit ses propres fossoyeurs. Sa chute et la victoire du prolétariat sont également inévitables.

Manifeste du Parti communiste, Éditions Sociales.

Les antagonismes de classes une fois disparus dans le cours du développement, toute la production étant concentrée dans les mains des individus associés, alors le pouvoir public perd son caractère politique. Le pouvoir politique, à proprement parler, est le pouvoir organisé d'une classe pour l'oppression des autres. Si le prolétariat, dans sa lutte contre la bourgeoisie, se constitue forcément en classe, s'il s'érige par une révolution en classe dominante et, comme classe dominante, détruit violemment l'ancien régime de production, il détruit, en même temps que ce régime de production, les conditions de l'antagonisme des classes, il détruit les classes en général et, par là même, sa propre domination comme classe.

A la place de l'ancienne société bourgeoise, avec ses classes et ses antagonismes de classes, surgit une association où le libre développement de chacun est la condition du libre développement de tous.

Ibid.

Philosophie et action

La philosophie est historique et ne doit pas se séparer de la politique – c'est-à-dire de l'histoire qui se fait. C'est dans cette même perspective que se posent les problèmes moraux.

157

Parce que toute philosophie est la quintessence spirituelle de son temps, il faut que vienne le temps où la philosophie [...] entre en contact et en réciprocité d'action avec le monde réel de son temps. [...] Elle devient la philosophie opposée au monde, la philosophie du monde actuel.

Gazette rhénane, Éditions Sociales.

Les philosophes n'ont fait qu'INTERPRÉTER le monde de différentes manières, mais il s'agit de le TRANSFORMER.

Thèses sur Feuerbach, Éditions Sociales.

Des idées ne peuvent pas mener au-delà d'un ancien état de choses ; elles ne peuvent jamais que mener au-delà des idées de l'ancien état de choses. En fait les idées ne peuvent rien réaliser. Pour réaliser les idées, il faut les hommes, qui mettent en jeu une force pratique.

La Sainte Famille, Éditions Sociales.

Il est évident que l'arme de la critique ne saurait remplacer la critique des armes ; la force matérielle ne peut être abattue que par la force matérielle ; mais la théorie se change, elle aussi, en force matérielle, dès qu'elle pénètre les masses.

[...] Il résulte de la critique de la religion que l'homme est l'être suprême pour l'homme. Cette critique aboutit à l'impératif catégorique d'abolir toutes les conditions sociales dans lesquelles l'homme est un être avili, abandonné, méprisable [...].

Critique de la philosophie du droit de Hegel, Éditions Sociales.

DILTHEY

1833-1911

Philosophe et universitaire allemand, a exercé une grande influence sur certains historiens et sociologues.

Principales œuvres : *Introduction à l'étude des sciences humaines ; Théorie des conceptions du monde ; Le monde de l'esprit.*

Nature et histoire

Wilhelm Dilthey a proposé une distinction qui a connu une grande fortune dans la philosophie contemporaine : « Nous expliquons la nature et nous comprenons l'homme », disait-il. Aussi l'histoire, comme les autres sciences humaines, ne saurait-elle se modeler sur les sciences de la nature.

158

Les motifs pour lesquels on a pris l'habitude de séparer ces sciences (les sciences de l'homme) des sciences de la nature et d'en faire un tout à part poussent leurs racines dans les profondeurs de la conscience que l'homme a de lui-même et dans le sentiment du caractère total de cette conscience. Avant que ne l'effleure le désir de rechercher l'origine du spirituel, l'homme trouve dans cette conscience de soi-même le sentiment que sa volonté est souveraine, qu'il est responsable de ses actes, qu'il peut tout soumettre à sa pensée et peut résister à tout dès qu'il se retranche dans la forteresse de sa personne, et que ces facultés le mettent à part du reste de la nature. En fait, il se découvre, au milieu de cette nature, pour reprendre une expression de Spinoza, comme *imperium in imperio.* Et, comme il n'existe, pour lui, que ce qui est un fait de sa conscience, il se trouve que toutes les valeurs, tous les buts de la vie sont enclos dans ce monde spirituel qui agit en lui de manière indépendante, et que ses actes n'ont d'autre propos que de créer du nouveau dans l'ordre des faits de l'esprit. Ainsi se dessine une démarcation entre le règne de la nature et un règne de l'histoire, et, à l'intérieur de ce dernier règne, au milieu d'un ensemble coordonné par la nécessité objective et qui est la nature, on voit en plus d'un point, comme ferait un éclair, luire la liberté. Dans ce règne de l'histoire, les actes de volonté – au contraire des changements qui s'opèrent dans la nature selon un ordre mécanique et qui, dès le principe, renferment toutes les conséquences qui suivront – les actes de volonté, grâce à une dépense d'énergie et à des sacrifices dont l'importance reste toujours présente à l'individu comme un fait d'expérience, finissent par produire du nouveau, et leur action entraîne une évolution tant de la personne que de l'humanité. Ils dépassent, aux regards de notre conscience, la répétition automatique et vaine des faits naturels, cette répétition que certains se représentent comme l'idéal du progrès historique et devant qui se pâment, comme devant une idole, les adorateurs de l'évolution intellectuelle.

Introduction à l'étude des sciences humaines, P.U.F.

JAMES

1842-1910

Docteur en médecine, enseigna à l'Université de Harvard la physiologie, puis la psychologie et enfin la philosophie.

Œuvres principales : *Principes de psychologie* (1890), *L'Expérience religieuse* (1906), *Le Pragmatisme* (1907).

Le pragmatisme

Subordonnant la pensée à l'action, William James définit la vérité non point par son accord théorique avec le réel mais par les possibilités pratiques d'action sur le réel qu'elle nous donne.

159

Je dois d'abord vous rappeler ce fait que posséder des pensées vraies, c'est, à proprement parler, posséder de précieux instruments pour l'action. Je dois aussi vous rappeler que l'obligation d'acquérir ces vérités, bien loin d'être une creuse formule impérative tombée du ciel, se justifie, au contraire, par d'excellentes raisons pratiques.

Il n'est que trop évident qu'il nous importe, dans la vie, d'avoir des croyances vraies en matière de faits. Nous vivons au milieu de réalités qui peuvent nous être infiniment utiles ou infiniment nuisibles. Doivent être tenues pour vraies [...] les idées nous disant quelles sortes de réalités, tantôt avantageuses pour nous, tantôt funestes, sont à prévoir ; et le premier des devoirs de l'homme est de chercher à les acquérir. Ici, la possession de la vérité, au lieu, tant s'en faut ! d'être à elle-même sa propre fin, n'est qu'un moyen préalable à employer pour obtenir d'autres satisfactions vitales [...].

Mais, maintenant, que faut-il entendre par « l'accord » que la définition courante exige à l'égard de la réalité ? [...] Le fait d'être « d'accord », au sens le plus large du mot, avec une réalité, ne peut être que le fait, ou bien d'être conduit tantôt tout droit à elle, tantôt dans son entourage, ou bien d'être mis en contact effectif et agissant avec elle, de façon à mieux opérer soit sur elle-même, soit sur un intermédiaire, que s'il y avait désaccord ; – et j'ajoute qu'il s'agit d'opérer dans le domaine intellectuel aussi bien que dans le domaine de la pratique [...].

J'en viens donc à dire, pour résumer tout cela : « le vrai » consiste tout simplement dans ce qui est avantageux pour notre pensée, de même que « le juste » consiste simplement dans ce qui est avantageux pour notre conduite.

Le Pragmatisme, leçon VI.

RIBOT

1838-1916

Commença par faire connaître en France la psychologie anglaise (1870) et la psychologie allemande (1879) contemporaines.

Nommé professeur de psychologie expérimentale à la Sorbonne en 1885.

Œuvres : *Maladies de la mémoire* (1881), *Maladies de la volonté* (1883), *Maladies de la personnalité* (1885), *Psychologie des sentiments* (1896), etc.

L'épiphénoménisme

Bien qu'il ait toujours refusé de se dire épiphénoméniste, Théodule Ribot explique ordinairement les phénomènes psychiques par leurs conditions physiologiques, faisant de la conscience un simple reflet.

160

La volition que les psychologues intérieurs ont si souvent observée, analysée, commentée, n'est donc pour nous qu'un simple état de conscience [...]. Elle n'est cause de rien [...]. Le « Je veux » constate une situation mais ne la constitue pas [...]. La volition n'est cause à aucun degré. C'est dans la tendance naturelle des sentiments et des images à se traduire en mouvements que le secret des actes produits doit être cherché. Nous n'avons ici qu'un cas extrêmement compliqué de la loi des réflexes, dans lequel entre la période dite d'excitation et la période motrice apparaît un fait psychique capital – la volition – montrant que la première période finit et que la seconde commence.

Les Maladies de la volonté.

NIETZSCHE

1844-1900

Jeune et brillant philologue, enseigna à l'Université de Bâle (1867-1879), puis mena une vie errante et solitaire, marquée en 1889 par une crise de folie dont il ne guérit pas.

Principales œuvres : *Ainsi parlait Zarathoustra* (1883), *La Volonté de puissance* (publié en 1894).

Raison et philosophie

Opposant au souci apollinien de l'ordre et de la mesure l'exaltation dionysienne de la vie, Frédéric Nietzsche reproche à la philosophie classique d'avoir ignoré le devenir et méprisé les sens.

161

Vous me demandez de vous dire tout ce qui est idiosyncrasie chez les philosophes ? ... Par exemple leur manque de sens historique, leur haine contre l'idée du devenir, leur égypticisme. Ils croient faire honneur à une chose en la dégageant de son côté historique, *sub specie aeterni*, – quand ils en font une momie. Tout ce que les philosophes ont manié depuis des milliers d'années c'était des idées-momies, rien de réel ne sortait vivant de leurs mains. Ils tuent, ils empaillent lorsqu'ils adorent, messieurs les idolâtres des idées, – ils mettent tout en danger de mort lorsqu'ils adorent. La mort, l'évolution, l'âge, tout aussi bien que la naissance et la croissance sont pour eux des objections, – et même des réfutations. Ce qui est ne *devient* pas ; ce qui devient n'*est* pas [...]. Maintenant ils croient tous, même avec désespoir, à l'être. Mais comme ils ne peuvent pas s'en saisir, ils cherchent des raisons pour savoir pourquoi on le leur retient : « Il faut qu'il y ait là une apparence, une duperie qui fait que nous ne pouvons pas percevoir l'être : où est l'imposteur ? » « – Nous le tenons, s'écrient-ils joyeusement, c'est la sensualité ! Les sens, *qui d'autre part sont tellement immoraux* [...]. Les sens nous trompent sur le monde *véritable.* Morale : se détacher de l'illusion des sens, du devenir de l'histoire, du mensonge, – l'histoire n'est que la foi en les sens, la foi au mensonge. Morale : nier tout ce qui ajoute foi aux sens, tout le reste de l'humanité : tout cela fait partie du « peuple ». Être philosophe, être momie, représenter le monotono-théisme par une mimique de fossoyeur ! – Et périsse avant tout le *corps*, cette pitoyable *idée fixe* des sens ! le corps atteint de tous les défauts de la logique, réfuté, impossible même, quoiqu'il soit assez impertinent pour se comporter comme s'il était réel ! » [...].

On me sera reconnaissant de condenser en quatre thèses une idée si importante et si nouvelle ; je facilite ainsi la compréhension, je provoque ainsi la contradiction.

Première proposition. Les raisons qui firent appeler « ce » monde un monde d'apparence prouvent au contraire sa réalité, – une autre réalité est absolument indémontrable.

Deuxième proposition. Les signes distinctifs que l'on a donnés de la véritable « essence des choses » sont les signes caractéristiques du non-être, du *néant* ; de cette contradiction, on a édifié le « monde-vérité » en vrai monde ; et c'est en effet le monde des apparences, en tant qu'illusion d'optique morale.

Troisième proposition. Parler d'un « autre » monde que celui-ci n'a aucun sens, en admettant que nous n'ayons pas en nous un instinct dominant de calomnie, de rapetissement, de mise en suspicion de la vie ; dans ce dernier cas, nous nous vengeons de la vie avec la fantasmagorie d'une vie « autre », d'une vie « meilleure ».

Quatrième proposition. Séparer le monde en un monde « réel » et un monde des « apparences », soit à la façon du christianisme, soit à la façon de Kant (un chrétien perfide, en fin de compte), ce n'est là qu'une suggestion de la *décadence*, un symptôme de la vie *déclinante* [...]. Le fait que l'artiste estime plus haut l'apparence que la réalité n'est pas une objection contre cette proposition. Car ici « l'apparence » signifie la réalité répétée, *encore une fois*, mais sous forme de sélection, de redoublement, de correction [...]. L'artiste tragique n'est pas un pessimiste, il dit *oui* à tout ce qui est problématique et terrible, il est *dionysien...*

Le Crépuscule des idoles, Mercure de France.

Le surhumain

Prenant pour valeur suprême la volonté de puissance, qui permet aux plus forts de subsister et aux espèces de s'améliorer, Nietzsche propose une morale du surhumain.

162

Lorsque Zarathoustra arriva à la ville voisine qui se trouvait le plus près des bois, il y vit une grande foule rassemblée sur la place publique : car on avait annoncé qu'un danseur de corde allait se montrer. Et Zarathoustra parla au peuple et lui dit :

Je vous enseigne le Surhumain. L'homme est quelque chose qui doit être surmonté. Qu'avez-vous fait pour le surmonter ?

Tous les êtres jusqu'à présent ont créé quelque chose au-dessus d'eux, et vous voulez être le reflux de ce grand flot et plutôt retourner à la bête que de surmonter l'homme ?

Qu'est le singe pour l'homme ? Une dérision ou une honte douloureuse. Et c'est ce que doit être l'homme pour le Surhumain : une dérision ou une honte douloureuse.

Vous avez tracé le chemin qui va du ver jusqu'à l'homme et il vous est resté beaucoup du ver de terre. Autrefois vous étiez singe, et maintenant encore l'homme est plus singe qu'un singe.

Mais le plus sage d'entre vous n'est lui-même qu'une chose disparate, hybride fait d'une plante et d'un fantôme. Cependant vous ai-je dit de devenir fantôme ou plante ?

Voici, je vous enseigne le Surhumain !

Le Surhumain est le sens de la terre. Que votre volonté dise : Que le Surhumain soit le sens de la terre.

Je vous en conjure, mes frères, restez fidèles à la terre et ne croyez pas ceux qui vous parlent d'espoirs supraterrestres ! Ce sont des empoisonneurs, qu'ils le sachent ou non.

Ce sont des contempteurs de la vie, des moribonds et des empoisonnés eux-mêmes, de ceux dont la terre est fatiguée : qu'ils s'en aillent donc !

Autrefois le blasphème envers Dieu était le plus grand blasphème, mais Dieu est mort et avec lui sont morts les blasphémateurs. Ce qu'il y a de plus terrible maintenant, c'est de blasphémer la terre et d'estimer les entrailles de l'impénétrable plus que le sens de la terre ! [...]

Zarathoustra, cependant, regardait le peuple et s'étonnait. Puis il dit :

L'homme est une corde tendue entre la bête et le Surhumain, une corde sur l'abîme.

Il est dangereux de passer de l'autre côté, dangereux de rester en route, dangereux de regarder en arrière – frisson et arrêt dangereux.

Ce qu'il y a de grand dans l'homme, c'est qu'il est un pont et non un but ; ce que l'on peut aimer en l'homme, c'est qu'il est un passage et un déclin.

J'aime ceux qui ne savent vivre autrement que pour disparaître, car ils passent au-delà.

J'aime les grands contempteurs, parce qu'ils sont de grands orateurs, les flèches du désir vers l'autre rive.

J'aime ceux qui ne cherchent pas, derrière les étoiles, une raison pour périr ou pour s'offrir en sacrifice ; mais ceux qui se sacrifient à la terre, pour qu'un jour la terre appartienne au Surhumain.

J'aime celui qui vit pour connaître, afin qu'un jour vive le Surhumain. Car c'est ainsi qu'il veut son propre déclin.

« Tu ne déroberas point ! Tu ne tueras point ! » Ces paroles étaient appelées saintes jadis : devant elles on courbait les genoux et l'on baissait la tête, et l'on ôtait ses souliers.

Mais je vous demande : où y eut-il jamais de meilleurs brigands et meilleurs assassins dans le monde, que les brigands et les assassins provoqués par ces saintes paroles ?

N'y a-t-il pas dans la vie elle-même le vol et l'assassinat ? Et, en sanctifiant ces paroles, n'a-t-on pas assassiné la vérité elle-même ?

Ou bien est-ce prêcher la mort que de sanctifier tout ce qui contredisait et déconseillait la vie ? – Ô mes frères, brisez, brisez-moi ces vieilles tables [...].

Pourquoi si dur ? – dit un jour au diamant le charbon de cuisine ; ne sommes-nous pas proches parents ?

Pourquoi si mous ? ô mes frères, je vous le demande : n'êtes-vous donc pas mes frères ?

Pourquoi si mous, si fléchissants, si mollissants ? Pourquoi y a-t-il tant de reniement, tant d'abnégation dans votre cœur ? Si peu de destinée dans votre regard ?

Et si vous ne voulez pas être des destinés, des inexorables : comment pourriez-vous un jour vaincre avec moi ?

Et si votre dureté ne veut pas étinceler, et trancher, et inciser : comment pourriez-vous un jour créer avec moi ?

Car les créateurs sont durs. Et cela doit vous sembler béatitude d'empreindre votre main en des siècles, comme en de la cire molle, – béatitude d'écrire sur la volonté des millénaires, comme sur de l'airain – plus dur que de l'airain, plus noble que de l'airain. Le plus dur est le plus noble.

Ô mes frères, je place au-dessus de vous cette table nouvelle : DEVENEZ DURS !

Ainsi parlait Zarathoustra.

Les forts et les faibles

Il y aura donc pour Nietzsche deux espèces d'hommes, celle des maîtres et celle des esclaves, qui ont chacune leur morale propre.

163

Il y a une morale des maîtres et une morale des esclaves [...]. L'homme noble se sépare des êtres en qui s'exprime le contraire des états sublimes et altiers ; il méprise ces êtres. Il faut remarquer de suite que, dans cette première espèce de morale, l'antithèse « bon » et « mauvais » équivaut à celle de « noble » et « méprisable ». L'antithèse « bien » et « mal » a une autre origine. On méprise l'être lâche, craintif, mesquin, celui qui ne pense qu'à l'étroite utilité ; de même l'être méfiant avec son regard inquiet, celui qui s'abaisse, l'homme-chien qui se laisse maltraiter, le flatteur mendiant et surtout le menteur. C'est une croyance essentielle chez tous les aristocrates que le commun du peuple est menteur. Nous autres véridiques, tel était le nom que se donnaient les nobles dans la Grèce antique [...]. L'homme noble possède le sentiment intime qu'il a le droit de déterminer la valeur, il n'a pas besoin d'approbation. Il décide que ce qui lui est dommageable est dommageable en soi, il sait que si les choses sont mises en honneur, c'est lui qui leur prête cet honneur, il est créateur de valeur. Tout ce qu'il trouve sur sa propre personne, il l'honore. Une telle morale est la glorification de soi-même. Au premier plan, se trouve le sentiment de la plénitude, de la puissance qui veut déborder, le bonheur de la grande tension, la conscience d'une richesse qui voudrait donner et répandre. L'homme noble, lui aussi, vient en aide au malheureux, non pas ou presque pas par compassion, mais plutôt par une impulsion que crée la surabondance de la force.

« Wotan a placé dans mon sein un cœur dur », cette parole de l'antique saga scandinave est vraiment sortie de l'âme d'un Wiking orgueilleux. Car, lorsqu'un homme sort d'une pareille espèce, il est fier de ne pas avoir été fait pour la pitié [...]. Les hommes nobles et hardis qui pensent de la sorte sont aux antipodes des promoteurs de cette morale qui trouve l'indice de la moralité justement dans la compassion, dans le dévouement, dans le désintéressement. La foi en soi-même, l'orgueil de soi-même, une foncière hostilité et une profonde ironie en face de l'« abnégation » appartiennent, avec autant de certitude, à la morale noble qu'un léger mépris et une certaine circonspection à l'égard de la compassion et du « cœur chaud ».

Par-delà le Bien et le Mal, Mercure de France.

La guerre

De là une apologie de la violence et de la guerre à quoi l'on réduit souvent le nietzschéisme.

164

Ce à quoi ils tendent de toutes leurs forces, c'est le bonheur général des troupeaux sur le pâturage, avec la sécurité, le bien-être et l'allègement de l'existence pour tout le monde. Les deux rengaines qu'ils chantent le plus souvent sont égalité des droits et pitié pour tout ce qui souffre, et ils considèrent la souffrance elle-même comme quelque chose qu'il faut supprimer. Nous, qui voyons les choses sous une autre face, nous qui avons ouvert notre esprit à la question de savoir où et comment la plante « homme » s'est développée le plus vigoureusement jusqu'ici [...], nous pensons que la dureté, la violence, l'esclavage, le péril dans l'âme et dans la rue, que la dissimulation, le stoïcisme, les artifices et les diableries de toutes sortes, que tout ce qui est mauvais, terrible, tyrannique, tout ce qui tient de la bête de proie et du serpent sert tout aussi bien à l'élévation du type homme que son contraire.

Par-delà le Bien et le Mal, Mercure de France.

C'est à Napoléon (et nullement à la Révolution française qui cherchait la fraternité entre les peuples et les universelles effusions fleuries) que nous devons de pouvoir pressentir maintenant une suite de quelques siècles guerriers, qui n'aura pas son égale dans l'histoire, en un mot, d'être entrés dans l'âge classique de la guerre, de la guerre scientifique en même temps que populaire, de la guerre faite en grand (de par les moyens, les talents et la discipline qui y seront employés). Tous les siècles à venir jetteront sur cet âge de perfection un regard d'envie et de respect.

Le Gai Savoir, Mercure de France.

Toutefois la paix est signe d'une santé plus grande encore que la guerre.

Se rendre inoffensif tandis qu'on est le plus redoutable, guidé par l'élévation du sentiment, c'est là le moyen pour arriver à la paix véritable qui doit toujours reposer sur une disposition d'esprit paisible, tandis que, ce que l'on appelle la paix armée, telle qu'elle est pratiquée maintenant dans tous les pays, répond à un sentiment de discorde, à un manque de confiance en soi et le voisin, et empêche de déposer les armes soit par haine, soit par crainte. Plutôt périr que de haïr et de craindre, et plutôt périr deux fois que de se laisser haïr et craindre.

Le Voyageur et son ombre, Mercure de France.

SOREL

1847-1922

Théoricien du syndicalisme révolutionnaire, il a fait la critique de la démocratie et l'apologie de la violence.

Principales œuvres : *Réflexions sur la violence* (1908), *Les Illusions du progrès* (1908).

Violence, socialisme et morale

Le mythe de la grève générale incarne les aspirations de la classe ouvrière et doit inspirer l'action violente qui peut seule, aux yeux de Georges Sorel, faire triompher le socialisme. Ce triomphe permettra l'avènement d'une morale nouvelle, la morale des producteurs.

165

Le progrès économique dépasse infiniment nos personnes et profite beaucoup plus aux générations futures qu'à ceux qui le créent ; mais donne-t-il la gloire ? y a-t-il une épopée économique qui puisse enthousiasmer les travailleurs ? Le ressort de l'immortalité, que Renan regardait comme si puissant, est évidemment sans efficacité ici, car on n'a jamais vu des artistes produire des chefs-d'œuvre sous l'influence de l'idée que ce travail leur procurerait une place dans le paradis (comme les Turcs se font tuer pour jouir du bonheur promis par Mahomet). Les ouvriers n'ont même pas complètement tort lorsqu'ils regardent la religion comme un luxe bourgeois, parce qu'en effet la religion n'a pas de ressources pour faire perfectionner les machines et pour donner des moyens de travailler plus rapidement.

Il faut se poser la question autrement que ne fait Renan ; il faut savoir s'il y a, dans le monde des producteurs, des forces d'enthousiasme capables de se combiner avec la morale du bon travail, en sorte que, dans nos jours de crise, celle-ci puisse acquérir toute l'autorité qui lui est nécessaire pour conduire la société dans la voie du progrès économique [...].

La morale n'est point destinée à périr parce que ses moteurs seront changés ; elle n'est point condamnée à devenir un simple recueil de préceptes, si elle peut s'allier encore à un enthousiasme capable de vaincre tous les obstacles qu'opposent la routine, les préjugés et le besoin de jouissances immédiates. Mais il est certain que l'on ne trouvera point cette force souveraine en suivant les voies dans lesquelles voudraient nous faire entrer les philosophes contemporains, les experts en science sociale et les inventeurs de *réformes profondes.* Il n'y a qu'une seule force qui puisse aujourd'hui produire cet enthousiasme sans le concours duquel il n'y a point de morale possible, c'est la force qui résulte de la propagande en faveur de la grève générale.

Les explications précédentes ont montré que l'idée de la grève générale, rajeunie constamment par les sentiments que provoque la violence prolétarienne, produit un état d'esprit tout épique et, en même temps, tend toutes les puissances de l'âme vers des conditions qui permettent de réaliser un atelier fonctionnant librement et prodigieusement progressif ; nous avons ainsi reconnu qu'il y a de très grandes parentés entre les sentiments de grève générale et ceux qui sont nécessaires pour provoquer un progrès continu dans la production. Nous avons donc le droit de soutenir que le monde moderne possède le moteur premier qui *peut* assurer la morale des producteurs.

Je m'arrête ici, parce qu'il me semble que j'ai accompli la tâche que je m'étais imposée : j'ai établi, en effet, que la violence prolétarienne a une tout autre signification historique que celle que lui attribuent les savants superficiels et les politiciens ; dans la ruine totale des institutions et des mœurs, il reste quelque chose de puissant, de neuf et d'intact, c'est ce qui constitue, à proprement parler, l'âme du prolétariat révolutionnaire : et cela ne sera pas entraîné dans la déchéance générale des valeurs morales, si les travailleurs ont assez d'énergie pour barrer le chemin aux corrupteurs bourgeois, en répondant à leurs avances par la brutalité la plus intelligible.

Je crois avoir apporté une contribution considérable aux discussions sur le socialisme : ces discussions doivent désormais porter sur les conditions qui permettent le développement des puissances spécifiquement prolétariennes, c'est-à-dire sur la *violence éclairée par l'idée de grève générale.* Toutes les vieilles dissertations abstraites deviennent inutiles sur le futur régime socialiste ; nous passons au domaine de l'histoire réelle, à l'interprétation des faits, aux évaluations éthiques du mouvement révolutionnaire.

Le lien que j'avais signalé, au début de ces recherches, entre le socialisme et la violence prolétarienne, nous apparaît maintenant dans toute sa force. C'est à la violence que le socialisme doit les hautes valeurs morales par lesquelles il apporte le salut au monde moderne.

Réflexions sur la violence, VII, I.

Progrès, démocratie et culture

La théorie du progrès, telle qu'elle a été élaborée au XVIIIe siècle, est une doctrine « bourgeoise », un « dogme charlatanesque », dont il faut débarrasser la classe ouvrière pour promouvoir une véritable culture prolétarienne.

166

Le progrès sera toujours un élément essentiel du grand courant qui ira jusqu'à la démocratie moderne, parce que la doctrine du progrès permet de jouir en toute tranquillité des biens d'aujourd'hui, sans se soucier des difficultés de demain : elle avait plu à l'ancienne société de nobles désœuvrés, elle plaira toujours aux politiciens que la démocratie hisse au pouvoir et qui, menacés d'une chute prochaine veulent faire profiter leurs amis de tous les avantages que procure l'État.

De nos jours, comme au temps de Fontenelle, la société dominante veut qu'on la mette en possession d'une *science complète du monde*, qui lui permette d'émettre des opinions sur toutes choses sans avoir besoin de traverser une instruction spéciale. Ce qu'elle appelle science est une manière d'inventer la nature à la manière de Descartes, et n'a aucun rapport avec l'approfondissement des problèmes que se pose la véritable science fondée sur la prosaïque réalité. Les thèses cosmologiques de Spencer ou de Haeckel amusent les personnes lettrées, comme des contes mythologiques ; mais les conséquences de l'enthousiasme provoqué par ces contes sont considérables, parce que leurs lecteurs aiment à se figurer que leur esprit est capable de résoudre toutes les difficultés que présente la vie journalière, après avoir résolu toutes celles qui existent dans la cosmologie. De là provient la confiance insensée dans la décision des gens éclairés qui est demeurée une des bases idéologiques de la superstition de l'État moderne.

De nos jours, l'idée que tout peut être soumis à une exposition parfaitement claire n'est guère moins forte que du temps de Descartes ; si l'on s'avise de protester contre l'illusion du rationalisme, on passe immédiatement pour un ennemi de la démocratie. J'ai maintes fois entendu des personnes, qui se vantent de travailler au progrès, déplorer l'enseignement de Bergson et le signaler comme le plus grand danger que puisse avoir à combattre l'esprit moderne.

Pour nos démocrates, comme pour les beaux esprits cartésiens, le progrès ne consiste point dans l'accumulation de moyens techniques, ni même de connaissances scientifiques, mais dans l'ornement de l'esprit qui, débarrassé des préjugés, sûr de lui-même et confiant dans l'avenir, s'est fait une philosophie assurant le bonheur à tous les gens qui possèdent les moyens de vivre largement. L'histoire de l'humanité est une sorte de pédagogie qui amène à passer de l'état sauvage à la vie aristocratique. « Le genre humain, disait Turgot en 1750, considéré depuis son origine, paraît aux yeux d'un philosophe un tout immense qui a, comme chaque individu, *son enfance et ses progrès*. » Condorcet, en reprenant l'œuvre inachevée de Turgot, entrera encore davantage dans cet ordre d'idées : c'est l'histoire de la pédagogie de l'humanité qu'il va essayer de nous décrire [...].

Si le mouvement qui porta, pendant quelques années, les ouvriers les plus intelligents vers les universités populaires avait pris tout le développement qu'on avait espéré (dans la bourgeoisie) lui voir prendre, le socialisme serait tombé dans l'ornière démocratique.

La démocratie ayant pour objectif la disparition des classes et le mélange de tous les citoyens dans une société qui renferme des forces capables de pousser chaque individu par sa naissance, elle aurait partie gagnée si les travailleurs les plus énergiques avaient pour idéal de ressembler aux bourgeois, étaient heureux de recevoir leurs leçons et demandaient aux gens en réputation de leur fournir des idées. Il n'y aurait dès lors aucune raison pour qu'une structure démocratique ne fût pas stable : elle pourrait seulement être ébranlée par des troubles que causerait l'ambition de quelques hommes ; mais elle ne serait pas menacée, comme elle l'est aujourd'hui, dans son principe, par le socialisme. Les démocrates intelligents ont donc raison de faire de si grands efforts pour défendre le prestige des gens de lettres : ils cherchent à diriger l'instruction populaire dans un sens favorable au maintien de ce prestige ; et, à cet effet, au lieu d'apprendre aux ouvriers ce qu'ils ont besoin de savoir pour leur vie de travailleurs, on s'efforce de développer chez eux une vive curiosité pour les choses qui se trouvent seulement dans les livres écrits pour les bourgeois.

Le succès d'une telle pédagogie sera d'autant plus certain que les ouvriers auront un plus humble sentiment de leur infériorité actuelle ; qu'ils regarderont les groupes au milieu desquels vivent les gens de lettres, avec l'admiration béate d'un ancien roturier provincial pour l'ancienne cour ; que la distance qui existe entre la couche des admirateurs les plus nombreux et la couche des faiseurs de réputation sera plus considérable. Lors donc que beaucoup de nos plus fins et de nos plus aristocrates écrivains montrent tant de zèle pour vanter les bienfaits de l'enseignement populaire, il ne faut pas admirer leur *amour pour les humbles,* mais la grande perspicacité avec laquelle ils comprennent l'art de se créer une clientèle. Les universités populaires furent, pendant quelques années, une vaste réclame faite pour faire lire les livres des dreyfusards ; si la réclame n'avait pas été conduite d'une manière aussi scandaleuse, les résultats auraient été probablement plus durables.

Dans l'*Éloge* de Montesquieu, d'Alembert dit que « la partie du public qui *enseigne*, dicta à la partie qui *écoute*, ce qu'elle devait penser et dire » au sujet de *L'esprit des lois.* Cette distinction d'une *Ecclesia docens* et d'une *Ecclesia discens* est encore fondamentale dans nos démocraties : si elles veulent supprimer les classes, elles entendent bien maintenir et au besoin perfectionner les hiérarchies de culture.

Les Illusions du progrès, I, III et II, V.

LAGNEAU

1851-1894

Professeur de philosophie à Vanves, ne séparait pas l'enseignement d'une authentique méditation philosophique. Il ne nous reste de lui que des notes retrouvées dans ses papiers et des cours d'élèves, le tout réuni sous le titre : *Célèbres leçons et fragments* (1950).

La méthode réflexive

Considérant que la pensée se définit par des actes et non par des états, Jules Lagneau emploie en psychologie la méthode réflexive, analyse de la pensée en acte.

167

Il n'y a qu'une puissance, l'âme active ; ses produits sont des actes, non des faits.

Fragments, 32.

La psychologie ne peut avoir pour but de déterminer des propriétés de l'esprit. Car la propriété est ce que l'on conçoit dans la substance, extérieurement à la pensée, pour expliquer le fait, c'est-à-dire ce qui n'est pas pensable. Donc pour la même raison qu'il n'y a pas de fait de pensée, mais que le fait est l'antithèse de la pensée, il n'y a pas de propriétés de l'esprit, ou plutôt il n'y en a qu'une, la propriété de sentir, comme il n'y a qu'une faculté, la pensée même, et, entre l'une et l'autre, les idées, la forme. Mais cette propriété même et cette faculté ne sont saisies que comme idées.

Fragments, 26.

La psychologie n'étudie les objets qu'en tant que pensées, ou plutôt elle étudie l'acte même par lequel on les pense.

Fragments, 8.

La psychologie c'est l'histoire naturelle de l'âme, c'est-à-dire que c'est de l'histoire, par conséquent ce n'est pas une science, mais l'opposé, la négation même d'une science puisqu'elle porte sur ce qui ne se répète jamais, étant la nature. La psychologie, science de faits (tout fait est physique), est une partie de la physique. La psychologie, histoire de la nature spirituelle (psychologie comparée), est une partie, un prolongement de l'histoire naturelle. Enfin, la connaissance de soi-même (psychologie morale) n'est pas une science.

Fragments, 95.

Le véritable objet de la psychologie est la nature universelle de la pensée, en tant qu'elle est susceptible d'explication. Sa méthode est l'analyse réflexive, c'est-à-dire la recherche de la nature intérieure des pensées et la raison de cette nature. Son terme est la résolution des faits psychiques en leurs éléments immédiats, en leur matière également psychique, et l'explication ou l'interprétation métaphysique du composé que l'esprit en avait formé spontanément ; en un mot c'est l'anatomie et la métaphysique de la pensée, en contenant implicitement la physiologie...

Cette analyse a pour résultat de faire connaître les lois statiques, ou formes logiques de la pensée, c'est-à-dire les éléments formels, et aussi les éléments matériels qu'ils ont mission d'élaborer.

Ex. : analyse d'une idée, d'un objet, d'une idée morale, d'un jugement ; d'un sentiment (colère, aversion, orgueil, etc.). Reste ensuite à expliquer ces lois, à en donner le sens et la raison métaphysique (critique, détermination de la valeur objective de la pensée) ; et à tirer de cette étude de la pensée la réponse à ces questions ultimes : qu'est-ce que l'âme ? Dans quel rapport est-elle avec le Tout ?

Cette méthode est à la fois expérimentale par son point de départ qui est dans l'observation, et rationnelle par sa nature propre. La psychologie réflexive présente le caractère universel et déterminé qui manque aux autres formes de la psychologie. Elle est vraiment une science du réel et du libre. Par l'emploi de cette méthode, (elle) n'est pas seulement une science, mais le fondement de toute science, puisqu'elle saisit l'objet dans son union avec le sujet et justifie les principes de toute science. *Fragments*, 24.

L'objet

Aussi Lagneau voit-il dans la perception une activité de l'esprit qui donne forme aux sensations.

168

Tant que nous nous bornons à sentir sans nous représenter un ordre fixe de ce que nous sentons, nous ne saisissons ni objets, ni qualités ; nous sommes simplement passifs et enfermés en nous-mêmes. La perception n'a lieu qu'au moment où nous ne croyons plus sentir, mais saisir les qualités d'un objet extérieur à nous. Mais qu'est-ce que cela, sinon percevoir que toutes les qualités saisies en cet objet sont liées entre elles, sont liées à cet objet ? Et comment percevoir cela sans se représenter que ces qualités différentes se rapportent toutes à la même étendue, si bien que ce qui se modifie dans l'une d'elles doit retentir dans les autres ? C'est la même chose de saisir une qualité et de la saisir comme extérieure, et en même temps comme étant en liaison déterminée avec d'autres, c'est-à-dire de l'apercevoir dans un corps étendu. C'est dans l'acte de nous représenter l'étendue que consiste l'acte de saisir des qualités. Avant cet acte, nous ne faisons que sentir.

Célèbres leçons.

Chaque sensation est par elle-même un état du sujet sentant ; mais elle n'existerait pas en ce sujet s'il n'était en même temps actif, s'il ne possédait pas le pouvoir de réunir entre elles par l'unité de son action ses sensations diverses, et, par suite, de conclure de ces sensations, pures apparences subjectives, qu'on peut à peine dire apparences, aux êtres réels, indépendants de lui, qu'elles manifestent. Cette action, qui est proprement la perception, consiste dans la détermination des qualités de cet être représentées comme liées les unes aux autres dans l'étendue ; et cette détermination suppose à son tour pour être complète la connaissance de l'être extérieur lui-même, sa conception. La perception suppose la pensée.

Célèbres leçons.

Le moi

Le moi apparaît ainsi essentiellement comme un pouvoir de doute et de refus et se caractérise par son universalité.

169

Quelque nécessaire que soit une vérité qui se propose ou même s'impose à la pensée, du moment qu'elle l'affirme vraie elle s'en sépare, s'oppose à elle, se considère par conséquent comme ne s'absorbant pas tout entière en cette vérité, comme n'étant pas d'une nature identique à la sienne, pour mieux dire comme étant quelque chose de plus que tout ce qui a une nature.

De l'existence de Dieu.

Il est impossible de rien prouver qu'à qui veut bien être convaincu. Quelle que soit la vérité que nous reconnaissons à un moment donné, nous pouvons toujours nous demander si elle est vraie, si cette nécessité subie n'est pas qu'un fait. Et, en effet, quelque chose est plus vrai que le théorème du carré de l'hypoténuse, c'est que cette proposition ne se suffit pas, que sans l'esprit elle ne serait rien, elle n'aurait aucun sens, elle retomberait dans le néant. Ainsi toute certitude est impossible à constituer du dehors, c'est la loi de la pensée que la connaissance et la certitude qui lui est liée ne sauraient venir du dehors ; la liberté, c'est le roc inexpugnable.

Célèbres leçons.

Qu'est-ce que nous sommes en réalité ? En apparence, nous consistons dans une succession d'actions, de sentiments ; tout cela n'est qu'apparence s'il n'y a que nous. Si, au fond de tout cela, il y a quelque chose de réel, c'est que ce qui nous constitue absolument, c'est le rapport où nous sommes avec la totalité des autres êtres. Dans l'anthropocentrisme, la réalité consiste dans l'individu que nous sommes. Mais cette réalité, si elle est purement individuelle, est purement subjective, apparente ; dire qu'il n'y a que nous-mêmes, c'est dire que nous ne sommes que des illusions, qu'il n'y a que la sensation actuelle. Au contraire, du moment que nous nous affirmons comme étant réellement, non comme de pures apparences, nous affirmons qu'il y a un être universel duquel nous dépendons, il en résulte que nous ne sommes pas le centre de tout, que notre vraie réalité ne consiste pas dans notre réalité particulière, mais dans ce qui dans elle est universel. Qui est-ce qui nous enseigne qu'il n'y a que le présent, le particulier ? C'est la sensibilité. Si nous disons : je suis, nous franchissons la sphère de l'égoïsme en franchissant celle de l'apparence. Dans l'hypothèse de l'égoïsme l'être n'est qu'apparent. En affirmant que nous sommes, nous affirmons que l'être est ; il en résulte que le centre du monde qui était en nous est déplacé, que nous reconnaissons que notre réalité consiste dans ce qui, en elle, est posé par l'être total duquel elle dépend. Saisir ce que nous sommes véritablement dans cette hypothèse, ce serait donc saisir à un moment donné notre rapport avec le tout absolu, ce serait résoudre notre existence individuelle dans l'existence universelle. Nous ne pouvons être véritablement que si, comme individus, nous ne sommes que pures apparences, tandis que notre vraie réalité consiste dans ce qu'il y a en nous d'universel, et qui se retrouve dans tous les autres.

De l'existence de Dieu.

Le scepticisme et la foi

De là résulte que l'acte premier de l'esprit est un acte de foi en lui-même, par lequel seul on échappe au scepticisme.

170

La certitude est une région profonde où la pensée ne se maintient que par l'action. Mais quelle action ? Il n'y en a qu'une, celle qui combat la nature et la crée ainsi, qui pétrit le moi en le froissant. Le mal c'est l'égoïsme qui est au fond lâcheté. La lâcheté, elle, a deux faces, recherche du plaisir et fuite de l'effort. Agir, c'est combattre. Toute autre action est illusoire et se détruit. Serions-nous seuls au monde, n'aurions-nous plus personne ni rien à quoi nous donner, que la loi resterait la même, et que vivre réellement serait toujours prendre la peine de vivre.

Mais faut-il la prendre et faire la vie au lieu de la subir ? Encore une fois ce n'est pas de l'intelligence que la question relève : nous sommes libres, et, en ce sens, le scepticisme est le vrai. Mais répondre non, c'est faire inintelligibles le monde et soi, c'est décréter le chaos et l'établir en soi d'abord. Or, le chaos n'est rien. Être ou ne pas être, soi et toutes choses, il faut choisir.

Célèbres leçons.

POINCARÉ

1854-1912

Mathématicien, il fut membre de l'Académie des Sciences à trente-trois ans. Son œuvre philosophique consiste en une réflexion sur les méthodes et la valeur de la science.

Principaux ouvrages : *La Science et l'Hypothèse* (1902), *La Valeur de la science* (1905).

Relativisme

La science, selon Henri Poincaré, a pour objet des relations plutôt que des êtres. Mais elle n'en est pas moins objective parce qu'elle réalise l'accord des esprits.

171

Qu'est-ce que la science ? C'est avant tout une classification, une façon de rapprocher des faits que les apparences séparaient, bien qu'ils fussent liés par quelque parenté naturelle et cachée. La science, en d'autres termes, est un système de relations [...].

Donc, quand nous demandons quelle est la valeur objective de la science, cela ne veut pas dire : la science nous fait-elle connaître la véritable nature des choses ? [...].

En résumé, la seule réalité objective, ce sont les rapports des choses d'où résulte l'harmonie universelle. Sans doute ces rapports, cette harmonie ne sauraient être conçus en dehors d'un esprit qui les conçoit ou qui les sent. Mais ils sont néanmoins objectifs parce qu'ils sont, deviendront, ou resteront communs à tous les êtres pensants.

La Valeur de la science.

FREUD

1856-1939

Médecin psychiatre, Freud proposa d'abord la psychanalyse comme une thérapeutique des maladies mentales avant d'en faire une psychologie systématique et même une philosophie.

Œuvres essentielles : *Introduction à la psychanalyse, Essais de psychanalyse, Ma vie et la psychanalyse, Le rêve et son interprétation, Totem et tabou.*

L'inconscient

La grande découverte de Sigmund Freud est celle de l'existence d'un psychisme inconscient.

172

Nous assimilons donc le système de l'inconscient à une grande antichambre, dans laquelle les tendances psychiques se pressent, tels des êtres vivants. A cette antichambre est attenante une autre pièce, plus étroite, une sorte de salon, dans lequel séjourne également la conscience. Mais à l'entrée de l'antichambre dans le salon veille un gardien qui inspecte chaque tendance psychique, lui impose la censure et l'empêche d'entrer au salon si elle lui déplaît [...]. Les tendances qui se trouvent dans l'antichambre réservée à l'inconscient échappent au regard du conscient qui séjourne dans la pièce voisine. Elles sont donc tout d'abord inconscientes. Lorsque, après avoir pénétré jusqu'au seuil, elles sont renvoyées par le gardien, c'est qu'elles sont incapables de devenir conscientes : nous disons alors qu'elles sont refoulées. Mais les tendances auxquelles le gardien a permis de franchir le seuil ne sont pas devenues pour cela nécessairement conscientes ; elles peuvent le devenir si elles réussissent à attirer sur elles le regard de la conscience. Nous appellerons donc cette deuxième pièce : système de la préconscience [...]. L'essence du refoulement consiste en ce qu'une tendance donnée est empêchée par le gardien de pénétrer de l'inconscient dans le préconscient.

Introduction à la psychanalyse, Payot.

L'interprétation des rêves

Grâce à la psychanalyse, exploration de l'inconscient, on peut non seulement expliquer les « actes manqués » ou guérir les névroses, mais aussi comprendre ce remarquable et mystérieux phénomène psychologique qu'est le rêve.

173

La psychanalyse réussit à accomplir une chose qui ne semblait pas d'une grande importance pratique, mais qui devait en réalité mener à une position et à une valorisation entièrement nouvelles dans l'évolution scientifique. Il devint possible de prouver que les rêves ont un sens, et de deviner ce sens. Les rêves, dans l'Antiquité classique, étaient encore estimés très haut comme prédictions de l'avenir ; la science moderne ne voulait pas entendre parler du rêve, elle le reléguait au domaine de la superstition, le déclarait être un simple acte « corporel », une sorte de tressaillement de la vie psychique, par ailleurs endormie. Qu'un savant ayant déjà accompli des travaux scientifiques sérieux puisse entrer en scène comme « interprétateur de rêves », cela semblait donc devoir être exclu. Mais du moment qu'on ne se souciait pas d'une telle condamnation du rêve, qu'on traitait celui-ci comme un symptôme névrotique incompris, une idée délirante ou obsessionnelle, que, se détournant de son contenu apparent, on prenait pour objet de l'association libre ses images isolées, alors on arrivait à un tout autre résultat. On prenait connaissance, par les innombrables associations du rêveur, d'un ensemble de pensées qui ne pouvait plus être appelé absurde ou confus, qui correspondait à un acte psychique de valeur entière et dont le rêve manifeste n'était qu'une traduction déformée, écourtée et mal comprise, le plus souvent une traduction en images visuelles. Ces pensées latentes du rêve contenaient le sens du rêve, le contenu manifeste du rêve n'était qu'une illusion, une façade, d'où l'association à la vérité pouvait partir, mais non pas l'interprétation.

On se trouvait maintenant devoir répondre à toute une série de questions, dont les principales étaient : y a-t-il un motif à la formation du rêve, dans quelles conditions peut-elle s'accomplir, par quelles voies les pensées latentes du rêve toujours pleines de sens sont-elles amenées dans le rêve souvent insensé ? Dans ma *Science des Rêves (Die Traumdeutung)*, publiée en 1900, j'ai tenté de résoudre tous ces problèmes. Il n'y a place ici que pour le plus court sommaire de ces recherches : quand on scrute les pensées que l'on a appris à connaître par l'analyse du rêve, on en découvre une parmi elles qui se détache vivement des autres, compréhensibles et bien connues du dormeur. Ces autres pensées sont des restes de la vie éveillée (restes diurnes) ; dans la pensée isolée cependant se reconnaît un désir souvent très choquant, étranger à la vie éveillée du rêveur, et qu'il accueille en conséquence par des dénégations étonnées ou indignées. Cette aspiration est l'élément proprement formateur du rêve, elle a fourni l'énergie nécessaire à la production du rêve et s'est servie des restes diurnes comme d'un simple matériel ; le rêve ainsi constitué représente une situation où cette aspiration est satisfaite ; le rêve est la réalisation de ce désir. Ce processus n'aurait pas été possible, si quelque chose dans la nature et l'état du sommeil ne le favorisait pas. La condition psychique fondamentale du sommeil est la concentration du moi sur le désir du sommeil, ce qui implique le retrait des investissements de tous les autres intérêts de la vie ; comme en même temps les voies menant à la motilité sont fermées, le moi peut diminuer la quantité d'effort avec laquelle il maintient d'ordinaire les refoulements. L'aspiration inconsciente profite de ce relâchement nocturne du refoulement pour faire irruption avec le rêve dans la conscience. La résistance de refoulement du moi n'est cependant pas non plus supprimée durant le sommeil, elle n'est que diminuée. Un reste en demeure : c'est la censure du rêve qui défend maintenant au désir inconscient de se manifester sous les formes qui lui seraient en réalité adéquates. En vertu de la sévérité de la censure du rêve, les pensées oniriques latentes doivent consentir à des modifications et à des atténuations, qui rendent méconnaissable le sens réprouvé du rêve. Là, gît l'explication de la déformation du rêve, à laquelle le rêve manifeste doit ses caractères les plus frappants. Ce qui justifie cette proposition : le rêve est la réalisation (déguisée) d'un désir (refoulé). Nous reconnaissons déjà que le rêve est construit comme un symptôme névrotique, qu'il est une formation de compromis entre l'exigence d'une aspiration instinctive refoulée et la résistance d'une puissance censurante dans le moi. En vertu d'une genèse semblable, il est tout aussi incompréhensible que le symptôme et réclame comme lui une interprétation.

Ma vie et la psychanalyse, Gallimard.

Psychanalyse de l'art

Les mêmes principes permettent aussi de comprendre les œuvres esthétiques.

174

Une série d'incitations me vint du complexe d'Œdipe, dont je reconnus peu à peu l'ubiquité. Le choix, voire la création du thème sinistre, avait toujours semblé une énigme, de même son action bouleversante sur les spectateurs du drame antique qui en est tiré, ainsi que l'essence de la tragédie du destin en général : tout ceci s'expliquait en comprenant qu'une loi de la vie psychique avait ici été saisie dans sa pleine importance affective. La fatalité et l'oracle n'étaient que les matérialisations de la nécessité interne ; le fait que le héros péchait sans le savoir et contre son intention constituait la juste expression de la nature inconsciente de ses aspirations criminelles. De la compréhension de cette tragédie du destin, il ne restait qu'un pas à faire jusqu'à l'intelligence de la tragédie de caractère qu'est Hamlet, admirée depuis trois cents ans sans qu'on puisse en indiquer le sens ou comprendre les mobiles du poète. Il est donc remarquable que ce névrosé créé par le poète échoue sur le complexe d'Œdipe, comme ses innombrables confrères du monde réel, car Hamlet est mis en face du devoir de venger sur un autre les deux actes qui constituent l'essence de l'aspiration œdipienne, sur quoi son propre et obscur sentiment de culpabilité vient paralyser son bras. Hamlet a été écrit par Shakespeare bientôt après la mort de son père [...].

On était ainsi conduit à aborder l'analyse de la production littéraire et artistique en général. On reconnut que le royaume de l'imagination était une « réserve », organisée lors du passage douloureusement ressenti du principe du plaisir au principe de réalité, afin de permettre un substitut à la satisfaction instinctive à laquelle il fallait renoncer dans la vie réelle. L'artiste, comme le névropathe, s'était retiré loin de la réalité décevante dans ce monde imaginaire, mais à l'inverse du névropathe il s'entendait à trouver le chemin du retour et à reprendre pied dans la réalité. Ses créations, les œuvres d'art étaient les satisfactions imaginaires de désirs inconscients, tout comme les rêves, avec lesquels elles avaient d'ailleurs en commun le caractère d'être un compromis, car elles aussi devaient éviter le conflit à découvert avec les puissances de refoulement. Mais, à l'inverse des productions asociales narcissiques du rêve, elles pouvaient compter sur la sympathie des autres hommes, étant capables d'éveiller et de satisfaire chez eux les mêmes inconscientes aspirations de désir. De plus, elles se servaient, comme « prime de séduction », du plaisir attaché à la perception de la beauté de la forme. Ce que la psychanalyse pouvait faire, c'était : d'après les rapports réciproques des impressions vitales, des vicissitudes fortuites et des œuvres de l'artiste, reconstruire sa constitution et les aspirations instinctives en lui agissantes, c'est-à-dire ce qu'il présentait d'éternellement humain. C'est dans une telle intention que je pris par exemple Léonard de Vinci pour objet d'une étude, étude qui repose sur un seul souvenir d'enfance dont il nous fit part, et qui tend principalement à élucider son tableau de la Sainte-Anne. Mes amis et élèves ont depuis entrepris de nombreuses analyses semblables d'artistes et de leurs œuvres. La jouissance que l'on tire des œuvres d'art n'a pas été gâtée par la compréhension analytique ainsi obtenue.

Ma vie et la psychanalyse, Gallimard.

Névrose et société

Assimilant les rites totémiques et les phénomènes de tabou à des processus psychiques obsessionnels, Freud soutient qu'il n'y a pas d'instinct social primaire et que les tendances sociales sont dérivées des tendances sexuelles avec lesquelles pourtant elles entrent en conflit.

175

La psychanalyse confirme ici l'opinion des personnes pieuses qui prétendent que nous sommes tous de grands pécheurs. Comment expliquerions-nous maintenant cette noblesse inattendue du névrosé qui ne craint rien pour lui-même et qui craint tout pour une personne aimée ? Au début de son affection, le malade, comme le sauvage, redoute la menace du châtiment pour lui-même, tremble pour sa propre vie, et c'est seulement plus tard que la crainte de la mort se trouve déplacée sur une autre personne. Le processus est quelque peu compliqué, mais nous pouvons en embrasser toutes les phases. A la base de la prohibition se trouve généralement un mauvais désir, un souhait de mort formulé contre une personne aimée. Ce désir est refoulé par une prohibition ; mais celle-ci est rattachée à une certaine action qui, par suite d'un déplacement, se substitue à l'action hostile à l'égard de la personne aimée et dont l'exécution est menacée de la peine de mort. Mais le processus subit un développement ultérieur, à la suite duquel le souhait de mort formulé contre une personne aimée est remplacé par la crainte de voir cette personne mourir. En faisant preuve d'un tendre altruisme, la névrose ne fait donc que *compenser* l'attitude opposée qui est à sa base et qui est celle d'un brutal égoïsme. Si nous donnons le nom de *sociaux* aux sentiments se rapportant à d'autres personnes, sans qu'il s'y mêle aucun élément sexuel, nous pouvons dire que la disparition de ces facteurs sociaux constitue un trait fondamental de la névrose, trait qui se trouve masqué à une phase ultérieure par une sorte de sur-compensation.

Sans nous appesantir sur l'origine de ces tendances sociales et sur leurs rapports avec les autres tendances fondamentales de l'homme, nous voulons mettre en relief, en nous appuyant sur un exemple, le deuxième caractère fondamental de la névrose. Dans ses manifestations extérieures, le tabou présente la plus grande ressemblance avec le délire du toucher des névrosés. Or dans le délire du toucher il s'agit régulièrement de la prohibition de contacts sexuels, et la psychanalyse a montré, d'une façon générale, que les tendances qui, dans la névrose, subissent une dérivation et un déplacement sont d'origine sexuelle. Dans un tabou, le contact prohibé n'a pas, selon toute évidence, une signification uniquement sexuelle : ce qui est encore prohibé, c'est le fait d'affirmer, d'imposer, de faire valoir sa propre personne. Lorsqu'il est défendu de toucher au chef ou à des objets avec lesquels il s'est trouvé en contact, on cherche par cette prohibition à inhiber une impulsion qui s'exprime dans d'autres occasions par une surveillance serrée du chef, voire par des services corporels qui lui sont infligés avant son couronnement [...]. *C'est ainsi que la prédominance des tendances sexuelles sur les tendances sociales constitue le trait caractéristique de la névrose.* Mais les tendances sociales elles-mêmes ne sont nées que du mélange d'éléments égoïstes et érotiques.

Cette dernière comparaison entre le tabou et la névrose obsessionnelle montre déjà les rapports qui existent entre les diverses formes de névrose et les formations sociales, ainsi que l'importance que présente l'étude de la psychologie des névroses pour l'intelligence du développement de la civilisation.

D'une part, les névroses présentent des analogies frappantes et profondes avec les grandes productions sociales de l'art, de la religion et de la philosophie ; d'autre part, elles apparaissent comme des déformations de ces productions. On pourrait presque dire qu'une hystérie est une œuvre d'art déformée, qu'une névrose obsessionnelle est une religion déformée et une manie paranoïaque un système philosophique déformé. Ces déformations s'expliquent, en dernière analyse, par le fait que les névroses sont des formations asociales, qu'elles cherchent à réaliser avec des moyens particuliers ce que la société réalise par le travail collectif. En analysant les tendances qui sont à la base des névroses, on trouve que les tendances sexuelles y jouent un rôle décisif, tandis que les formations sociales dont il a été question plus haut reposent sur des tendances nées d'une rencontre de facteurs égoïstes et de facteurs érotiques. Le besoin sexuel est impuissant à unir les hommes, comme le font les exigences de la conservation ; la satisfaction sexuelle est avant tout une affaire privée, individuelle.

Au point de vue génétique, la nature asociale de la névrose découle de sa tendance originelle à fuir la réalité qui n'offre pas de satisfactions, pour se réfugier dans un monde imaginaire, plein de promesses alléchantes. Dans ce monde réel que le névrosé fuit, règne la société humaine, avec toutes les institutions créées par le travail collectif ; en se détournant de cette réalité, le névrosé s'exclut lui-même de la communauté humaine.

Totem et tabou, II, Payot.

La civilisation

Un problème se pose alors dans le freudisme qui est celui de la conciliation du bonheur de l'individu (« bonheur signifie satisfaction des instincts ») et de la civilisation (qui est répression des instincts, et notamment de l'agressivité et de la sexualité).

176

L'une des formes sous laquelle l'amour se manifeste, l'amour sexuel, nous a fait éprouver avec le plus d'intensité un plaisir subjuguant et, par là, nous a fourni le prototype de notre aspiration au bonheur. Quoi de plus naturel que de continuer à le chercher sur le chemin même où, pour la première fois, nous l'avons rencontré ? [...]. La vie sexuelle de l'être civilisé est, malgré tout, gravement lésée ; elle donne parfois l'impression d'une fonction à l'état d'involution [...]. On est vraisemblablement en droit d'admettre qu'elle a sensiblement diminué d'importance en tant que source de bonheur, en tant, par conséquent, que réalisation de notre objectif vital.

Malaise dans la civilisation, Denoël et Steele.

Il est curieux que les hommes, qui savent si mal vivre dans l'isolement, se sentent cependant lourdement opprimés par les sacrifices que la civilisation attend d'eux afin de leur rendre possible la vie en commun. La civilisation doit ainsi être défendue contre l'individu, et son organisation, ses institutions et ses lois se mettent au service de cette tâche ; elles n'ont pas pour but de la maintenir ; elles doivent, de fait, protéger contre les impulsions hostiles des hommes tout ce qui sert à maîtriser la nature et à produire les richesses. Les créations de l'homme sont aisées à détruire, et la science et la technique qui les ont édifiées peuvent aussi servir à leur anéantissement. On acquiert ainsi l'impression que la civilisation est quelque chose d'imposé à une majorité récalcitrante par une minorité ayant compris comment s'approprier les moyens de puissance et de coercition [...].

Quelle ingratitude, quelle courte vue que d'aspirer à l'abolition de la culture ! Ce qui resterait alors serait l'état de nature et celui-ci est de beaucoup plus difficile à supporter. Il est vrai que la nature ne nous demande pas de restreindre nos instincts, elle leur laisse toute liberté ; mais elle a sa manière, et particulièrement efficace, de nous restreindre ; elle nous détruit froidement, cruellement, brutalement d'après nous, et ceci justement, parfois, à l'occasion de nos satisfactions. C'est précisément à cause de ces dangers que nous nous sommes rapprochés et avons créé la civilisation [...].

Mais, quand une civilisation n'a pas dépassé le stade où la satisfaction d'une partie de ses participants a pour condition l'oppression des autres, peut-être de la majorité, ce qui est le cas pour toutes les civilisations actuelles, il est compréhensible qu'au cœur des opprimés grandisse une hostilité intense contre la civilisation rendue possible par leur labeur, mais aux ressources de laquelle ils ont une trop faible part. On ne peut alors s'attendre à trouver une intériorisation des interdictions culturelles chez ces opprimés ; ils sont bien plutôt prêts à ne pas reconnaître ces interdictions ; ils tendent à détruire la civilisation elle-même, même à nier éventuellement les bases sur lesquelles elle repose. Ces classes sont si manifestement hostiles à la culture que l'hostilité latente des classes mieux partagées a, par conséquent, passé inaperçue. Inutile de dire qu'une civilisation qui laisse insatisfait un aussi grand nombre de ses participants n'a aucune perspective de se maintenir et ne le mérite pas.

L'Avenir d'une illusion, Denoël et Steele.

SAUSSURE

1857-1913

Universitaire et linguiste suisse dont les travaux ont exercé une influence considérable sur le développement contemporain des sciences humaines.

Œuvre principale : *Cours de linguistique générale* (1916).

Langue et parole

Selon Ferdinand de Saussure, l'étude du langage comporte deux parties : l'une, essentielle et uniquement psychique, a pour objet la langue, *sociale dans son essence et indépendante de l'individu ; l'autre, secondaire et psycho-physique, a pour objet la* parole, *partie individuelle du langage.*

177

En séparant la langue de la parole, on sépare du même coup : 1° ce qui est social de ce qui est individuel ; 2° ce qui est essentiel de ce qui est accessoire et plus ou moins accidentel.

La langue n'est pas une fonction du sujet parlant, elle est le produit que l'individu enregistre passivement ; elle ne suppose jamais de préméditation, et la réflexion n'y intervient que pour l'activité de classement dont il sera question plus loin.

La parole est au contraire un acte individuel de volonté et d'intelligence, dans lequel il convient de distinguer : 1° les combinaisons par lesquelles le sujet parlant utilise le code de la langue en vue d'exprimer sa pensée personnelle ; 2° le mécanisme psycho-physique qui lui permet d'extérioriser ces combinaisons.

Il est à remarquer que nous avons défini des choses et non des mots ; les distinctions établies n'ont donc rien à redouter de certains termes ambigus qui ne se recouvrent pas d'une langue à l'autre. Ainsi en allemand *Sprache* veut dire « langue » et « langage » ; *Rede* correspond à peu près à « parole », mais y ajoute le sens spécial de « discours ». En latin *sermo* signifie plutôt « langage » et « parole », tandis que *lingua* désigne la langue, et ainsi de suite. Aucun mot ne correspond exactement à l'une des notions précisées plus haut ; c'est pourquoi toute définition faite à propos d'un mot est vaine ; c'est une mauvaise méthode que de partir des mots pour définir les choses.

Récapitulons les caractères de la langue :

1° Elle est un objet bien défini dans l'ensemble hétéroclite des faits de langage. On peut la localiser dans la portion déterminée du circuit où une image auditive vient s'associer à un concept. Elle est la partie sociale du langage, extérieure à l'individu, qui à lui seul ne peut ni la créer ni la modifier ; elle n'existe qu'en vertu d'une sorte de contrat passé entre les membres de la communauté. D'autre part, l'individu a besoin d'un apprentissage pour en connaître le jeu ; l'enfant ne se l'assimile que peu à peu. Elle est si bien une chose distincte qu'un homme privé de l'usage de la parole conserve la langue, pourvu qu'il comprenne les signes vocaux qu'il entend.

2° La langue, distincte de la parole, est un objet qu'on peut étudier séparément. Nous ne parlons plus les langues mortes, mais nous pouvons fort bien nous assimiler leur organisme linguistique. Non seulement la science de la langue peut se passer des autres éléments du langage, mais elle n'est possible que si ces autres éléments n'y sont pas mêlés.

3° Tandis que le langage est hétérogène, la langue ainsi délimitée est de nature homogène : c'est un système de signes où il n'y a d'essentiel que l'union du sens et de l'image acoustique, et où les deux parties du signe sont également psychiques.

4° La langue n'est pas moins que la parole un objet de nature concrète, et c'est un grand avantage pour l'étude. Les signes linguistiques, pour être essentiellement psychiques, ne sont pas des abstractions ; les associations ratifiées par le consentement collectif, et dont l'ensemble constitue la langue, sont des réalités qui ont leur siège dans le cerveau. En outre, les signes de la langue sont pour ainsi dire tangibles ; l'écriture peut les fixer dans des images conventionnelles, tandis qu'il serait impossible de photographier dans tous leurs détails les actes de la parole ; la phonation d'un mot, si petit soit-il, représente une infinité de mouvements musculaires, extrêmement difficiles à connaître et à figurer. Dans la langue, au contraire, il n'y a plus que l'image acoustique, et celle-ci peut se traduire en une image visuelle constante. Car si l'on fait abstraction de cette multitude de mouvements nécessaires pour la réaliser dans la parole, chaque image acoustique n'est, comme nous le verrons, que la somme d'un nombre limité d'éléments ou phonèmes, susceptibles à leur tour d'être évoqués par un nombre correspondant de signes dans l'écriture. C'est cette possibilité de fixer les choses relatives à la langue qui fait qu'un dictionnaire et une grammaire peuvent en être une représentation fidèle, la langue étant le dépôt des images acoustiques, et l'écriture la forme tangible de ces images.

Cours de linguistique générale, Payot.

Synchronie et diachronie

Comparant le jeu de la langue à une partie d'échecs, Saussure précise sa conception d'une linguistique synchronique et d'une linguistique diachronique, la synchronie désignant un état de langue et la diachronie une phase d'évolution.

178

Une partie d'échecs est comme une réalisation artificielle de ce que la langue nous présente sous une forme naturelle.

Voyons la chose de plus près.

D'abord un état du jeu correspond bien à un état de la langue. La valeur respective des pièces dépend de leur position sur l'échiquier, de même que dans la langue chaque terme a sa valeur par son opposition avec tous les autres termes.

En second lieu, le système n'est jamais que momentané ; il varie d'une position à l'autre. Il est vrai que les valeurs dépendent aussi et surtout d'une convention immuable, la règle du jeu, qui existe avant le début de la partie et persiste après chaque coup. Cette règle admise une fois pour toutes existe aussi en matière de langue ; ce sont les principes constants de la sémiologie.

Enfin, pour passer d'un équilibre à l'autre, ou – selon notre terminologie – d'une synchronie à l'autre, le déplacement d'une pièce suffit ; il n'y a pas de remue-ménage général. Nous avons là le pendant du fait diachronique avec toutes ses particularités. En effet :

a) Chaque coup d'échecs ne met en mouvement qu'une seule pièce ; de même dans la langue les changements ne portent que sur des éléments isolés.

b) Malgré cela le coup a un retentissement sur tout le système ; il est impossible au joueur de prévoir exactement les limites de cet effet. Les changements de valeurs qui en résulteront seront, selon l'occurrence, ou nuls, ou très graves, ou d'importance moyenne. Tel coup peut révolutionner l'ensemble de la partie et avoir des conséquences même pour les pièces momentanément hors de cause. Nous venons de voir qu'il en est exactement de même pour la langue.

c) Le déplacement d'une pièce est un fait absolument distinct de l'équilibre précédent et de l'équilibre subséquent. Le changement opéré n'appartient à aucun de ces deux états : or les états sont seuls importants.

Dans une partie d'échecs, n'importe quelle position donnée a pour caractère singulier d'être affranchie de ses antécédents ; il est totalement indifférent qu'on y soit arrivé par une voie ou par une autre ; celui qui a suivi toute la partie n'a pas le plus léger avantage sur le curieux qui vient inspecter l'état du jeu au moment critique ; pour décrire cette position, il est parfaitement inutile de rappeler ce qui vient de se passer dix secondes auparavant. Tout ceci s'applique également à la langue et consacre la distinction radicale du diachronique et du synchronique. La parole n'opère jamais que sur un état de langue, et les changements qui interviennent entre les états n'y ont eux-mêmes aucune place.

Il n'y a qu'un point où la comparaison soit en défaut ; le joueur d'échecs *a l'intention* d'opérer le déplacement et d'exercer une action sur le système ; tandis que la langue ne prémédite rien ; c'est spontanément et fortuitement que ses pièces à elles se déplacent – ou plutôt se modifient ; l'umlaut de *Hände* pour *hanti*, de *Gäste* pour *gasti* (voir plus haut), a produit une nouvelle formation de pluriel, mais a fait surgir aussi une forme verbale comme *trägt* pour *tragit*, etc. Pour que la partie d'échecs ressemblât en tout point au jeu de la langue, il faudrait supposer un joueur inconscient ou inintelligent. D'ailleurs cette unique différence rend la comparaison encore plus instructive, en montrant l'absolue nécessité de distinguer en linguistique les deux ordres de phénomènes. Car, si des faits diachroniques sont irréductibles au système synchronique qu'ils conditionnent, lorsque la volonté préside à un changement de ce genre, à plus forte raison le seront-ils lorsqu'ils mettent une force aveugle aux prises avec l'organisation d'un système de signes.

Ibid.

DURKHEIM

1858-1917

Universitaire, Émile Durkheim a voulu reprendre l'idée d'Auguste Comte et créer une sociologie scientifique ; enseigna aussi la pédagogie.

Principaux ouvrages : *La Division du travail social* (1893), *Les Règles de la méthode sociologique* (1895), *Les Formes élémentaires de la vie religieuse* (1912), *L'Education morale* (1925).

Le sociologisme

Parti d'une étude scientifique des faits sociaux (« il faut considérer les faits sociaux comme des choses ») Durkheim finit par expliquer l'homme tout entier par la société. C'est ainsi qu'il voit dans la raison ou dans la morale des produits sociaux.

179

Les représentations sensibles sont dans un flux perpétuel ; elles se poussent les unes les autres comme les flots d'un fleuve et, même pendant le temps qu'elles durent, elles ne restent pas semblables à elles-mêmes. Chacune d'elles est fonction de l'instant précis où elle a lieu. Nous ne sommes jamais assurés de retrouver une perception telle que nous l'avons éprouvée une première fois ; car si la chose perçue n'a pas changé, c'est nous qui ne sommes plus le même homme. Le concept, au contraire, est comme en dehors du temps et du devenir ; il est soustrait à toute cette agitation ; on dirait qu'il est situé dans une région différente de l'esprit, plus sereine et plus calme. Il ne se meut pas de lui-même, par une évolution interne et spontanée ; au contraire, il résiste au changement. C'est une manière de penser qui, à chaque moment du temps, est fixée et cristallisée. Dans la mesure où il est ce qu'il doit être, il est immuable. S'il change, ce n'est pas qu'il soit dans sa nature de changer ; c'est que nous avons découvert en lui quelque imperfection ; c'est qu'il a besoin d'être rectifié. Le système de concepts avec lequel nous pensons dans la vie courante est celui qu'exprime le vocabulaire de notre langue maternelle ; car chaque mot traduit un concept. Or, la langue est fixée ; elle ne change que très lentement et, par conséquent, il en est de même de l'organisation conceptuelle qu'elle exprime [...].

En même temps qu'il est relativement immuable, le concept est, sinon universel, du moins universalisable. Un concept n'est pas mon concept ; il m'est commun avec d'autres hommes ou, en tout cas, il peut leur être communiqué. Il m'est impossible de faire passer une sensation de ma conscience dans la conscience d'autrui ; elle tient étroitement à mon organisme et à ma personnalité et elle n'en peut être détachée [...]. Au contraire, la conversation, le commerce intellectuel entre les hommes consiste dans un échange de concepts. Le concept est une représentation essentiellement impersonnelle : c'est par lui que les intelligences humaines communient.

La nature du concept, ainsi défini, dit ses origines. S'il est commun à tous, c'est qu'il est l'œuvre de la communauté.

Formes élémentaires de la vie religieuse, P.U.F.

Toutes les fois que nous délibérons pour savoir comment nous devons agir, il y a une voix qui parle en nous et qui nous dit : voilà ton devoir. Et quand nous avons manqué à ce devoir qui nous a été ainsi présenté, la même voix se fait entendre et proteste contre notre acte. Parce qu'elle nous parle sur le ton du commandement, nous sentons bien qu'elle doit émaner de quelque être supérieur à nous ; mais cet être, nous ne voyons pas clairement qui il est, ni ce qu'il est. C'est pourquoi l'imagination des peuples, pour pouvoir s'expliquer cette voix mystérieuse, dont l'accent n'est pas celui avec lequel parle une voix humaine, l'imagination des peuples l'a rapportée à des personnalités transcendantes, supérieures à l'homme, qui sont devenues l'objet du culte, le culte n'étant en définitive que le témoignage extérieur de l'autorité qui leur était reconnue. Il nous appartient, à nous, de dépouiller cette conception des formes mythiques dans lesquelles elle s'est enveloppée au cours de l'histoire, et, sous le symbole, d'atteindre la réalité. Cette réalité, c'est la société. C'est la société qui, en nous formant moralement, a mis en nous ces sentiments qui nous dictent si impérativement notre conduite, ou qui réagissent avec cette énergie, quand nous refusons de déférer à leurs injonctions. Notre conscience morale est son œuvre et l'exprime ; quand notre conscience parle, c'est la société qui parle en nous. Or, le ton dont elle nous parle est la meilleure preuve de l'autorité exceptionnelle dont elle est investie.

Le devoir, c'est la morale en tant qu'elle commande ; c'est la morale conçue comme une autorité à laquelle nous devons obéir, parce qu'elle est une autorité et pour cette seule raison. Le bien est la morale conçue comme une chose bonne, qui attire à elle la volonté, qui provoque les spontanéités du désir. Or, il est aisé de voir que le devoir, c'est la société en tant qu'elle nous impose ses règles, assigne des bornes à notre nature ; tandis que le bien, c'est la société, mais en tant qu'elle est une réalité plus riche que la nôtre, et à laquelle nous ne pouvons nous attacher, sans qu'il en résulte un enrichissement de notre être.

L'Éducation morale, P.U.F.

LÉVY-BRUHL

1857-1939

Philosophe et universitaire français, se rattache à l'école sociologique durkheimienne.

Principales œuvres : *La morale et la science des mœurs* (1903), *La mentalité primitive* (1922).

La morale et les mœurs

Disciple de Durkheim, Lucien Lévy-Bruhl voit dans la morale un fait social donné qu'il s'agit d'étudier d'une manière positive. La notion classique de morale naturelle se trouve ainsi condamnée.

180

A l'ancienne division de la morale en théorique et pratique, une conception plus conforme aux analogies scientifiques tend à substituer, d'une part, la science ou le groupe de sciences dont l'objet est la réalité sociale, d'autre part l'art rationnel fondé sur cette science.

[...] En premier lieu, il ne saurait être question, pour les philosophes, de « fonder » la morale. Cette prétention excessive, mais en un certain sens respectable, puisqu'elle provenait d'un besoin de rationaliser l'action, a toujours été illusoire. La morale n'a pas plus besoin d'être « fondée » que la « nature » au sens physique du mot. Toutes deux ont une existence de fait, qui s'impose à chaque sujet individuel, et qui ne lui permet pas de douter de leur objectivité.

Pour ce qui est de la nature physique, cela est trop clair. Pour la « nature » sociale, en peut-on douter davantage ? A un individu normal, vivant dans une société quelle qu'elle soit, dans la nôtre par exemple, une réalité sociale s'impose, qui lui préexistait et qui lui survivra. Il n'en connaît ni l'origine ni la structure. Obligations, interdictions, mœurs, lois, usages mêmes et convenances, il lui faut se conformer à toutes ces prescriptions, sous peine de sanctions diverses, tantôt extérieures, tantôt intimes, plus ou moins déterminées, plus ou moins diffuses, mais qui se font sentir de la façon la plus incontestable par les effets qu'elles produisent et l'intimidation qu'elles exercent. Libre aux philosophes de concevoir une métaphysique des mœurs, comme ils conçoivent une métaphysique de la nature. Mais, de même qu'il ne se trouve plus aujourd'hui de métaphysicien pour confondre sa spéculation avec l'œuvre de la science proprement dite, qui se borne patiemment, et avec une humilité glorieuse, à étudier les phénomènes donnés et leurs lois ; de même, la métamorale, si elle subsiste, devra désormais se distinguer de la science, ou plutôt du groupe complexe de sciences qui se proposent l'étude positive de la réalité sociale. Cette réalité n'est pas plus que l'autre à « construire » ni à « fonder ». Elle est simplement, comme l'autre, à observer, à analyser et à ramener à des lois [...].

[...] Il suit de là que l'idée d'une « morale naturelle » doit faire place à l'idée que toutes les morales existantes sont naturelles. Elles le sont toutes au même titre, quel que soit le rang que chacune occupe dans une classification établie par nous. La morale des sociétés australiennes est aussi naturelle que celle de la Chine, la morale chinoise aussi naturelle que celles de l'Europe et de l'Amérique : chacune est précisément ce qu'elle pouvait être d'après l'ensemble des conditions données. Nous sommes habitués à entendre « morale naturelle » dans un sens différent. Ce mot signifie pour nous que toute conscience humaine reçoit, par cela seul qu'elle est humaine, une lumière spéciale qui lui découvre la distinction du bien et du mal. Prêts à admettre (comme les faits d'ailleurs nous y contraignent) que cette lumière peut être obscurcie de mille manières, et presque entièrement, dans les sociétés sauvages, corrompues ou dégénérées, nous n'en sommes pas moins persuadés qu'il suffirait d'enlever ce qui l'offusque pour qu'elle recommençât à briller. En un mot, nous croyons que l'homme est naturellement moral, au même titre qu'il est naturellement raisonnable. Cette croyance est au fond des doctrines philosophiques qui étudient la « raison pratique ». Mais elle repose elle-même sur une confusion d'idées. Sans doute, l'homme est naturellement moral, si l'on entend par là que l'homme vit partout en société, et que dans toute société il y a des mœurs, des usages qui s'imposent, des obligations, des tabous. Mais on ne fait ainsi que constater un fait qui se vérifie dans tous les temps et dans tous les lieux. Et cela n'équivaut nullement à dire que la moralité est naturelle à l'homme, si on entend par cette formule qu'il y a dans sa conscience une révélation plus ou moins nette d'un ordre moral, par une sorte de privilège attaché à sa qualité d'être raisonnable ou responsable.

La morale et la science des mœurs.

JAURÈS

1859-1914

Matérialiste et humaniste, il fut, après sa thèse de doctorat (*De la réalité du monde sensible*, 1891), l'un des fondateurs du parti socialiste.

La part de l'idéal dans l'évolution

Philosophe, Jean Jaurès distingue l'évolution, qui est simple changement, du progrès, qui est un changement orienté vers un idéal, et soutient qu'on ne peut comprendre l'histoire sans tenir compte des aspirations profondes de l'homme.

181

Il ne suffit pas de dire qu'une forme de la production succède à une autre forme de la production ; il ne suffit pas de dire que l'esclavage a succédé à l'anthropophagie, que le servage a succédé à l'esclavage, que le salariat a succédé au servage et que le régime collectiviste ou communiste succédera au salariat. Non, il faut encore se prononcer. Y a-t-il évolution ou progrès ? Et s'il y a progrès, quelle est l'idée décisive et dernière à laquelle on mesure les diverses formes du développement humain ? Et encore, si l'on veut écarter, comme trop métaphysique, cette idée du progrès, pourquoi le mouvement de l'histoire a-t-il été ainsi réglé de forme en forme, d'étape économique en étape économique, de l'anthropophagie à l'esclavage, de l'esclavage au servage, du servage au salariat, du salariat au régime socialiste et non pas d'une autre façon. Pourquoi ? en vertu de quel ressort, je ne dis pas en vertu de quel décret providentiel, puisque je reste dans la conception matérielle et positive de l'histoire, mais pourquoi, de forme en forme, le développement humain a-t-il suivi telle direction et non pas telle autre ?

Pour moi, la raison en est simple, si l'on veut admettre l'action de l'homme comme homme, l'action de ces forces humaines initiales dont j'ai parlé [...].

Dès lors, on comprend, puisque tout le mouvement de l'histoire résulte de la contradiction essentielle entre l'homme et l'usage qui est fait de l'homme, que ce mouvement tende, comme à sa limite, à un ordre économique où il sera fait de l'homme un usage conforme à l'homme. C'est l'humanité qui, à travers des formes économiques qui répugnent de moins en moins à son idée, se réalise elle-même. Et il y a dans l'histoire humaine non seulement une évolution nécessaire mais une direction intelligible et un sens idéal. Donc, tout le long des siècles, l'homme n'a pu aspirer à la justice qu'en aspirant à un ordre social moins contradictoire à l'homme que l'ordre présent, [...] et ainsi l'évolution de ses idées morales est bien réglée par l'évolution des formes économiques, mais en même temps, à travers tous ces arrangements successifs, l'humanité se cherche et s'affirme elle-même, et quelle que soit la diversité des milieux, des temps, des revendications économiques, c'est un même souffle de plainte et d'espérance qui sort de la bouche de l'esclave, du serf et du prolétaire ; c'est le souffle immortel d'humanité qui est l'âme même de ce qu'on appelle le droit. Il ne faut donc pas opposer la conception matérialiste à la conception idéaliste de l'histoire. Elles se confondent en un développement unique et indissoluble, parce que si on ne peut abstraire l'homme des rapports économiques, on ne peut abstraire les rapports économiques de l'homme, et l'histoire, en même temps qu'elle est un phénomène qui se déroule selon une loi mécanique, est une aspiration qui se réalise selon une loi idéale.

Conférence aux étudiants socialistes, 1894.

HUSSERL

1859-1938

Universitaire et philosophe allemand, fondateur de la phénoménologie dont l'influence a été grande sur la philosophie contemporaine.

Œuvres principales : *Idées directrices pour une phénoménologie* (1913), *Méditations cartésiennes* (1931).

Moi psychologique et moi transcendantal

*Edmund Husserl voit dans l'*époché, *ou « mise entre parenthèses » du monde objectif, la méthode universelle et radicale qui permet au sujet de se saisir comme « moi pur ». En un sens, il se rattache donc à Descartes, mais il s'en sépare par le refus du substantialisme de l'* ego cogito.

182

[...] On ne devra penser à aucun titre que, dans notre moi pur apodictique, nous ayons réussi à sauver une petite parcelle du monde, parcelle qui, pour le moi philosophique, serait la seule chose du monde non sujette au doute, et qu'il s'agisse maintenant de reconquérir, par des déductions bien menées et suivant les principes innés à l'*ego*, tout le reste du monde.

Malheureusement, c'est ce qui arrive à Descartes, par suite d'une confusion, qui semble peu importante, mais n'en est que plus funeste, qui fait de l'*ego* une *substantia cogitans* séparée, un *mens sive animus* humain, point de départ de raisonnements de causalité. C'est cette confusion qui a fait de Descartes le père de ce contresens philosophique qu'est le réalisme transcendantal [...]. Rien de pareil ne nous arrivera, si nous restons fidèle au radicalisme du retour sur nous-même et par là au principe de l'« intuition » (ou évidence) pure, et si, par conséquent, nous ne faisons valoir que ce qui nous est donné réellement – et immédiatement – dans le champ de l'*ego cogito* que l'*épochè* nous a ouvert, donc si nous évitons d'énoncer ce que nous ne « voyons » pas nous-même. A ce principe Descartes ne s'est pas entièrement conformé.

C'est pourquoi, ayant, en un certain sens, déjà fait la plus grande des découvertes, Descartes n'en saisit pas le sens propre, celui de la subjectivité transcendantale. Il ne franchit pas le portique qui mène à la philosophie transcendantale véritable.

Si je garde dans sa pureté ce qui, par la libre *épochè* à l'égard de l'existence du monde empirique, s'offre à mon regard à moi, sujet méditant, je saisis un fait significatif : c'est que moi-même et ma vie propre demeurent intacts (quant à la position de leur être qui reste valable) quoi qu'il en soit de l'existence ou de la non-existence du monde, et quel que puisse être le jugement que je porterai sur ce sujet. Ce moi et sa vie psychique, que je garde nécessairement malgré l'*épochè* ne sont pas une partie du monde ; et si ce moi dit : Je suis, *Ego cogito*, cela ne veut plus dire : Je, en tant que cet homme, suis. « Moi », ce n'est plus l'homme qui se saisit dans l'intuition naturelle de soi en tant qu'homme naturel, ni encore l'homme qui, limité par abstraction aux données pures de l'expérience « interne » et purement psychologique, saisit son propre *mens sive animus sive intellectus* ni même l'âme d'elle-même prise séparément. Dans ce mode d'aperception « naturelle », moi et tous les autres hommes servent d'objet aux sciences positives ou objectives au sens ordinaire du terme, telles la biologie, l'anthropologie et la *psychologie* empirique. La vie psychique, dont parle la psychologie, a toujours été conçue comme vie psychique *dans le monde*. Cela vaut manifestement aussi pour ma vie propre, telle que nous pouvons la saisir et l'analyser dans l'*expérience purement interne*. Mais l'*épochè* phénoménologique, telle que l'exige de nous la marche des Méditations cartésiennes purifiées, inhibe la valeur existentielle du monde objectif et par là l'exclut totalement du champ de nos jugements. Il en est de même de la valeur existentielle de tous les faits objectivement constatés par l'expérience externe aussi bien que de ceux de l'expérience interne. Pour moi, sujet méditant, placé et persistant dans l'*épochè*, et me posant ainsi comme source exclusive de toutes les affirmations et de toutes les justifications objectives, il n'est donc ni moi psychologique ni phénomènes psychiques au sens de la psychologie, c'est-à-dire compris comme des éléments réels d'êtres humains (psycho-physiques).

Par l'*épochè* phénoménologique, je réduis mon moi humain naturel et ma vie psychique, domaine de mon *expérience psychologique interne*, à mon moi transcendantal et phénoménologique, domaine de l'*expérience interne transcendantale et phénoménologique*. Le monde objectif qui existe pour moi, qui a existé ou qui existera pour moi, ce monde objectif avec tous ses objets puise *en moi-même*, ai-je dit plus haut, tout le sens et toute la valeur existentielle qu'il a pour moi ; il les puise dans mon moi transcendantal, que seule révèle l'*épochè* phénoménologique transcendantale.

Husserl se propose alors de découvrir le moi transcendantal.

183

Contrairement à Descartes, nous nous proposerons pour tâche de *dégager le champ infini de l'expérience transcendantale.* Si l'évidence cartésienne – celle de la proposition : *Ego cogito, ego sum* – est demeurée stérile, c'est parce que Descartes a négligé deux choses : d'abord d'élucider une fois pour toutes le sens purement méthodique de l'*épochè* transcendantale, – et, ensuite, de tenir compte du fait que l'*ego* peut, grâce à l'expérience transcendantale, s'expliciter lui-même indéfiniment et systématiquement ; que, de ce fait, ce moi constitue un *champ d'investigation* possible, particulière et propre. En effet, tout en se rapportant à l'ensemble du monde et des sciences objectives, l'expérience transcendantale du moi n'en présuppose pourtant pas l'existence et la valeur ; – elle se distingue par là même de toutes ces sciences, sans pourtant qu'elles se limitent jamais mutuellement.

Méditations cartésiennes, Vrin.

BERGSON

1859-1941

Universitaire éminent, exerça une influence considérable tant par son enseignement que par ses œuvres.

Œuvres : *Essai sur les données immédiates de la conscience* (1889), *Matière et mémoire* (1896), *Le Rire* (1900), *L'Évolution créatrice* (1907), *L'Énergie spirituelle* (1919), *Les deux sources de la morale et de la religion* (1932), *La Pensée et le Mouvant* (1934).

Instinct et intelligence

Henri Bergson oppose l'instinct et l'intelligence, et il définit celle-ci comme l'ensemble des habitudes de penser que l'esprit a contractées au contact de la matière et pour répondre aux exigences de l'action.

184

Si nous pouvions nous dépouiller de tout orgueil, si, pour définir notre espèce, nous nous en tenions strictement à ce que l'histoire et la préhistoire nous présentent comme la caractéristique constante de l'homme et de l'intelligence, nous ne dirions peut-être pas *Homo sapiens*, mais *Homo Faber*. En définitive, l'intelligence, envisagée dans ce qui en paraît être la démarche originelle, est la faculté de fabriquer des outils artificiels, en particulier des outils à faire des outils, et d'en varier indéfiniment la fabrication. Maintenant, un animal inintelligent possède-t-il aussi des outils ou des machines ? Oui, certes, mais, ici, l'instrument fait partie du corps qui l'utilise. Et correspondant à cet instrument, il y a un instinct qui sait s'en servir [...]. Ainsi, à ne considérer que les cas limites où l'on assiste au triomphe complet de l'intelligence et de l'instinct, on trouve entre eux une différence essentielle : l'instinct achevé est une faculté d'utiliser et même de construire des instruments organisés ; l'intelligence achevée est la faculté de fabriquer et d'employer des instruments inorganisés [...]. Au début, les avantages et les inconvénients de l'instrument fabriqué et de l'instrument naturel se balancent si bien qu'il est difficile de dire lequel des deux assurera à l'être vivant un plus grand empire sur la nature [...]. (La force immanente à la vie) a le choix entre deux manières d'agir sur la matière brute. Elle peut fournir cette action immédiatement en se créant un instrument organisé avec lequel elle travaillera ; ou bien elle peut la donner médiatement dans un organisme qui, au lieu de posséder naturellement l'instrument requis, le fabriquera lui-même en façonnant la matière inorganique [...]. (Elle) a dû hésiter entre deux modes d'activité psychique, l'un assuré du succès immédiat, mais limité dans ses effets, l'autre aléatoire, mais dont les conquêtes, s'il arrivait à l'indépendance, pouvaient s'étendre indéfiniment. Le plus grand succès fut d'ailleurs remporté, ici encore, du côté où était le plus gros risque. Instinct et intelligence représentent donc deux solutions divergentes, également élégantes, d'un seul et même problème [...].

Si l'on envisage dans l'instinct et dans l'intelligence ce qu'ils renferment de connaissance innée, on trouve que cette connaissance innée porte dans le premier cas sur des CHOSES et dans le second sur des RAPPORTS [...]. De ce second point de vue, qui est celui de la connaissance et non plus de l'action, la force immanente à la vie, en général, nous apparaît encore comme un principe, en lequel coexistent et se pénètrent réciproquement, au début, deux manières différentes, et même divergentes, de connaître. La première atteint immédiatement, dans leur matérialité même, des objets déterminés. Elle dit : « voici ce qui est ». La seconde n'atteint aucun objet en particulier ; elle n'est qu'une puissance naturelle de rapporter un objet à un objet, ou une partie à une partie, ou un aspect à un aspect, enfin de tirer des conclusions quand on possède les prémisses et d'aller de ce qu'on a appris à ce qu'on ignore [...]. Plus précisément, l'intelligence est, avant tout, la faculté de rapporter un point de l'espace à un autre point de l'espace, un objet matériel à un objet matériel ; elle s'applique à toutes choses, mais en restant en dehors d'elles [...]. De ces deux facultés, la première semble d'abord bien préférable à l'autre. Et elle le serait en effet, si elle s'étendait à un nombre indéfini d'objets. Mais, en fait, elle ne s'applique jamais qu'à un objet spécial, et même à une partie restreinte de cet objet. Du moins en a-t-elle la connaissance intérieure et pleine, non pas explicite, mais impliquée dans l'action accomplie. La seconde, au contraire, ne possède naturellement qu'une connaissance extérieure et vide ; mais, par là même, elle a l'avantage d'apporter un cadre où une infinité d'objets pourront trouver place à leur tour [...].

Posons, en principe, que l'intelligence vise d'abord à fabriquer. La fabrication s'exerce exclusivement sur la matière brute, en ce sens que, même si elle emploie des matériaux organisés, elle les traite en objets inertes, sans se préoccuper de la vie qui les a informés. De la matière brute elle-même elle ne retient guère que le solide : le reste se dérobe par sa fluidité même. Si donc l'intelligence tend à fabriquer, on peut prévoir que ce qu'il y a de fluide dans le réel lui échappe en partie, et que ce qu'il y a de proprement vital dans le vivant lui échappera tout à fait. Notre intelligence, telle qu'elle sort des mains de la nature, a pour objet principal le solide inorganisé [...]. Nous ne sommes à notre aise que dans le discontinu, dans l'immobile, dans la mort. L'intelligence est caractérisée par une incompréhension naturelle de la vie. C'est sur la forme même de la vie, au contraire, qu'est moulé l'instinct. Tandis que l'intelligence traite toutes choses mécaniquement, l'instinct procède, si l'on peut parler ainsi, organiquement. Si la conscience qui sommeille en lui se réveillait, s'il s'intériorisait en connaissance au lieu de s'extérioriser en action, si nous savions l'interroger et s'il pouvait répondre, il nous livrerait les secrets les plus intimes de la vie [...].

L'Évolution créatrice, P.U.F.

Intelligence et intuition

Par opposition à l'intelligence qui saisit les objets de l'extérieur, l'intuition est coïncidence immédiate avec le réel ; on y parvient en se détournant des habitudes intellectuelles de penser.

185

L'histoire de l'évolution de la vie, si incomplète qu'elle soit encore, nous montre, dans la faculté de comprendre, une annexe de la faculté d'agir, une adaptation de plus en plus précise, de plus en plus complexe et souple, de la conscience des êtres vivants aux conditions d'existence qui leur sont faites. De là devrait résulter cette conséquence que notre intelligence, au sens étroit du mot, est destinée à assurer l'insertion parfaite de notre corps dans son milieu, à se représenter les rapports des choses extérieures entre elles, enfin à penser la matière. Nous verrons que l'intelligence se sent chez elle tant qu'on la laisse parmi les objets inertes, plus spécialement parmi les solides, où notre action trouve son point d'appui et notre industrie ses instruments de travail.

L'Évolution créatrice, P.U.F.

L'intelligence est l'attention que l'esprit porte à la matière. Comment donc serait-il encore intelligence quand il se retourne sur lui-même ? On peut donner aux choses le nom qu'on veut, et je ne vois pas grand inconvénient, je le répète, à ce que la connaissance de l'esprit par l'esprit s'appelle encore intelligence, si l'on y tient. Mais il faudra spécifier alors qu'il y a deux fonctions intellectuelles inverses l'une de l'autre. Car l'esprit ne pense l'esprit qu'en remontant la pente des habitudes contractées au contact de la matière, et ces habitudes sont ce qu'on appelle couramment les tendances intellectuelles. Ne vaut-il pas mieux alors désigner par un autre nom une fonction qui n'est pas certes ce qu'on appelle ordinairement l'intelligence ? Nous disons que c'est l'intuition. Elle représente l'attention que l'esprit se prête à lui-même. Cette attention peut être méthodiquement cultivée et développée. Ainsi se constituera une science de l'esprit, une métaphysique véritable, qui définira l'esprit positivement au lieu de nier simplement de lui tout ce que nous savons de la matière.

La Pensée et le Mouvant, P.U.F.

Nous appelons ici intuition la sympathie par laquelle on se transporte à l'intérieur d'un objet pour coïncider avec ce qu'il a d'unique et par conséquent d'inexprimable. Au contraire l'analyse est l'opération qui ramène l'objet à des éléments déjà connus, c'est-à-dire communs à cet objet et à d'autres. Analyser consiste à exprimer une chose en fonction de ce qui n'est pas elle.

La Pensée et le Mouvant, P.U.F.

Insuffisance du langage

Le langage est l'instrument de l'intelligence ; aussi est-il inapte à traduire la connaissance intuitive qui ne s'exprime bien que dans l'art.

186

Quel est l'objet de l'art ? Si la réalité venait frapper directement nos sens et notre conscience, si nous pouvions entrer en communication immédiate avec les choses et avec nous-mêmes, je crois bien que l'art serait inutile, ou plutôt que nous serions tous artistes, car notre âme vibrerait continuellement à l'unisson de la nature. Nos yeux, aidés de notre mémoire, découperaient dans l'espace et fixeraient dans le temps des tableaux inimitables. Notre regard saisirait au passage, sculptés dans le marbre vivant du corps humain, des fragments de statue aussi beaux que ceux de la statuaire antique. Nous entendrions chanter au fond de nos âmes, comme une mélodie quelquefois gaie, plus souvent plaintive, toujours originale la mélodie ininterrompue de notre vie intérieure. Tout cela est autour de nous, tout cela est en nous, et pourtant rien de tout cela n'est perçu par nous distinctement. Entre la nature et nous, que dis-je ? entre nous et notre propre conscience, un voile s'interpose, voile épais pour le commun des hommes, voile léger, presque transparent pour l'artiste et le poète.

Quelle fée a tissé ce voile ? Fut-ce par malice ou par amitié ? Il fallait vivre et la vie exigeait que nous appréhendions les choses dans le rapport qu'elles ont avec nos besoins. Vivre consiste à agir. Vivre c'est n'accepter des objets que l'impression utile pour y répondre par des actions appropriées : les autres impressions doivent s'obscurcir ou ne nous arriver que confusément. Je regarde et je crois voir, j'écoute et je crois entendre, je m'étudie et je crois lire dans le fond de mon cœur. Mais ce que je vois et ce que j'entends du monde extérieur, c'est simplement ce que mes sens en extraient pour éclairer ma conduite ; ce que je connais de moi-même, c'est ce qui affleure à la surface, ce qui prend part à l'action. Mes sens et ma conscience ne me livrent donc de la réalité qu'une simplification pratique. Dans la vision qu'ils me donnent des choses et de moi-même, les différences inutiles à l'homme sont effacées, les ressemblances utiles à l'homme sont accentuées, des routes me sont tracées à l'avance où mon action s'engagera. Ces routes sont celles où l'humanité entière a passé avant moi. Les choses ont été classées en vue du parti que j'en pourrai tirer. Et c'est cette classification que j'aperçois beaucoup plus que le contour et la forme des choses [...]. L'individualité des choses et des êtres nous échappe toutes les fois qu'il ne nous est pas matériellement utile de les apercevoir. Et là même où nous la remarquons (comme lorsque nous distinguons un homme d'un autre homme), ce n'est pas l'individualité même que notre œil saisit, c'est-à-dire une harmonie tout à fait originale des formes et des couleurs, mais seulement un ou deux traits qui faciliteront la reconnaissance pratique.

Enfin pour tout dire, nous ne voyons pas les choses mêmes ; nous nous bornons, le plus souvent à lire des étiquettes collées sur elles. Cette tendance, issue du besoin, s'est encore accentuée sous l'effet du langage. Car les mots (à l'exception des noms propres) désignent des genres. Le mot, qui ne note de la chose que sa fonction la plus commune et son aspect banal, s'insinue entre elle et nous, et en masquerait la forme à nos yeux si cette forme ne se dissimulait déjà derrière les besoins qui ont créé le mot lui-même. Et ce ne sont pas seulement les objets extérieurs, ce sont aussi nos propres états d'âme qui se dérobent à nous dans ce qu'ils ont d'intime, de personnel, d'originalement vécu. Quand nous éprouvons de l'amour ou de la haine, quand nous nous sentons joyeux ou tristes, est-ce bien notre sentiment lui-même qui arrive à notre conscience avec les mille nuances fugitives et les mille résonances profondes qui en font quelque chose d'absolument nôtre ? Nous serions alors tous romanciers, tous poètes, tous musiciens. Mais le plus souvent nous n'apercevons de notre état d'âme que son déploiement extérieur. Nous ne saisissons de nos sentiments que leur aspect impersonnel, celui que le langage a pu noter une fois pour toutes parce qu'il est à peu près le même, dans les mêmes conditions, pour tous les hommes. Ainsi, jusque dans notre propre individu, l'individualité nous échappe. Nous nous mouvons parmi des généralités et des symboles [...]. Nous vivons dans une zone mitoyenne entre les choses et nous, extérieurement aux choses, extérieurement aussi à nous-mêmes.

Le Rire, P.U.F.

Le moi

Ce que nous révèle l'intuition c'est essentiellement la vie intérieure dans toute son originalité.

187

C'est la continuité indivisible et indestructible d'une mélodie où le passé entre dans le présent et forme avec lui un tout indivisé, lequel reste indivisé et même indivisible en dépit de tout ce qui s'y ajoute à chaque instant, ou plutôt grâce à ce qui s'y ajoute. Nous en avons l'intuition, mais dès que nous en cherchons une représentation intellectuelle, nous alignons à la suite les uns des autres des états devenus distincts.

La Pensée et le Mouvant, P.U.F.

Je constate d'abord que je passe d'état en état. J'ai chaud ou j'ai froid, je suis gai ou je suis triste, je travaille ou je ne fais rien, je change donc sans cesse. Mais ce n'est pas assez dire. Le changement est bien plus radical qu'on ne le croirait d'abord.

Je parle, en effet, de chacun de mes états comme s'il faisait bloc. Je dis bien que je change, mais le changement m'a l'air de résider dans le passage d'un état à l'état suivant ; de chaque état pris à part, j'aime à croire qu'il reste ce qu'il est pendant tout le temps qu'il se produit. Pourtant un léger effort d'attention me révèlerait qu'il n'y a pas d'affection, pas de volition qui ne se modifie à tout moment ; si un état d'âme cessait de varier, sa durée cesserait de couler. Prenons le plus stable des états internes, la perception visuelle d'un objet extérieur immobile. L'objet a beau rester le même, j'ai beau le regarder du même côté, sous le même angle, au même jour : la vision que j'en ai n'en diffère pas moins de celle que je viens d'avoir, quand ce ne serait que parce qu'elle a vieilli d'un instant. Ma mémoire est là, qui pousse quelque chose de ce passé dans ce présent. Mon état d'âme, en avançant sur la route du temps, s'enfle continuellement de la durée qu'il ramasse ; il fait, pour ainsi dire boule de neige avec lui-même [...].

Parce que nous fermons les yeux sur l'incessante variation de chaque état psychologique, nous sommes obligés, quand la variation est devenue si considérable qu'elle s'impose à notre attention, de parler comme si un nouvel état s'était juxtaposé au précédent. L'apparente discontinuité de la vie psychologique tient donc à ce que notre attention se fixe sur elle par une série d'actes discontinus ; où il n'y a qu'une pente douce, nous croyons apercevoir, en suivant la ligne brisée de nos actes d'attention, les marches d'un escalier [...]. On aura beau, dès lors, aligner ces états les uns à côté des autres sur le « moi » qui les soutient, jamais ces solides enfilés sur du solide ne feront de la durée qui coule. La vérité est qu'on obtient ainsi une imitation artificielle de la vie intérieure, un équivalent statique qui se prêtera mieux aux exigences de la logique et du langage, précisément parce qu'on en aura éliminé le temps réel. Mais quant à la vie psychologique, telle qu'elle se déroule sous les symboles qui la recouvrent, on s'aperçoit sans peine que le temps en est l'étoffe même.

L'Évolution créatrice, P.U.F.

Le moi est essentiellement durée concrète, et c'est dire que notre personnalité est inséparable de notre histoire, qu'elle est mémoire.

188

Distinguons donc [...] deux formes de la multiplicité, deux appréciations bien différentes de la durée, deux aspects de la vie consciente. Au-dessous de la durée homogène, symbole extensif de la durée vraie, une psychologie attentive démêle une durée dont les moments hétérogènes se pénètrent ; au-dessous de la multiplicité numérique des états conscients, une multiplicité qualitative ; au-dessous du moi aux états bien définis, un moi où succession implique fusion et organisation. Mais nous nous contentons le plus souvent du premier, c'est-à-dire de l'ombre du moi projetée dans l'espace homogène. La conscience, tourmentée d'un insatiable désir de distinguer, substitue le symbole à la réalité, ou n'aperçoit la réalité qu'à travers le symbole. Comme le moi ainsi réfracté, et par là même subdivisé, se prête infiniment mieux aux exigences de la vie sociale en général, et du langage en particulier, elle le préfère, et perd peu à peu de vue le moi fondamental.

Pour retrouver ce moi fondamental, tel qu'une conscience inaltérée l'apercevrait, un effort vigoureux d'analyse est nécessaire, par lequel on isolera les faits psychologiques internes et vivants de leur image d'abord réfractée, ensuite solidifiée dans l'espace homogène. En d'autres termes, nos perceptions, sensations, émotions et idées se présentent sous un double aspect : l'un net, précis, mais impersonnel ; l'autre confus, infiniment mobile, et inexprimable, parce que le langage ne saurait le saisir sans en fixer la mobilité, ni l'adapter à sa forme banale sans le faire tomber dans le domaine commun [...].

Essai sur les données immédiates de la conscience, P.U.F.

La durée est le progrès continu du passé qui ronge l'avenir et qui gonfle en s'avançant [...]. L'amoncellement du passé sur le passé se poursuit sans trêve. Tout entier, sans doute, il nous suit à tout instant : ce que nous avons senti, pensé, voulu, depuis notre première enfance est là, penché sur le présent qui va s'y joindre, pressant contre la porte de la conscience qui voudrait le laisser dehors [...]. Que sommes-nous, en effet, qu'est-ce que notre caractère, sinon la condensation de l'histoire que nous avons vécue depuis notre naissance, avant notre naissance même, puisque nous apportons avec nous des dispositions prénatales ? Sans doute nous ne pensons qu'avec une petite partie de notre passé ; mais c'est avec notre passé tout entier, y compris notre courbure d'âme originelle, que nous désirons, voulons, agissons. Notre passé se manifeste donc intégralement à nous par sa poussée et sous forme de tendance, quoiqu'une faible part seulement en devienne représentation.

De cette survivance du passé résulte l'impossibilité, pour une conscience, de traverser deux fois le même état. Les circonstances ont beau être les mêmes, ce n'est plus sur la même personne qu'elles agissent puisqu'elles la prennent à un nouveau moment de son histoire. Notre personnalité, qui se bâtit à chaque instant avec de l'expérience accumulée, change sans cesse. En changeant, elle empêche un état, fût-il identique à lui-même en surface, de se répéter jamais en profondeur. C'est pourquoi notre durée est irréversible. Nous ne saurions en revivre une parcelle, car il faudrait commencer par effacer le souvenir de tout ce qui a suivi. Ainsi notre personnalité pousse, grandit, mûrit sans cesse. Chacun de ses moments est du nouveau qui s'ajoute à ce qui était auparavant. Allons plus loin : ce n'est pas seulement du nouveau, c'est de l'imprévisible. Car prévoir consiste à projeter dans l'avenir ce qu'on a perçu dans le passé, ou à se représenter pour plus tard un nouvel assemblage, dans un autre ordre, des éléments déjà perçus. Mais ce qui n'a jamais été perçu, et ce qui est en même temps simple, est nécessairement imprévisible. Or, tel est le cas de chacun de nos états, envisagé comme un moment d'une histoire qui se déroule : il est simple, et il ne peut avoir été déjà perçu, puisqu'il concentre dans son indivisibilité tout le perçu avec, en plus, ce que le présent y ajoute. C'est un moment original d'une non moins originale histoire.

L'Évolution créatrice, P.U.F.

La mémoire

Bergson distingue deux formes de mémoire, la mémoire habitude et la mémoire pure.

189

J'étudie une leçon, et pour l'apprendre par cœur je la lis en scandant chaque vers, je la répète ensuite un certain nombre de fois. A chaque lecture nouvelle un progrès s'accomplit ; les mots se lient de mieux en mieux ; ils finissent par s'organiser ensemble ; à ce moment précis, je sais ma leçon par cœur ; on dit qu'elle est devenue souvenir, qu'elle s'est imprimée dans ma mémoire.

Je cherche maintenant comment la leçon a été apprise, et je me représente les phases par lesquelles j'ai passé tour à tour. Chacune des lectures successives me revient alors à l'esprit avec son individualité propre. Je la revois avec les circonstances qui l'accompagnaient et qui l'encadrent encore ; elle se distingue de celles qui précèdent et de celles qui suivent par la place qu'elle a occupée dans le temps : bref, chacune de ces lectures repasse devant moi, comme un événement déterminé de mon histoire. On dira encore que ces images sont devenues souvenirs dès qu'elles se sont imprimées dans ma mémoire. On emploie les mêmes mots dans les deux cas. S'agit-il bien de la même chose ? Le souvenir de la leçon en tant qu'apprise par cœur a tous les caractères d'une habitude. Comme l'habitude, il s'acquiert par la répétition d'un même effort [...]. Comme tout exercice habituel du corps, enfin, il s'est emmagasiné dans un mécanisme qu'ébranle tout entier une impulsion initiale, dans un système clos de mouvements automatiques, qui se succèdent dans le même ordre et occupent le même temps. Au contraire, le souvenir de telle lecture particulière, la seconde ou la troisième, par exemple, n'a aucun des caractères de l'habitude. L'image s'en est nécessairement imprimée du premier coup dans ma mémoire, puisque les autres lectures constituent, par définition même, des souvenirs différents. C'est comme un événement de ma vie ; il a pour essence de porter une date, et de ne pouvoir par conséquent se répéter [...].

La conscience nous révèle entre ces deux genres de souvenir une différence profonde, une différence de nature. Le souvenir de telle lecture déterminée est une représentation et une représentation seulement. Il tient dans une intuition de l'esprit, que je puis à mon gré allonger ou raccourcir ; je lui assigne une durée arbitraire. Au contraire, le souvenir de la leçon apprise, même quand je me borne à répéter cette leçon intérieurement, exige un temps bien déterminé, le même qu'il faut pour développer un à un, ne fût-ce qu'en imagination, tous les mouvements d'articulation nécessaires : ce n'est donc plus une représentation, c'est une action [...]. Disons donc, pour résumer ce qui précède, que le passé paraît bien s'emmagasiner, comme nous l'avons prévu, sous ces deux formes extrêmes : d'un côté, les mécanismes moteurs qui l'utilisent, de l'autre les images-souvenirs personnelles qui en dessinent tous les événements avec leur couleur et leur place dans le temps.

Matière et mémoire, P.U.F.

C'est dans l'inconscient que se conservent les souvenirs-images de la mémoire pure.

190

Le souvenir ! A l'état de veille, nous avons bien des souvenirs qui paraissent et disparaissent, réclamant notre attention tour à tour. Mais ce sont des souvenirs qui se rattachent étroitement à notre situation et à notre action. Quel est le rôle de la mémoire chez l'animal ? C'est de lui rappeler, en chaque circonstance, les conséquences avantageuses ou nuisibles qui ont pu suivre des antécédents analogues, et de le renseigner ainsi sur ce qu'il doit faire. Chez l'homme, la mémoire est moins prisonnière de l'action, je le reconnais, mais elle y adhère encore : nos souvenirs, à un moment donné, forment un tout solidaire, une pyramide, si vous voulez, dont le sommet, sans cesse mouvant, coïncide avec notre présent et s'enfonce avec lui dans l'avenir. Mais derrière les souvenirs qui viennent se poser ainsi sur notre occupation présente et se révéler au moyen d'elle, il y en a d'autres, des milliers et des milliers d'autres, en bas, au-dessous de la scène illuminée par la conscience. Oui, je crois que notre vie passée est là, conservée jusque dans ses moindres détails, et que nous n'oublions rien, et que tout ce que nous avons perçu, pensé, voulu depuis le premier éveil de notre conscience, persiste indéfiniment. Mais les souvenirs que ma mémoire conserve ainsi dans ses plus obscures profondeurs y sont à l'état de fantômes invisibles. Ils aspirent peut-être à la lumière ; ils n'essaient pourtant pas d'y remonter ; ils savent que c'est impossible, et que moi, être vivant et agissant, j'ai autre chose à faire que de m'occuper d'eux. Mais supposez qu'à un moment donné je me désintéresse de la situation présente, de l'action pressante, enfin de ce qui concentrait, sur un seul point, toutes les activités de ma mémoire. Supposez, en d'autres termes, que je m'endorme. Alors ces souvenirs immobiles, sentant que je viens d'écarter l'obstacle, de soulever la trappe qui les maintenait dans le sous-sol de la conscience, se mettent en mouvement. Ils se lèvent, ils s'agitent, ils exécutent, dans la nuit de l'inconscient, une immense danse macabre.

L'Énergie spirituelle, P.U.F.

De là une conception originale des rapports entre la pensée et le cerveau.

191

Voici, en gros, la conclusion où j'arrive. Celui qui pourrait regarder à l'intérieur d'un cerveau en pleine activité, suivre le va-et-vient des atomes et interpréter tout ce qu'ils font, celui-là saurait sans doute quelque chose de ce qui se passe dans l'esprit, mais il n'en saurait que peu de choses. Il en connaîtrait tout juste ce qui est exprimable en gestes, attitudes et mouvements du corps, ce que l'état d'âme contient d'action en voie d'accomplissement, ou simplement naissante : le reste lui échapperait. Il serait, vis-à-vis des pensées et des sentiments qui se déroulent à l'intérieur de la conscience, dans la situation du spectateur qui voit distinctement tout ce que les acteurs font sur scène, mais n'entend pas un mot de ce qu'ils disent. Sans doute, le va-et-vient des acteurs, leurs gestes et leurs attitudes, ont leur raison d'être dans la pièce qu'ils jouent : et si nous connaissons le texte, nous pouvons prévoir à peu près le geste ; mais la réciproque n'est pas vraie, et la connaissance des gestes ne nous renseigne que fort peu sur la pièce, parce qu'il y a beaucoup plus dans une fine comédie que les mouvements par lesquels on la scande. Ainsi, je crois que si notre science du mécanisme cérébral était parfaite, et parfaite aussi notre psychologie, nous pourrions deviner ce qui se passe dans le cerveau pour un état d'âme déterminé ; mais l'opération inverse serait impossible, parce que nous aurions le choix, pour un même état du cerveau, entre une foule d'états d'âme différents, également appropriés. Je ne dis pas, notez-le bien, qu'un état d'âme quelconque puisse correspondre à un état cérébral donné : posez le cadre, vous n'y placerez pas n'importe quel tableau ; le cadre détermine quelque chose du tableau en éliminant par avance tous ceux qui n'ont pas la même forme et la même dimension ; mais, pourvu que la forme et la dimension y soient, le tableau entrera dans le cadre. Ainsi pour le cerveau et la conscience. Pourvu que les actions relativement simples – gestes, attitudes, mouvements – en lesquels se dégraderait un état d'âme complexe, soient bien celles que le cerveau prépare, l'état mental s'insèrera exactement dans l'état cérébral ; mais il y a une multitude de tableaux différents qui tiendraient aussi bien dans ce cadre ; et par conséquent le cerveau ne détermine pas la pensée ; et par conséquent la pensée, en grande partie du moins, est indépendante du cerveau [...].

La relation du cerveau à la pensée est donc complexe et subtile. Si vous me demandiez de l'exprimer dans une formule simple, nécessairement grossière, je dirais que le cerveau est un organe de pantomime et de pantomime seulement. Son rôle est de mimer la vie de l'esprit, de mimer aussi les situations extérieures auxquelles l'esprit doit s'adapter. L'activité cérébrale est à l'activité mentale ce que les mouvements du bâton du chef d'orchestre sont à la symphonie. La symphonie dépasse de tous côtés les mouvements qui la scandent ; la vie de l'esprit déborde de même la vie cérébrale. Mais le cerveau, justement parce qu'il extrait de la vie de l'esprit tout ce qu'elle a de jouable en mouvement et de matérialisable, justement parce qu'il constitue ainsi le point d'insertion de l'esprit aux circonstances, maintient sans cesse l'esprit en contact avec des réalités. Il n 'est donc pas, à proprement parler, organe de pensée, ni de sentiment, ni de conscience ; mais il fait que conscience, sentiment et pensée restent tendus sur la vie réelle et, par conséquent, capables d'action efficace. Disons, si vous voulez, que le cerveau est l'organe de l'attention à la vie.

L'Énergie spirituelle, P.U.F.

ALAIN

1868-1951

De son vrai nom Émile Chartier, fut à la fois journaliste et professeur, et l'un et l'autre en authentique philosophe.

Son œuvre comprend notamment, outre les recueils de *Propos* : *Système des beaux-arts, Éléments de philosophie, Entretiens au bord de la mer, les Dieux,* etc.

PHILOSOPHIE GÉNÉRALE

Définition de la philosophie

On appelle moralisme l'attitude qui consiste à voir dans la morale l'essentiel de la philosophie ; c'est l'attitude d'Alain.

192

Le mot philosophie, pris dans son sens le plus vulgaire, enferme l'essentiel de la notion. C'est, aux yeux de chacun, une évaluation exacte des biens et des maux ayant pour effet de régler les désirs, les ambitions, les craintes et les regrets. Cette évaluation enferme une connaissance des choses, par exemple s'il s'agit de vaincre une superstition ridicule ou un vain présage ; elle enferme aussi une connaissance des passions elles-mêmes et un art de les modérer. Il ne manque rien à cette esquisse de la connaissance philosophique. L'on voit qu'elle vise toujours à la doctrine éthique ou morale, et aussi qu'elle se fonde sur les jugements de chacun, sans autre recours que les conseils des sages. Cela n'enferme pas que le philosophe sache beaucoup, car un juste sentiment des difficultés et le recensement exact de ce que nous ignorons peut être un moyen de sagesse ; mais cela enferme que le philosophe sache bien ce qu'il sait, et par son propre effort. Toute sa force est dans un ferme jugement, contre la mort, contre la maladie, contre un rêve, contre une déception. Cette notion de la philosophie est familière à tous et elle suffit. Si on la développe, on aperçoit un champ immense et plein de broussailles ; c'est la connaissance des passions et de leurs causes. Et ces causes sont de deux espèces : il y a des causes mécaniques contre lesquelles nous ne pouvons pas beaucoup, quoique leur connaissance soit de nature à nous délivrer déjà, comme nous le verrons ; il y a des causes d'ordre moral, qui sont des erreurs d'interprétation, comme si, par exemple, entendant un bruit réel, j'éprouve une peur sans mesure et je crois que les voleurs sont dans la maison. Et ces fausses idées ne peuvent être redressées que par une connaissance plus exacte des choses et du corps humain lui-même, qui réagit continuellement contre les choses, et presque toujours sans notre permission, par exemple quand mon cœur bat et que mes mains tremblent.

On voit par là que, si la philosophie est strictement une Éthique, elle est, par cela même, une sorte de connaissance universelle, qui toutefois se distingue par sa fin des connaissances qui ont pour objet de satisfaire nos passions ou seulement notre curiosité. Toute connaissance est bonne au philosophe, autant qu'elle conduit à la sagesse ; mais l'objet véritable est toujours une bonne police de l'esprit. Par cette vue, on passe naturellement à l'idée d'une critique de la connaissance. Car la première attention à nos propres erreurs nous fait voir qu'il y a des connaissances obscurcies par les passions, et aussi une immense étendue de connaissances invérifiables et pour nous sans objet, et qui ont deux sources, le langage, qui se prête sans résistance à toutes les combinaisons de mots, et les passions encore, qui inventent un autre univers, plein de dieux et de forces fatales, et qui y cherchent des aides magiques et des présages. Et chacun comprend qu'il y a ici à critiquer et à fonder, c'est-à-dire à tirer de la critique des religions une science de la nature humaine, mère de tous les dieux. On appelle réflexion ce mouvement critique, qui de toutes les connaissances revient toujours à celui qui les forme, en vue de le rendre plus sage.

Éléments de philosophie, Gallimard.

L'âme et le corps

Le philosophe est l'homme qui a conscience d'être esprit, et Alain définit l'esprit en s'inspirant de Descartes.

193

Je ne dispute point. Je contemple avec attention, sans aucun respect, ce vaste mécanisme qui ne promet rien, qui ne veut rien, qui ne m'aime point, qui ne me hait point. L'esprit qui le contemple me paraît au moins son égal, pénétrant même en lui au-delà de ce qu'il montre, et, s'il ne le dépasse point en étendue, l'égalant toujours. Non que l'esprit me semble s'étaler sur les choses et se diviser et disperser pour les saisir ; au contraire, c'est par l'unité de l'esprit sans parties ni distances, qu'il y a des parties et des distances ; car la partie par elle-même n'est qu'elle, et n'est donc point partie ; et la distance entre deux parties leur est extrinsèque aussi. Il n'est donc pas à craindre que cette âme sans parties, et qui comprend toutes choses, aille s'enfermer dans quelque trou de taupe. Réfléchis un moment ; si ton âme était dans ton corps, elle ne pourrait point penser la distance de ton corps à d'autres. L'ouvrier de ce grand réseau, il faut qu'il y soit partout à la fois et tout entier partout ; comment y serait-il pris ? N'aie pas peur. Fie-toi à ton âme [...].

Il est clair que mon esprit n'est pas un des rouages de mon corps, ni une partie de l'Univers. Il est le tout de tout.

Éléments de philosophie, Gallimard.

AME. L'âme est ce qui refuse le corps. Par exemple ce qui refuse de fuir quand le corps tremble, ce qui refuse de frapper quand le corps s'irrite, ce qui refuse de boire quand le corps a soif, ce qui refuse de prendre quand le corps désire, ce qui refuse d'abandonner quand le corps a horreur. Ces refus sont des faits de l'homme. Le total refus est la sainteté ; l'examen avant de suivre est la sagesse ; et cette force de refus c'est l'âme. Le fou n'a aucune force de refus ; il n'a plus d'âme. On dit aussi qu'il n'a plus conscience et c'est vrai. Qui cède absolument à son corps soit pour frapper, soit pour fuir, soit seulement pour parler, ne sait plus ce qu'il fait ni ce qu'il dit. On ne prend conscience que par une opposition de soi à soi. Exemple : Alexandre à la traversée d'un désert reçoit un casque plein d'eau ; il remercie, et le verse par terre devant toute l'armée. Magnanimité ; âme, c'est-à-dire grande âme. Il n'y a point d'âme vile ; mais seulement on manque d'âme. Ce beau mot ne désigne nullement un être, mais toujours une action.

Définitions, Gallimard.

L'existence

L'esprit à l'œuvre, c'est l'entendement qui saisit l'univers selon ses lois, et il faut distinguer l'entendement de la raison qui est un esprit séparé cherchant raison de l'existence alors que l'existence est ce qui se passe de raison.

194

Je répondis : « Cela revient comme un refrain en toutes nos analyses. On y suppose toujours que le solide est inerte, c'est-à-dire qu'aucun genre de travail ne se fait dans son intérieur. » – « Inertie, dit le vieillard, ce n'est pas peu. J'ai souvent soupçonné que cette grande idée est suffisante pour exprimer cette existence sans égards qui nous tient si serré. Et toutes les erreurs, si naturelles, que nous rencontrons dans l'analyse de la nature viennent des volontés, ou disons des travaux intérieurs, que nous supposons d'abord dans les choses heurtantes et heurtées. Par l'inertie, remarquez-le, nous effaçons dans les choses l'image de l'homme. Nous voulons penser que le destin d'une chose matérielle dépend seulement des mouvements et pressions qu'elle reçoit d'autres choses qui n'ont point non plus de nature intérieure et occulte. Et c'est là que l'entendement a prise, retrouvant toujours le même travail » [...].

... Je demandai : « Que répond l'Univers ? »

« Faisons donc, répondit le vieillard, une sorte d'énigme. Je suis, dit l'Univers, un tout dont la loi est d'être partie. Chacune de mes parties n'est que soi ; mais chacune aussi n'est que les autres. Ce qui est, ce qui arrive, ce qui naît, ce qui meurt, tout dépend d'autre chose ; et cette raison d'être, qui est de l'autre, n'est pas une raison, car l'autre dépend encore de l'autre ; et il n'y a jamais d'autre raison pour qu'une chose soit telle qu'elle est, que ceci, qu'une autre chose est telle, ou fut telle » [...].

« Exister, c'est dépendre, c'est être battu du flot extérieur [...]. Simplement une chose pousse, elle-même poussée ; une existence en suppose une autre et une autre, et il n'y a point d' *et caetera* pour l'entendement. Les conditions autour ne perdent point d'importance à mesure qu'on s'éloigne, si ce n'est aux yeux du praticien obtus. L'existence toujours suppose l'existence, hors d'elle et toujours autre ; et voilà l'existence ».

Entretiens au bord de la mer, Gallimard.

PSYCHOLOGIE

La perception

L'entendement se définit aussi par le pouvoir de juger en surmontant l'imagination qui est, selon l'idée cartésienne, la pensée tournée vers le corps.

195

En définissant l'imagination comme une perception fausse, on met l'accent sur ce qui importe peut-être le plus. Car on serait tenté de considérer l'imagination comme un jeu intérieur, et de la pensée avec elle-même, jeu libre et sans objet réel. Ainsi on laisserait échapper ce qui importe le plus, à savoir le rapport de l'imagination aux états et aux mouvements de notre corps. Le pouvoir d'imaginer doit être considéré dans la perception d'abord, lorsque, d'après des données nettement saisies, nous nous risquons à deviner beaucoup. Et il est assez clair que la perception ne se distingue alors de l'imagination que par une liaison de toutes nos expériences, et une vérification à chaque instant de toutes nos anticipations. Mais, dans la perception la plus rigoureuse, l'imagination circule toujours ; à chaque instant elle se montre et elle est éliminée, par une enquête prompte, par un petit changement de l'observateur, par un jugement ferme enfin. Le prix de ce jugement ferme qui exorcise apparaît surtout dans le jeu des passions, par exemple la nuit, quand la peur nous guette. Et même, dans le grand jour, les dieux courent d'arbre en arbre. Cela se comprend bien ;

nous sommes si lestes à juger, et sur de si faibles indices, que notre perception vraie est une lutte continuelle contre des erreurs voltigeantes. On voit qu'il ne faut pas chercher bien loin la source de nos rêveries [...].

La perception est exactement une anticipation de nos mouvements et de leurs effets. Et sans doute la fin est toujours d'obtenir ou d'écarter quelque sensation, comme si je veux cueillir un fruit ou éviter le choc d'une pierre. Bien percevoir, c'est connaître d'avance quel mouvement j'aurai à faire pour arriver à ces fins. Celui qui perçoit bien sait d'avance ce qu'il a à faire. Le chasseur perçoit bien s'il sait retrouver ses chiens qu'il entend, il perçoit bien s'il sait atteindre la perdrix qui s'envole. L'enfant perçoit mal lorsqu'il veut saisir la lune entre ses mains et ainsi du reste. Donc ce qu'il y a de vrai ou de douteux, ou de faux dans la perception, c'est cette évaluation, si sensible surtout à la vue dans la perspective et le relief, mais sensible aussi pour l'ouïe et l'odorat, et même sans doute pour un toucher exercé, quand les mains d'un aveugle palpent. Quant à la sensation elle-même, elle n'est ni douteuse, ni fausse ni par conséquent vraie ; elle est actuelle toujours dès qu'on l'a. Ainsi ce qui est faux dans la perception d'un fantôme, ce n'est point ce que nos yeux nous font éprouver, lueur fugitive ou tache colorée, mais bien notre anticipation. Voir un fantôme c'est supposer, d'après les impressions visuelles, qu'en allongeant la main on toucherait quelque être animé [...]. Mais pour ce que j'éprouve actuellement, sans aucun doute je l'éprouve ; il n'y a point de science de cela puisqu'il n'y a point d'erreur de cela. Toute étude de ce que je ressens consiste toujours à savoir ce que cela signifie et comment cela varie avec mes mouvements.

Éléments de philosophie, Gallimard.

Émotion, passion, sentiment

C'est l'imagination qui nourrit la vie affective, mais c'est la volonté qui sauve nos affections.

196

En bref, je rappelle que toute émotion va à la convulsion animale, comme une panique le montre assez. L'extrême emportement s'ignore lui-même, car il exclut cette réserve de soi et ce refus de soi par lesquels on se connaît. Le souffrir suppose un certain loisir de penser. Et c'est toujours par une sorte d'exploration de la souffrance que l'on se tient éveillé à souffrir. Ce qui est sans passé et sans avenir est comme néant ; ce qui s'étend, s'évalue, se compare, n'est plus la pure émotion. La passion est l'émotion pensée, c'est-à-dire prévue, attendue, désirée, redoutée ; la peur de soi-même habite ce degré moyen, et fait que l'on redescend si l'on ne s'élève ; il n'y a point de place où les passions puissent s'établir ; tel est leur sort. Et le sentiment n'est autre chose que le salut, j'entends le bonheur, même dans le malheur, l'acceptation enfin et la possession de soi par la mise en ordre de tout le tumulte en-dessous, corps et pensée. En un mot tout sentiment, quel qu'en soit l'objet, enferme le sublime, par le destin mécanique surmonté.

Vingt leçons sur les beaux-arts, Gallimard.

La personnalité

Et c'est toujours par un effort de volonté que la personnalité se forme et s'affirme, non sans reposer toutefois sur des conditions inférieures.

197

L'humeur n'est qu'animale si elle ne prend forme dans un caractère ; et il n'y a guère que de l'humeur chez un tout petit enfant. Le caractère est l'humeur pensée, et donc quelque chose de plus que l'humeur ; car ce n'est pas peu de chose de juger au sujet de soi-même que l'on est ou que l'on sera jaloux, vindicatif, triste ou poltron. Ainsi le caractère réagit déjà sur l'humeur. Toutefois le caractère retombe à l'humeur s'il n'est soutenu et comme sacré, c'est le mot propre, par la fonction sociale. Ainsi d'un côté l'inférieur porte le supérieur, en ce sens qu'il lui donne contenu et matière ; mais c'est le supérieur qui donne à l'inférieur forme et consistance. Un homme isolé, tel qu'on a voulu peindre Robinson, n'est même plus un homme ; j'ai vu dans Darwin qu'un naufragé retrouvé dans une île après deux ou trois ans ressemblait plus à un animal qu'à un homme. Seulement considérons des cas plus ordinaires et mieux observables. Un homme qui est trop peu engagé dans les actions et réactions de société, peut avoir un caractère ; il est même borné là ; mais dans ce continuel essai de notre personne au-dessus d'elle-même, qui ne dépasse plus retombe et descend, parce que le mécanisme extérieur le guette toujours et le reprend. Comparez à ce sujet Gobseck et Grandet dans Balzac. Je ne puis proposer que des exemples de ce genre, communs à tous les observateurs de bonne volonté ; mais ils nous approchent eux-mêmes des individus véritables. Gobseck vit seul, méprise tout, et finit comme un sauvage dans Paris. Grandet se rattache à l'humain, par les affections domestiques, par les amitiés, et par le genre de commerce qu'il fait, qui suppose des échanges et une certaine confiance. Gobseck, comparé à lui, n'est qu'un pilleur d'épaves. La loi de ces existences détachées des relations de société, est que le biologique domine toujours le psychologique, en dépit de vains discours à soi-même ; et cela pourrait être observé aussi chez un curé et chez un moine ; on dirait que le gouvernement moral est comme séparé d'eux et n'y trouve pas prise, par l'absence de l'individualité intermédiaire. Chez Grandet moins, mais encore assez, toutefois il s'approche de l'individualité par ces jugements saumurois qui lui renvoient une forte image de lui-même, et qu'il ne peut changer aisément quand il le voudrait. Dans l'obstination de Grandet entre aussi ce qu'il doit à l'opinion ; il lui doit d'être Grandet. De Marsay est une individualité forte ; mais l'indulgence à soi, qui est ici comme un principe anarchique en lui-même, fait qu'il ne s'élève pas à la personnalité ; aussi, dans les crises, on voit qu'il retombe à l'animal. Luther, Calvin, Pascal sont des personnes, par l'individualité surmontée, par l'humeur surmontée ; non pas supprimée, mais incorporée comme on voit au style. En Montaigne aussi, mais avec moins de peine, et un retour souvent au caractère et enfin à l'humeur nue. Les trois autres sont d'humeur difficile. L'humeur égale d'un Socrate, d'un Platon, d'un Marc-Aurèle, autant qu'on peut le deviner, marque sans doute une personnalité moins puissante. Dans l'idée complète de personnalité est comprise une vertu difficile, comme celle de l'abbé Pirard. Mais Julien, faute d'individualité, n'est peut-être qu'un caractère, et même encore moins ; un charmant animal, voilà toujours à quoi il retombe.

Éléments de philosophie, Gallimard.

MORALE

Se savoir esprit

L'essentiel de la morale consiste à se savoir esprit et obligé par là, comme Kant l'avait bien vu.

198

La morale consiste à se savoir esprit et, à ce titre, obligé absolument ; car noblesse oblige. Il n'y a rien d'autre dans la morale, que le sentiment de la dignité. Tout dérive du respect que j'ai pour moi-même, pour l'Esprit absolu et pour mes semblables, en qui je reconnais le même esprit. Au reste, la moralité consiste justement à juger l'existence, [...], et à juger qu'elle est de peu, et qu'elle ne doit pas commander. L'immoralité n'est autre chose que la soumission à l'existence, aux circonstances, aux choses de peu dont dépend notre durée et ce que le vulgaire appelle notre destin. Le destin, pour un esprit qui se sait esprit, est tout autre. C'est d'interroger, comme on dit, la volonté de Dieu, qui n'est autre que notre propre être. Faire ce qu'on veut est le bien, pourvu qu'on sache vouloir. Et toute vertu consiste dans cette tension, dans cette résistance aux petits tyrans, comme disaient les Stoïciens, justement célèbres pour avoir été longtemps les conservateurs de la moralité. Kant, ici encore, ne fait que retrouver l'idée commune de la personne humaine, volonté profondément cachée souvent à elle-même, et infaillible législatrice des mœurs. La loi morale est la loi dictée par une profonde volonté de la personne ; elle n'a point d'égard aux choses, mais seulement aux personnes, ce qui éclaire assez les trois célèbres axiomes ou maximes : agis toujours de façon que la maxime de ton action puisse être érigée par toi en règle universelle ; prends toujours la personne humaine, soit en toi-même, soit dans les autres, comme fin et jamais comme moyen ; que la loi de ton action soit une loi dans le règne des fins, c'est-à-dire dans une société de personnes dignes de l'Esprit.

Lettres sur Kant, Hartmann.

La conscience

Vivre selon l'esprit, c'est se conduire au lieu de s'abandonner, et la conscience nous instruit infailliblement de nos fautes, qui sont toujours faiblesses.

199

Le bien est difficile à suivre, facile à connaître. Quand l'apôtre Pierre eut renié son maître jusqu'à trois fois, il n'eut pas à chercher si son maître avait tort ou raison, ou si lui-même s'était laissé duper par quelque belle apparence ; mais plutôt il se sentit glisser ; il connut sa faiblesse. Je le suppose au paradis, et couronné de toutes les couronnes, et décoré de toutes les plaques ; il rougit encore de cette glissade, lorsqu'il y pense. Demandez à l'alpiniste s'il ne fait pas bien la différence entre grimper et tomber ; j'entends ces chutes imperceptibles, qui viennent de ce que le pied s'est mal assuré, et qui lui rappellent, par un sentiment vif et désagréable, que la pesanteur le guette toujours. De même le parti animal nous tire toujours dans les voies du lièvre, du chien ou du cheval. L'apôtre Pierre, en la circonstance, s'est enfui comme un lièvre ou comme un rat ; il a vu un trou, il s'y est jeté.

Il n'y a point de règles. Je ne dirai pas qu'il est honteux de mentir. Supposons ce Pierre plein de résolution, ayant disposé ses hommes, et lui-même au guet, en vue de sauver son maître et son ami. On le soupçonne, on l'interroge ; alors il dit fermement et tout calme :« Je ne connais point cet homme-là. » Que le coq chante tant qu'il voudra dans la suite des années, Pierre se louera à chaque fois d'avoir si fermement menti. C'est que mentir alors c'était oser et entreprendre, c'était se gouverner soi-même sans peur, et nullement fuir à la manière des lièvres. Ces vues mènent loin, et jusqu'à supposer quelquefois plus de vertu dans le chef de bande qui ne veut point livrer ses complices, que dans le juge qui essaie de le mépriser. Mais qu'en puis-je savoir ? La vertu est assez occupée d'elle-même, elle ne juge jamais le voisin.

[...] Être vaincu en soi-même par soi-même animal, c'est la faute [...]. J'ai donc deux formules pour me ramener à moi, et je vous en fais part pour vos étrennes. La première est qu'il n'y a rien de difficile en la morale, si ce n'est de la pratiquer. La seconde est que la morale ne nous tourne jamais à juger les autres, et que c'est à ce signe qu'on la reconnaît.

Minerve, Hartmann.

Police et morale

Il faut distinguer, toutefois, la vraie morale des obligations que nous impose la société et qui manquent de ce caractère d'universalité caractéristique des devoirs imposés par l'esprit.

200

« Je dis que le respect de la vie d'autrui n'est pas un devoir social, attendu qu'il existe indépendamment de l'existence ou de la nature d'une société quelconque. Quand un homme tomberait de la lune, vous n'auriez pas le droit de le torturer ni de le tuer. De même pour le vol ; je m'interdis de voler qui que ce soit ; j'ai la ferme volonté d'être juste et charitable envers mes semblables, et non pas seulement envers mes concitoyens ; et je rougirais d'avoir augmenté injustement la note à payer, qu'il s'agisse d'un Chinois ou d'un Nègre. La société n'a donc rien à faire ici ; elle ne doit pas être considérée.

Ou alors, si je la considère, qu'exige-t-elle de moi, au nom de la solidarité ? Elle exige que j'approuve en certains cas le vol, l'injustice, le mensonge, la violence, la vengeance, en deux mots, les châtiments et la guerre. Oui, la société, comme telle, ne me demande que de mauvaises actions. Elle me demande d'oublier pour un temps les devoirs de justice et de charité, seulement elle me le demande au nom du salut public, et cela vaut d'être considéré. C'est pourquoi je veux bien que l'on traite de la morale sociale, à condition qu'on définisse son objet ainsi : étude réfléchie des mauvaises actions que le Salut Public ou la Raison d'État peut nous ordonner d'accomplir. »

Propos, I.

Les vertus

Foi, espérance et charité deviennent ainsi, en dehors de tout contexte théologique, les vertus proprement humaines, c'est-à-dire celles qui font l'homme.

201

Quand un homme doute au sujet de ses propres entreprises, il craint toujours trois choses ensemble, les autres hommes, la nécessité extérieure, et lui-même. Or, c'est de lui-même qu'il doit s'assurer d'abord ; car, qui doute s'il sautera le fossé, par ce seul doute il y tombe. Vouloir sans croire que l'on saura vouloir, sans se faire à soi-même un grand serment, sans prendre, comme dit Descartes, la résolution de ne jamais manquer de libre arbitre, ce n'est point vouloir. Qui se prévoit lui-même faible et inconstant, il l'est déjà. C'est se battre en vaincu. Quand on voit qu'un homme qui entreprend quelque chose doute déjà de réussir avant d'avoir essayé, on dit qu'il n'a pas la foi.

Ainsi l'usage commun nous rappelle que la foi habite aussi cette terre, et que le plus humble travail l'enferme toute. Encore plus sublime sans promesse ; au fond, toujours sans promesse. Car le parti de croire en soi n'enferme pas que tous les chemins s'ouvriront par la foi ; mais il est sûr seulement que tous les chemins seront fermés et tous les bonheurs retranchés si vous n'avez pas d'abord la foi [...]. Ainsi la première vertu est la foi.

La foi ne peut aller sans l'espérance. Quand les grimpeurs observent de loin la montagne, tout est obstacle ; c'est en avançant qu'ils trouvent des passages. Mais ils n'avanceraient point s'ils n'espéraient de leur propre foi [...]. Essayer avec l'idée que la route est barrée, ce n'est pas essayer. Décider d'avance que les choses feront obstacle au vouloir, ce n'est pas vouloir. Aussi voit-on que les inventeurs, explorateurs, réformateurs sont des hommes qui ne croient pas à ce barrage imaginaire que fait la montagne de loin ; mais plutôt ils ont le sentiment juste, et finalement vérifié, mais seulement pour ceux qui osent, que la variété des choses, qui est indifférente, n'est ni pour nous ni contre nous, d'où vient que l'on trouve toujours occasion et place pour le pied. Et cette vertu, d'essayer aussitôt et devant soi, est bien l'espérance.

Les hommes sont toujours dans le jeu. Que peut-on au monde sans la foi et l'espérance des autres ? Or, souvent les hommes sont presque tout l'obstacle, et même tout. Par exemple la paix et la justice dépendent des hommes seulement. Mais aussi la misanthropie tue l'espérance et même la foi. Si je crois que les hommes sont ignorants, paresseux, malveillants, et sans remède, que puis-je tenter ? Tenterai-je seulement d'instruire un enfant si je le crois stupide ou frivole ? La haine est clairvoyante en ce sens qu'elle fait être ce qu'elle suppose, car ignorance, injustice, haine lui répondent aussitôt. L'amour trouvera toujours moins de preuves ; car il n'est point promis qu'il suffise de vouloir l'autre attentif, bienveillant, généreux pour qu'il le soit. Toutefois, par cela même, il est clair qu'il faut choisir d'aimer, et de jurer, et de ne jamais céder là, étant évident que la plus forte résistance, ici, ne peut être vaincue que par la promesse la plus généreuse. Il y a ainsi un certain genre d'espérance qui concerne nos semblables, qui dérive aussi de la foi, et dont le vrai nom est charité.

Les Idées et les Ages, Gallimard

MAURRAS

1868-1952

Théoricien de la monarchie, fondateur de l'*Action française*.

Principales œuvres : *Enquête sur la monarchie* (1900-1909), *L'Avenir de l'intelligence* (1905), *Mes idées politiques* (1937).

L'ordre naturel

La démocratie égalitaire, aux yeux de Charles Maurras, est contraire à l'ordre naturel, qui est un ordre hiérarchique.

202

Le petit poussin brise sa coquille et se met à courir.

Peu de choses lui manque pour crier : « je suis libre... ». Mais le petit homme ?

Au petit homme, il manque tout. Bien avant de courir, il a besoin d'être tiré de sa mère, lavé, couvert, nourri. Avant que d'être instruit des premiers pas, des premiers mots, il doit être gardé de risques mortels. Le peu qu'il a d'instinct est impuissant à lui procurer les soins nécessaires, il faut qu'il les reçoive, tout ordonnés, d'autrui.

Il est né. Sa volonté n'est pas née, ni son action proprement dite. Il n'a pas dit Je ni Moi, et il en est fort loin, qu'un cercle de rapides actions prévenantes s'est dessiné autour de lui. Le petit homme presque inerte, qui périrait s'il affrontait la nature brute, est reçu dans l'enceinte d'une autre nature empressée, clémente et humaine : il ne vit que parce qu'il en est le petit citoyen.

Son existence a commencé par cet afflux de services extérieurs gratuits. Son compte s'ouvre par des libéralités dont il a le profit sans avoir pu les mériter, ni même y aider par une prière, il n'en a rien pu demander ni désirer, ses besoins ne lui sont pas révélés encore. Des années passeront avant que la mémoire et la raison acquises viennent lui proposer aucun débit compensateur. Cependant, à la première minute du premier jour, quand toute vie personnelle est fort étrangère à son corps, qui ressemble à celui d'une petite bête, il attire et concentre les fatigues d'un groupe dont il dépend autant que de sa mère lorsqu'il était enfermé dans son sein.

Cette activité sociale a donc pour premier caractère de ne comporter aucun degré de réciprocité. Elle est de sens unique, elle provient d'un même terme. Quant au terme que l'enfant figure, il est muet, *infans*, et dénué de liberté comme de pouvoir ; le groupe auquel il participe est parfaitement pur de toute égalité ; aucun pacte possible, rien qui ressemble à un contrat. Ces accords moraux veulent que l'on soit deux. Le moral de l'un n'existe pas encore.

On n'en saurait prendre acte en termes trop formels, ni assez admirer ce spectacle d'autorité pure, ce paysage de hiérarchie absolument net.

Ainsi, et non pas autrement, se configure au premier trait le rudiment de la société des hommes.

La nature de ce début est si lumineusement définie qu'il en résulte tout de suite cette grave conséquence, irrésistible, que personne ne s'est trompé autant que la philosophie des « immortels principes », quand elle a décrit les commencements de la société humaine comme le fruit de conventions entre des gaillards tout formés, pleins de vie consciente et libre, agissant sur le pied d'une espèce d'égalité, quasi pairs sinon pairs, et quasi contractants, pour conclure tel ou tel abandon d'une partie de leurs « droits » dans le dessein exprès de garantir le respect des autres.

Les faits mettent en pièces et en poudre ces rêveries. La Liberté en est imaginaire, l'Égalité, postiche. Les choses ne se passent pas ainsi, elles n'amorcent même rien qui y ressemble et, se présentant de tout autre manière, le type régulier de tout ce qui se développera par la suite est essentiellement contraire à ce type-là. Tout joue et va jouer, agit et agira, décide et décidera, procède et procèdera par des actions d'autorité et d'inégalité, contredisant, à angle droit, la falote hypothèse libérale et démocratique.

Supposons qu'il n'en soit pas ainsi et que l'hypothèse égalitaire ait la moindre apparence. Imaginons, par impossible, le petit homme d'une heure ou d'un jour, accueilli, comme le voudrait la Doctrine, par le chœur de ses pairs, formé d'enfants d'une heure ou d'un jour. Que feront-ils autour de lui ? Quel service lui rendront-ils ? Il faut, il faut absolument, si l'on veut qu'il survive, que ce pygmée sans force soit environné de géants, dont la force soit employée pour lui, sans contrôle de lui, selon leur goût, selon leur cœur, en tout arbitraire, à la seule fin de l'empêcher de périr : Inégalité sans mesure et Nécessité sans réserve, ce sont les deux lois tutélaires dont il doit subir le génie, la puissance, pour son salut.

Ce n'est que moyennant cet Ordre (différencié comme tous les ordres) que le petit homme pourra réaliser ce type idéal du Progrès : la croissance de son corps et de son esprit.

Il grandira par la vertu de ces inégalités nécessaires.

Le mode d'arrivée du petit homme, les êtres qui l'attendent et l'accueil qu'ils lui font, situent l'avènement de la vie sociale fort en deçà de l'éclosion du moindre acte de volonté. Les racines du phénomène touchent des profondeurs de Physique mystérieuse.

Seulement, et ce nouveau point importe plus peut-être que le premier, cette Physique archique et hiérarchique n'a rien de farouche. Bien au rebours ! Bénigne et douce, charitable et généreuse, elle n'atteste aucun esprit d'antagonisme entre ceux qu'elle met en rapport : s'il n'y a pas eu l'ombre d'un traité de paix, c'est d'abord qu'il n'y a pas trace de guerre, de lutte pour la vie, entre l'arrivant et les recevants : c'est une entraide pour la vie qu'offre la Nature au petit hôte nu, affamé, éploré, qui n'a même pas en bouche une obole qui lui paye sa bienvenue. La Nature ne s'occupe que de le secourir. Il est en larmes, elle le caresse et le berce, et elle s'efforce de le faire sourire.

Dans un monde où les multitudes dolentes élèvent à longs cris des revendications minima, que ceux qui les entendent ne manquent pas de qualifier de calamiteux maxima, – en ce monde où tout est supposé devoir surgir de la contradiction d'intérêts aveugles et de la bataille d'égoïsmes irréductibles, – voici quelque chose de tout autre et qu'on ne peut considérer comme hasard d'une rencontre ni accident d'une aventure ; voici la constance, la règle et la loi générale du premier jour : cette pluie de bienfaits sur le nouveau-né. Au mépris de tout équilibre juridique, on le fait manger sans qu'il ait travaillé ! On le force, oui, on le force à accepter sans qu'il ait donné ! Si les mères répondent qu'il faut bien faire vivre ce qu'on a fait naître, leur sentiment n'est point à classer entre les durs axiomes du Juste, il procède du souple décret d'une Grâce. Ou, si l'on tient absolument à parler justice, celle-ci se confond certainement avec l'Amour. C'est ainsi ! Nulle vie humaine ne conduit son opération primordiale courante sans qu'on lui voie revêtir ces parures de la tendresse. Contrairement aux grandes plaintes du poète romantique, la lettre sociale, qui paraît sur l'épaule nue, n'est pas écrite avec le fer. On n'y voit que la marque des baisers et du lait : sa Fatalité se dévoile, il faut y reconnaître le visage d'une Faveur.

[...] Mais le petit homme grandit : il continue dans la même voie royale du même bénéfice indû, littéralement indû ; il ne cesse de recevoir. Outre qu'on lui a inculqué une langue, parfois riche et savante, avec le grave héritage spirituel qu'elle apporte, une nouvelle moisson qu'il n'a point semée est récoltée de jour en jour : l'instruction, l'initiation et l'apprentissage.

Mes idées politiques, Fayard.

BRUNSCHVICG

1869-1944

Philosophe et universitaire français dont la réflexion s'est attachée surtout à l'évolution de la pensée scientifique et de la pensée morale.

Œuvres principales : *Introduction à la vie de l'esprit* (1900), *Les Étapes de la philosophie mathématique* (1913), *Les Progrès de la conscience dans la philosophie occidentale* (1927), *L'Expérience humaine et la Causalité physique* (1931), etc.

Vie spirituelle et liberté

Fidèle à la méthode réflexive de Lagneau et de Lachelier, Léon Brunschvicg s'intéresse surtout à l'activité créatrice de l'esprit au sein de laquelle il découvre une liberté fondamentale.

203

Nous devons dire que la nécessité est la loi de la matière, parce que nous ne concevons la matière que sous la condition de la nécessité. Comment définir la matière, sinon par les mouvements qui la manifestent ? et comment définir ces mouvements eux-mêmes, sinon par les relations exactes qui les mesurent en les rattachant à leurs antécédents ? Mais nous ne pouvons dire sans nous contredire que la loi de nécessité régisse l'esprit, puisque la relation de nécessité a sa source dans l'esprit. [...] L'activité de l'esprit apparaît comme une activité proprement interne, c'est-à-dire qu'au lieu de subir la nécessité d'une contrainte extérieure, elle trouve en elle les ressources de son développement. En un mot la liberté est le caractère qui définit l'esprit.

Si donc il est vrai que l'homme est un être pensant, c'est que tout ne se réduit pas en lui aux conséquences nécessaires des circonstances externes. En un sens, l'hérédité, le climat, le régime de nourriture, le tempérament et, d'autre part, le mode d'éducation, les lectures, les relations d'amitié, les habitudes sociales, les événements politiques, les influences de toute sorte que l'individu rencontre autour de lui et qu'il ne dépend pas de lui de ne pas subir, peuvent rendre compte de toutes les pensées et de toutes les actions de l'homme ; car il n'en est pas sans doute dont on ne puisse retrouver l'origine ou l'occasion dans quelque fait antérieur ; mais, en un autre sens, elles ne suffisent pas à les expliquer, parce que l'idée suggérée devient tout autre chose que ses antécédents, parce qu'elle est apte à vivre dans l'esprit de sa vie propre. Du jour où l'enfant a appris à calculer et à vérifier ses calculs, du jour où le musicien sait combiner des harmonies nouvelles, du jour où l'homme est capable de vouloir par lui-même, un horizon illimité est ouvert devant lui ; rien ne permet de mesurer d'avance la portée de ses découvertes mathématiques, de ses inventions mélodiques, de ses efforts d'énergie. La pensée est en l'homme, elle fait de lui un centre original et autonome : centre original, parce que les idées d'ordre divers, – souvenirs de voyage et habitudes professionnelles, sensations physiques et affections de famille, – se rencontrent dans un même esprit et qu'à cause de leur multitude et de leur variété une telle rencontre est unique ; centre autonome, parce que ces idées servent de matière à une activité qui a ses lois à elle et qui en vertu de ces lois crée sans fin et par une élaboration continue des idées nouvelles. Dire que l'homme pense, c'est donc dire qu'il y a en lui, au plus profond de son être, un principe de liberté indéfinie.

Introduction à la vie de l'esprit, P.U.F.

Science et philosophie

Les progrès de la science ont rendu caduques les conceptions classiques du rationalisme aussi bien que de l'empirisme. La philosophie que justifie la science moderne est un rationalisme ouvert ou idéalisme critique.

204

L'impossibilité de considérer l'atome de la physique moderne comme un élément simple qui donnerait d'un coup la connaissance intégrale de la réalité naturelle, serait regardée comme une déception du point de vue du dogmatisme antique qui conçoit le savoir comme une communication directe avec l'objectivité de l'être en soi. Ce qui dissipe un tel rêve, c'est le progrès même de la connaissance, qui nous en révèle le postulat implicite : ce monde dont il aspire à pénétrer d'un coup les derniers secrets, indépendamment de toute imagination subjective, le dogmatisme a commencé par se le figurer à l'échelle de l'homme, adapté aux dispositions de sa sensibilité comme aux tendances spontanées de son intelligence. Or l'univers est infiniment plus vaste et infiniment plus complexe que nous n'avions commencé par le croire, que nous ne pourrions le croire si nous n'y étions contraints par l'évidence des faits. Mais à qui sommes-nous redevables de cette évidence, sinon au perfectionnement incessant de la double technique par laquelle l'intelligence oblige la nature à se révéler et qui ne cesse de proclamer la subtilité prodigieuse de l'esprit humain, en lutte avec la complexité prodigieuse de la nature ? Nous demandions à l'atomisme le dernier mot des choses, et il ne nous le fournissait pas, parce que nous avions tort de le lui demander ; mais il nous découvre la grandeur de l'intelligence par l'ingéniosité des procédés qu'elle met en œuvre en maniant le calcul des probabilités, par la finesse des moyens de vérifications, qui dépassent toutes les espérances. Bref la science refuse son appui à une *métaphysique de la nature*, à un *réalisme* ; elle l'accorde à une *philosophie de la pensée*, à un idéalisme.

Les savants reculent sans cesse les bornes de notre horizon intellectuel. [...] Or par là, non seulement ils instruisent le philosophe, mais ils le rappellent à sa propre tâche, qui est de faire apparaître, corrélativement aux propriétés découvertes dans la nature, l'esprit capable d'opérer ces découvertes.

La Philosophie de l'esprit, P.U.F.

ADLER

1870-1937

Médecin et psychologue autrichien, dissident du freudisme.

Principales œuvres : *Le Tempérament nerveux* (1917), *Le Sens de la vie* (1930).

Le sentiment d'infériorité

Le premier ouvrage d'Alfred Adler était une Etude sur les infériorités organiques *(1907). C'est à partir de là, en effet, que s'explique la volonté de puissance, essentielle en l'homme.*

205

Les données établies par la « théorie de l'infériorité d'organes » portent sur les causes, sur la manière de se comporter, sur l'aspect extérieur et sur les *changements du mode de fonctionnement* des organes dits inférieurs. Ces données m'ont conduit à envisager la possibilité d'une *compensation de la part du système nerveux central* et m'ont inspiré certaines considérations sur la psychogenèse. Je me suis trouvé en présence d'une étonnante corrélation entre l'infériorité des organes et la sur-compensation psychique, ce qui m'a permis de formuler cette proposition fondamentale : *le sentiment d'infériorité que tels ou tels organes inspirent à l'individu devient un facteur permanent de son développement psychique.* Au point de vue physiologique, ce développement comporte un renforcement quantitatif et qualitatif des trajets nerveux ; et lorsque ces trajets présentent à leur tour une infériorité originelle, leurs particularités tectoniques et fonctionnelles trouvent leur expression dans le tableau d'ensemble. Quant au côté psychique de cette compensation et sur-compensation, il ne peut être mis en lumière qu'à la faveur d'une analyse et de considérations psychologiques.

Infériorité et névrose

Chaque homme tend à affirmer sa puissance selon une « fiction directrice » qui lui est personnelle. Mais sous le coup des échecs, le sentiment d'infériorité, normal à ses débuts, devient complexe d'infériorité, source de névrose.

206

[...] L'homme sain lui-même devrait renoncer à l'espoir de s'orienter dans le monde, s'il n'introduisait des fictions dans l'image qu'il se fait du monde et de sa propre vie ; et nous avons déjà vu que ces fictions reposent sur des expériences anciennes (« régression »). *C'est dans des moments d'inquiétude et d'insécurité qu'elles manifestent leur action avec une force particulière,* deviennent des impératifs de la foi, de l'idéal, du libre arbitre ; en dehors de ces moments, elles agissent en sourdine, dans l'inconscient, comme tous les mécanismes psychiques dont elles ne sont que les images verbales. Au point de vue logique, elles peuvent être considérées comme des abstractions, des simplifications, destinées à résoudre les difficultés de la vie par analogie avec les faits les plus simples. Et nous avons vu que les tentatives de l'enfant de faire face aux difficultés auxquelles il se heurte constituent précisément ces faits les plus simples, dans ce qu'ils ont de plus primitif, proviennent du réseau des tendances, formé par les souvenirs aperceptifs. Rien d'étonnant, si nous les retrouvons également chez le sauvage, chez le primitif, car toutes les questions humaines exigent une solution qui tienne compte du désir de puissance. Aussi les hypothèses fantaisistes de Freud et de Jung sont-elles, non seulement superflues, mais même susceptibles d'induire en erreur. Tout geste humain, au sens large du mot, se reproduit dans chaque individu comme une création nouvelle. Dans le rêve, ce mode d'aperception apparaît avec le plus de netteté ; mais nous aurons encore à revenir sur ce sujet.

Le nerveux étant constamment obsédé par le sentiment d'insécurité, sa « pensée analogique », ses tentatives de solution par analogie avec des expériences plus anciennes, présentent un caractère plus accusé et plus prononcé. Son *misonéisme* (Lombroso), sa crainte de tout ce qui est nouveau, des décisions et des épreuves proviennent de sa foi insuffisante en lui-même et ne le quittent jamais. Il est tellement enchaîné à ses lignes d'orientation, qu'il prend à la lettre et cherche à réaliser, que, sans s'en rendre compte, il a renoncé une fois pour toutes à aborder avec sérénité et sans parti pris, la solution de questions que pose la réalité. Et les limitations que la réalité lui impose, les incompatibilités auxquelles il se heurte en voyant les choses s'entrechoquer durement dans la vie réelle, loin de le décider à renoncer à sa fiction préformée, le poussent au contraire à s'enfoncer dans le plus profond pessimisme. Le psychopathe met encore plus d'ardeur que le névrosé à réaliser sa fiction. Le névrosé est victime dans la vie réelle de la ligne d'orientation qu'il s'est créée lui-même, ce qui a pour effet une dissociation apparente de sa personnalité : voulant satisfaire à la fois aux exigences du monde réel et à celles du monde imaginaire, il aboutit à une situation ambivalente, c'est-à-dire à une impasse qui l'immobilise et paralyse ses mouvements.

La forme et le contenu de la conduite du névrosé ont pour source les impressions de l'enfant qui se sent négligé. Ces impressions, qui découlent nécessairement d'un sentiment primitif d'infériorité, provoquent à leur tour une attitude agressive, destinée à vaincre l'état d'insécurité. C'est cette attitude agressive qui explique et détermine toutes les tentatives faites par l'enfant pour élever son sentiment de personnalité : tentatives heureuses et qui l'encouragent à recommencer ; tentatives malheureuses qui servent d'avertissement ; tentatives dictées par des tendances qui, découlant d'un fâcheux défaut organique, se transforment en un ensemble de prédispositions psychiques ; tentatives enfin qu'on a surprises chez d'autres et qu'on cherche à reproduire d'après ce modèle. Toutes les manifestations de la névrose s'expliquent par ces tentatives d'atteindre le but final, qui est celui d'une supériorité virile. Elles découlent de prédispositions psychiques et mentales, toujours en éveil, toujours prêtes à engager la lutte pour la conquête du sentiment de personnalité, toujours aux ordres de la fiction dominatrice qui, pour s'affirmer, se sert de ces modes de réaction dont l'origine remonte à l'enfance. Lorsque la névrose a atteint un degré de développement prononcé, elle appelle à son secours toutes ces prédispositions et les stimule au point qu'elles finissent par se comporter comme si elles n'existaient que pour elles-mêmes. *L'angoisse*, qui devait servir précédemment à préserver le sujet de l'isolement, de l'humiliation, à lui faire oublier son sentiment de petitesse, subit une *substantialisation* ; *l'obsession* qui, conformément au sens primitif de la fiction, permettait au sujet d'affirmer sa supériorité, en accumulant des difficultés le plus souvent absurdes, devient, elle aussi, une manifestation autonome ; quant à l'impuissance, aux paralysies, aux douleurs hystériques et aux troubles fonctionnels, ce sont là autant de moyens symboliques et pseudo-masochistes dont le sujet se sert pour se faire valoir ou pour se soustraire à une décision qu'il redoute. Ce qui caractérise l'état d'insécurité du névrosé, tel que je l'ai observé et décrit, c'est qu'il aboutit à un renforcement des prédispositions et de leurs conséquences tel que des manifestations fonctionnelles primitivement insignifiantes finissent par assumer les formes et les aspects les plus bizarres, lorsqu'une nécessité interne l'exige.

Le Tempérament nerveux, Payot.

JUNG

1875-1961

Médecin et psychologue suisse, dissident du freudisme, théoricien de l'inconscient collectif et des archétypes.

Principales œuvres : *Types psychologiques* (1930), *L'Homme à la découverte de son âme* (1954).

L'inconscient collectif

Dans l'inconscient tel que le décrivait Freud, Carl Jung distingue un inconscient individuel et, plus profond, un inconscient collectif.

207

Dans le cas que nous traitons, je puis vous assurer que la pensée de notre sujet n'était pas le moins du monde tournée vers les mythes, les dragons ou les monstres, ce qui n'empêchait pas ces représentations d'être imprimées en lui, étant inhérentes à tout le genre humain : il n'est de tribus, de peuples ou de races où l'on ne puisse en relever la présence. Nous rencontrons ici une couche psychique commune à tous les humains, faite chez tous de représentations similaires – qui se sont concrétisées au cours des âges dans les mythes – couche que j'ai appelée pour cela l'inconscient collectif. Celui-ci n'est pas le produit d'expériences individuelles ; il nous est inné, au même titre que le cerveau différencié avec lequel nous venons au monde. Cela revient simplement à affirmer que notre structure psychique, de même que notre anatomie cérébrale, porte les traces phylogénétiques de sa lente et constante édification, qui s'est étendue sur des millions d'années. Nous naissons en quelque sorte dans un édifice immémorial que nous ressuscitons et qui repose sur les étages de l'échelle animale ; notre corps en porte de nombreuses survivances : l'embryon humain présente, par exemple, encore des branchies ; nous avons toute une série d'organes qui ne sont que des souvenirs ancestraux ; nous sommes, dans notre plan d'organisation, segmentés comme des vers, dont nous possédons aussi le système nerveux sympathique. Ainsi, nous traînons en nous dans la structure de notre corps et de notre système nerveux toute notre histoire généalogique ; cela est vrai aussi pour notre âme qui révèle également les traces de son passé et de son avenir ancestral. Théoriquement, nous pourrions reconstruire l'histoire de l'humanité en partant de notre complexion psychique, car tout ce qui exista une fois est encore présent et vivace en nous. Le sympathique est plus qu'un souvenir sentimental d'une existence paradisiaque ; c'est un système existant et vivant en nous, qui continue de vivre, de fonctionner et de travailler, comme il le faisait de temps immémorial. Dans la sphère psychique, l'inconscient collectif est fait d'un ensemble de survivances.

L'Homme à la découverte de son âme, Payot.

Les archétypes

L'inconscient collectif est essentiellement constitué d'archétypes que l'analyste peut étudier en quelque sorte objectivement.

208

En interprétant un nouveau rêve, nous aurons l'occasion d'aborder certaines notions essentielles, comme par exemple celle de l'archétype, expression qui désigne une image originelle, existant dans l'inconscient. L'archétype est aussi une manière de complexe ; mais à l'opposé de ceux que nous avons étudiés jusqu'ici, il n'est plus le fruit de l'expérience personnelle ; c'est un complexe inné. L'archétype est un centre chargé d'énergie. Le dragon, par exemple, constitue une de ces images originelles archétypiques. Si, au cours de mon existence, je ne rencontre pas le dragon qui est en moi, si je mène une existence qui reste dénuée de cette confrontation, je finirai par me sentir mal à mon aise, un peu comme si je me nourrissais constamment d'aliments dépourvus de vitamines ou de sel. Il me faut rencontrer le dragon, car celui-ci, de même que le héros, est un centre chargé d'énergie. Si la rencontre ne se produit pas, cette carence entraînera avec l'âge une contrariété semblable à celle que fait éprouver l'omission d'un besoin naturel à l'homme. Cela peut paraître paradoxal, mais ces images originelles – dont il existe une foule – portent chacune leur charge spécifique, dont nous ne sommes pas les bénéficiaires tant que, ne nous y étant pas encore butés, nous ne les avons pas incorporées d'une façon quelconque à la trame de notre vie. La rencontre avec le dragon peut s'effectuer selon différentes modalités, l'essentiel étant qu'il y ait confrontation. Je ferai peut-être mieux comprendre ma pensée en vous disant : on ne se sent pas tout à fait à son aise tant qu'on ne s'est pas rencontré avec soi-même, tant qu'on ne s'est pas heurté à soi-même ; si l'on n'a pas été en butte à des difficultés intérieures, on demeure à sa propre surface ; lorsqu'un être entre en collision avec lui-même, il en éprouve, après coup, une impression salutaire qui lui procure du bien-être.

Nous avons dit plus haut que les symboles du rêve sont de nature essentiellement individuelle et qu'il y a surtout intérêt à interpréter une série de rêves, ce qui confère à l'interprétation une sécurité infiniment plus grande que lorsqu'elle porte sur un rêve isolé. Je vais dans ce qui suit – du moins en apparence – me contredire et briser les règles jusqu'ici édifiées : je vais interpréter un rêve isolé, qui ne fait pas partie d'une série et dont je ne connais pas l'auteur. J'interpréterai ce rêve « arbitrairement », mais ma façon de procéder ne sera cependant pas injustifiée. Le rêve dont nous allons parler émane, en effet, de l'inconscient collectif et est fait pour l'essentiel d'une substance mythologique. Or, si un rêve est formé de matériaux personnels, son interprétation suppose que l'on connaisse les associations du rêveur, auxquelles l'analyste ne peut guère ajouter grand-chose, une personne étant précisément dans son individualité essentiellement différente de toute autre. Chaque individu n'a-t-il pas sa vie propre, ses images et ses représentations propres ? Mais ceci, qui est capital au niveau de l'inconscient personnel, n'est plus vrai pour les matériaux qui émanent de l'inconscient collectif. En face d'un archétype, l'analyste peut et doit commencer à penser, car il relève d'une structure commune à l'humaine condition, au sujet de laquelle mes associations seront aussi valables que celles du rêveur. Je puis alors fournir les parallèles, les matériaux comparatifs, en bref, le contexte, à la seule condition de posséder un savoir suffisant. Dans le rêve dont nous venons de parler, mes connaissances ont pu contribuer à élucider la signification universelle du monstre. Et cela est plus ou moins vrai pour quiconque, car nous avons tous entendu parler de contes, de légendes et de mythologie.

Ibid.

SPENGLER

1880-1936

Philosophe allemand, marqué par l'influence de Goethe et de Nietzsche. Son étude de l'histoire des civilisations le conduit à diagnostiquer *le déclin de l'Occident* (1918-1922).

Les illusions historiques de l'Occident

Selon Oswald Spengler, les historiens occidentaux sont victimes d'un préjugé en ceci qu'ils prennent pour histoire universelle leur image de l'univers, et non celle de l'humanité.

209

En effet – qu'est-ce que l'histoire universelle ? Une idée organisée du passé, sans doute un postulat intérieur, l'expression d'un sentiment de la forme. Mais un sentiment, si défini soit-il, n'est pas encore une forme réelle, et aussi sûrement que nous vivons et sentons l'histoire universelle, que nous croyons la dominer dans sa forme avec la plus entière certitude, aussi sûrement aussi nous ne connaissons d'elle, même aujourd'hui, que *des* formes, mais non *la* forme, contre-image de *notre* vie intérieure.

Assurément, ceux qu'on interroge sont tous convaincus qu'ils pénètrent clairement, d'un coup d'œil, dans la forme intérieure de l'histoire. Cette illusion repose sur ce fait que personne n'y a réfléchi sérieusement, qu'on doute encore beaucoup moins de son savoir parce qu'on ne pressent pas la qualité considérable de doutes qui peuvent s'élever à cet endroit. En fait, *l'image* de l'histoire universelle est une *possession spirituelle sans examen* que même les historiens de profession se transmettent d'une génération à l'autre sans jamais l'accompagner de cette petite portion de scepticisme qui, depuis Galilée, analyse et approfondit notre image innée de la nature.

Antiquité – Moyen Age – Temps modernes : voilà le schéma d'une incroyable indigence qui exerce sur notre pensée historique un pouvoir absolu, voilà le *non-sens* qui nous a toujours empêchés de saisir exactement dans ses rapports avec l'histoire totale de l'humanité supérieure la position véritable, le rang, la forme et surtout la durée de ce petit monde fragmentaire qui depuis l'Empire germanique se développe sur le sol de l'Europe occidentale. Les cultures à venir pourront à peine croire qu'un plan aussi simpliste, rendu encore chaque siècle plus impossible par son cours rectiligne et ses proportions insensées, qui lui interdisent toute intégration naturelle de domaines acquis récemment à la lumière de notre conscience historique, se soit maintenu quand même sans secousse sérieuse. Car les protestations ne signifient rien que les historiens ont, de longue date, accoutumé d'élever contre ce schéma. Elles n'ont fait qu'estomper, *sans le remplacer*, l'unique plan existant. On a beau parler de moyen âge grec et d'antiquité germanique, ce n'est pas ainsi qu'on arrivera à une image claire et intérieurement nécessaire, où la Chine et le Mexique, les royaumes d'Axum et des Sassanides trouveront une place organique. De même, en transférant le point initial des « Temps modernes » des Croisades à la Renaissance et de là au début du XIXe siècle, on prouve seulement qu'on tient le schéma lui-même pour intangible.

[...] On choisit un paysage unique et on décrète qu'il sera le centre d'un système historique. Ici est le soleil central. D'ici se diffuse la vraie lumière qui éclaire tous les événements historiques. D'ici, comme d'un point perspectif, on en peut mesurer la signification. Mais en réalité, c'est ici l'orgueil qui parle, orgueil de l'Européen occidental qu'aucun scepticisme n'arrête et qui déroule dans son esprit ce fantôme d'« Histoire universelle » [...].

J'appelle ce schéma, familier à l'Européen d'Occident, qui fait mouvoir les hautes cultures autour de nous comme autour d'un centre de tout événement historique, *système ptolémaïque* de l'histoire, et je considère comme une *découverte copernicienne* sur le terrain de l'histoire l'introduction, dans ce livre, d'une doctrine destinée à remplacer celle de Copernic et qui ne donne, en aucune manière, à l'Antiquité et à l'Occident une place privilégiée à côté de l'Inde, de Babylone, de la Chine, de l'Egypte, de la culture arabe et mexicaine – univers particuliers du Devenir qui pèsent un poids égal dans la balance de l'Histoire et qui l'emportent souvent, par la grandeur de conception psychique, par la vigueur de croissance, sur la culture antique.

Le Déclin de l'Occident, N.R.F.

Culture et civilisations

Née d'un élan profond, toute culture tend à se figer en civilisation, c'est-à-dire à mourir.

210

Les cultures sont des organismes. L'histoire universelle est leur biographie générale. L'histoire gigantesque de la culture chinoise ou antique est, morphologiquement, l'exact pendant de la petite histoire de l'homme en particulier, d'un animal, d'un arbre ou d'une fleur. Pour le regard faustien, ce n'est point une sommation, c'est une expérience. Et si l'on veut apprendre à connaître la forme intérieure partout répétée, la méthode est toute préparée, depuis déjà très longtemps, dans la morphologie comparée des animaux et des plantes. Dans le destin des cultures particulières qui se succèdent, grandissent l'une près de l'autre, se touchent, s'éclipsent, s'étouffent mutuellement, s'épuise la matière de toute l'histoire humaine. Et si l'esprit passait en revue leurs formes, qui n'ont été jusqu'à présent que trop profondément enfouies sous l'enveloppe superficielle d'une triviale et persistante « histoire de l'humanité », il découvrirait nécessairement la forme originelle de *la* culture dépouillée de sa gangue et des éléments de confusion, et servant de forme idéale à la base de toute culture *particulière* [...].

Une culture *naît* au moment où une grande âme se réveille, se détache de l'état psychique primaire d'éternelle enfance humaine, forme issue de l'informe, limite et caducité sorties de l'infini et de la durée. Elle croît sur le sol d'un paysage exactement délimitable, auquel elle reste liée comme la plante. Une culture meurt quand l'âme a réalisé la somme entière de ses possibilités sous la forme de peuples, de langues, de doctrines religieuses, d'arts, d'États, de sciences, et qu'elle retourne ainsi à l'état psychique primaire. Mais son être vivant, cette succession de grandes époques qui marquent à grands traits précis son accomplissement progressif, est une lutte très intime et passionnée pour la conquête de l'idée sur les puissances extérieures du chaos et sur l'instinct intérieur où ces puissances se sont réfugiées avec leur rancune. Ce n'est pas seulement l'artiste qui lutte contre la résistance de la matière et contre la destruction de l'idée en lui. Chaque culture se trouve dans un rapport profondément symbolique et quasi mystique avec la matière étendue, avec l'espace où elle veut, par lequel elle veut se réaliser. Quand le but est atteint et l'idée achevée, que la quantité totale des possibilités intérieures s'est réalisée au dehors, la culture *se fige* brusquement, elle meurt, son sang coule, ses forces se brisent – elle devient *civilisation*. C'est ce que nous sentons et entendons par les mots égyptianisme, byzantinisme, mandarinisme. Arbre gigantesque rongé par le temps dans la forêt vierge, elle peut tendre encore ainsi durant des siècles et des millénaires ses branches vermoulues. Nous le voyons en Chine, dans l'Inde et le monde islamique. De même, la civilisation antique monta comme un géant à l'époque impériale avec une apparence de sève et de force juvénile, tandis qu'elle puisait l'air et la lumière à la jeune culture arabe de l'Orient.

C'est le sens de tous les *déclins* dans l'histoire – le sens de l'accomplissement intérieur et extérieur, celui de la fin qui menace toutes les cultures vivantes ; – parmi ces déclins, le plus distinct, celui de « l'antiquité », s'étale à grands traits sous nos yeux, tandis qu'en nous et autour de nous, nous suivons clairement à la trace les premiers symptômes de notre événement, absolument semblable au premier par son cours et sa durée et appartenant aux premiers siècles du prochain millénaire, le « déclin de l'Occident ». *Ibid.*

TEILHARD DE CHARDIN

1881-1955

Membre de la Compagnie de Jésus, paléontologue et anthropologue, il a cherché à fonder une éthique chrétienne sur une conception scientifique de l'homme.
Principal ouvrage : *Le Phénomène humain* (1955).

L'hominisation

C'est dans la biologie même que le R.P. Pierre Teilhard de Chardin cherche les origines du pas décisif qui a permis l'émergence de l'homme.

211

Discontinuité de continuité. Telle se définit et se présente à nous, dans la théorie de son mécanisme, juste comme l'apparition première de la Vie, la naissance de la Pensée.

Et maintenant, dans sa réalité concrète, comment le mécanisme a-t-il joué ? Pour un observateur, témoin supposé de la crise, qu'aurait-il transpiré extérieurement de la métamorphose ? ...

Comme je le dirai bientôt, en traitant des « apparences humaines originelles », cette représentation, dont nous sommes avides, restera probablement toujours aussi impossible à notre esprit que l'origine même de la Vie, – et pour les mêmes raisons. Tout au plus, dans ce cas-ci, pour nous guider, avons-nous la ressource de songer à l'éveil de l'intelligence chez l'enfant, au cours de l'ontogénèse... Deux remarques cependant méritent d'être faites, – l'une circonscrivant, l'autre faisant plus profond encore le mystère dont s'enveloppe pour notre imagination ce point singulier.

La première, c'est que, pour aboutir chez l'Homme au pas de la réflexion, il a fallu que la Vie prépare, de longue main et simultanément, un faisceau de facteurs dont rien, au premier abord, n'eût laissé supposer la « providentielle » liaison.

Finalement, c'est vrai, toute la métamorphose hominisante se ramène, du point de vue organique, à une question de meilleur cerveau.

Mais comment ce perfectionnement cérébral se fût-il produit, – comment eût-il pu fonctionner ? – si toute une série d'autres conditions ne se fussent trouvées en même temps, juste ensemble, réalisées ? ... Si l'être dont l'Homme est issu n'avait pas été bipède, ses mains ne se seraient pas trouvées libres à temps pour décharger les mâchoires de leur fonction préhensile, et par suite l'épais bandeau de muscles maxillaires qui emprisonnait le crâne ne se serait pas relâché. C'est grâce à la bipédie libérant les mains que le cerveau a pu grossir ; et c'est grâce à elle, en même temps, que les yeux, se rapprochant sur la face diminuée, ont pu se mettre à converger, et à fixer ce que les mains prenaient, rapprochaient, et en tous sens présentaient : le geste même, extériorisé, de la réflexion ! ... – En soi, cette merveilleuse rencontre ne doit pas nous surprendre. La moindre chose qui se forme au monde n'est-elle pas toujours ainsi le produit d'une formidable coïncidence, – un nœud de fibres accourant depuis toujours des quatre coins de l'espace ? La Vie ne travaille pas suivant un fil isolé, ni par reprises. Elle pousse en avant tout son réseau à la fois. Ainsi se forme l'embryon dans le sein qui le porte. Nous devions le savoir. Mais ce nous est une satisfaction précisément de reconnaître que l'Homme est né sous la même maternelle loi. Que la naissance de l'intelligence corresponde à un retournement sur lui-même, non seulement du système nerveux, mais de l'être tout entier, nous sommes heureux de l'admettre. Ce qui nous effraie, par contre, à première vue, c'est d'avoir à constater que ce pas, pour s'exécuter, a dû se faire *d'un seul coup*.

Car telle doit être ma deuxième remarque, – une remarque que je ne puis éluder. Dans le cas de l'ontogénèse humaine, nous pouvons glisser sur le problème de savoir à quel moment le nouveau-né peut être dit accéder à l'intelligence, devenir pensant : série continue d'*états* se succédant dans un même individu, depuis l'ovule à l'adulte. Qu'importe la place, ou même l'existence d'une coupure ? Tout autre est le cas d'une embryogénèse phylétique, où chaque stade, chaque état, est représenté par un *être différent*. Plus moyen ici (du moins avec nos méthodes actuelles de penser) d'échapper au problème de la discontinuité... Si le passage à la réflexion est vraiment, comme sa nature physique paraît l'exiger, et comme nous l'avons admis, une transformation critique, une mutation de zéro à tout, impossible de nous représenter, à ce niveau précis, un individu intermédiaire. Ou bien cet être n'est encore qu'en deçà, – ou bien il est déjà au-delà, – du changement d'état... Qu'on retourne le problème comme on voudra. Ou bien il faut rendre la Pensée impensable en niant sa transcendance psychique sur l'instinct. Ou bien il faut se résoudre à admettre que son apparition s'est faite *entre* deux individus.

Le Phénomène humain, Seuil.

BACHELARD

1884-1963

Spécialiste de la philosophie des sciences (*Le Nouvel Esprit scientifique*, 1934, *Le Rationalisme appliqué*, 1949), il est aussi un grand théoricien de l'imaginaire (*Psychanalyse du feu*, 1937 ; *L'Eau et les Rêves*, 1940 ; *L'Air et les Songes*, 1942, *etc.*).

L'obstacle épistémologique

L'une des grandes originalités de l'épistémologie de Gaston Bachelard a été d'introduire la notion de « rupture épistémologique », liée à celle d'obstacle épistémologique.

212

Quand on cherche les conditions psychologiques des progrès de la science, on arrive bientôt à cette conviction que *c'est en termes d'obstacles qu'il faut poser le problème de la connaissance scientifique.* Et il ne s'agit pas de considérer des obstacles externes, comme la complexité et la fugacité des phénomènes, ni d'incriminer la faiblesse des sens et de l'esprit humain : c'est dans l'acte même de connaître, intimement, qu'apparaissent, par une sorte de nécessité fonctionnelle, des lenteurs et des troubles. C'est là que nous montrerons des causes de stagnation et même de régression, c'est là que nous décèlerons des causes d'inertie que nous appellerons des obstacles épistémologiques. La connaissance du réel est une lumière qui projette toujours quelque part des ombres. Elle n'est jamais immédiate et pleine. Les révélations du réel sont toujours récurrentes. Le réel n'est jamais « ce qu'on pourrait croire » mais il est toujours ce qu'on aurait dû penser. La pensée empirique est claire, *après coup,* quand l'appareil des raisons a été mis au point. En revenant sur un passé d'erreurs, on trouve la vérité en un véritable repentir intellectuel. En fait, on connaît *contre* une connaissance antérieure, en détruisant des connaissances mal faites, en surmontant ce qui, dans l'esprit même, fait obstacle à la spiritualisation.

L'idée de partir de zéro pour fonder et accroître son bien ne peut venir que dans des cultures de simple juxtaposition où un fait connu est immédiatement une richesse. Mais devant le mystère du réel, l'âme ne peut se faire, par décret, ingénue. Il est alors impossible de faire d'un seul coup table rase des connaissances usuelles. Face au réel, ce qu'on croit savoir clairement offusque ce qu'on devrait savoir. Quand il se présente à la culture scientifique, l'esprit n'est jamais jeune. Il est même très vieux, car il a l'âge de ses préjugés. Accéder à la science, c'est spirituellement rajeunir, c'est accepter une mutation brusque qui doit contredire un passé.

La science, dans son besoin d'achèvement comme dans son principe, s'oppose absolument à l'opinion. S'il lui arrive, sur un point particulier, de légitimer l'opinion, c'est pour d'autres raisons que celles qui fondent l'opinion ; de sorte que l'opinion a, en droit, toujours tort. L'opinion *pense* mal ; elle ne *pense* pas : elle *traduit* des besoins en connaissances. En désignant les objets par leur utilité, elle s'interdit de les connaître. On ne peut rien fonder sur l'opinion : il faut d'abord la détruire. Elle est le premier obstacle à surmonter. Il ne suffirait pas, par exemple, de la rectifier sur des points particuliers, en maintenant, comme une sorte de morale provisoire, une connaissance vulgaire provisoire. L'esprit scientifique nous interdit d'avoir une opinion sur des questions que nous ne comprenons pas, sur des questions que nous ne savons pas formuler clairement. Avant tout, il faut savoir poser des problèmes. Et quoi qu'on dise, dans la vie scientifique, les problèmes ne se posent pas d'eux-mêmes. C'est précisément ce *sens du problème* qui donne la marque du véritable esprit scientifique. Pour un esprit scientifique, toute connaissance est une réponse à une question. S'il n'y a pas eu de question, il ne peut y avoir connaissance scientifique. Rien ne va de soi. Rien n'est donné. Tout est construit.

La Formation de l'esprit scientifique, Vrin.

C'est dans l'histoire des sciences et dans la pratique de l'éducation que l'on peut étudier cette notion d'obstacle épistémologique.

213

La notion d'*obstacle épistémologique* peut être étudiée dans le développement historique de la pensée scientifique et dans la pratique de l'éducation. Dans l'un et l'autre cas, cette étude n'est pas commode. L'histoire, dans son principe, est en effet hostile à tout jugement normatif. Et cependant, il faut bien se placer à un point de vue normatif, si l'on veut juger de l'efficacité d'une pensée. Tout ce qu'on rencontre dans l'histoire de la pensée scientifique est bien loin de servir effectivement à l'évolution de cette pensée. Certaines connaissances même justes arrêtent trop tôt des recherches utiles. L'épistémologue doit donc trier les documents recueillis par l'historien. Il doit les juger du point de vue de la raison et même du point de vue de la raison évoluée, car c'est seulement de nos jours que nous pouvons pleinement juger les erreurs du passé spirituel. D'ailleurs, même dans les sciences expérimentales, c'est toujours l'interprétation rationnelle qui fixe les faits à leur juste place. C'est sur l'axe expérience-raison et dans le sens de la rationalisation que se trouvent à la fois le risque et le succès. Il n'y a que la raison qui dynamise la recherche, car c'est elle seule qui suggère au delà de l'expérience commune (immédiate et spécieuse) l'expérience scientifique (indirecte et féconde). C'est donc l'effort de rationalité et de construction qui doit retenir l'attention de l'épistémologue. On peut voir ici ce qui distingue le métier de l'épistémologue de celui de l'historien des sciences. L'historien des sciences doit prendre les idées comme des faits. L'épistémologue doit prendre les faits comme des idées, en les insérant dans un système de pensées. Un fait mal interprété par une époque reste un *fait* pour l'historien. C'est, au gré de l'épistémologue, un *obstacle*, c'est une contre-pensée.

C'est surtout en approfondissant la notion d'obstacle épistémologique qu'on donnera sa pleine valeur spirituelle à l'histoire de la pensée scientifique. Trop souvent le souci d'objectivité qui amène l'historien des sciences à répertorier tous les textes ne va pas jusqu'à mesurer les variations psychologiques dans l'interprétation d'un même texte. A une même époque, sous un même mot, il y a des concepts si différents ! Ce qui nous trompe, c'est que le même mot à la fois désigne et explique. La désignation est la même ; l'explication est différente. Par exemple, au téléphone correspondent des concepts qui diffèrent totalement pour l'abonné, pour la téléphoniste, pour l'ingénieur, pour le mathématicien préoccupé des équations différentielles du courant téléphonique. L'épistémologue doit donc s'efforcer de saisir les concepts scientifiques dans des synthèses psychologiques effectives, c'est-à-dire dans des synthèses psychologiques progressives, en établissant, à propos de chaque notion, une échelle de concepts, en montrant comment un concept en a produit un autre, s'est lié avec un autre. Alors il aura quelque chance de mesurer une efficacité épistémologique. Aussitôt, la pensée scientifique apparaîtra comme une difficulté vaincue, comme un obstacle surmonté.

Dans l'éducation, la notion d'obstacle pédagogique est également méconnue. J'ai souvent été frappé du fait que les professeurs de sciences, plus encore que les autres si c'est possible, ne comprennent pas qu'on ne comprenne pas. Peu nombreux sont ceux qui ont creusé la psychologie de l'erreur, de l'ignorance et de l'irréflexion [...]. Les professeurs de sciences imaginent que l'esprit commence comme une leçon, qu'on peut toujours refaire une culture nonchalante en redoublant une classe, qu'on peut faire comprendre une démonstration en la répétant point pour point. Ils n'ont pas réfléchi au fait que l'adolescent arrive dans la classe de Physique avec des connaissances empiriques déjà constituées : il s'agit alors, non pas d'*acquérir* une culture expérimentale, mais bien de *changer* de culture expérimentale, de renverser les obstacles déjà amoncelés par la vie quotidienne. Un seul exemple : l'équilibre des corps flottants fait l'objet d'une intuition familière qui est un tissu d'erreurs. D'une manière plus ou moins nette, on attribue une activité au corps qui flotte, mieux au corps qui *nage*. Si l'on essaie avec la main d'enfoncer un morceau de bois dans l'eau, il résiste. On n'attribue pas facilement la résistance à l'eau. Il est dès lors assez difficile de faire comprendre le principe d'Archimède dans son étonnante simplicité mathématique si l'on n'a pas d'abord critiqué et désorganisé le complexe impur des intuitions premières. En particulier sans cette psychanalyse des erreurs initiales, on ne fera jamais comprendre que le corps qui émerge et le corps complètement immergé obéissent à la même loi.

Ainsi toute culture scientifique doit commencer, comme nous l'expliquerons longuement, par une catharsis intellectuelle et affective. Reste ensuite la tâche la plus difficile : mettre la culture scientifique en état de mobilisation permanente, remplacer le savoir fermé et statique par une connaissance ouverte et dynamique, dialectiser toutes les variables expérimentales, donner enfin à la raison des raisons d'évoluer.

Ibid.

La psychanalyse de la raison

« Déceler les obstacles épistémologiques, c'est contribuer à fonder les rudiments d'une psychanalyse de la raison. » Celle-ci s'efforce de découvrir les différents intérêts *qui correspondent affectivement, chez le savant, aux divers* états *de la pensée scientifique.*

214

Mais ce développement suivi au niveau de questions particulières, dans le morcellement des problèmes et des expériences, ne sera clair que si l'on nous permet, cette fois en dehors de toute correspondance historique, de parler d'une sorte de *loi des trois états* pour l'esprit scientifique. Dans sa formation individuelle, un esprit scientifique passerait donc nécessairement par les trois états suivants, beaucoup plus précis et particuliers que les formes comtiennes.

1° *L'état concret* où l'esprit s'amuse des premières images du phénomène et s'appuie sur une littérature philosophique glorifiant la Nature, chantant curieusement à la fois l'unité du monde et sa riche diversité.

2° *L'état concret-abstrait* où l'esprit adjoint à l'expérience physique des schémas géométriques et s'appuie sur une philosophie de la simplicité. L'esprit est encore dans une situation paradoxale : il est d'autant plus sûr de son abstraction que cette abstraction est plus clairement représentée par une intuition sensible.

3° *L'état abstrait* où l'esprit entreprend des informations volontairement soustraites à l'intuition de l'espace réel, volontairement détachées de l'expérience immédiate et même en polémique ouverte avec la réalité première, toujours impure, toujours informe.

Enfin, pour achever de caractériser ces trois stades de la pensée scientifique, nous devrons nous préoccuper des *intérêts* différents qui en constituent en quelque sorte la base affective. Précisément, la Psychanalyse que nous proposons de faire intervenir dans une culture objective doit déplacer les intérêts. Sur ce point, dussions-nous forcer la note, nous voudrions du moins donner l'impression que nous entrevoyons, avec le caractère affectif de la culture intellectuelle, un élément de solidité et de confiance qu'on n'a pas assez étudié. Donner et surtout garder un intérêt vital à la recherche désintéressée, tel n'est-il pas le premier devoir de l'éducateur, à quelque stade de la formation que ce soit ? Mais cet intérêt a aussi son histoire et il nous faudra tenter, au risque d'être accusé de facile enthousiasme, d'en bien marquer la force tout au long de la *patience* scientifique. Sans cet intérêt, cette patience serait souffrance. Avec cet intérêt, cette patience est une vie spirituelle. Faire la psychologie de la patience scientifique reviendra à adjoindre à la loi des trois états de l'esprit scientifique, une sorte de loi des trois états d'âme, caractérisés par des intérêts :

Ame puérile ou mondaine, animée par la curiosité naïve, frappée d'étonnement devant le moindre phénomène instrumenté, jouant à la Physique pour se distraire, pour avoir un prétexte à une attitude sérieuse, accueillant les occasions du collectionneur, passive jusque dans le bonheur de penser.

Ame professorale, toute fière de son dogmatisme, immobile dans sa première abstraction, appuyée pour la vie sur les succès scolaires de sa jeunesse, parlant chaque année son savoir, imposant ses démonstrations, tout à l'intérêt déductif, soutien si commode de l'autorité, enseignant son domestique comme fait Descartes ou le tout venant de la bourgeoisie comme fait l'Agrégé de l'Université.

Enfin, l'*âme en mal d'abstraire et de quintessencier*, conscience scientifique douloureuse, livrée aux intérêts inductifs toujours imparfaits, jouant le jeu périlleux de la pensée sans support expérimental stable ; à tout moment dérangée par les objections de la raison, mettant sans cesse en doute un droit particulier à l'abstraction, mais si sûre que l'abstraction est un devoir, le devoir scientifique, la possession enfin épurée de la pensée du monde !

Ibid.

Exemple : l'obstacle substantialiste et le complexe d'Harpagon.

215

Si nous voulons essayer de bien caractériser la séduction de l'idée de substance, nous ne devons pas craindre d'en chercher le principe jusque dans l'inconscient où se forment les préférences indestructibles. L'idée de substance est une idée si claire, si simple, si peu discutée, qu'elle doit reposer sur une expérience beaucoup plus intime qu'aucune autre.

Nous partirons donc de quelques remarques qui paraîtront tout de suite outrées. Elles nous ont choqué nous-même au début de nos réflexions. Puis, les interminables lectures que nous avons faites des livres alchimiques, les enquêtes psychologiques auxquelles nous avons pu nous livrer au cours d'un enseignement déjà long et divers, nous ont mis en présence de convictions substantialistes tellement ingénues que nous n'hésitons plus guère à faire du réalisme un instinct et à en proposer une psychanalyse spéciale. En effet, non seulement la conviction première du réalisme n'est pas discutée, elle n'est même pas enseignée. De sorte que le réalisme peut à juste titre, ce qui n'est pas pour nous une raison de faveur, être dit la seule philosophie innée. Pour en bien juger, il faut même dépasser le plan intellectuel et comprendre que la substance d'un objet est agréée comme un bien personnel. On en prend possession spirituellement comme on prend possession d'un avantage évident. Entendez argumenter un réaliste : il a *immédiatement* barre sur son adversaire, parce qu'il a, croit-il, le réel pour lui, parce qu'il *possède la richesse* du réel tandis que son adversaire, fils prodigue de l'esprit, court après de vains songes. Dans sa forme naïve, dans sa forme affective, la certitude du réaliste procède d'une joie d'avare. Pour bien préciser notre thèse, disons donc sur un ton polémique : Du point de vue psychanalytique et dans les excès de la naïveté, tous les réalistes sont des avares. Réciproquement, et cette fois sans réserve, tous les avares sont réalistes.

La psychanalyse qu'il faudrait instituer pour guérir du substantialisme est la psychanalyse du *sentiment de l'avoir*. Le complexe qu'il faudrait dissoudre est le complexe du petit profit qu'on pourrait appeler, pour être bref, le complexe d'Harpagon. C'est le complexe du petit profit qui attire l'attention sur les petites choses qui ne *doivent* pas se perdre car on ne les retrouve pas si on les perd. Ainsi un objet *petit* est gardé avec une grande attention. Le vase fragile est celui qui dure le plus longtemps. Ne rien perdre est donc de prime abord une prescription normative. Cette prescription devient ensuite une description ; elle passe du normatif au positif. Finalement, l'axiome fondamental du *réalisme non prouvé* : Rien ne se perd, rien ne se crée, est un dire d'avare.

Ibid.

Par la « psychanalyse de la connaissance objective » on découvre « dans l'expérience scientifique les traces de l'expérience enfantine ». D'où les recherches de Bachelard sur l'imaginaire, inspirées des thèses de Jung, et qui portent essentiellement sur les « quatre éléments », la terre, l'air, l'eau, le feu.

216

Le feu et la chaleur fournissent des moyens d'explication dans les domaines les plus variés parce qu'ils sont pour nous l'occasion de souvenirs impérissables, d'expériences personnelles simples et décisives. Le feu est ainsi un phénomène privilégié qui peut tout expliquer. Si tout ce qui change lentement s'explique par la vie, tout ce qui change vite s'explique par le feu. Le feu est l'ultra-vivant. Le feu est intime et il est universel. Il vit dans notre cœur. Il vit dans le ciel. Il monte des profondeurs de la substance et s'offre comme un amour. Il redescend dans la matière et se cache, latent, contenu comme la haine et la vengeance. Parmi tous les phénomènes, il est vraiment le seul qui puisse recevoir aussi nettement les deux valorisations contraires : le bien et le mal. Il brille au Paradis. Il brûle à l'Enfer. Il est douceur et torture. Il est cuisine et apocalypse. Il est plaisir pour l'enfant assis sagement près du foyer ; il punit cependant de toute désobéissance quand on veut jouer de trop près avec ses flammes. Il est bien-être et il est respect. C'est un dieu tutélaire et terrible, bon et mauvais. Il peut se contredire : il est donc un des principes d'explication universelle.

Sans cette valorisation première, on ne comprendrait ni cette tolérance du jugement qui accepte les contradictions les plus flagrantes, ni cet enthousiasme qui accumule sans preuve les épithètes les plus louangeuses. Par exemple, quelle tendresse et quel non-sens dans cette page d'un médecin écrivant à la fin du XVIIIe siècle : « J'entends par ce feu, non pas une chaleur violente, tumultueuse, irritante et contre nature, qui brûle au lieu de cuire les humeurs, ainsi que les aliments ; mais ce feu doux, modéré, balsamique ; et qui, accompagné d'une certaine humidité, qui a de l'affinité avec celle du sang, pénètre les humeurs hétérogènes de même que les sucs destinés à la nutrition, les divise, les atténue, polit la rudesse et l'âpreté de leurs parties, et les amène enfin à un tel degré de douceur et d'affinement, qu'ils se trouvent approportionnés à notre nature. » Dans cette page, il n'y a pas un seul argument, pas une seule épithète, qui puissent recevoir un sens objectif. Et pourtant comme elle nous convainc ! Il me semble qu'elle totalise la force de persuasion du médecin et la force insinuante du remède. Comme le feu est le médicament le plus insinuant, c'est en le prônant que le médecin est le plus persuasif. En tout cas, je ne relis pas cette page – explique qui pourra ce rapprochement invincible – sans me souvenir du bon et solennel médecin à la montre d'or, qui venait à mon chevet d'enfant et tranquillisait d'un mot savant ma mère inquiète. C'était un matin d'hiver, dans notre pauvre maison. Le feu brillait dans l'âtre. On me donnait du sirop de tolu. Je léchais la cuiller. Où sont-ils ces temps de la chaleur balsamique et des remèdes aux chauds arômes !

La Psychanalyse du feu, Gallimard.

L'acte épistémologique

« L'acte épistémologique », qui se réalise contre les obstacles, divise une histoire en une « histoire périmée » et une « histoire sanctionnée ». C'est pourquoi histoire des sciences et épistémologie, tout en se proposant des tâches différentes, n'en sont pas moins liées.

217

[...] Autrement dit, le progrès est la dynamique même de la culture scientifique, et c'est cette dynamique que l'histoire des sciences doit décrire. Elle doit décrire en jugeant, en valorisant, en enlevant toute possibilité à un retour vers des notions erronées. L'histoire des sciences ne peut insister sur les erreurs du passé qu'à titre de repoussoir. On rencontre alors la dialectique des *obstacles épistémologiques* et des *actes épistémologiques.* Nous avons longuement étudié le concept d'obstacles épistémologiques dans un ouvrage antérieur. La notion d'actes épistémologiques que nous opposons aujourd'hui à la notion d'obstacles épistémologiques correspond à ces saccades du génie scientifique qui apporte des impulsions inattendues dans le cours du développement scientifique. Alors, il y a un *négatif* et un *positif* dans l'histoire de la pensée scientifique. Et ici le négatif et le positif se séparent si nettement que le savant qui prendrait parti pour le *négatif* se mettrait hors de la cité scientifique. Qui se bornerait à vivre dans la cohérence du système de Ptolémée ne serait plus qu'un historien. Et du point de vue de la science moderne, ce qui est négatif relève d'une psychanalyse de la connaissance ; il faut le barrer s'il tend à renaître. Au contraire ce qui dans le passé reste *positif* vient encore agir dans la pensée moderne. Cet héritage positif du passé constitue une sorte de *passé actuel* dont l'action dans la pensée scientifique du temps présent est manifeste.

On doit donc comprendre l'importance d'une dialectique historique *propre à la pensée scientifique.* En somme il faut sans cesse former et reformer la dialectique d'histoire périmée et d'histoire sanctionnée par la science actuellement active. L'histoire de la théorie du phlogistique est périmée puisqu'elle repose sur une erreur fondamentale, sur une contradiction de la chimie pondérale. Un *rationaliste* ne peut s'y intéresser sans une certaine mauvaise conscience. Un *épistémologue* ne peut s'y intéresser que parce qu'il y trouve des motifs de psychanalyse de la connaissance objective. Un *historien des sciences* qui s'y complaît doit savoir qu'il travaille dans la paléontologie d'un esprit scientifique disparu. Il ne peut espérer avoir une action sur la pédagogie des sciences de notre temps.

Au contraire de l'hypothèse du *phlogistique,* d'autres travaux comme ceux de Black sur le *calorique,* même s'ils contiennent des parties à reprendre, affleurent dans les expériences positives de la détermination des *chaleurs spécifiques.* Or la notion de *chaleur spécifique* – on peut l'affirmer tranquillement – est une notion qui est *pour toujours* une notion scientifique. Les travaux de Black peuvent donc être décrits comme des éléments de *l'histoire sanctionnée.* Il y a un intérêt constant à les connaître théoriquement, à les élucider épistémologiquement, à en suivre l'incorporation dans un corps de concepts rationalisés. La philosophie historienne, la philosophie épistémologique, la philosophie rationaliste peuvent trouver là un motif d'analyse spectrale où se distribuent les nuances d'une polyphilosophie.

L'Activité rationaliste de la physique contemporaine, P.U.F.

On voit alors la nécessité éducative de formuler une *histoire récurrente,* une histoire qu'on éclaire par la *finalité du présent,* une histoire qui part des certitudes du présent et découvre, dans le passé, les formations progressives de la vérité. Ainsi la pensée scientifique s'assure dans le récit de ses progrès. Elle apparaît, cette histoire récurrente, dans les livres de science actuels sous forme de préambule historique. Mais elle est trop souvent écourtée. Elle oublie trop d'intermédiaires. Elle ne prépare pas suffisamment la formation pédagogique des différents seuils différentiels de la culture.

Bien entendu cette histoire récurrente, cette histoire jugée, cette histoire valorisée ne peut ni ne veut rétablir des mentalités préscientifiques. Elle est faite plutôt pour aider à prendre conscience de la force de certains barrages que le passé de pensée scientifique a formés contre l'irrationalisme. Ainsi Jean-Baptiste Biot dans un *Essai sur l'histoire des sciences pendant la Révolution française* écrivait en 1803 (p. 6) : « L'Encyclopédie était une barrière qui empêchait pour toujours l'esprit humain de rétrograder. » Il y a là une manière de Déclaration des droits de l'homme rationaliste que l'on aura l'occasion d'illustrer dès qu'on considérera l'histoire des sciences comme un progrès de leur rationalité.

L'histoire des sciences apparaîtra alors comme la plus irréversible de toutes les histoires. En découvrant le vrai, l'homme de science barre un irrationnel. L'irrationalisme sans doute peut sourdre ailleurs. Mais il y a désormais des voies interdites. L'histoire des sciences est l'histoire des défaites de l'irrationalisme.

Mais le combat n'est jamais fini et il nous paraît nécessaire que chaque génération d'hommes de science fasse le point du rationalisme et reprenne sans cesse le bilan de l'histoire des sciences.

Ibid.

Science et philosophie

Prenant l'exemple de la physique corpusculaire contemporaine, Bachelard montre comment la science contraint la philosophie à reviser ses concepts.

218

Un philosophe qui aborde l'étude de la science physique contemporaine est gêné d'abord, comme tout le monde, par le poids des connaissances communes, ensuite, comme toute personne cultivée, par les souvenirs de sa propre culture. Ainsi, il imagine, en suivant les intuitions de la vie usuelle, qu'un *corpuscule* est un petit corps et il pense, en un hommage traditionnel à la philosophie de Démocrite, que l'atome est un indivisible, l'ultime élément d'une division de la matière.

Avec des assurances étymologiques aussi indestructibles, comment comprendre la nouveauté du langage de la science ? Comment s'apprendre à former des notions toutes nouvelles ? Comment établir, en marge de l'empirisme quotidien, l'exacte philosophie de l'empirisme du laboratoire ? Comment enfin substituer à un rationalisme qui fonctionnait sur les grandes certitudes d'une connaissance universelle un rationalisme purement axiomatique qui s'établit comme une espèce de volonté de maintenir des règles bien définies, bien limitées à un domaine *particulier* ? On le voit, les sciences physiques contemporaines auraient besoin, pour recevoir leurs justes valeurs philosophiques, de philosophes anabaptistes qui abjureraient en même temps leurs connaissances rationnelles élémentaires et leurs connaissances communes pour aborder à la fois une nouvelle pensée et une nouvelle expérience.

Dans notre tentative pour *réduire la notion de corpuscule à sa nouveauté* et pour insérer cette notion de corpuscule dans son exact contexte axiomatique, nous allons commenter une suite de thèses que nous exprimerons sous une forme un peu paradoxale pour barrer tout de suite les intuitions paresseuses [...].

1° *Le corpuscule n'est pas un petit corps.* Le corpuscule n'est pas un fragment de substance. Il n'a pas de qualités proprement substantielles. Déjà, quand la chimie théorique formulait la notion d'atome, elle dépouillait l'atome de beaucoup de ses propriétés retenues par l'expérience commune. Ainsi :

Le bleuissement pâle et fugitif du soufre

que le poète désigne comme une racine de son *ontologie infernale*, ne laisse aucune trace dans la chimie de l'atome. En s'atomisant le soufre a perdu ses aspects sataniques. Les « réalités » communes ne tiennent pas plus solidement à l'atome de soufre que ses « réalités » métaphoriques. L'atome, du fait même qu'il est défini dans une organisation rationnelle de l'expérience chimique, reçoit un *nouveau statut ontologique*. Encore peut-être plus nettement, les corpuscules de la physique moderne sont référés à un type d'organisation expérimentale bien défini. Il faut déterminer le statut ontologique au niveau de leur définition précise. On apporte des habitudes ruineuses dans la science si l'on pense, par exemple, que l'électron est un petit corps chargé d'électricité négative, si l'on pense – en deux temps – l'existence d'un être et l'existence de ses propriétés. Nous sommes ici devant une rupture absolue des concepts de la microphysique et des concepts de la physique classique. L'opération : « charger un *corps* d'électricité », si commune dans la science électrique commune, n'a plus de sens au niveau du *corpuscule*. *Le corpuscule électrique* n'est pas un *petit corps chargé d'électricité* [...]. Derrière l'attribut *électricité*, il n'y a pas à considérer la substance *matière*. La philosophie du corpuscule, dans cette occasion du corpuscule électrique comme dans d'autres cas, nous apprend une ontologie bien définie, strictement définie. Et cette ontologie aurait une valeur d'enseignement philosophique considérable, si seulement le philosophe voulait s'y attacher : en effet, cette ontologie du corpuscule barre d'un trait particulièrement net toute fuite dans l'irrationalisme de la substance.

2° *Le corpuscule n'a pas de dimensions absolues assignables* : on ne lui assigne qu'un *ordre de grandeur*. Cet ordre de grandeur détermine plutôt une zone d'*influence* qu'une zone d'*existence*. Ou, plus exactement, le corpuscule n'existe que dans les limites d'espace où il agit [...].

Cette manière de définir *dynamiquement* les dimensions limites d'un corpuscule doit nous éclairer sur la nouveauté essentielle de la philosophie corpusculaire moderne. Rien qui ressemble à la notion classique d'*impénétrable*. Il ne faut pas faire les physiciens plus réalistes – plus traditionnellement réalistes – qu'ils ne le sont et lier, comme semble le faire Meyerson, l'atomisme de la science moderne à l'atomisme des philosophes. Seuls les philosophes posent encore l'atome ou le corpuscule, comme *impénétrable*. Or, on peut lire quelques milliers de livres de la physique et de la chimie modernes sans voir évoquée la notion d'impénétrabilité. Quand la notion semble jouer un rôle, on reconnaît vite qu'elle ne le joue pas avec un *caractère absolu* comme c'était le cas dans l'atomisme philosophique [...].

Mais le philosophe réaliste tient ici une objection en réserve : si l'on ne connaît que l'ordre de grandeur d'un corpuscule, cela est dû à « l'insuffisance de nos connaissances ». Le réaliste affirme alors qu'en fait le corpuscule – comme tous les corps – doit avoir une grandeur déterminée. Un débat ainsi engagé serait un débat où le réaliste philosophe parlerait seul car le réaliste physicien ne saurait concevoir aucune *mesure* des dimensions du corpuscule ; qui plus est, le réaliste physicien voit toute l'évidence de l'impossibilité absolue d'une telle mesure, la notion d'*instrument* au niveau de la microphysique étant une absurdité. Tout *instrument* est en effet un *objet* de la vie commune. Finalement, l'ordre de grandeur d'un corpuscule ne saurait être qu'*inféré* et seules les méthodes d'inférence peuvent être prises en discussion.

3° *Corrélativement, si le corpuscule n'a pas de dimensions assignables, il n'a pas de forme assignable.*

Autrement dit, *l'élément n'a pas de géométrie.* Ce fait doit être mis à la base de la philosophie corpusculaire moderne. Il est d'une grande nouveauté philosophique.

La géométrie n'intervient qu'à la composition des éléments et seulement quand cette composition est possible. Du point de vue de la connaissance des phénomènes et des substances, la géométrie apparaît d'abord comme un jeu de points et de directions. Il semble que la composition suscite des orientations dont on puisse affirmer une existence virtuelle dans les éléments avant la composition. Mais cette existence virtuelle doit rester une vue de l'esprit. L'élément rendu à sa solitude n'a pas de géométrie.

Les notions géométriques sont d'autant plus opérantes qu'on s'élève davantage dans les ordres de composition. On voit leur importance croître lorsqu'on passe du noyau à l'atome chimique dans la science contemporaine, quand on prend l'atome chimique comme une *organisation* d'électrons. Notons toutefois que cette organisation géométrique des couches électroniques dans l'atome a subi une dégéométrisation quasi complète dans la chimie quantique.

En fait, c'est quand la composition passe de l'atome à la molécule que la géométrie de la matière apparaît vraiment. La molécule, elle, est un petit corps. La molécule, elle, a une géométrie. La molécule, elle, a des grandeurs assignables. C'est un édifice.

Il est philosophiquement intéressant de se rendre compte qu'on connaît d'autant mieux l'édifice moléculaire qu'on participe davantage à sa construction. Les structures un peu complexes deviennent paradoxalement mieux connues que les structures plus simples. Le chimiste est un constructeur de molécules. Il crée souvent des molécules comme des compléments de molécules. La géométrie moléculaire est alors un véritable guide pour la chimie inventive, une suggestion pour des inventions de substances chimiques complexes.

Inversement, où l'on pense plus *composition*, on ne voit plus comment on pourrait penser *géométrie.* Le *simple* est automatiquement une perte de structure. A l'encontre de l'atome des philosophes, le corpuscule élémentaire des physiciens ne saurait avoir ni de près ni de loin une géométrie.

4° *Puisqu'on ne peut attribuer une forme déterminée au corpuscule, on ne peut pas davantage lui attribuer une place très précise.* Lui attribuer une place précise ne serait-ce pas en effet lui attribuer, de l'extérieur, en quelque manière négativement une *forme* ?

Ainsi l'intuition se brouille aussi bien quand elle cherche la place absolue que lorsqu'elle cherche la figure absolue. Sur ce point on assiste à une rupture totale avec l'imagination cartésienne.

En effet, comme il est bien connu, en vertu du principe d'indétermination de Heisenberg, la localisation du corpuscule, dans l'analyse extrême qu'on demande à la microphysique, est soumise à de telles restrictions que la fonction de l'*existence située* n'a plus de valeur absolue [...]. La révolution épistémologique qu'entraîne la microphysique conduit d'ailleurs à remplacer la phénoménologie par une nouménologie, c'est-à-dire par une organisation d'*objets de pensée. Les objets de pensée* deviennent ensuite des *objets d'expériences techniques*, dans une pure facilité de l'expérience [...].

5° Dans plusieurs circonstances, la microphysique pose, comme un véritable principe, *la perte d'individualité d'un corpuscule.*

En effet si deux corpuscules individualisés par leurs trajectoires viennent à passer dans une région suffisamment étroite pour qu'on ne puisse plus les distinguer, à la sortie de cette région on ne pourra maintenir le numérotage qui les distinguait.

Cependant, on se tromperait si l'on voyait là un accident qui ruine une connaissance. En réalité la constatation de ce fait d'une désindividualisation dans les circonstances que nous venons d'évoquer donne un principe fécond, un principe qui rend compte de tout un secteur de l'expérience positive. Il s'agit en somme d'un corollaire du principe d'indétermination de Heisenberg. Ce corollaire a la même *positivité* que le théorème fondamental. Bien entendu, lui aussi, réclame un nouveau départ. Il renouvelle la notion d'indiscernables qui a soulevé tant de débats chez les philosophes.

Il ne s'agit plus alors d'indiscernables en soi ; il faut se référer à des opérations définies, qui font perdre dans des circonstances précises les moyens de discerner deux ou plusieurs individualités.

Au fond on doit toujours envisager les corpuscules comme des racines d'expériences, jamais comme des racines d'être. Avec la physique, nous entrons dans une ontologie conditionnée par l'expérience technique ; nous n'avons que faire d'une ontologie absolue qui imposerait des valeurs réfractaires à l'expérience.

6° Enfin, dernière thèse qui contredit l'axiome fondamental de l'atomisme philosophique : la physique contemporaine admet que *le corpuscule puisse s'annihiler.* Ainsi l'atome, dont la première fonction était de résister à tout changement intime, et, *a fortiori*, à la destruction, ne remplit plus, dans la science contemporaine, sa fonction d'absolue permanence, sa fonction d'existence radicale. L'antique adage : rien ne se perd, rien ne se crée doit être médité à nouveau frais. Il y a sans doute des phénomènes consécutifs à l'annihilation d'un corpuscule et le philosophe pourra arguer que, disparu le corpuscule, quelque chose subsiste. Mais ce *quelque chose* n'est plus une *chose.* Croyant rendre plus nette la philosophie réaliste qu'il attribuait au physicien, Emile Meyerson disait que le physicien est *chosiste.* Cette intuition rejoignait par bien des côtés l'affirmation bergsonienne sur l'intelligence humaine qui serait spécifiquement adaptée à la connaissance des *solides.* Les atomes étaient alors conçus comme des petits solides, comme des petites choses. L'atomisme était la doctrine, par excellence, des chosettes.

L'annihilation d'un corpuscule consacre, nous semble-t-il, la défaite du chosisme.

Ibid.

Le nouveau rationalisme

Ce que montre surtout une étude épistémologique de la physique contemporaine, c'est la mise en jeu de philosophies différentes (« polyphilosophisme »), une distribution de diverses valeurs épistémologiques (« spectre philosophique »), l'existence de « rationalismes régionaux » (par exemple, un « rationalisme électrique »). On s'attachera donc à étudier le « pluralisme cohérent » des diverses philosophies en les intégrant dans un « rationalisme intégral », essentiellement dialectique. « Rationalistes, disait Bachelard, nous essaierons de le devenir. »

219

Ce rationalisme intégral ou intégrant devrait être institué *a posteriori*, après qu'on a étudié des rationalismes régionaux divers, aussi organisés que possible, contemporains de la mise en relation des phénomènes obéissant à des types d'expérience bien définis. En suivant cette voie, on est amené à considérer des *consensus* limités à la société savante, des *consensus* hautement spécialisés. On objectera sans doute qu'une cité savante reste une cité humaine et que nous ne modifions pas le problème métaphysique en spécialisant les organisations rationnelles socialisées dans une cité savante. Une telle objection est spécieuse. Précisément nous désignons une cité de physiciens, une cité de mathématiciens comme formées autour d'une pensée pourvue de garanties apodictiques. Il y a désormais des noyaux d'apodicticité dans la science physique, dans la science chimique. Ne pas reconnaître cette nuance nouvelle, c'est ignorer précisément les émergences des sciences contemporaines. La culture est une accession à une émergence ; dans le domaine scientifique, ces émergences sont effectivement constituées socialement. Il existe dans la cité mécanistique un *canton relativiste.* C'est une éminente émergence de culture et on ne peut en juger qu'en y adhérant. On pourrait faire un amusant sottisier en réunissant les opinions des philosophes ou des écrivains qui ont « jugé » la relativité. Un aveugle parlant des couleurs aurait autant de compétence. Qui fait partie du canton relativiste voit tout de suite qu'il n'y a pas à mettre en discussion des opinions semblables. En résumé, le *consensus* qui définit socialement un rationalisme régional est plus qu'un fait, c'est le signe d'une *structure.*

Le rationalisme intégral doit donc être un rationalisme dialectique qui décide de la structure où doit s'engager la pensée pour informer une expérience. Il correspond à une sorte de bureau central d'une usine qui a trouvé une rationalisation. La question ne se pose donc plus de définir un rationalisme général qui recueillerait la partie commune des rationalismes régionaux. On ne retrouverait dans cette voie que le rationalisme minimum utilisé dans la vie commune. On effacerait les structures.

Il s'agit tout au contraire de multiplier et d'affiner les structures, ce qui du point de vue rationaliste, doit s'exprimer comme une activité de structuration, comme une détermination de la possibilité de multiples axiomatiques pour faire face à la multiplication des expériences. Un des caractères les plus nouveaux de l'épistémologie contemporaine, c'est que les différentes approximations expérimentales du réel se révèlent solidaires d'une modification axiomatique des organisations théoriques. Le rationalisme intégral ne pourra donc être qu'une domination des différentes axiomatiques de base. Et il désignera le rationalisme comme une activité de dialectique, puisque les axiomatiques diverses s'articulent entre elles dialectiquement [...].

[...] On sous-estime les différents éléments d'une hypothèse si on ne leur donne pas leur valeur de postulat. Par exemple, si l'on examine le rationalisme régional qui correspond à l'atomisme en microphysique, on doit considérer comme un postulat l'hypothèse de leur *indiscernabilité*. Sans doute, en chimie, on pose en principe que les atomes d'un même élément sont *identiques*. On croit pouvoir garder la possibilité de discerner des atomes identiques par leur situation dans l'espace. L'espace commun est en effet un espace de discernement. Mais il n'en va pas de même dans l'espace de la microphysique, espace en quelque sorte cellulaire du fait de l'axiome de Heisenberg. Ainsi l'hypothèse atomique en chimie et l'hypothèse atomique en microphysique n'ont pas la même *structure notionnelle*. Et précisément, une structure notionnelle, voilà ce qui est intermédiaire entre une structure réaliste et une structure symbolique, voilà une fonction qui est un élément actif du rationalisme appliqué. Nous sommes devant une différenciation de l'hypothèse atomistique. Si l'on suit, dans leurs variations, des hypothèses en apparence si simples et si primitives, on doit se rendre compte qu'il faut en étudier les valeurs épistémologiques dans leur plus grand engagement et non pas, à la manière de la philosophie officielle, dans l'arbitraire de l'idéalisme.

D'autres critiques pourront être faites à ce raffinement de l'épistémologie. Elles viendront du côté des physiciens qui n'ont certes pas besoin de philosopher pour travailler utilement. Mais notre tâche est de rendre à la science tous ses intérêts, et d'abord ses intérêts philosophiques. Dès qu'on y regarde d'un peu près, les fonctions philosophiques de la science se multiplient. Il y a peu de pensées qui soient philosophiquement plus variées que la pensée scientifique. Le rôle de la philosophie des sciences est de recenser cette variété et de montrer combien les philosophes s'instruiraient, s'ils voulaient méditer la pensée scientifique contemporaine.

Le Rationalisme appliqué, P.U.F.

On découvre ainsi que l'épistémologie engagée dans la physique contemporaine est une épistémologie non-cartésienne, où la relation prime l'être.

220

Ainsi, en parlant d'une épistémologie non-cartésienne, ce n'est pas sur la condamnation des thèses de la physique cartésienne, ou même sur la condamnation du mécanisme dont l'esprit restait cartésien, que nous prétendons insister, mais bien sur une condamnation de la doctrine des natures simples et absolues. Avec le nouvel esprit scientifique, c'est tout le problème de l'intuition qui se trouve bouleversé. En effet cette intuition ne saurait désormais être primitive, elle est précédée par une étude discursive qui réalise une sorte de dualité fondamentale. Toutes les notions de base peuvent en quelque manière être dédoublées ; elles peuvent être bordées par des notions complémentaires. Désormais toute intuition procédera d'un choix ; il y aura donc une sorte d'ambiguïté essentielle à la base de la description scientifique et le caractère immédiat de l'évidence cartésienne sera troublé. Non seulement Descartes croit à l'existence d'éléments absolus dans le monde objectif, mais encore il pense que ces éléments absolus sont connus dans leur totalité et directement. C'est à leur niveau que l'évidence est la plus claire. L'évidence y est entière précisément parce que les éléments simples sont indivisibles. On les voit tout entiers parce qu'on les voit séparés. De même que l'idée claire et distincte est totalement dégagée du doute, la nature de l'objet simple est totalement séparée des relations avec d'autres objets. Rien de plus anticartésien que la lente modification spirituelle qu'imposent les approximations successives de l'expérience, surtout quand les approximations plus poussées révèlent des richesses organiques méconnues par l'information première. C'est le cas, répétons-le, pour la conception einsteinienne dont la richesse et la valeur complexe font soudain apparaître la pauvreté de la conception newtonienne. C'est le cas aussi pour la mécanique ondulatoire de M. Louis de Broglie qui *complète* dans toute la force du terme la mécanique classique et la mécanique relativiste elle-même.

Mais supposons avec Descartes les éléments du réel vraiment donnés dans leur intégrité ; peut-on du moins dire que la construction cartésienne qui les unit suive une forme réellement synthétique ? Il nous semble plutôt que l'inspiration cartésienne reste analytique dans cette construction même, car, pour Descartes, la construction ne reste claire que si elle s'accompagne d'une sorte de conscience de la destruction. En effet, on nous conseille de toujours relire le simple sous le multiple, de toujours dénombrer les éléments de la composition. Jamais une idée composée ne sera saisie dans sa valeur de synthèse. On n'aura jamais égard au réalisme de la composition, à la force de l'émergence. Loin d'accepter, par exemple, le complexe d'énergie, on ira, contre l'intuition sensible elle-même, jusqu'aux réductions ultimes de l'intuition intellectuelle. Ainsi on n'acceptera pas même comme primitif le caractère curviligne de la trajectoire. Le seul mouvement vrai sera le seul mouvement clair, le mouvement simple, rectiligne, uniforme. Le long du plan incliné, on ne supposera pas une variation continue de la vitesse parce que les vitesses doivent se présenter sous forme de natures séparées, comme les *éléments* simples et distincts d'une chute bien définie.

Qu'on mette alors une fois de plus en regard de cette épistémologie cartésienne l'idéal de complexité de la science contemporaine ; qu'on se rappelle les multiples réactions du nouvel esprit scientifique contre la pensée asyntaxique ! La science contemporaine se fonde sur une synthèse première ; elle réalise à sa base le complexe *géométrie-mécanique-électricité* ;

elle s'expose dans l'espace-temps ; elle multiplie ses corps de postulats ; elle place la clarté dans la combinaison épistémologique, non dans la méditation séparée des objets combinés. Autrement dit, elle substitue à la clarté en soi une sorte de clarté opératoire. Loin que ce soit l'être qui illustre la relation, c'est la relation qui illumine l'être.

Le Nouvel esprit scientifique, P.U.F.

Et c'est finalement sur un « rationalisme ouvert » que débouche le nouvel esprit scientifique.

221

Si l'on pose maintenant le problème de la nouveauté scientifique sur le plan plus proprement psychologique, on ne peut manquer de voir que cette allure révolutionnaire de la science contemporaine doit réagir profondément sur la structure de l'esprit. L'esprit a une structure variable dès l'instant où la connaissance a une histoire. En effet, l'histoire humaine peut bien, dans ses passions, dans ses préjugés, dans tout ce qui relève des impulsions immédiates, être un éternel recommencement ; mais il y a des pensées qui ne recommencent pas : ce sont les pensées qui ont été rectifiées, élargies, complétées. Elles ne retournent pas à leur aire restreinte ou chancelante. Or l'esprit scientifique est essentiellement une rectification du savoir, un élargissement des cadres de la connaissance. Il juge son passé historique en le condamnant. Sa structure est la conscience de ses fautes historiques. Scientifiquement, on pense le vrai comme rectification historique d'une longue erreur, on pense l'expérience comme rectification de l'illusion commune et première. Toute la vie intellectuelle de la science joue dialectiquement sur cette différentielle de la connaissance, à la frontière de l'inconnu. L'essence même de la réflexion, c'est de comprendre qu'on n'avait pas compris. Les pensées non-baconiennes, non-euclidiennes, non-cartésiennes sont résumées dans ces dialectiques historiques que présentent la rectification d'une erreur, l'extension d'un système, le complément d'une pensée.

Il ne manque qu'un peu de vie sociale, qu'un peu de sympathie humaine pour que le nouvel esprit scientifique – le n.e.s. – prenne la même valeur formative qu'une nouvelle économie politique – la n.e.p. Pour beaucoup de savants qui poursuivent avec passion la vie sans passions, l'intérêt des problèmes présents correspond à un intérêt spirituel primordial où la raison joue son destin. M. Reichenbach parle justement d'un conflit de générations sur le sens profond de la science. Compton, lors d'une visite chez J.J. Thomson à Cambridge, a rencontré G.P. Thomson, venu pour un week-end. On s'amusait à examiner les photographies obtenues avec les ondes électroniques ; Compton fait remarquer à ce sujet : « C'était un véritable événement dramatique de voir le grand vieil homme de science, qui a dépensé ses meilleures années en affirmant la nature corpusculaire de l'électron, plein d'enthousiasme pour l'œuvre de son fils révélant que les électrons en mouvement constituent des ondes. » Du père au fils on peut mesurer la révolution philosophique que réclame l'abandon de l'électron comme chose ; on peut apprécier le courage intellectuel nécessaire à une telle révision du réalisme. Le physicien a été obligé trois ou quatre fois depuis vingt ans de reconstruire sa raison et intellectuellement parlant de se refaire une vie.

Il suffit d'ailleurs de réaliser psychologiquement l'état d'inachèvement de la science contemporaine pour avoir une impression intime de ce qu'est le *rationalisme ouvert.* C'est un état de surprise effective devant les suggestions de la pensée théorique.

Ibid.

En somme la science instruit la raison. La raison doit obéir à la science, à la science la plus évoluée, à la science évoluante. La raison n'a pas le droit de majorer une expérience immédiate ; elle doit se mettre au contraire en équilibre avec l'expérience la plus richement structurée. En toutes circonstances l'*immédiat* doit céder le pas au *construit.* Destouches répète souvent : si l'arithmétique, dans de lointains développements, se révélait contradictoire, on réformerait la raison pour effacer la contradiction, et l'on garderait intacte l'arithmétique. L'arithmétique a fait des preuves d'efficience, d'exactitude, de cohérence si nombreuses qu'on ne peut songer à abandonner son organisation. Devant une contradiction soudaine, ou plus exactement devant la nécessité soudaine d'un usage contradictoire de l'arithmétique se poserait le problème d'une non-arithmétique, d'une panarithmétique, c'est-à-dire d'un prolongement dialectique des intuitions du nombre qui permettrait d'englober la doctrine classique et la doctrine nouvelle.

Nous n'hésitons pas à pousser à l'extrême notre thèse pour la rendre bien nette. Cette extension de l'arithmétique n'est pas faite. En la supposant possible nous voulons simplement affirmer que l'arithmétique n'est pas plus que la géométrie une promotion naturelle d'une raison immuable. L'arithmétique n'est pas fondée sur la raison. C'est la doctrine de la raison qui est fondée sur l'arithmétique élémentaire. Avant de savoir compter, je ne savais guère ce qu'était la raison. En général, l'esprit doit se plier aux conditions du savoir. Il doit créer en lui une structure correspondant à la structure du savoir. Il doit se mobiliser autour d'articulations qui correspondent aux dialectiques du savoir. Que serait une fonction sans des occasions de fonctionner ? Que serait une raison sans occasions de raisonner ? La pédagogie de la raison doit donc profiter de toutes les occasions de raisonner. Elle doit chercher la variété des raisonnements, ou mieux les variations du raisonnement. Or, les variations du raisonnement sont maintenant nombreuses dans les sciences géométriques et physiques ; elles sont toutes solidaires d'une dialectique des principes de raison, d'une activité de la philosophie du non. Il faut en accepter la leçon. La raison, encore une fois, doit obéir à la science. La géométrie, la physique, l'arithmétique sont des sciences ; la doctrine traditionnelle d'une raison absolue et immuable n'est qu'une philosophie. C'est une philosophie périmée.

La Philosophie du non, P.U.F.

LUKACS

1884-1971

Philosophe hongrois, l'un des penseurs marxistes contemporains les plus rigoureux et les plus originaux.

Principales œuvres : *La Théorie du roman* (1920), *Histoire et conscience de classe* (1923), *La Destruction de la raison* (1954).

Métaphysique et dialectique

Aux yeux de Georg Lukacs, la dialectique s'oppose à la métaphysique à la fois parce qu'elle vise à la transformation de la réalité et non à son maintien, et, surtout, parce qu'elle souligne le dualisme du sujet et de l'objet dans le processus de l'histoire.

222

L'éclaircissement de cette fonction de la théorie ouvre en même temps la voie à la connaissance de son essence théorique : c'est-à-dire à la méthode de la dialectique. Le fait d'avoir négligé ce point tout simplement décisif introduit beaucoup de confusion dans les discussions sur la méthode dialectique ; car, que l'on critique les développements de Engels dans l'*Anti-Dühring* (décisifs pour l'évolution ultérieure de la théorie), qu'on les tienne pour incomplets, voire insuffisants, ou qu'on les considère comme classiques, il faut néanmoins reconnaître la conceptualisation de la méthode dialectique, en l'opposant à la conceptualisation « métaphysique » ; il souligne avec pénétration le fait que, dans la méthode dialectique, la rigidité des concepts (et des objets qui leur correspondent) est dissoute, que la dialectique est un processus constant de passage fluide d'une détermination dans l'autre, un permanent dépassement des contraires, qu'elle est leur passage de l'un dans l'autre ; que, par conséquent, la causalité unilatérale et rigide doit être remplacée par l'action réciproque. Mais l'aspect le plus essentiel de cette action réciproque, *la relation dialectique du sujet et de l'objet dans le processus de l'histoire,* n'est même pas mentionné, et encore moins placé au centre (comme il devrait l'être) des considérations méthodologiques. Or, privée de cette détermination, la méthode dialectique (malgré le maintien, purement apparent, il est vrai, des concepts « fluides ») cesse d'être une méthode révolutionnaire. La différence avec la « métaphysique » n'est plus cherchée alors dans le fait qu'en toute étude « métaphysique » l'objet de l'étude doit rester intouché et inchangé et que, par conséquent, l'étude reste dans une perspective purement « intuitive » et ne devient pas pratique, alors que pour la méthode dialectique la *transformation de la réalité* constitue le problème central. Si on néglige cette fonction centrale de la théorie, l'avantage de la conceptualisation « fluide » devient tout à fait problématique. Cela devient une affaire purement « scientifique ». La méthode peut être rejetée ou acceptée, selon l'état de la science, sans que l'attitude fondamentale vis-à-vis de la réalité et de son caractère modifiable ou immuable subisse le moindre changement. L'impénétrabilité, le caractère « fatal » et immuable de la réalité, sa conformité à des lois au sens du matérialisme bourgeois et « intuitif » et de l'économie classique qui lui est intimement apparentée, peuvent même être encore renforcés, comme cela s'est produit chez les adeptes du marxisme, disciples de Mach.

Histoire et conscience de classe, Éd. de Minuit.

WITTGENSTEIN

1889-1951

Logicien viennois dont les travaux ont exercé une grande influence sur la logique, l'épistémologie et la philosophie du langage contemporaines.

Principales œuvres : *Tractatus logico-philosophicus* (1921), *Investigations philosophiques.*

Le monde et la logique

Ludwig Wittgenstein a consacré d'abord ses recherches à la constitution d'un « langage idéal » dégagé de toute imprécision et de toute ambiguïté. Son Tractatus *se présente comme un enchaînement rigoureux de propositions logiques, définissant le monde comme un système de situations actualisées parmi les situations possibles.*

223

1. – Le monde est tout ce qui arrive.

1.1 – Le monde est l'ensemble des faits, non pas des choses.

1.11 – Le monde est déterminé par les faits, ces faits étant la *totalité* des faits.

1.12 – Car la totalité des faits détermine ce qui arrive et aussi tout ce qui n'arrive pas.

1.13 – Les faits dans l'espace logique constituent le monde.

1.2 – Le monde se dissout en faits.

1.21 – Une chose peut ou bien être ce qui arrive ou bien n'être pas ce qui arrive et tout le reste demeurer égal.

2. – Ce qui arrive, le fait, est l'existence d'états de choses.

2.04 – La totalité des états de choses existants est le monde.

2.05 – La totalité des états de choses existants détermine également quelles sortes d'états de choses n'existent point.

2.06 – L'existence et l'inexistence d'états de faits constituent la réalité.

(L'existence d'états de choses nous la nommons aussi un fait positif, leur inexistence un fait négatif.)

2.061 – Les états de choses sont indépendants les uns des autres.

2.062 – On ne peut conclure de l'existence ou de la non-existence d'un état de choses à l'existence ou à la non-existence d'un autre état de choses.

2.063 – La réalité totale est le monde.

2.1 – Nous nous faisons des tableaux (Bilder) des faits.

2.11 – Le tableau (Bild) représente le fait dans l'espace logique, l'existence et la non-existence des états de choses.

2.12 – Le tableau est une transposition de la réalité.

2.21 – Le tableau s'accorde ou non avec la réalité ; il est fidèle ou infidèle, vrai ou faux.

2.22 – Le tableau représente ce qu'il représente indépendamment de sa vérité ou de sa fausseté ; au moyen de sa forme de représentation.

2.221 – Ce que le tableau représente constitue son sens.

2.222 – Dans l'accord ou le désaccord du sens du tableau avec la réalité consiste sa vérité ou sa fausseté.

2.223 – Pour reconnaître si le tableau est vrai ou faux, nous devons le comparer à la réalité.

2.224 – Par lui-même le tableau ne fait connaître rien de ce qu'il a de vrai ou de faux.

2.225 – Il n'y a point de tableau qui soit vrai *a priori.*

3. – Le tableau logique des faits constitue la pensée.

3.001 – « Un état de choses est pensable » signifie : nous pouvons nous en faire un tableau.

3.01 – La totalité des pensées vraies constitue un tableau du monde.

3.02 – La pensée contient la possibilité de l'état de choses qu'elle pense. Ce qui est pensable est également possible.

3.03 – Nous ne saurions rien penser d'illogique parce qu'alors il nous faudrait penser illogiquement.

3.31 – On a dit que Dieu pouvait tout créer sauf ce qui serait contraire aux lois logiques. En effet, nous ne saurions *dire* d'un monde « illogique » ce que serait son aspect.

3.032 – Représenter par le langage « quelque chose de contraire à la logique », on ne le saurait pas plus que représenter en géométrie par ses coordonnées une figure contraire aux lois de l'espace, ou qu'indiquer les coordonnées d'un point qui n'existe pas [...].

5.6 – Les *limites de mon langage* signifient les limites de mon propre monde [...].

5.61 – La logique remplit le monde : les limites du monde sont aussi ses propres limites.

Par conséquent nous ne saurions dire en logique : il y a telle et telle chose dans le monde, non pas telle chose.

Cela semblerait présupposer que nous excluions certaines possibilités, ce qui ne saurait être le cas, puisque alors la logique devrait transgresser les limites du monde ; c'est-à-dire si elle pouvait aussi considérer ces limites de l'autre côté.

Ce que nous ne pouvons penser, nous ne saurions le penser ; donc nous ne pouvons *dire* ce que nous ne saurions penser.

6.1 – Les propositions de la logique sont des tautologies.

6.11 – Les propositions de la logique par conséquent ne disent rien. (Elles sont les propositions analytiques.)

Tractatus, Gallimard.

Langage ordinaire et syntaxe logique

Le langage ordinaire est source de confusions et de pseudo-problèmes qu'on doit éliminer en constituant une syntaxe logique, dans laquelle le sens du signe n'est donné que par sa situation dans la syntaxe.

224

4. La pensée est la proposition ayant un sens.

4.001 – La totalité des propositions est le langage.

4.002 – L'homme possède la faculté de construire des langages, par lesquels chaque sens se peut exprimer, sans avoir nulle notion ni de la manière dont chaque mot signifie, ni de ce qu'il signifie. – De même que l'on parle sans savoir comment sont émis les sons particuliers de la parole.

Le langage quotidien est une partie de l'organisme humain, et pas moins compliqué que ce dernier.

Il est humainement impossible d'en extraire immédiatement la logique du langage.

Le langage travestit la pensée. Et notamment de telle sorte que d'après la forme extérieure du vêtement l'on ne peut conclure à la forme de la pensée travestie ; pour la raison que la forme extérieure du vêtement vise à tout autre chose qu'à permettre de reconnaître la forme du corps.

Les arrangements tacites pour la compréhension du langage quotidien sont d'une énorme complication.

4.003 – La plupart des propositions et des questions qui ont été écrites sur des matières philosophiques sont non pas fausses, mais dépourvues de sens. Pour cette raison nous ne pouvons absolument pas répondre aux questions de ce genre, mais seulement établir qu'elles sont dépourvues de sens. La plupart des propositions et des questions des philosophes viennent de ce que nous ne comprenons pas la logique de notre langage.

(Elles sont du même genre que la question de savoir si le Bien est plus ou moins identique que le Beau.)

Et il n'est pas étonnant que les problèmes les plus profonds ne soient en somme *nullement* des problèmes [...].

3.323 – Dans le langage quotidien il arrive très fréquemment que le même mot désigne d'une manière différente – donc appartienne à différents symboles – ou que deux mots, qui désignent de manière différente, soient utilisés extérieurement de la même manière dans la proposition.

Ainsi apparaît le mot « est » en tant que copule, en tant que signe d'égalité et en tant qu'expression d'existence ; le mot : « exister » en tant que verbe intransitif comme le mot « aller » ; « identique » en tant qu'adjectif; nous parlons de *quelque chose*, mais aussi de ce qu'il se passe *quelque chose.*

(Dans la proposition « Le Vert est vert » – où le premier mot est un nom propre, le dernier un adjectif – ces mots n'ont pas simplement une signification différente, mais ce sont des *symboles différents.*)

3.324 – C'est ainsi que se produisent facilement les confusions fondamentales (dont toute la philosophie est remplie).

3.325 – Pour échapper à ces erreurs nous devons utiliser un langage de signes qui les exclut, en n'utilisant pas le même signe en différents symboles, ni extérieurement de la même manière les signes qui désignent de manière différente. Par conséquent un langage de signes qui obéit à la grammaire *logique*, donc à la syntaxe logique [...].

3.327 – Le signe ne détermine une forme logique qu'en fonction de son utilisation dans la syntaxe logique.

Ibid.

La philosophie

La philosophie n'est pas une connaissance : elle n'a rien à « dire », elle ne peut qu'« éclaircir ».

225

4.111 – La philosophie n'est aucune des sciences de la nature.

(Le mot « philosophie » doit signifier quelque chose qui est au-dessus ou au-dessous, mais non pas à côté des sciences de la nature.)

4.112 – Le but de la philosophie est la clarification logique de la pensée.

La philosophie n'est pas une doctrine mais une activité.

Une œuvre philosophique consiste essentiellement en élucidations.

Le résultat de la philosophie n'est pas un nombre de « propositions philosophiques », mais le fait que des propositions s'éclaircissent.

La philosophie a pour but de rendre claires et de délimiter rigoureusement les pensées qui autrement, pour ainsi dire, sont troubles et floues [...].

6.53 – La juste méthode de philosophie serait en somme la suivante : ne rien dire sinon ce qui peut se dire, donc les propositions des sciences de la nature – donc quelque chose qui n'a rien à voir avec la philosophie – et puis à chaque fois qu'un autre voudrait dire quelque chose de métaphysique, lui démontrer qu'il n'a pas donné de signification à certains signes dans ses propositions. Cette méthode ne serait pas satisfaisante pour l'autre – il n'aurait pas le sentiment que nous lui enseignons de la philosophie – mais *elle* serait la seule rigoureusement juste.

7. – Ce qu'on ne peut dire, il faut le taire.

Ibid.

LE CERCLE DE VIENNE

On appelle ainsi l'école de « l'empirisme logique » représentée notamment par le philosophe Schlick (1882-1936), le physicien Frank, l'économiste et sociologue Neurath, ainsi que par Carnap (1891-1970).

L'empirisme logique

L'analyse logique du langage scientifique, inspirée de Wittgenstein, permet de fonder un empirisme radical.

226

La part originale est dans l'association intime de la logique et de l'empirisme isolés précédemment, sinon même en opposition. Cette union est essentielle pour le domaine entier des sciences. Le Cercle de Vienne et les autres groupements qui adhèrent à ce néo-scientisme s'efforcent d'indiquer comment on peut construire l'universalité des propositions scientifiques sans qu'il soit besoin, par-dessus le marché, d'une « métaphysique », d'une « philosophie », d'une « théorie de la connaissance », d'une « phénoménologie », ou de quelque discipline autre disposant d'énoncés propres. Il s'agit en l'espèce de : *présenter un langage scientifique qui, évitant tout pseudo-problème, permet d'avancer des prognoses et de formuler les conditions de leur contrôle au moyen d'énoncés d'observations* [...].

La nouvelle base de départ pour essayer de se tenir autant que possible sur le terrain de l'empirisme est l'analyse logique du langage scientifique.

Sur demande de Hans Hahn on se mit à lire attentivement et à discuter le *Tractatus* de Wittgenstein. Cet ouvrage aide à déceler le manque de sens des énoncés métaphysiques ; il introduit à son tour une métaphysique, sinon même une manière de théologie ; mais il se réfère à des traditions qui ont donné une particulière importance à l'analyse du langage pour la critique philosophique. Le Cercle de Vienne a dépensé beaucoup d'efforts à extraire le noyau logique de ce *Tractatus*, si prisé par Russell, à le dégager de son enveloppe métaphysique. Il en résulta immédiatement et médiatement des fruits extrêmement appréciables ; du fait en particulier que la logique fut considérée comme la syntaxe du langage. Logique et Mathématique fournissent des énoncés analytiques, les « tautologies », dont les sciences ont besoin pour transformer les propositions sur le réel. On ne pouvait pas éviter que quelques protestations surgissent dans l'intérieur de l'École contre la métaphysique de Wittgenstein ; beaucoup de ses thèses ne rencontrèrent pas un assentiment général ; mais personne ne se refusa à analyser à leur suite des questions comme : « Comment distinguer des énoncés philosophiques, des énoncés « logiques » et des énoncés « scientifiques de réalité » ? Mais alors que Wittgenstein même avait écarté les « énoncés sur des énoncés », les cantonnant dans une espèce de domaine intermédiaire des « indications explicatives », simplement exprimables, mais à proposer alors comme manquant de sens, une étude ultérieure, plus approfondie, conduisit les adeptes de l'Ecole à incorporer aussi les « énoncés sur des énoncés » dans le langage de la science. Il apparut clairement que, dans la logique et dans les sciences du réel, on se trouve en présence de systèmes d'énoncés, sur la forme possible desquels il se faut comprendre. *On entrait ainsi en possession du dernier élément qui manquait encore à l'empirisme logique pour devenir une conception empiriste totalitaire distincte.*

Neurath, *Le développement du Cercle de Vienne et l'avenir de l'empirisme logique*, Hermann.

Les « pseudo-propositions » de la métaphysique

La métaphysique n'est ni vraie ni fausse : elle ne dit rien. « L'empiriste logique ne contredit pas le métaphysicien ; il lui dit simplement : je ne te comprends pas » (Schlick).

227

Nous venons d'établir que beaucoup de propositions de la métaphysique manquent de sens. Il faut voir exactement à présent, si, après leur élimination, il ne reste pas un corps de propositions parfaitement correctes. D'après nos considérations, il pourrait sembler que l'on rencontre seulement des difficultés, des risques de chute dans l'insensé ; mais que, cependant, un travail soigné peut éviter l'écueil. Or ce n'est pas le cas ; les choses sont telles qu'il ne peut pas y avoir de propositions pourvues de sens en métaphysique. C'est une conséquence du but même qu'elle poursuit : découvrir et décrire une connaissance inaccessible à la science expérimentale. Et en effet, puisque le sens d'une phrase réside dans les opérations de sa vérification, une proposition ne dit que ce qui en est vérifiable et ne peut donc affirmer qu'un fait d'expérience. S'il y avait quelque chose au-delà de l'expérience, ce « quelque chose », par essence même, ne pourrait être ni énoncé, ni pensé, ni demandé.

Les énoncés qui possèdent un sens se partagent en les catégories suivantes :

D'abord les énoncés *analytiques*, qui se trouvent vrais d'emblée de par leur seule forme. (Wittgenstein les appelle « tautologies » ; ils correspondent à peu près aux « jugements analytiques » de Kant). Ils ne disent rien sur le réel. Ils contiennent en particulier les formules de la logique et de la mathématique. S'ils ne sont pas eux-mêmes des énoncés sur le réel, ils interviennent dans les transformations de ceux-ci.

Il y a en second lieu les énoncés *contradictoires* ; ils sont les négations des énoncés précédents ; ils sont faux de par leur forme même.

Pour toutes les autres propositions – nous les appelons *synthétiques* – les éléments d'une décision sur leur vérité ou leur fausseté doivent être demandés à des énoncés protocolaires. Elles sont (vraies ou fausses) des propositions *expérimentales* et appartiennent au domaine des sciences expérimentales.

Si, maintenant,l'on tente de former un énoncé qui n'appartienne pas aux catégories précédentes, automatiquement il manquera de sens. Puisque la métaphysique ne veut pas de propositions analytiques, pas de science expérimentale, elle se trouve confinée dans l'emploi des mots sans critère, partant sans signification, ou dans les alignements de mots possédant peut-être du sens, mais tels qu'ils ne forment ni un énoncé analytique (ou contradictoire), ni un énoncé expérimental. Quoi qu'elle fasse, elle ne peut aboutir qu'à des pseudo-propositions.

Carnap, *La science et la métaphysique devant l'analyse logique du langage*, Hermann.

Métaphysique et musique

Ce qui explique la persistance des métaphysiques, c'est qu'elles expriment différentes formes du sentiment de la vie. Toutefois, elles le font moins bien que la musique.

228

A nous entendre répéter que les phrases de la métaphysique ne disent absolument rien, beaucoup, tout en partageant notre position intellectuelle, resteront surpris et se demanderont pourquoi tant d'hommes, cerveaux souvent éminents, de toutes les époques et de tous les pays, se sont donné tant de peine, aient mis tant de passion à la cultiver. Serait-il concevable que leurs œuvres aient, aujourd'hui encore, un si grand prestige, si elles ne contenaient rien du tout, pas même des erreurs ? Ces scrupules sont légitimes, car la métaphysique contient, en effet, tout de même quelque chose ; mais ce quelque chose n'a rien d'une théorie, rien qui vaille comme une théorie. Ses pseudo-propositions *ne donnent pas des descriptions de comportements*, inexistants ou effectifs, ce qui en ferait du moins des propositions soit fausses, soit vraies. Elles servent à *exprimer le sentiment de la vie* [...].

C'est peut-être la musique qui exprime le sentiment de la vie par les moyens les plus purs, parce qu'elle est complètement dégagée de tout ce qui est objectif. Le sentiment harmonieux de la vie, que le métaphysicien veut traduire dans un système moniste, se rencontre plus clairement dans la musique de Mozart. Et pourquoi le métaphysicien traduit-il le sentiment héroïque ou combatif dans un système dualiste ? N'est-ce pas peut-être parce qu'il lui manque le génie de Beethoven pour se mouvoir dans le milieu adéquat ? Au fond, *les métaphysiciens sont des musiciens sans don musical.* Cette carence est remplacée par une forte tendance à travailler dans un champ de théories, à attacher ensemble pensées et concepts. Au lieu d'utiliser son intelligence dans son vrai domaine (la science), ou de détourner vers l'art un besoin de traduire, le métaphysicien confond les deux tendances, de telle sorte que son œuvre n'apporte rien à la connaissance et ne donne au sentiment de la vie qu'une expression insuffisante.

Ibid.

La philosophie scientifique

L'empirisme logique veut réaliser l'unification des sciences (encyclopédisme) en empruntant à la physique le langage de toutes les « sciences du réel » (physicalisme). La philosophie scientifique s'identifie alors à l'analyse logique.

229

[...] A la place de toute philosophie intervient le travail en vue d'une science unitaire et le meilleur modèle pour notre idéal scientifique ne peut plus être « le système », mais seulement l'*Encyclopédie* méthodiquement élaborée avec les moyens de la logique moderne de la science. La question sera de construire des axiomatiques et d'établir le plus de relations possibles de science à science. La langue unitaire du physicalisme, qui s'appuie sur les données de la physique, doit être utilisée désormais dans toutes les sciences ; cela réclame avant tout de sérieux efforts en ce qui concerne le domaine de la psychologie. Le danger est que la clarté logique des formules physiques soit considérée comme paradigme pour toutes les sciences ; mais nous devons sans cesse nous efforcer d'attirer l'attention sur ce que l'*Encyclopédie* doit contenir des indéterminations en grand nombre, qui se présentent indirectement dans toutes les sciences du réel. Nous ne voulons pas nous laisser entraîner dans des illusions à propos de ces imprécisions, lacunes et contradictions dont le savant est entouré. Il ne suffit pas d'être venus à bout de l'absolutisme de la philosophie systématique ; il faut se garder aussi contre le pseudo-rationalisme qui traite les sciences du réel comme si l'on avait affaire à des rapports logiques entre des propositions bien nettes, indépendantes les unes des autres, construites avec des mots parfaitement définis. On sera justement obligé de s'occuper plus systématiquement de ces « imprécisions », dont la mise en pleine lumière est aussi importante que la renonciation aux « propositions atomiques » et autres prétendus éléments fondamentaux des constructions d'orientation métaphysique.

Neurath, *op. cit.*

Mais que va-t-il donc rester à la *philosophie*, si toutes les propositions affirmant quelque chose sont de nature expérimentale et appartiennent, de ce fait, aux sciences du réel ? Ce qui lui reste, c'est la méthode de l'analyse logique. Nous en avons montré l'application négative, en éliminant les mots, qui ne signifient rien, et les pseudo-propositions, qui ne signifient pas davantage. Quant à son application positive, elle sert à exposer le caractère logique des concepts et des propositions qui ont du sens ; elle sert à donner une base logique à la science du réel et à la mathématique. L'application négative de la méthode se trouve nécessaire et capitale dans les conjonctures présentes, résultant des erreurs du passé. Dès aujourd'hui, l'application positive, de son côté, se montre pratiquement fertile ; mais nous n'entrerons ici dans aucun détail. Le but, que nous avons vu assigner à l'analyse logique, la critique des principes, voilà ce que nous voulons entendre par « *philosophie scientifique* » ou « *logique de la science* », s'opposant à la métaphysique.

Carnap, *op. cit.*

HEIDEGGER

1889-1976

Philosophe et universitaire allemand, l'un des fondateurs de la philosophie existentialiste. Œuvres principales : *L'Être et le Temps* (1927), *Qu'est-ce que la métaphysique ?* (1927) ; *De l'essence de la vérité* (1921) ; *Lettres sur l'humanisme* (1946).

Métaphysique et ontologie

Le projet fondamental de Martin Heidegger est de renouveler l'ontologie en dépassant la métaphysique, c'est-à-dire de « penser la vérité de l'Être lui-même, au lieu de représenter seulement l'étant en tant qu'étant ».

230

Descartes écrit à Picot qui traduisait en français les *Principia Philosophiae* : « Ainsi toute la philosophie est comme un arbre, dont les racines sont la Métaphysique, le tronc est la Physique, et les branches qui sortent de ce tronc sont toutes les autres sciences... »

Pour en rester à cette image, nous posons la question : dans quel sol les racines de l'arbre de la philosophie trouvent-elles leur point d'attache ? De quel fond les racines et par elles l'arbre tout entier reçoivent-ils la vigueur et les sucs nourriciers ? Quel élément celé dans le fond et le sol s'entrelace aux racines qui portent l'arbre et le nourrissent ? Sur quoi repose et prend naissance la métaphysique ? Qu'est-ce que la métaphysique vue de son fondement ? Qu'est-ce en somme et au fond que la métaphysique ?

Elle pense l'étant en tant qu'étant. Partout où l'on pose la question de ce qu'est l'étant, l'étant comme tel se tient en vue. La représentation métaphysique doit cette vue à la lumière de l'Être. La lumière, c'est-à-dire ce qu'une telle pensée expérimente comme lumière, n'entre plus elle-même dans la vue de cette pensée ; car celle-ci ne représente l'étant et constamment que sous le point de vue de l'étant. Sans doute, la pensée métaphysique pose-t-elle, de ce point de vue, la question de la source étante et d'un auteur de la lumière. Cette lumière elle-même est tenue pour suffisamment éclairée, du fait qu'elle accorde l'échappée à tout point de vue sur l'étant.

De quelque manière que l'étant puisse être interprété, que ce soit comme esprit au sens du spiritualisme, comme matière et force au sens du matérialisme, comme devenir et vie, comme représentation, comme volonté, comme substance, comme sujet, comme *energeia*, comme éternel retour à l'identique, à chaque fois l'étant apparaît comme étant dans la lumière de l'Être. Partout où la métaphysique représente l'étant, l'Être s'est éclairci. L'Être est advenu en un décèlement (Αληθεια). Quant à savoir si et comment l'Être apporte avec soi un tel décèlement, si et comment Lui-même s'établit dans la métaphysique et en tant que cette métaphysique, cela reste voilé. L'Être n'est point pensé dans son essence dé-celante, c'est-à-dire dans sa vérité. La métaphysique toutefois, dans ses réponses à la question qu'elle pose sur l'étant comme tel, parle à partir de la révélation inaperçue de l'Être. C'est pourquoi l'on peut dire que la vérité de l'Être est le fondement sur lequel prend appui la métaphysique, en tant que racine de l'arbre de la philosophie et dont elle se nourrit.

Parce que la métaphysique interroge l'étant en tant qu'étant, elle s'en tient à l'étant et ne se tourne pas vers l'Être en tant qu'Être. En tant que racine de l'arbre, elle dispense tous les sucs et la vigueur au tronc et à ses branches. La racine se ramifie dans le fond et le sol afin que l'arbre, pour sa croissance, puisse surgir de ce fond et de ce sol et ainsi les abandonner. L'arbre de la philosophie croît du sol nourricier de la métaphysique. Le fond et le sol sont bien l'élément où s'épand la racine de l'arbre, mais la croissance de l'arbre ne peut jamais assumer en soi le sol nourricier, au point qu'il disparaisse dans l'arbre, comme une chose d'arbre. Bien plutôt, ce sont les racines qui se perdent dans le sol jusqu'à leurs minces radicelles. Le fond est fond pour la racine ; en lui elle s'oublie pour le bien de l'arbre. Même lorsqu'elle s'en remet, selon sa manière propre, à l'élément du sol, la racine appartient à l'arbre. Elle prodigue son élément et se prodigue elle-même pour l'arbre. En tant que racine, elle ne se tourne pas vers le sol ; non pas, du moins, comme si c'était son essence de ne croître qu'en direction de cet élément et de se répandre en lui. Mais probablement l'élément n'est-il lui-même l'élément que si la racine l'entrelace.

« Le retour au fondement de la métaphysique »,
in *Questions II*, N.R.F.

L'angoisse et le néant

Heidegger, bien qu'il ait toujours refusé d'être tenu pour existentialiste, n'en est pas moins l'auteur de célèbres analyses de type existentiel. C'est ainsi, par exemple, qu'il montre comment le néant se révèle à travers l'expérience affective de l'angoisse.

231

S'il est sûr que jamais nous ne saisissions absolument en soi l'ensemble de l'existant, il est non moins certain que nous nous trouvons placés au milieu de cet existant, qui nous est dévoilé en son ensemble d'une manière ou d'une autre. Finalement, une différence essentielle intervient entre *saisir l'ensemble* de l'existant en soi, et *se sentir* au milieu de l'existant en son *ensemble.* Le premier terme marque une impossibilité de principe. Le second, un événement continuel en notre réalité-humaine. [...] Pourtant, si les tonalités-affectives nous mettent ainsi en présence de l'*existant* en son *ensemble,* elles nous dérobent le Néant que nous cherchons. Et nous serons maintenant *encore* moins d'avis que la négation de l'existant en son ensemble, tel que la tonalité-affective nous le révèle, nous mette en présence du Néant. Cela ne pourrait arriver avec le caractère originel correspondant, que *dans une tonalité-affective* qui, par une action dévoilante en un *sens absolument propre,* nous révélerait le Néant.

Est-ce que dans la réalité-humaine de l'homme, une tonalité-affective se produit (« s'historialise »), telle que l'homme y soit mis en présence du Néant lui-même ?

Que cela se produise est possible, bien que de façon assez rare et n'ayant de réalité que pour certains instants, dans cette tonalité fondamentale qu'est l'*angoisse.* Par cette angoisse, nous n'entendons pas l'anxiété très fréquente que comporte par essence une disposition craintive dont il n'est que trop facile de rencontrer des exemples. L'angoisse est foncièrement différente de la crainte. Si nous éprouvons de la crainte, c'est toujours devant tel ou tel existant *déterminé* qui nous menace sous tel ou tel aspect *déterminé.* La « crainte devant... » quelque chose, craint toujours aussi *pour* quelque chose de déterminé. Parce que le propre de la crainte est que *soit limité* ce *devant quoi* et ce *pour quoi* elle craint, l'homme craignant et craintif se trouve *enchaîné* par ce en quoi il se sent. Dans son effort pour se sauver devant cela, – devant *tel* objet déterminé, – il manque de sécurité par rapport à ce qui est *Autre,* c'est-à-dire « perd la tête » dans l'ensemble.

L'angoisse fait qu'une pareille déroute ne peut plus survenir. Tout au contraire elle fait régner un repos caractéristique. Certes, l'angoisse est toujours « angoisse devant... », mais non point devant ceci ou cela. L'angoisse « devant... » est toujours angoisse « pour... », mais non point pour ceci ou pour cela. Pourtant, *l'indétermination* de ce devant quoi et pour quoi nous nous angoissons n'est pas un manque pur et simple de détermination ; c'est l'impossibilité essentielle de recevoir une détermination quelconque. Elle se fait jour dans une explication bien connue.

Dans l'angoisse – disons-nous communément – « on se sent oppressé ». Mais qui est ce « On » ? *Qu'est-ce qui* oppresse ce « On » ? Nous ne pouvons pas dire devant quoi *on* se sent oppressé.

Toutes les choses et nous-mêmes, nous nous abîmons dans une sorte d'indifférence. Cela pourtant non point au sens d'une disparition pure et simple, mais dans leur *recul* comme tel, les choses *se tournent* vers nous. Ce recul de l'existant en son ensemble, qui nous obsède dans l'angoisse, est ce qui nous oppresse. Il ne reste rien comme appui. Dans le glissement de l'existant, il ne reste et il ne nous survient que ce « rien ».

L'angoisse révèle le Néant

Dans l'angoisse, nous « flottons en suspens ». Plus clairement dit : l'angoisse nous tient ainsi suspendus, parce qu'elle produit un glissement de l'existant en son ensemble. A cela tient que nous-mêmes – nous, ces hommes que voici – *nous nous sentions en même temps glisser* au milieu de l'existant. C'est pourquoi, dans le fond, ce n'est ni « toi » ni « moi » que l'angoisse oppresse, mais « on » se sent ainsi. Seule, la pure *réalité*-humaine *réalisant* sa présence est encore là dans la secousse qui la laisse en suspens, et qui ne lui permet de se raccrocher à rien.

L'angoisse nous coupe la parole. Parce que l'existant glisse dans son ensemble et qu'ainsi justement le Néant nous accule, toute proposition qui énoncerait l'« être » (dirait le mot « est ») se *tait* en sa présence. S'il est vrai que dans l'oppression de l'angoisse nous cherchions souvent à combler précisément le vide du silence par un discours au hasard, ce n'est encore là qu'un témoignage *pour* la présence du Néant.

Que l'angoisse dévoile le Néant, c'est ce que l'homme confirme lui-même lorsque l'angoisse a cédé. Avec le clairvoyant regard que porte le souvenir tout frais nous sommes forcés de dire : ce devant quoi et pour quoi nous nous angoissions n'était « réellement » ... rien. En effet : le Néant lui-même – comme tel – était là.

Avec la tonalité-fondamentale de l'angoisse, nous avons rencontré *cet historial* dans lequel se réalise la réalité-humaine ; le Néant nous y est révélé, et à partir de là nous devons pouvoir interroger sur lui.

Qu'est-ce que la métaphysique ? Gallimard.

L'être-pour-la-mort

Fuyant son angoisse et voulant oublier qu'il est un être-pour-la-mort, l'homme se réfugie dans l'existence inauthentique du « on ».

232

Le sentiment des gens, dans la banalité quotidienne des relations humaines, « connaît » la mort comme un accident qui survient continuellement ; on connaît des « *cas de mort* ». Tel ou tel des proches, telle ou telle connaissance lointaine « meurt ». Des inconnus « meurent » chaque jour, à chaque heure. « *La mort* » se présente comme un événement bien connu qui se passe à l'intérieur du monde. Comme telle, la mort ne rompt pas cette absence d'imprévu qui caractérise l'ordre banal des événements quotidiens. « *On* » s'est également assuré d'une explication pour cet événement. Que le parler soit franc ou qu'au contraire il « s'enfuie » le plus fréquemment en mille détours, il revient à dire ceci : *on* meurt bien finalement un jour ; mais, en attendant, *on* reste *soi-même* sain et sauf.

L'analyse du « on meurt » nous dévoile sans équivoque la manière d'être, dans sa banalité quotidienne, de *l'être-pour-la-mort*. Celle-ci est comprise, dans une semblable façon de parler, comme quelque chose d'indéterminé qui, sans doute, surgira bien un jour de quelque part, mais qui, pour vous-même, en attendant, est une réalité-non-encore-donnée, dont par conséquent, la menace n'est pas à craindre. Le « on meurt » propage cette opinion que la mort concerne pour ainsi dire le « on ». L'explication de la réalité humaine, qui a cours dans les propos des gens, déclare : « On meurt » ; parce qu'en disant « on meurt », chacun des autres et soi-même en même temps peut s'en faire accroire ; oui, on meurt, mais, chaque fois, ce n'est justement *pas moi, le « on »*, ce n'est *personne*. Le « fait de mourir » est ainsi ramené au niveau d'un événement qui concerne bien la réalité humaine, mais ne touche personne en propre. Si jamais l'équivoque a été faite des parleries quotidiennes, c'est bien ici dans le parler sur la mort. Cette mort qui, sans suppléance possible, est essentiellement *la mienne*, la voici convertie en un événement qui relève du domaine public ; c'est à « on » qu'elle arrive... Par une telle ambiguité, la réalité humaine... se met en état de se perdre dans le « On ». Le « On » justifie et aggrave la tentation de se dissimuler à soi-même l'être-pour-la-mort, cet être possédé absolument en propre.

... Dans l'*angoisse devant la mort*, la réalité-humaine est mise *en présence* d'elle-même, comme livrée à sa possibilité indépassable. Le « On » prend soin de convertir cette angoisse, d'en faire une simple crainte devant un quelconque événement qui approche. Métamorphosée en crainte, et ainsi voilée d'équivoque, l'angoisse est en outre jugée comme une de ces faiblesses qu'une réalité-humaine, confiante en soi, n'a pas le droit de connaître...

L'Être et le Temps, Gallimard.

Jean ROSTAND

1894-1977

Biologiste, ses recherches l'ont conduit à exprimer des vues philosophiques marquées par le rationalisme et l'humanisme.

Parmi ses œuvres : *L'Homme* (1926) ; *Ce que je crois* (1953) ; *Peut-on modifier l'homme ?* (1956).

Nature et culture

Aux yeux des biologistes, les progrès de la civilisation n'affectent en rien le patrimoine héréditaire de l'individu : « le biologique ignore le culturel », mais c'est à partir d'une mutation organique que le développement de la culture a été rendu possible.

233

Contrairement à ce qu'on croit volontiers, l'Homme a depuis longtemps cessé d'évoluer. L'Homme d'aujourd'hui, l'Homme du XXe siècle, l'Homme que nous sommes ne diffère pas essentiellement de l'Homme qui vivait il y a quelque cent mille ans dans les cavernes du Quaternaire, et dont les paléontologistes ont exhumé les vestiges osseux et l'outillage rudimentaire. Toute la portion d'histoire humaine qui s'est écoulée depuis ces âges lointains n'a point, ou guère, altéré le statut morphologique et physiologique de notre espèce ; et, partant, l'énorme différence qui existe entre le vieux tailleur de silex et son héritier moderne n'est que l'œuvre de la civilisation, c'est-à-dire de la culture graduellement accumulée et transmise par la tradition sociale. Dès l'origine de l'espèce, l'homme était égal à ce qu'il allait devenir. Il portait en lui, à l'état virtuel, tout ce qui, peu à peu, allait s'épanouir et fructifier en industrie, en technique, en science, en art, en philosophie, en religion. A telles enseignes que si, par un prodige, on pouvait faire resurgir de nos jours un nouveau-né de cette époque révolue, pour l'élever et l'éduquer comme l'un des nôtres, il deviendrait un homme tout pareil à nous, un homme que rien, ni dans son aspect, ni dans sa conduite, ni dans sa pensée intime, ne dénoncerait comme un étranger parmi nous, comme un revenant du passé, un homme qui n'éprouverait aucune difficulté particulière à s'initier aux complexités et aux raffinements de nos mœurs, un homme qui, se trouvant de plain-pied avec les manifestations les plus avancées de la pensée ou de l'esthétique, pourrait aussi bien qu'un autre raisonner sur l'existentialisme ou expliquer la peinture de Picasso...

Il y a bien là, sans doute, de quoi nous faire mesurer l'importance considérable du facteur social dans l'évolution humaine, mais on n'en oubliera pas pour cela que c'est le facteur biologique qui joua le rôle décisif au départ de l'aventure, que c'est lui le grand responsable de ce que, par analogie avec le « miracle grec », on peut bien appeler le « miracle humain ». Si, à dater d'un certain moment de son histoire, et grâce au jeu combiné de l'intelligence et des instincts de groupe, l'homme a pu devenir celui qu'il est, il le doit d'abord à ce qu'un petit changement – un assez petit changement – s'est produit dans son organisme physique, dans son être corporel. De ce changement, qui allait tirer l'*Homo sapiens* d'un Homme primitif qui n'était pas *sapiens*, nous ignorons, à vrai dire, l'exacte nature et les causes qui l'ont amené mais nous savons qu'à peine s'était-il produit dans la lignée humaine, la grande partie était implicitement jouée, tout le reste n'étant qu'explication et conséquence. L'homme, désormais, à la faveur de cette petite altération de son animalité, allait pour jamais rompre avec la bête. De mammifère supérieur qu'il était, il devenait bien autre chose, cet « être unique » qui allait marquer si fortement l'histoire de la vie, l'histoire de la terre, peut-être l'histoire de l'univers, et inaugurer l'aventure prodigieuse qui, aujourd'hui encore, n'en est qu'à ses prémices.

Peut-on modifier l'homme ? III, Gallimard.

PIAGET

1896-1980

Psychologue et logicien suisse. Après de nombreux travaux consacrés à la psychologie de l'enfant, il a publié notamment un *Traité de logique* (1952), une *Introduction à l'épistémologie génétique* (1949-1950) et *Sagesse et illusions de la philosophie* (1965).

La connaissance scientifique

Ce qui caractérise la connaissance scientifique, selon Jean Piaget, c'est qu'elle réalise l'accord de « tous les sujets d'un même niveau de développement » et c'est en cela que consiste son objectivité.

234

Le caractère propre de la connaissance scientifique est de parvenir à une certaine objectivité, en ce sens que moyennant l'emploi de certaines méthodes, soit déductives (logico-mathématiques), soit expérimentales, il y a finalement accord entre tous les sujets sur un secteur donné de connaissances. Disons d'emblée que cette objectivité n'exclut en rien la nécessité d'une activité du sujet dans l'acte de la connaissance. Mais il faut distinguer deux significations ou, plus exactement dit, deux aspects dans ce qu'on appelle le sujet. Nous parlerons, d'une part, de « sujet épistémique » pour désigner ce qu'il y a de commun à tous les sujets d'un même niveau de développement, indépendamment des différences individuelles ; par exemple les activités de classer, d'ordonner et de dénombrer sont communes à tous les adultes normaux, de telle sorte que la série des nombres entiers est la même chez tous ces individus (sans pour autant être nécessairement tirée des objets). Nous parlerons, d'autre part, de « sujet individuel » pour désigner ce qui reste propre à tel ou tel individu : par exemple chacun peut symboliser cette série des nombres par une image mentale particulière (suite de traits verticaux, escalier, disques empilés, etc.) qui diffère d'un individu à l'autre. Le propre de la connaissance scientifique est donc de parvenir à une objectivité de plus en plus poussée par un double mouvement d'adéquation à l'objet et de décentration du sujet individuel dans la direction du sujet épistémique.

Logique et connaissance scientifique, Gallimard.

L'épistémologie

L'épistémologie est « l'étude de la constitution des connaissances valables », c'est-à-dire plus précisément « l'étude du passage des états de moindre connaissance aux états de connaissance plus poussée ».

235

[...] Nous pourrions donc définir l'épistémologie, en première approximation, comme *l'étude de la constitution des connaissances valables,* le terme de « constitution » recouvrant à la fois les *conditions d'accession* et les *conditions proprement constitutives*. Pour expliquer cette définition en ses divers aspects, partons de l'énoncé que l'on a le plus souvent choisi historiquement pour formuler le problème épistémologique : comment les sciences sont-elles possibles ? Nous constatons alors que :

(1) Cette définition se réfère, d'une part, à la validité des connaissances, ce qui comporte un aspect normatif, mais aussi, d'autre part, aux conditions d'accession, etc., qui relèvent de diverses questions de fait.

(2) Le pluriel attribué au mot « connaissances » indique que les conditions en jeu ne sont pas nécessairement les mêmes pour les divers types de connaissance : comprendre comment la biologie est possible n'explique pas encore comment les mathématiques sont possibles et réciproquement.

(3) Le terme d'« accession » indique que la connaissance est un processus (dimension diachronique ou historique). Or, ce processus intéresse très directement l'épistémologie. C'est, par exemple, une question épistémologique et non pas seulement psychologique que de se demander si les êtres mathématiques sont l'objet d'une invention (impliquant donc une part de création s'appuyant sur les activités du sujet) ou d'une simple découverte (impliquant donc qu'ils « existaient » déjà bien avant qu'on les découvre).

(4) Quant aux conditions constitutives, nous entendons par là tout à la fois les conditions de validité formelles ou expérimentales et les conditions de fait relatives aux apports de l'objet et à ceux du sujet dans la structuration des connaissances. Le problème central de l'épistémologie est, en effet, d'établir si la connaissance se réduit à un pur enregistrement par le sujet de données déjà tout organisées indépendamment de lui dans un monde extérieur (physique ou idéel), ou si le sujet intervient activement dans la connaissance et dans l'organisation des objets, comme le croyait Kant pour lequel les rapports de causalité étaient dus à la déduction rationnelle et les rapports spatio-temporels à l'organisation interne de nos perceptions sans que nous sachions ce que sont les objets indépendamment de nous [...].

[...] Pour déterminer avec quelque précision les « conditions constitutives » des connaissances et notamment les parts respectives du sujet et de l'objet dans le rapport cognitif, il est indispensable de connaître au préalable les « conditions d'accession » à ces connaissances, car bien souvent le rôle du sujet échappe à l'analyse de la connaissance achevée (comme si le sujet s'était retiré de la scène après l'avoir montée, à la manière d'un auteur, au lieu d'y demeurer présent à la manière d'un acteur), tandis que ce rôle s'impose avec évidence au cours des périodes de formation. Ce fait nous conduira à insister sur l'importance des méthodes historico-critique et génétique en épistémologie. En dernière analyse nous en viendrons donc à définir l'épistémologie, en seconde approximation, comme *l'étude du passage des états de moindre connaissance aux états de connaissance plus poussée.* Mais cette définition génétique de l'épistémologie équivaut identiquement à la précédente sitôt que l'on admet que la « constitution des connaissances valables » n'est jamais achevée, ce qui est, en fait, de toute évidence si l'on se place au point de vue des sciences telles qu'elles se présentent concrètement, car aucune d'entre elles (y compris chacune des disciplines mathématiques ou logiques) n'a la prétention d'être parvenue à un état définitif.

Ibid.

L'épistémologie génétique

L'épistémologie scientifique devra faire appel non seulement à l'analyse logistique mais aussi à l'analyse génétique – conçue sous un double aspect : histoire des sciences et psychologie génétique –, ce qui fait d'elle une étude interdisciplinaire.

236

L'étude de l'accroissement des connaissances suppose deux méthodes complémentaires, dont la solidarité constitue d'ailleurs un problème et ne saurait s'éprouver qu'au cours même de la recherche : l'analyse logistique et l'analyse historique ou génétique.

Tout accroissement de connaissance scientifique suppose sans doute une démarche de la pensée, c'est-à-dire un raisonnement d'une forme ou d'une autre. On peut donc étudier cet accroissement sous l'angle des jugements et raisonnements qui l'ont rendu possible, et c'est ce que permet l'analyse logistique ou axiomatique. La chose va de soi dans le domaine de la connaissance mathématique où l'on a le pouvoir de suivre l'anatomie d'une construction nouvelle en la reconstituant axiomatiquement. Mais, même en biologie, il est permis de concevoir une dissection des procédés logiques de classement et de dégager la structure des emboîtements de classes et de relations dont use la systématique ou l'anatomie comparée [...].

Mais il est clair que cette première méthode n'épuise pas tous les problèmes car il subsiste la question du rôle du sujet dans le déroulement du processus cognitif [...].

L'analyse logistique appelle donc, au lieu de la contredire, l'analyse génétique des notions, c'est-à-dire la seconde méthode essentielle de l'épistémologie scientifique. Cette seconde méthode est elle-même double, car le développement d'une notion scientifique, ou, de manière générale, l'accroissement d'une connaissance, constitue un fait simultanément historique, donc sociologique et mental ou psychologique.

Commençons par le social. Tout accroissement de connaissance scientifique est un fait collectif, caractérisé par une histoire, et dont la compréhension suppose par conséquent la reconstitution aussi exacte que possible de ce déroulement historique. On ne saurait exagérer à cet égard l'importance, pour l'épistémologie, de l'histoire des sciences, conçue non pas comme une histoire anecdotique des découvertes, mais comme une histoire de la pensée scientifique elle-même [...].

Ainsi l'épistémologie scientifique ou étude de l'accroissement des connaissances suppose un appel à la psychologie, en tant que prolongement nécessaire de l'analyse historico-critique et il est dans la logique des choses que chacune des belles études de L. Brunschvicg, par exemple, se termine par une esquisse de la genèse mentale des notions, de même que chaque étude critique de H. Poincaré en vienne à un tel recours. Une comparaison fera comprendre cette nécessité. Une épistémologie scientifique, conçue comme une analyse des multiples processus cognifs dans leur diversité, est comparable à une sorte d'anatomie comparée des structures de connaissance, qui confronterait les constructions intellectuelles les plus éloignées, dans les différents domaines de la science, pour en dégager les invariants et les transformations. Or, l'anatomie comparée des biologistes s'est trouvée renforcée et fécondée du jour où l'embryologie a permis de reconstituer le développement initial des structures que la morphologie ne parvenait pas à comprendre dans leur état adulte : un grand nombre de parentés et « d'homologies » ont ainsi pu être établies grâce au seul examen embryologique. Eh bien, l'étude psychogénétique peut rendre à l'épistémologie scientifique, ou théorie comparée de l'accroissement des connaissances, exactement les mêmes services : elle seule permet de nous éclairer sur la véritable portée et sur les liaisons effectives des intuitions fondamentales, dont l'évolution des notions scientifiques a été, soit la bénéficiaire, soit la victime [...].

L'épistémologie est la théorie de la connaissance valable et, même si cette connaissance n'est jamais un état et constitue toujours un processus, ce processus est essentiellement le passage d'une validité moindre à une validité supérieure. Il en résulte que l'épistémologie est nécessairement de nature interdisciplinaire, puisqu'un tel processus soulève à la fois des questions de fait et de validité. S'il ne s'agissait que de validité seule, l'épistémologie se confondrait avec la logique ; or son problème n'est pas purement formel, mais revient à déterminer comment la connaissance atteint le réel, donc quelles sont les relations entre le sujet et l'objet. S'il ne s'agissait que de faits, l'épistémologie se réduirait à une psychologie des fonctions cognitives, et celle-ci n'est pas compétente pour résoudre les questions de validité. La première règle de l'épistémologie génétique est donc une règle de collaboration : son problème étant d'étudier comment s'accroissent les connaissances, il s'agit alors, en chaque question particulière, de faire coopérer des psychologues étudiant le développement comme tel, des logiciens qui formalisent les étapes ou états d'équilibre momentané de ce développement et des spécialistes de la science se rapportant au domaine considéré ; il s'y ajoutera naturellement des mathématiciens assurant la liaison entre la logique et le domaine en question et des cybernéticiens assurant la liaison entre la psychologie et la logique. C'est alors en fonction, mais en fonction seulement, de cette collaboration que les exigences de fait et de validité pourront, les unes comme les autres, être respectées.

Psychologie et épistémologie, Gonthier.

Le « cercle des sciences »

L'intime liaison du sujet et de l'objet a pour conséquence l'interdépendance des différentes sciences.

237

On conçoit d'habitude la classification des sciences sous la forme de la série : mathématique → physique → biologie → psychologie ou psycho-sociologie, et assurément c'est bien selon cet ordre que les sciences se sont développées historiquement. Mais il semble clair, dans l'état actuel des recherches, non pas seulement épistémologiques, mais propres aux disciplines psycho-sociologiques, et mathématiques en elles-mêmes, que les deux extrémités de cette série tendent à se rapprocher en une sorte de cercle [...].

Or, loin d'être surprenante, l'existence d'un tel cercle est, d'une part, fort explicable et comporte, d'autre part, des conséquences acceptables en ce qui concerne les deux directions essentielles de la pensée scientifique. Pour ce qui est de son explication, elle tient au cercle du sujet et de l'objet, inévitable en toute connaissance et sur lequel Hœffding a profondément insisté : l'objet n'est jamais connu qu'à travers la pensée d'un sujet, mais le sujet ne se connaît lui-même qu'en s'adaptant à l'objet. Ainsi l'univers n'est connu de l'homme qu'au travers de la logique et des mathématiques, produit de son esprit, mais il ne peut comprendre comment il a construit les mathématiques et la logique qu'en s'étudiant lui-même psychologiquement et biologiquement, c'est-à-dire en fonction de l'univers entier. Or, c'est bien là le vrai sens du cercle des sciences : il aboutit à la conception d'une unité par interdépendance entre les diverses sciences, telle que les disciplines opposées, dans cet ordre cyclique, soutiennent entre elles des relations de réciprocité. C'est ainsi qu'entre les mathématiques et la biologie il existe les plus curieuses complémentarités (au sens courant du terme). La mathématique, en tant que discipline scientifique,

↗ Mathématiques ↘
Psychologie Physique
↖ Biologie ↙

utilise au *maximum* l'activité du sujet, puisque cette science est essentiellement déductive et recourt de moins en moins (envisagée en son évolution) à l'expérience elle-même. La biologie réduit au contraire au *minimum* l'activité du sujet puisqu'elle est essentiellement expérimentale et n'utilise qu'avec une circonspection extrême les procédés déductifs ou constructifs de l'esprit. Mais tout en procédant de l'activité du sujet, la mathématique s'applique essentiellement aux objets extérieurs et les assimile aux cadres de notre pensée jusqu'à devancer parfois l'expérience par des anticipations surprenantes ; elle tend donc à réduire l'objet aux schèmes d'activité du sujet, et elle y parvient dans une large mesure. Inversement, si la biologie est essentiellement, et presque passivement, soumise à son objet, cet objet de ses études, c'est-à-dire l'être vivant, n'est autre chose que le sujet comme tel ou du moins le point de départ organique d'un processus qui, avec le développement de la vie mentale, aboutira à la situation d'un sujet capable de construire les mathématiques elles-mêmes. Or, ce sujet vivant et agissant n'est conçu par la biologie qu'en relation avec la réalité matérielle et par conséquent en fonction de l'objet ; si la mathématique cherche à réduire l'objet au sujet, la biologie effectue donc au contraire ou tend à effectuer la réduction inverse [...].

Ainsi le cercle des sciences aboutit en fin de compte à mettre en évidence ce que l'analyse de chaque connaissance particulière souligne d'emblée, mais à des dosages divers, l'interdépendance étroite du sujet et de l'objet. Selon qu'elle est située à l'un ou l'autre pôle, la science parle par conséquent un langage plus idéaliste ou plus réaliste. Laquelle de ces deux langues est-elle la vraie ? Le jour où la biologie sera, si elle y parvient, entièrement mathématisée, nous verrons bien si les équations du protoplasme, et lui-même par conséquent, résultent de notre esprit, ou si notre esprit avec ses équations du protoplasme.

Ibid.

Science et philosophie

Aux yeux du savant, l'illusion de la philosophie est de se prétendre un savoir. Mais elle conserve toute sa valeur en tant que sagesse.

238

[...] La philosophie n'atteint point une connaissance, faute d'instruments de vérification (la découverte et l'utilisation de ceux-ci conférant *ipso facto* à tout progrès cognitif le caractère d'une spécialisation scientifique) : elle peut conduire par contre à une « sagesse » par coordination des valeurs de connaissance avec les autres valeurs humaines, mais une sagesse suppose un engagement et il peut donc co-exister plusieurs sagesses, non réductibles les unes aux autres, tandis qu'une seule vérité est acceptable sur le terrain d'un problème de connaissance au sens strict [...].

La philosophie pose des problèmes, grâce à sa méthode réflexive, mais elle ne les résout pas, parce que la réflexion ne comporte pas à elle seule les instruments de la vérification. Les sciences, par leurs méthodes d'expérimentation et de déduction, résolvent certains problèmes et en soulèvent sans cesse de nouveaux, mais, sans l'impulsion initiale due à la réflexion d'ensemble et sans doute sans les impulsions renouvelées dues à la réflexion continue, les problèmes scientifiques seraient probablement plus limités, ce qui ne signifie d'ailleurs pas qu'ils se conformeraient pour autant à l'idéal étriqué qu'en ont voulu donner le positivisme et l'empirisme. Qu'on appelle philosophie celle des seuls philosophes ou aussi celle des savants qui « réfléchissent », et qu'on appelle science celle des seuls savants ou aussi celle des grands philosophes qui ont su expérimenter et déduire, rien de tout cela n'a d'importance : l'essentiel est la trilogie réflexion × déduction × expérimentation, dont le premier terme représente la fonction heuristique et les deux autres la vérification cognitive seule constitutive de « vérité ».

Mais il reste les problèmes que la science ne parvient pas à résoudre, provisoirement, ou en certains cas, selon un provisoire qui tend sans doute au définitif. Or, ces problèmes peuvent avoir une importance vitale et un « sens » selon la deuxième des deux significations distinguées plus haut. Ces problèmes appellent donc des solutions également « provisoires » (et le mot date de Descartes). Qu'on les veuille considérer comme des modes de connaissance, là est l'illusion sans cesse renouvelée de certaines philosophies. Mais qu'on les interprète comme une sagesse (ou puisque les solutions sont multiples et irréductibles, comme « des » sagesses), et comme des sagesses aussi rationnelles et étayées de « connaissances » qu'on voudra, alors l'accord entre le savoir et la praxis ne risquera plus d'être perturbé par des interférences, nuisibles d'ailleurs à la seconde autant qu'au premier lui-même.

Sagesse et illusions de la philosophie,
Postface de la deuxième édition, P.U.F.

MARCUSE

1898-1979

Philosophe américain d'origine allemande, nourri de Freud et de Marx, considéré comme le théoricien de la « contestation ».

Principales œuvres : *Éros et civilisation* (1955), *L'Homme unidimensionnel* (1964).

L'homme unidimensionnel

Reprenant le thème marxiste de l'aliénation, Marcuse soutient que la civilisation technologique contemporaine réduit l'homme à s'identifier avec le système social, détruisant ainsi sa « dimension intérieure ».

239

[...] L'individu est *entièrement* pris par la production et la distribution de masse et la psychologie industrielle a depuis longtemps débordé l'usine. Les divers processus d'introjection se sont cristallisés dans des réactions presque mécaniques. Par conséquent, il n'y a pas une adaptation mais une *mimésis,* une identification immédiate de l'individu avec *sa* société et, à travers elle, avec la société en tant qu'ensemble.

Cette identification immédiate, automatique, qui a caractérisé les formes primitives d'association, réapparaît dans la civilisation industrielle avancée. Mais une organisation et une gestion élaborées et scientifiques ont créé cette « immédiateté » nouvelle. Dans ce processus la dimension « intérieure » de l'esprit qui pourrait provoquer une opposition au statu quo s'est restreinte. La perte de cette dimension où la pensée négative trouvait sa force – la force critique de la Raison – est la contrepartie idéologique du processus matériel au moyen duquel la société industrielle fait taire et réconcilie les oppositions. Le progrès technique fait que la Raison se soumet aux réalités de la vie et qu'elle devient de plus en plus capable de renouveler dynamiquement les éléments de cette sorte de vie. L'efficacité du système empêche les individus de reconnaître qu'il ne contient que des éléments qui transmettent le pouvoir répressif de l'ensemble. Si les individus se retrouvent dans les objets qui modèlent leur vie, ce n'est pas parce qu'ils font la loi des choses, mais parce qu'ils l'acceptent – non comme une loi physique mais en tant que loi de leur société.

Je viens de suggérer que le concept d'aliénation devient problématique quand les individus s'identifient avec l'existence qui leur est imposée et qu'ils y trouvent réalisation et satisfaction. Cette identification n'est pas une illusion mais une réalité. Pourtant cette réalité n'est elle-même qu'un stade plus avancé de l'aliénation ; elle est devenue tout à fait objective ; le sujet aliéné est absorbé par son existence aliénée. Il n'y a plus qu'une dimension, elle est partout et sous toutes les formes. Les réalisations du progrès défient leur mise en cause idéologique aussi bien que leur justification ; devant son tribunal, la « fausse conscience » de leur rationalité est devenue la vraie conscience.

Que la réalité ait absorbé l'idéologie ne signifie pas cependant qu'il n'y a plus d'idéologie. Dans un sens, au contraire, la culture industrielle avancée est *plus* idéologique que celle qui l'a précédée parce que l'idéologie se situe aujourd'hui dans le processus de production lui-même. Cette proposition révèle, sous une forme provocante, les aspects politiques de la rationalité technologique actuelle. L'appareil productif, les biens et les services qu'il produit, « vendent » ou imposent le système social en tant qu'ensemble. Les moyens de transport, les communications de masse, les facilités de logement, de nourriture et d'habillement, une production de plus en plus envahissante de l'industrie des loisirs et de l'information, impliquent des attitudes et des habitudes imposées et certaines réactions intellectuelles et émotionnelles qui lient les consommateurs aux producteurs, de façon plus ou moins agréable, et à travers eux à l'ensemble. Les produits endoctrinent et conditionnent ; ils façonnent une fausse conscience insensible à ce qu'elle a de faux. Et quand ces produits avantageux deviennent accessibles à un plus grand nombre d'individus dans des classes sociales plus nombreuses, les valeurs de la publicité créent une manière de vivre. C'est une manière de vivre meilleure qu'avant et, en tant que telle, elle se défend contre tout changement qualitatif. Ainsi prennent forme *la pensée et les comportements unidimensionnels.* Dans cette forme, les idées, les aspirations, les objectifs qui, par leur contenu, transcendent l'univers établi du discours et de l'action, sont soit rejetés, soit réduits à être des termes de cet univers. La rationalité du système et son extension quantitative donnent donc une définition nouvelle à ces idées, à ces aspirations, à ces objectifs.

L'Homme unidimensionnel, Éd. de Minuit.

La civilisation non-répressive

Quant au problème posé par Freud du conflit entre la civilisation et la sexualité, Herbert Marcuse se demande s'il n'est pas possible de concevoir une civilisation qui ne serait pas répressive.

240

La thèse de Sigmund Freud selon laquelle la civilisation est fondée sur l'assujettissement permanent des instincts humains a été généralement admise. La question qu'il pose de savoir si les avantages de la civilisation compensent les souffrances infligées à l'individu n'a pas été prise assez au sérieux, et cela d'autant moins que Freud lui-même considérait ce processus comme inévitable et irréversible. La libre satisfaction des besoins instinctuels de l'homme est incompatible avec la société civilisée. La renonciation et le report de la satisfaction sont les conditions mêmes du progrès. « Le bonheur, dit Freud, n'est pas une valeur culturelle. » Le bonheur doit être subordonné à la discipline du travail en tant qu'occupation à plein temps, à la discipline de la reproduction monogame et aux lois de l'ordre social. Le sacrifice systématique de la libido, son détournement rigoureusement imposé vers des activités et des manifestations socialement utiles *est* la civilisation.

Ce sacrifice a été très rentable : dans les zones techniquement avancées de la civilisation, la conquête de la nature est pratiquement totale, et plus que jamais auparavant, davantage de besoins d'un plus grand nombre de personnes sont satisfaits. Ni la mécanisation et la standardisation de la vie, ni l'appauvrissement intellectuel, ni le pouvoir destructeur croissant du progrès ne fournissent une assise suffisante pour mettre en question le « principe » qui a régi le progrès de la civilisation occidentale. L'augmentation continuelle de la productivité rend la promesse d'une vie encore meilleure pour tous toujours plus réalisable.

Cependant, le développement du progrès semble être lié à l'intensification de la servitude. Dans tout l'univers de la civilisation industrielle, la domination de l'homme par l'homme croît en étendue et en efficacité. Cette tendance n'apparaît pas comme un recul accidentel et passager sur le chemin du progrès. Les camps de concentration, les génocides, les guerres mondiales et les bombes atomiques ne sont pas des rechutes dans la barbarie, mais les résultats effrénés des conquêtes modernes de la technique et de la domination. L'asservissement et la destruction de l'homme par l'homme les plus efficaces s'installent au plus haut niveau de la civilisation, au moment où les réalisations matérielles et intellectuelles de l'humanité semblent permettre la création d'un monde réellement libre.

Ces aspects négatifs de notre culture révèlent le vieillissement de nos institutions et la naissance de nouvelles formes de civilisation ; la répression est peut-être d'autant plus vigoureusement exercée qu'elle devient plus superflue. Si elle devait effectivement appartenir à l'essence de la civilisation en tant que telle, la question de Freud quant au prix de la civilisation n'aurait pas de sens, car dans ce cas il n'y aurait pas de choix possible.

Mais la propre théorie de Freud fournit des arguments pour mettre en question sa thèse selon laquelle la civilisation exige une répression de plus en plus intense. A l'intérieur de ses propres théories, la discussion de ce problème doit être reprise. Est-ce que l'interdépendance de la liberté et de la répression, de la production et de la destruction, de la tyrannie et du progrès, constitue réellement le *principe* de la civilisation ? Ou, est-ce que cette interdépendance n'est que le résultat d'une organisation *historique* de l'existence humaine ? En termes freudiens : le principe de plaisir et le principe de réalité sont-ils inconciliables au point d'exiger la transformation répressive de la structure instinctuelle de l'homme ? Ou ce conflit permet-il d'envisager le concept d'une civilisation non répressive fondé sur une expérience de l'existence radicalement différente, des relations radicalement différentes entre l'homme et la nature et des relations fondamentalement différentes ?

La notion d'une civilisation non répressive ne sera pas discutée en tant que spéculation abstraite et utopique. Nous croyons que deux raisons concrètes et réalistes justifient cette discussion : d'abord, la conception théorique de Freud lui-même semble réfuter sa négation constante de la possibilité historique d'une civilisation non répressive ; ensuite les réalisations mêmes de la civilisation répressive semblent créer les conditions préalables de l'abolition progressive de la répression.

Éros et civilisation, Introduction, Éd. de Minuit.

LACAN

1901-1981

Médecin psychiatre, il a proposé une relecture de Freud.
Œuvre principale : *Écrits* (1960).

Inconscient et langage

Soutenant que « l'inconscient est structuré comme un langage », Jacques Lacan, dans son style si personnel, pose la question « qui parle ? » (quand il s'agit du sujet de l'inconscient) et répond : « ça parle ».

241

L'inconscient, à partir de Freud, est une chaîne de signifiants qui quelque part (sur une autre scène, écrit-il) se répète et insiste pour interférer dans les coupures que lui offre le discours effectif et la cogitation qu'il informe.

Dans cette formule, qui n'est nôtre que pour être conforme aussi bien au texte freudien qu'à l'expérience qu'il a ouverte, le terme crucial est le signifiant, ranimé de la rhétorique antique par la linguistique moderne, en une doctrine dont nous ne pouvons marquer ici les étapes, mais dont les noms de Ferdinand de Saussure et de Roman Jakobson indiqueront l'aurore et l'actuelle culmination, en rappelant que la science pilote du structuralisme en Occident a ses racines dans la Russie où a fleuri le formalisme. Genève 1910, Pétrograd 1920 disent assez pourquoi l'instrument en a manqué à Freud. Mais ce défaut de l'histoire ne rend que plus instructif le fait que les mécanismes décrits par Freud comme ceux du processus primaire, où l'inconscient trouve son régime, recouvrent exactement les fonctions que cette école tient pour déterminer les versants les plus radicaux des effets du langage, nommément la métaphore et la métonymie, autrement dit les effets de substitution et de combinaison du signifiant dans les dimensions respectivement synchronique et diachronique où ils apparaissent dans le discours.

La structure du langage une fois reconnue dans l'inconscient, quelle sorte de sujet pouvons-nous lui concevoir ?

On peut ici tenter, dans un souci de méthode, de partir de la définition strictement linguistique du Je comme signifiant : où il n'est rien que le *schifter* ou indicatif qui dans le sujet de l'énoncé désigne le sujet en tant qu'il parle actuellement.

C'est dire qu'il désigne le sujet de l'énonciation, mais qu'il ne le signifie pas. Comme il est évident au fait que tout signifiant du sujet de l'énonciation peut manquer dans l'énoncé, outre qu'il y en a qui diffèrent du Je, et pas seulement ce qu'on appelle insuffisamment les cas de la première personne du singulier, y adjoignit-on son logement dans l'invocation plurielle, voire dans le *Soi* de l'auto-suggestion.

Nous pensons par exemple avoir reconnu le sujet de l'énonciation dans le signifiant qu'est le *ne* dit par les grammairiens *ne* explétif, terme où s'annonce déjà l'opinion incroyable de tels parmi les meilleurs qui en tiennent la forme pour livrée au caprice. Puisse la charge que nous lui donnons, les faire s'y reprendre, avant qu'il *ne* soit avéré qu'ils n'y comprennent rien (retirez ce *ne*-ci, mon énonciation perd sa valeur d'attaque. Je m'élidant dans l'impersonnel). Mais je crains ainsi qu'ils *n'* en viennent à me honnir (glissez sur cet *n'* et son absence ramenant la crainte alléguée de l'avis de ma répugnance à une assertion timide, réduit l'accent de mon énonciation à me situer dans l'énoncé).

Mais si je dis « tue », pour ce qu'ils m'assomment, où me situé-je sinon dans le tu dont je les toise ?

Ne boudez pas, j'évoque de biais ce que je répugne à couvrir de la carte forcée de la clinique.

A savoir, la juste façon de répondre à la question : Qui parle ? quand il s'agit du sujet de l'inconscient. Car cette réponse ne saurait venir de lui, s'il ne sait pas ce qu'il dit, ni même qu'il parle, comme l'expérience de l'analyse tout entière nous l'enseigne.

Par quoi la place de l'inter-dit, qu'est l'intra-dit d'un entre-deux-sujets, est celle même où se divise la transparence du sujet classique pour passer aux effets de *fading* qui spécifient le sujet freudien de son occultation par un signifiant toujours plus pur ; que ces effets nous mènent sur les confins où lapsus et mot d'esprit en leur collusion se confondent, ou même là où l'élision est tellement la plus allusive à rabattre en son gîte la présence, qu'on s'étonne que la chasse au *Dasein* n'en ait pas plus fait son profit.

Pour que ne soit pas vaine notre chasse, à nous analystes, il nous faut tout ramener à la fonction de coupure dans le discours, la plus forte étant celle qui fait barre entre le signifiant et le signifié. Là se surprend le sujet qui nous intéresse puisque à se nouer dans la signification, le voilà logé à l'enseigne du préconscient. Par quoi l'on arriverait au paradoxe de concevoir que le discours dans la séance analytique ne vaut que de ce qu'il trébuche ou même s'interrompt ; si la séance elle-même ne s'instituait comme rupture dans un faux discours, disons dans ce que le discours réalise à se vider comme parole, à n'être plus que la monnaie à la frappe usée dont parle Mallarmé, qu'on se passe de main à main « en silence ».

Cette coupure de la chaîne signifiante est seule à vérifier la structure du sujet comme discontinuité dans le réel. Si la linguistique nous promeut le signifiant à y voir le déterminant du signifié, l'analyse révèle la vérité de ce rapport à faire des trous du sens les déterminants de son discours.

Écrits, Éd. du Seuil.

La conversion freudienne du Cogito

A la lumière de Freud, les rapports de la pensée et de l'être prennent une tout autre signification que dans la perspective cartésienne.

242

Je pense, donc je suis (cogito ergo sum), n'est pas seulement la formule où se constitue, avec l'apogée historique d'une réflexion sur les conditions de la science, la liaison à la transparence du sujet transcendantal de son affirmation existentielle.

Peut-être ne suis-je qu'objet et mécanisme (et donc rien de plus que phénomène), mais assurément en tant que je le pense, je suis – absolument. Sans doute les philosophes avaient apporté là d'importantes corrections, et nommément que dans cela qui pense *(cogitans)*, je ne fais jamais que me constituer en objet *(cogitatum)*. Il reste qu'à travers cette épuration extrême du sujet transcendantal, ma liaison existentielle à son projet semble irréfutable, au moins sous la forme de son actualité, et que :

« cogito ergo sum », ubi cogito, ibi sum.

surmonte l'objection.

Bien entendu ceci me limite à n'être là dans mon être que dans la mesure où je pense que je suis dans ma pensée ; dans quelle mesure je le pense vraiment, ceci ne regarde que moi, et, si je le dis, n'intéresse personne.

L'éluder pourtant sous le prétexte de ses semblants philosophiques, est simplement faire preuve d'inhibition. Car la notion de sujet est indispensable au maniement d'une science comme la tragédie au sens moderne, dont les calculs excluent tout « subjectivisme ».

C'est aussi s'interdire l'accès à ce qu'on peut appeler l'univers de Freud, comme on dit l'univers de Copernic. C'est bien en effet à la révolution dite copernicienne que Freud lui-même comparait sa découverte, soulignant qu'il y allait une fois de plus de la place que l'homme s'assigne au centre de l'univers.

La place que j'occupe comme sujet de signifiant est-elle, par rapport à celle que j'occupe comme sujet du signifié, concentrique ou excentrique ? Voilà la question.

Il ne s'agit pas de savoir si je parle de moi de façon conforme à ce que je suis, mais si, quand j'en parle, je suis le même que celui dont je parle. Et il n'y a ici aucun inconvénient à faire intervenir le terme de pensée. Car Freud désigne de ce terme les éléments en jeu dans l'inconscient ; c'est-à-dire dans les mécanismes signifiants que je viens d'y reconnaître.

Il n'en reste pas moins que le *cogito* philosophique est au foyer de ce mirage qui rend l'homme moderne si sûr d'être soi dans ses incertitudes sur lui-même, voire à travers la méfiance qu'il a pu apprendre dès longtemps à pratiquer quant aux pièges de l'amour-propre.

Aussi bien si, retournant contre la nostalgie qu'elle sert, l'arme de la métonymie, je me refuse à chercher aucun sens au-delà de la tautologie et si, au nom de « la guerre est la guerre » et « un sou est un sou », je me décide à n'être que ce que je suis, comment ici me détacher de cette évidence que je suis dans cet acte même ?

Non moins qu'à me porter à l'autre pôle, métaphorique, de la quête signifiante et me vouer à devenir ce que je suis, à venir à l'être, – je ne puis douter qu'à m'y perdre même, j'y suis.

Or c'est sur ces points mêmes, où l'évidence va être subvertie par l'empirique, que gît le tour de la conversion freudienne.

Ce jeu signifiant de la métonymie et de la métaphore, jusque et y compris sa pointe active qui clavette mon désir sur un refus du signifiant ou sur un manque de l'être et noue mon sort à la question de mon destin, ce jeu se joue, jusqu'à ce que la partie soit levée, dans son inexorable finesse, là où je ne suis pas parce que je ne peux pas m'y situer.

C'est-à-dire que c'est peu de ces mots dont j'ai pu interloquer un instant mes auditeurs ; je pense où je ne suis pas, donc je suis où je ne pense pas. Mots qui à toute oreille suspendue rendent sensible dans quelle ambiguïté de furet fuit sous nos prises l'anneau du sens sur la ficelle verbale.

Ce qu'il faut dire, c'est : je ne suis pas, là où je suis le jouet de ma pensée ; je pense à ce que je suis, là où je ne pense pas penser.

Ce mystère à deux faces rejoint ce fait que la vérité ne s'évoque que dans cette dimension d'alibi par où tout « réalisme » dans la création prend sa vertu de la métonymie, comme cet autre que le sens ne livre son accès qu'au double coude de la métaphore, quand on a leur clef unique ; le S et le s de l'algorithme saussurien ne sont pas dans le même plan, et l'homme se leurrait à se croire placé dans leur commun axe qui n'est nulle part.

Ceci du moins jusqu'à ce que Freud en ait fait la découverte. Car si ce que Freud a découvert n'est pas cela même, ce n'est rien.

Ibid.

JANKÉLÉVITCH

1903-1985

Philosophe de l'instant et de l'intermédiaire, il a médité sur *l'Alternative* (1938), *le Mensonge* (1943), *le Mal* (1947), *le Je-ne-sais-quoi et le Presque-rien* (1957), *le Pur et l'Impur* (1960), *la Mort* (1966), *le Pardon* (1967).

Autres œuvres : *Philosophie première* (1953), *Traité des vertus* (1968-1972).

L'ironie

Rééditée en 1950, L'ironie *s'est enrichie d'un sous-titre :* L'ironie ou la bonne conscience. *Pour Vladimir Jankélévitch, en effet, « l'ironie est la conscience » et elle ne va pas sans l'amour et la joie.*

243

L'ironie, en somme, sauve ce qui peut être sauvé. La sagesse commence au point précis où le cynisme de l'analyse ne nous gâte plus le plaisir ingénu de la synthèse. Il faut que la sentimentalité, purifiée par la moquerie, résiste à la moquerie, d'abord parce qu'il y a dans celle-là une région centrale que celle-ci ne peut atteindre, ensuite parce que notre simplicité fondamentale, un instant décontenancée, retombe toujours sur ses pattes et, de plus belle, recommence à aimer et à croire. Au fond, nous ne demandons qu'à redevenir puérils. Il est presque sans exemple que d'être bien renseigné ait jamais dégoûté un amant de son amour, que de savoir à quoi s'en tenir sur les humbles origines de l'art ait jamais contrarié vraiment le plaisir esthétique. L'extrême lucidité ne décourage pas si facilement l'extrême naïveté. L'ironie, d'une part, est mortelle aux illusions ; partout elle tisse les toiles d'araignées où se prendront les pédants, les vaniteux et les grotesques. « Ironie, vraie liberté ! » s'écrie Proudhon au fond de sa cellule de Sainte-Pélagie [...]. C'est donc bien vrai que l'ironie est la mobilité même de la conscience, l'esprit révoquant sans cesse ses propres créatures pour garder son entrain et rester maître des codes, des cultures et des formes cérémonielles ; elle nous présente le miroir concave où nous rougissons de nous voir déformés, grimaçants, elle nous apprend à ne pas nous adorer nous-mêmes et fait que notre imagination conserve tous ses droits sur ses progénitures indociles. Quiconque est sourd à son chuchotement se condamne au dogmatisme stationnaire et à l'engourdissement béat.

Pourtant l'ironie n'est pas hostile non plus à l'esprit d'amour et de simplicité. Il faut être lucide, mais il faut être direct, et faire simplement les choses simples. Comme il y a une misère moderne, misère paradoxale, misère ironique, qui vient de la surproduction, ainsi il y a neurasthénie de l'âme qui a pour cause, non pas l'excessive pauvreté, mais la trop grande richesse ; non pas la pluie, mais le stupide beau temps : c'est là le vrai « malheur d'avoir trop d'esprit » [...]. L'humour est plus preste et plus agile que l'amour, mais l'amour est encore plus fort que l'humour. Schopenhauer nous montre la volonté poussée sans relâche du désir à l'ennui, et nous, par une dialectique toute contraire, nous verrions plutôt le désir renaître infatigablement du dégoût. C'est un miracle perpétuellement renouvelé, et aussi profond que le retour annuel d'Osiris. A tout moment l'instinct sexuel germe dans les profondeurs de la sensualité, et le sérieux de l'amour renaît des mille sarcasmes qui le criblent ; tous les ans il y a un mois de mai et une nouvelle jeunesse dans la terre et dans les arbres... Comment tant d'hivers répétés n'ont-ils pas dégoûté la nature de faire des fleurs ? Mais non, le printemps est aussi têtu que l'hiver, et chaque fois, dans son inlassable patience, la nature réveille les bêtes et les plantes comme si elle n'avait rien appris [...].

Notre naïveté, elle aussi, a la vie prodigieusement dure. Rien n'y fait, ni la moquerie, ni l'échec, ni les longs hivers de la méfiance ; l'amour est, comme le premier soleil d'avril, follement oublieux, et rien n'est plus émouvant que cette générosité inépuisable d'une passion qui, chaque fois déçue, retrouve chaque fois la fraîcheur de son enfance. Ce sont les jeux de l'amour et de l'ironie. L'ironie et l'amour tournent en rond sans relâche, l'un pourchassant l'autre, selon le cycle des morts et des renaissances. Cet amour qui ne cesse de se renouveler, cet absolu qui est relatif ne représentent-ils pas tout ce que les hommes, hélas ! peuvent savoir de l'éternité ? Tel est justement l'Éros du *Banquet* sur qui la prêtresse Diotime, l'étrangère de Mantinée, nous dit les plus grandes choses peut-être, les plus profondes, les plus touchantes qu'un homme ait jamais dites. Éros est fils d'Indigence et d'Expédient, c'est-à-dire qu'il est aussi pauvre de vraies satisfactions que riche de convoitises ; de son père il tient l'ingéniosité fertile, l'infatigable curiosité et les dons magiques, car Amour est philosophe, et, par surcroît, un peu sorcier [...], toujours en train d'ourdir quelque ruse. De sa mère il tient l'infini dénuement : « rude, malpropre, va-nu-pieds, sans gîte, couchant toujours par terre et sur la dure », il dort à la belle étoile, sur le pas des portes ou dans les chemins. Est-il mortel ou immortel ? Dans la même journée on le voit naître, mourir et revivre. Toujours déçu, toujours ardent, à la fois beau et laid, très jeune et très vieux, toujours suranné et toujours inouï, Éros est une créature synthétique ; il sait ce qu'il ne sait pas et ne sait pas ce qu'il sait. Éros, comme Socrate, est un démon, un intermédiaire : il descend sur la terre pour apporter aux hommes les faveurs des dieux, et remonte vers le ciel en apportant aux dieux les prières et les offrandes des hommes.

L'ironie, comme Éros, est une créature démonique. Ironie amoureuse, ironie sérieuse, toujours moyenne entre la tragédie et la légèreté ! Presque rien n'est aussi grave que nous le craignons, ni aussi futile que nous l'espérons. Les masques qui déambulent follement sur le corso, dans le carnaval de Hoffmann, ont appris la bonne nouvelle : la pensée a détruit la « contemplation », mais la conscience de soi, en lui proposant sa propre image, la rend à sa vraie patrie ; et la pensée respire plus légèrement quand elle s'est reconnue, dansante et grimaçante, dans le miroir de la réflexion. Cela veut dire d'abord que l'humour n'est pas sans l'amour, ni l'ironie sans la joie, et ensuite que la lucidité ne manquera pas à ceux qui auront aimé de tout leur cœur.

L'Ironie, III, V, Alcan-P.U.F.

La mort

La mort anéantit tout de la vie, mais non ce fait que la vie a été (son « effectivité ») et qu'un individu irremplaçable (une « ipséité unique », un « Hapax ») a vécu.

244

En tout cas ceci est la revanche et la consolation et l'espérance des mortels ; la mort détruit le tout de l'être vivant, mais elle ne peut nihiliser le fait d'avoir vécu ; la mort réduit en poussière l'architecture psychosomatique de l'individu, mais la quoddité de la vie vécue survit dans ces ruines ; tout ce qui est de la nature de l'être est destructible, c'est-à-dire offre d'innombrables prises à la démolition, à la désagrégation, à la décomposition ; seul ce je-ne-sais-quoi d'invisible et d'impalpable, de simple et de métaphysique que nous appelons quoddité échappe à la nihilisation. En cela du moins il y a un impérissable dont les griffes de la mort ne se saisissent jamais ; en cela du moins la toute-puissante ne peut pas tout !

La vie vieillissante est misérablement labile et caduque, mais la positivité indélébile de son message se reconstitue à l'infini le jour même de la mort, dans le dos de cette mort et par l'effet même de cette mort ; et plus la nihilisation sera forcenée, comme dans les régimes racistes qui voudraient non seulement anéantir l'existence, mais annihiler l'essence de cette existence, et qui s'acharnent contre le souvenir même des hommes libres, exterminent leur descendance, brûlent leurs écrits, défendent désespérément de prononcer leur nom, plus incontestable sera l'évidence posthume du message.

La violence sadique et la méchanceté réussissent, par les chambres à gaz et les fours crématoires, à rendre inexistant l'existant, elles ne peuvent faire que l'existant n'ait jamais existé, elles n'extirpent jamais la racine de la quoddité radicale. Scipion l'Africain, après sa mort, est comme s'il n'avait jamais existé, – « quasi natus non esset », dit Cicéron dans le *Laelius*... Mais « quasi » seulement ! Ou dans notre langage : la mort fait *comme si*, mais elle ne fait pas *que* [...].

La vie de l'homme n'est-elle pas une sorte d'instant, un instant de soixante-dix ou quatre-vingts années ? De cette carrière, il ne reste plus, au bout de quelques siècles, que le seul fait filiforme d'avoir vécu. Ce fait infinitésimal est le miracle par lequel, de justesse, l'ipséité est sauvée du néant : ce presque-rien qui est un instant, ce presque-personne qui est un Hapax inimitable et introuvable, ce presque-jamais qui est une seule et unique fois dans toute l'éternité sont séparés du Jamais et du Rien par un « presque » ! Il s'en fallait d'un *presque*, d'un cheveu ! Mais ce « presque » est un monde, et il décide pour l'éternité. Ce qui a *failli* ne pas être existera toujours, ce qui aurait pu rester éternellement inexistant survivra à jamais. Aussi parlions-nous d'un instant éternel... La plus fragile fulguration, fragile comme un feu follet dans la nuit, fonde la plus ineffaçable quoddité ; car si la vie est éphémère, le fait d'avoir vécu une vie éphémère est un fait éternel.

La Mort, Flammarion.

ARON

1905-1983

Philosophe et sociologue, il a tenu le rôle difficile d'un observateur engagé : *Introduction à la philosophie de l'histoire* (1948), *L'Opium des intellectuels* (1955), *La Société industrielle et la Guerre* (1959), *Paix et guerre entre les nations* (1962), etc.

Histoire et idéologie

*L'*Introduction à la philosophie de l'histoire, *de Raymond Aron, porte comme sous-titre :* Essai sur les limites de l'objectivité historique. *L'auteur s'attache à montrer, notamment, que « le marxisme est une philosophie et non une science » et qu'il exprime un engagement personnel plutôt qu'un savoir objectif.*

245

L'opposition entre réalité et idéologie, bien qu'elle soit utilisée particulièrement par les marxistes, répond à une intention de tous les historiens : tous voudraient distinguer entre le fond véridique des événements, les accidents superficiels qui attirent les regards des contemporains et des narratcurs, et enfin la conscience que les hommes ont prise de leur aventure. En fait, ces distinctions sont équivoques, et les accusations d'idéologies sont aussi fréquentes que réciproques, comme si, selon une expression commode, l'idéologie était l'idée de l'adversaire.

Nous avons, à plusieurs reprises, rencontré le problème sans employer le terme. Nous avons montré le décalage possible entre l'acte objectif et le motif que l'acteur invoque pour se justifier, entre l'interprétation rationnelle d'autrui et celle de l'intéressé.

D'autre part, historiquement, l'acte s'oppose aux projets dans la mesure où il provoque des effets qui dépassent ou contredisent ceux-ci : une loi accroît le chômage qu'elle devait réduire. En ce sens, la réalité d'un mouvement historique ressortit à une observation positive, au-delà et en dépit des idéologies. Au-dessus des dialectiques élémentaires, nous avons analysé, dans l'ordre de la biographie, la pluralité des images.

Tel biographe se donnait pour but de substituer à la représentation que Comte a progressivement élaborée de lui-même, la vie réelle du grand prêtre de l'humanité : lui aussi pratiquement compose une image, entre d'autres.

S'il s'agit d'un événement, nous arrivons à travers les témoignages partiels ou inexacts, reflets des expériences vécues, à reconstituer selon la probabilité le fait extérieur. Mais à mesure que celui-ci s'étend, à mesure qu'une époque entière est en question, ne retombons-nous pas dans le cas de la biographie ? Chaque civilisation a construit de ce qu'elle était ou voulait être une représentation : l'historien constate et critique celle-ci, et cherche la réalité.

Si nous nous plaçons dans un secteur historique déterminé, par exemple le droit, l'équivoque subsiste ; l'être des normes, de Kelsen, est, au regard du marxiste, une idéologie, et Kelsen, en retour, tient la réalité du marxiste pour étrangère au droit, ses concepts pour idéologiques. Comment saurait-on, pour l'ensemble d'une société, fixer l'infrastructure ? Méthode causale, méthode descriptive y échouent également. Le réel, en histoire, ne s'offre pas immédiatement à l'intuition naïve, il est l'objet d'une détermination philosophique.

[...] La pensée non idéologique serait celle qui adhère au réel. Or la philosophie de l'histoire est, par essence, transcendante au donné parce qu'elle situe le passé par rapport au futur, (que l'on imagine à l'image du passé). Elle est donc, comme toute pensée engagée, solidaire d'une volonté. C'est la priorité de l'avenir dans la conscience historique qui condamne à la partialité les philosophies concrètes.

Au-delà de sa signification psychologique ou sociologique, l'idéologie a donc, avant tout, une signification historique. Elle désigne les anticipations qui attendent le jugement du temps. Entre les représentations et l'action, il est possible, objectivement, de mesurer le décalage. L'égalité des revenus n'est pas effective dans la société communiste actuelle, mais le régime soviétique, en tant que moment historique, n'est perceptible que dans une certaine perspective, celle du Trotskisme, celle du Stalinisme ou celle du pessimisme (qui croit à la permanence des phénomènes fondamentaux). Rétrospectivement, on discerne dans les idéologies ce qui est resté utopie et ce qui s'est réalisé.

Nous n'avons pas encore démontré, nous objectera-t-on peut-être, qu'il y ait, à chaque époque, plusieurs réponses possibles à la situation. Nous pourrions faire simplement observer que cette pluralité est un fait, inséparable de la pluralité des groupes sociaux, que, en tout cas, l'hésitation subsiste entre le système actuel et le système futur. Mais nous invoquerons surtout une raison philosophique. L'homme, l'homme occidental, en particulier, est par essence l'être qui crée des dieux, l'être fini, insatisfait de sa finitude, incapable de vivre sans une foi ou un espoir absolus. Si donc il n'imaginait plus d'idéologie pour éclairer sa route ou raffermir son vouloir, c'est qu'il aurait abdiqué en acceptant le monde. Acceptation logique si sa vocation était accomplie, acceptation inconcevable, aussi longtemps que l'homme ne sera pas réconcilié avec son milieu, les valeurs avec l'ordre social. Double contradiction qui exclut l'accord de tous dans l'ordre des revendications. Le but dernier lui aussi, s'il en est un, se détermine progressivement au fur et à mesure du devenir, provisoire s'il est concret, formel s'il vaut universellement.

La validité absolue que s'attribue le marxisme dérive d'un hégelianisme interprété littéralement, mais devenu contradictoire lorsqu'a disparu la vérité du système, fondement de la vérité d'une histoire parvenue à son terme. La multiplicité des forces ne se compose pas en une dialectique totale, prévisible parce que rationnelle. La révolution prolétarienne, une entre d'autres, ne marque pas, dans le devenir humain, une rupture complète, elle ne soustrait pas l'historien à l'histoire et elle attend du succès sa vérification. A l'avance, elle exige, comme toutes les décisions, une double justification, par les nécessités provisoires et la fin ultime, dans le réel et par l'idéal.

Introduction à la philosophie de l'histoire, Gallimard.

CANGUILHEM

né en 1905

Philosophe français, spécialiste de l'histoire des sciences qu'il ne sépare pas de l'épistémologie : *Connaissance de la vie* (1952), *Le Normal et le Pathologique* (1966), *Études d'histoire et de philosophie des sciences* (1968).

La vie est un sens inscrit dans la matière

Georges Canguilhem ne pense pas que les lois physico-chimiques suffisent à rendre compte des phénomènes biologiques. Il ne faut pas oublier que la science de la vie, comme toute science, est l'œuvre d'un être vivant.

246

Désormais la connaissance de la vie ne ressemble plus à un portrait de la vie, ce qu'elle pouvait être lorsque la connaissance de la vie était description et classification des espèces. Elle ne ressemble pas à l'architecture ou à la mécanique, ce qu'elle était lorsqu'elle était simplement anatomie et physiologie macroscopique. Mais elle ressemble à la grammaire, à la sémantique et à la syntaxe. Pour comprendre la vie, il faut entreprendre, avant de la lire, de décripter le message de la vie.

Cela entraîne plusieurs conséquences de portée probablement révolutionnaire, et dont l'exposé, non pas de ce qu'elles sont, mais de ce qu'elles sont en train d'être, prendrait en réalité beaucoup de leçons. Définir la vie comme un sens inscrit dans la matière, c'est admettre l'existence d'un *a priori* objectif, d'un *a priori* proprement matériel et non plus seulement formel [...].

Définir la vie comme le sens, c'est s'obliger à un travail de découverte. Ici l'invention expérimentale ne consiste que dans la recherche de la clef, mais, la clef une fois trouvée, le sens est trouvé et non construit. Les modèles à partir desquels sont recherchées les significations organiques utilisent des mathématiques différentes des mathématiques connues des Grecs. Pour comprendre le vivant il faut faire appel à une théorie non métrique de l'espace, c'est-à-dire à une science de l'ordre, à une topologie. Pour comprendre le vivant à l'échelle à laquelle nous nous plaçons, il faut faire appel à un calcul non numérique, à une combinatoire, il faut faire appel au calcul statistique. Par cela aussi, il y a retour, d'une certaine manière, à Aristote. Aristote pensait que les mathématiques étaient inutilisables en biologie parce qu'il ne connaissait d'autre théorie de l'espace que cette géométrie qu'Euclide devait systématiser en lui donnant son nom. Une forme biologique, dit Aristote, ce n'est pas un schéma, ce n'est pas une forme géométrique. Cela est vrai. Dans un organisme considéré en lui-même, pour lui-même, il n'y a pas de distance, le tout est partout présent à la pseudo-partie. Le propre du vivant, c'est précisément que dans la mesure où il est vivant, il n'est pas à distance de lui-même. Ses « parties », ce que nous appelons illusoirement des parties, ne sont pas à distance les unes des autres. Par l'intermédiaire de ses régulations, par l'intermédiaire de ce que Claude Bernard appelait « le milieu intérieur », c'est le tout qui est à tout moment présent à chaque partie.

Études d'histoire et de philosophie des sciences, Vrin.

La prétention de la science à dissoudre dans l'anonymat de l'environnement mécanique, physique et chimique ces centres d'organisation, d'adaptation et d'invention que sont les êtres vivants doit être intégrale, c'est-à-dire qu'elle doit englober le vivant humain lui-même. Et l'on sait bien que ce projet n'a pas paru trop audacieux à beaucoup de savants. Mais il faut alors se demander, d'un point de vue philosophique, si l'origine de la science ne révèle pas mieux son sens que les prétentions de quelques savants. Car la naissance, le devenir et les progrès de la science dans une humanité à laquelle on refuse, à juste titre d'un point de vue scientiste et même matérialiste, la science infuse doivent être compris comme une sorte d'entreprise assez aventureuse de la vie [...].

Mais si la science est l'œuvre d'une humanité enracinée dans la vie avant d'être éclairée par la connaissance, si elle est un fait dans le monde en même temps qu'une vision du monde, elle soutient avec la perception une relation permanente et obligée. Et donc le milieu propre des hommes n'est pas situé dans le milieu universel comme un contenu dans son contenant. Un centre ne se résout pas dans son environnement. Un vivant ne se réduit pas à un carrefour d'influences. D'où l'insuffisance de toute biologie qui, par soumission complète à l'esprit des sciences physico-chimiques, voudrait éliminer de son domaine toute considération de sens. Un sens, du point de vue biologique et psychologique, c'est une appréciation de valeurs en rapport avec un besoin. Et un besoin c'est pour qui l'éprouve et le vit un système de référence irréductible et par là absolu.

La Connaissance de la vie, Vrin.

MOUNIER

1905-1950

Universitaire, abandonna l'enseignement pour fonder la revue *Esprit* et le mouvement personnaliste.

Principaux ouvrages : *Révolution personnaliste et communautaire* (1935), *Traité du caractère* (1946), *Le Personnalisme* (1950).

Le personnalisme

Fondateur du personnalisme, Emmanuel Mounier définit la personne par opposition à l'individu.

247

Auto-défense de l'individu. Personnalisme contre individualisme. – Pour qui regarde le spectacle des hommes et n'est pas aveugle à ses propres réactions, cette vérité n'est pas évidente. Depuis le début de l'histoire, les jours consacrés à la guerre sont plus nombreux que les jours consacrés à la paix. La vie de société est une guérilla permanente. Là où l'hostilité s'apaise, l'indifférence s'étale. Les cheminements de la camaraderie, de l'amitié ou de l'amour semblent perdus dans cet immense échec de la fraternité humaine. Heidegger, Sartre l'ont mis en philosophie. La communication reste pour eux bloquée par le besoin de posséder et de soumettre. Chaque partenaire y est nécessairement, ou tyran, ou esclave. Le regard d'autrui me vole mon univers, la présence d'autrui fige ma liberté, son élection m'entrave. L'amour est une infection mutuelle, un enfer.

Contre ce tableau, l'indignation est vaine. Il est difficile de nier qu'il n'évoque un important aspect des rapports humains. Le monde des autres n'est pas un jardin de délices. Il est une provocation permanente à la lutte, à l'adaptation et au dépassement. Il réintroduit constamment le risque et la souffrance là où nous touchions à la paix.

Aussi, l'instinct d'auto-défense réagit-il en le refusant. Les uns l'oublient, suppriment toute surface de contact. Les autres s'y font, avec des personnes, des objets maniables et utilisables, les pauvres du philanthrope, les électeurs du politicien, les enfants de celui-ci, les ouvriers de celui-là ; l'égocentrisme s'étourdit d'illusions altruistes. Un autre réduit son entourage à être pour lui un simple miroir. Une sorte d'instinct travaille ainsi à perpétuellement nier et appauvrir l'humanité autour de nous.

Même dans les meilleures dispositions, l'individu obscurcit la communication par sa seule présence. Il développe une sorte d'opacité partout où il s'installe. Mon corps me donne l'image la plus évidente de cette opacité, ainsi dans la gêne qu'il apporte au milieu d'une confidence. Mais elle naît plus profond que le corps. Une vertu trop appuyée dégoûte de la vertu, l'intention de séduire désenchante l'amour, de convertir, hérisse l'infidèle. La plus légère présence parfois semble secréter un poison mortel pour la relation de l'homme à l'homme.

Sur ce séparatisme profond, la culture développe des jeux de masques peu à peu incrustés jusqu'à ne plus se distinguer du visage de l'individu. Ils lui sont un double et seul moyen de ruser avec autrui et de ruser avec soi-même, de s'installer dans les refuges de l'imposture pour éviter cette zone de vérité qui naît à la rencontre du regard d'autrui et du regard intérieur.

L'individualisme est un système de mœurs, de sentiments, d'idées et d'institutions qui organise l'individu sur ces attitudes d'isolement et de défense. Il fut l'idéologie et la structure dominante de la société bourgeoise occidentale entre le XVIIe et le XIXe siècle. Un homme abstrait, sans attaches ni communautés naturelles, dieu souverain au cœur d'une liberté sans direction ni mesure, tournant d'abord vers autrui, la méfiance, le calcul et la revendication ; des institutions réduites à assurer le non empiètement de ces égoïsmes, ou leur meilleur rendement par l'association réduite au profit ; tel est le régime de civilisation qui agonise sous nos yeux, un des plus pauvres que l'histoire ait connus. Il est l'antithèse même du personnalisme, et son plus prochain adversaire.

Pour les distinguer, on oppose parfois personne à individu. On risque ainsi de couper la personne de ses attaches concrètes. Le mouvement de repli qui constitue « l'individu » contribue à assurer notre forme. Cependant, la personne ne croît qu'en se purifiant incessamment de l'individu qui est en elle. Elle n'y parvient pas à force d'attention sur soi, mais au contraire en se faisant disponible (G. Marcel), et par là, plus transparente à elle-même et à autrui. Tout se passe alors comme si n'étant plus « occupée de soi », « pleine de soi », elle devenait et alors seulement, capable d'autrui, entrait en grâce.

Le Personnalisme, P.U.F.

SARTRE

1905-1980

Enseigna la philosophie jusqu'en 1944 puis se consacra tout entier à ses romans, pièces de théâtre et œuvres philosophiques.

Ouvrages philosophiques : *L'Imaginaire, L'Être et le Néant* (1944), *Critique de la raison dialectique*, etc., mais on trouve aussi sa philosophie exprimée dans ses œuvres littéraires, notamment dans *La Nausée* (1938).

L'existence et l'absurde

Il n'y a pas d'être nécessaire, pour Jean-Paul Sartre, d'où l'existence pourrait être déduite, si bien que ce qui est est sans raison, contingent, absurde.

248

Donc j'étais tout à l'heure au Jardin public. La racine du marronnier s'enfonçait dans la terre, juste au-dessous de mon banc. Je ne me rappelais plus que c'était une racine. Les mots s'étaient évanouis et, avec eux, la signification des choses, leurs modes d'emploi, les faibles repères que les hommes ont tracés à leur surface. J'étais assis, un peu voûté, la tête basse, seul en face de cette masse noire et noueuse, entièrement brute et qui me faisait peur. Et puis j'ai eu cette illumination.

Ça m'a coupé le souffle. Jamais, avant ces derniers jours je n'avais pressenti ce que voulait dire « exister » [...]. Si l'on m'avait demandé ce que c'était que l'existence, j'aurais répondu de bonne foi que ça n'était rien, tout juste une forme vide qui venait s'ajouter aux choses du dehors, sans rien changer à leur nature. Et puis voilà : tout d'un coup, c'était là, c'était clair comme le jour : l'existence s'était soudain dévoilée. Elle avait perdu son allure inoffensive de catégorie abstraite ; c'était la pâte même des choses, cette racine était pétrie dans de l'existence [...].

Nous étions un tas d'existants gênés, embarrassés de nous-mêmes, nous n'avions pas la moindre raison d'être là, ni les uns ni les autres, chaque existant, confus, vaguement inquiet, se sentait de trop par rapport aux autres. De trop : c'était le seul rapport que je pusse établir entre ces arbres, ces grilles, ces cailloux [...]. De trop, le marronnier, là en face de moi un peu sur la gauche. De trop, la Velléda [...].

Et moi – veule, alangui, obscène, digérant, ballottant de mornes pensées – moi aussi j'étais de trop [...]. Je rêvais vaguement de me supprimer, pour anéantir au moins une de ces existences superflues. Mais ma mort même eût été de trop. De trop, mon cadavre, mon sang sur ces cailloux, entre ces plantes, au fond de ce jardin souriant. Et la chair rongée eût été de trop dans la terre qui l'eût reçue et mes os, enfin, nettoyés, écorcés, propres et nets comme des dents eussent encore été de trop : j'étais de trop pour l'éternité.

Le mot d'Absurdité naît à présent sous ma plume ; tout à l'heure, au jardin, je ne l'ai pas trouvé mais je ne le cherchais pas non plus, je n'en avais pas besoin : je pensais sans mots, sur les choses, avec les choses. L'absurdité, ce n'était pas une idée dans ma tête, ni un souffle de voix, mais ce long serpent mort à mes pieds, ce serpent de bois. Serpent ou griffe ou serre de vautour, peu importe. Et sans rien formuler nettement, je comprenais que j'avais trouvé la clé de l'Existence, la clé de mes Nausées, de ma propre vie. De fait tout ce que j'ai pu saisir ensuite se ramène à cette absurdité fondamentale. Absurdité : encore un mot ; je me débats contre des mots ; là-bas, je touchais la chose. Mais je voudrais fixer ici le caractère absolu de cette absurdité. Un geste, un événement dans le petit monde colorié des hommes n'est jamais absurde que relativement ; par rapport aux circonstances qui l'accompagnent. Les discours d'un fou, par exemple, sont absurdes par rapport à la situation où il se trouve mais non par rapport à son délire. Mais moi, tout à l'heure, j'ai fait l'expérience de l'absolu : l'absolu ou l'absurde. Cette racine, il n'y avait rien par rapport à quoi elle ne fût absurde. Oh ! Comment pourrais-je fixer ça avec des mots ? Absurde : par rapport aux cailloux, aux touffes d'herbe jaune, à la boue sèche, à l'arbre, au ciel, aux bancs verts. Absurde, irréductible ; rien – pas même un délire profond et secret de la nature – ne pouvait l'expliquer. Évidemment je ne savais pas du tout, je n'avais pas vu le germe se développer ni l'arbre croître. Mais devant cette grosse patte rugueuse, ni l'ignorance ni le savoir n'avaient d'importance : le monde des explications et des raisons n'est pas celui de l'existence. Un cercle n'est pas absurde, il s'explique très bien par la rotation d'un segment de droite autour d'une de ses extrémités. Mais aussi un cercle n'existe pas. Cette racine, au contraire, existait dans la mesure où je ne pouvais pas l'expliquer. Noueuse, inerte, sans nom, elle me fascinait, m'emplissait les yeux, me ramenait sans cesse à sa propre existence. J'avais beau me répéter : « C'est une racine » – ça ne prenait plus. Je voyais bien qu'on ne pouvait pas passer de sa fonction de racine, de pompe aspirante, à ça, à cette peau dure et compacte de phoque, à cet aspect huileux, calleux, entêté. La fonction n'expliquait rien : elle permettait de comprendre en gros ce que c'était qu'une racine, mais pas du tout celle-ci. Cette racine-ci, avec sa couleur, sa forme, son mouvement figé, était... au-dessous de toute explication [...].

L'essentiel, c'est la contingence. Je veux dire que, par définition l'existence n'est pas la nécessité. Exister c'est être là, simplement ; les existants apparaissent, se laissent rencontrer, mais on ne peut jamais les déduire. Il y a des gens, je crois, qui ont compris ça. Seulement ils ont essayé de surmonter cette contingence en inventant un être nécessaire et cause de soi. Or aucun être nécessaire ne peut expliquer l'existence : la contingence n'est pas un faux-semblant, une apparence qu'on peut dissiper ; c'est l'absolu, par conséquent la gratuité parfaite.

La Nausée, Gallimard.

Le choix et la responsabilité

« Il n'y a pas de nature humaine puisqu'il n'y a pas de Dieu pour la concevoir. » L'homme est libre ; il sera son projet mais ce projet est antérieur à toute décision consciente volontaire : telle esı la subjectivité selon Sartre.

249

[Les existentialistes] estiment que l'existence précède l'essence ou, si vous voulez, qu'il faut partir de la subjectivité. Que faut-il au juste entendre par là ? Lorsqu'on considère un objet fabriqué, comme par exemple un livre ou un coupe-papier, cet objet a été fabriqué par un artisan qui s'est inspiré d'un concept ; il s'est référé au concept de coupe-papier et également à une technique de production préalable qui fait partie du concept, et qui est au fond une recette.

Nous dirons donc que pour le coupe-papier, l'essence – c'est-à-dire l'ensemble des recettes et des qualités qui permettent de le produire et de le définir – précède l'existence [...]. Lorsque nous concevons un Dieu créateur, ce Dieu est assimilé la plupart du temps à un artisan supérieur [...]. Ainsi l'homme individuel réalise un certain concept qui est dans l'entendement divin.

[...] L'homme existe d'abord, c'est-à-dire que l'homme est d'abord ce qui se jette vers un avenir, et ce qui est conscient de se projeter dans l'avenir. L'homme est d'abord un projet qui se vit subjectivement, au lieu d'être une mousse, une pourriture ou un chou-fleur ; rien n'existe préalablement à ce projet ; rien n'est au ciel intelligible, et l'homme sera d'abord ce qu'il aura projeté d'être. Non pas ce qu'il voudra être. Car ce que nous entendons ordinairement par vouloir, c'est une décision consciente, et qui est pour la plupart d'entre nous postérieure à ce qu'il s'est fait lui-même. Je peux vouloir adhérer à un parti, écrire un livre, me marier, tout cela n'est qu'une manifestation d'un choix plus originel, plus spontané que ce qu'on appelle volonté.

[...] L'homme est constamment hors de lui-même, c'est en se projetant et en se perdant hors de lui qu'il fait exister l'homme et, d'autre part, c'est en poursuivant des buts transcendants qu'il peut exister ; l'homme étant ce dépassement et ne saisissant les objets que par rapport à ce dépassement, est au cœur, au centre de ce dépassement. Il n'y a pas d'autre univers qu'un univers humain, l'univers de la subjectivité humaine [...].

L'existentialisme est un humanisme, Nagel.

Si Dieu n'existe pas, il n'y a pas non plus de valeurs a priori. Il n'y a de valeurs que par un choix absolu qui les pose et la vie morale est une création semblable à la création artistique.

250

Dostoïevski avait écrit :« Si Dieu n'existait pas, tout serait permis. » C'est là le point de départ de l'existentialisme. En effet, tout est permis si Dieu n'existe pas, et par conséquent l'homme est délaissé, parce qu'il ne trouve ni en lui, ni hors de lui une possibilité de s'accrocher. Il ne trouve d'abord pas d'excuses. Si, en effet, l'existence précède l'essence, on ne pourra jamais expliquer par référence à une nature humaine donnée et figée ; autrement dit il n'y a pas de déterminisme, l'homme est libre, l'homme est liberté. Si d'autre part, Dieu n'existe pas, nous ne trouvons pas en face de nous des valeurs ou des ordres qui légitimeront notre conduite. Ainsi nous n'avons ni derrière nous ni devant nous, dans le domaine lumineux des valeurs, des justifications ou des excuses. Nous sommes seuls sans excuses. C'est ce que j'exprimerai en disant que l'homme est condamné à être libre.

Si j'ai supprimé Dieu le père, il faut bien quelqu'un pour inventer les valeurs. Il faut prendre les choses comme elles sont. Et par ailleurs, dire que nous inventons les valeurs ne signifie pas autre chose que ceci : la vie n'a pas de sens a priori. Avant que vous ne viviez, la vie, elle, n'est rien, mais c'est à vous de lui donner un sens, et la valeur n'est pas autre chose que ce sens que vous choisissez.

[...] Sans doute il choisit sans se référer à des valeurs préétablies, mais il est injuste de le taxer de caprices. Disons plutôt qu'il faut comparer le choix moral avec la construction d'une œuvre d'art.

[...] Ce qu'il y a de commun entre l'art et la morale, c'est que, dans les deux cas, nous avons création et invention. Nous ne pouvons pas décider a priori ce qu'il y a à faire.

L'existentialisme est un humanisme, Nagel.

L'homme est donc « condamné à être libre » et totalement responsable.

251

Mais si vraiment l'existence précède l'essence, l'homme est responsable de ce qu'il est. Ainsi la première démarche de l'existentialisme est de mettre tout homme en possession de ce qu'il est et de faire reposer sur lui la responsabilité totale de son existence. Et, quand nous disons que l'homme est responsable de lui-même, nous ne voulons pas dire que l'homme est responsable de sa stricte individualité, mais qu'il est responsable de tous les hommes.

[...] En fait l'angoisse est, selon moi, l'absence totale de justification en même temps que la responsabilité à l'égard de tous.

L'existentialisme est un humanisme, Nagel.

Les voies nouvelles de l'existentialisme

En 1957 paraît « Questions de méthode » qui annonce une nouvelle étape dans la pensée de Sartre. Tout en critiquant ses insuffisances actuelles (« le marxisme s'est arrêté ») et en refusant l'idée d'une dialectique de la nature, Sartre déclare que le marxisme est « la philosophie de notre temps » et que l'existentialisme n'est qu'une « idéologie » originale et nécessaire à l'intérieur du marxisme.

252

Penser, pour la plupart des marxistes actuels, c'est prétendre totaliser – et sous ce prétexte, remplacer la particularité par un universel ; c'est prétendre nous ramener au concret et nous présenter sous ce titre des déterminations fondamentales mais abstraites ; [...] le marxisme est donc amené à tenir pour une apparence le contenu réel d'une conduite ou d'une pensée et, quand il dissout le particulier dans l'universel, il a la satisfaction de croire qu'il réduit l'apparence à la vérité. MARX est si loin de cette fausse universalité, qu'il tentait d'engendrer dialectiquement son savoir sur l'homme, en s'élevant progressivement des déterminations les plus larges aux déterminations les plus précises. Il définit sa méthode, dans une lettre à LASSALLE, comme une recherche qui « s'élève de l'abstrait au concret ». Et le concret, pour lui, c'est la totalisation hiérarchique des déterminations et des réalités hiérarchisées. [...] J'ai dit que nous acceptions sans réserves les thèses exposées par ENGELS dans sa lettre à MARX : « les hommes font leur histoire eux-mêmes mais dans un milieu donné qui les conditionne », toutefois ce texte n'est pas des plus clairs et il reste susceptible de nombreuses interprétations. Comment faut-il entendre en effet que l'homme fait l'histoire, si par ailleurs, c'est l'histoire qui le fait. [...] Si l'on veut donner toute sa complexité à la pensée marxiste il faudrait dire [...] : les hommes font leur histoire sur la base de conditions réelles antérieures, mais ce sont eux qui la font et non les conditions antérieures : autrement ils seraient les simples véhicules de forces inhumaines qui régiraient à travers eux le monde social. [...]

[L'existentialisme] entend, sans être infidèle aux thèses marxistes, trouver les médiations, qui permettent d'engendrer le concret singulier, la vie, la lutte réelle et datée, la personne, à partir des contradictions générales des forces productives et des rapports de production.

Questions de méthode in *Critique de la raison dialectique*, Gallimard.

Il s'agit donc de constituer une science de l'homme authentique échappant à la métaphysique comme au mécanisme grâce à une méthode dialectique capable d'intégrer la psychanalyse et la sociologie, pour nous restituer les hommes réels.

253

L'homme se définit par son projet. Cet être matériel dépasse perpétuellement la condition qui lui est faite ; il dévoile et détermine sa situation en la transcendant pour l'objectiver, par le travail, l'action ou le geste. Le projet ne doit pas se confondre avec la volonté, qui est une entité abstraite, bien qu'il puisse revêtir une forme volontaire en certaines circonstances. Cette relation immédiate, par delà les éléments donnés et constitués, avec l'Autre que soi, cette perpétuelle production de soi-même par le travail et la praxis, c'est notre structure propre : pas plus qu'une volonté elle n'est un besoin ou une passion, mais nos besoins comme nos passions tout comme la plus abstraite de nos pensées participent de cette structure : ils sont toujours « en dehors d'eux-mêmes vers... ». C'est ce que nous nommons l'existence. Comme cet élan vers l'objectivation prend des formes diverses selon les individus, comme il nous projette à travers un champ de possibilités dont nous réalisons certaines à l'exclusion des autres, nous le nommons aussi choix ou liberté [...].

Mais, si réduit soit-il, le champ des possibles existe toujours et nous ne devons pas l'imaginer comme une zone d'indétermination mais, au contraire, comme une région fortement structurée, qui dépend de l'histoire entière et qui enveloppe ses propres contradictions. C'est en dépassant la donnée vers le champ des possibles et en réalisant une possibilité entre toutes que l'individu s'objective et contribue à faire l'histoire. [...] Pour saisir le processus qui produit la personne et son produit à l'intérieur d'une classe et d'une société donnée à un moment historique donné, il manque au marxisme une hiérarchie de médiations. [...]

En fait, la psychanalyse est une méthode qui se préoccupe avant tout d'établir la manière dont l'enfant vit ses relations familiales à l'intérieur d'une société donnée [...]. L'existentialisme croit pouvoir intégrer cette méthode parce qu'elle découvre le point d'insertion de l'homme dans sa classe, c'est-à-dire la famille singulière comme médiation entre la classe universelle et l'individu : la famille, en effet, est constituée dans et par le mouvement général de l'histoire, et vécue d'autre part comme un absolu dans la profondeur et l'opacité de l'enfance [...].

Nous n'en avons pas fini avec les médiations : au niveau des rapports de production et à celui des structures politico-sociales, la personne singulière se trouve conditionnée par ses relations humaines. Nul doute que ce conditionnement, dans sa vérité première et générale, ne renvoie au « conflit des forces productrices avec les rapports de production ». Mais tout cela n'est pas vécu si simplement [...]. La personne vit et connaît plus ou moins clairement sa condition à travers son appartenance à des groupes. [...] Sous cette forme prospective avec son absence de fondement théorique et la précision de ses méthodes auxiliaires – enquêtes, tests, statistiques, etc. – la sociologie, moment provisoire de la totalisation historique, révèle des médiations nouvelles entre les hommes concrets et les conditions matérielles de leur vie, entre les relations humaines et les rapports de production, entre les personnes et les classes (ou tout autre espèce de groupement) [...]. Cela signifie que la sociologie, dans ses enquêtes sur des groupes définis, livre, à cause de son empirisme, des connaissances susceptibles de développer la méthode dialectique en l'obligeant à pousser la totalisation jusqu'à leur intégration.

Questions de méthode in *Critique de la raison dialectique,* Gallimard.

MERLEAU-PONTY

1908-1961

Professeur de philosophie au Collège de France à partir de 1952. A fait une thèse de doctorat remarquée : *Phénoménologie de la perception* (l'introduction répond à la question : Qu'est-ce que la phénoménologie ?)

La phénoménologie

Fondée par Husserl, la phénoménologie est ainsi définie par Maurice Merleau-Ponty.

254

Il s'agit de décrire, et non pas d'expliquer ni d'analyser. Cette première consigne que Husserl donnait à la phénoménologie commençante d'être une « psychologie descriptive » ou de revenir « aux choses mêmes », c'est d'abord le désaveu de la science. Je ne suis pas le résultat ou l'entrecroisement des multiples causalités qui déterminent mon corps ou mon « psychisme », je ne puis pas me penser comme une partie du monde, comme le simple objet de la biologie, de la psychologie et de la sociologie, ni fermer sur moi l'univers de la science. Tout ce que je sais du monde, même par science, je le sais à partir d'une vue mienne ou d'une expérience du monde sans laquelle les symboles de la science ne voudraient rien dire. Tout l'univers de la science est construit sur le monde vécu et si nous voulons penser la science elle-même avec rigueur, en apprécier exactement le sens et la portée, il nous faut réveiller d'abord cette expérience du monde dont elle est l'expression seconde. La science n'a pas et n'aura jamais le même sens d'être que le monde perçu pour la simple raison qu'elle en est une détermination ou une explication [...].

Le monde est là avant toute analyse que je puisse en faire et il serait artificiel de le faire dériver d'une série de synthèses qui relieraient les sensations, puis les aspects perspectifs de l'objet, alors que les unes et les autres sont justement des produits de l'analyse et ne doivent pas être réalisées avant elle. L'analyse réflexive croit suivre en sens inverse le chemin d'une constitution préalable et rejoindre dans « l'homme intérieur », comme le dit saint Augustin, un pouvoir constituant qui a toujours été lui. Ainsi la réflexion s'emporte elle-même et se replace dans une subjectivité invulnérable, en deçà de l'être et du temps. Mais c'est là une naïveté, ou, si l'on préfère, une réflexion incomplète qui perd conscience de son propre commencement. J'ai commencé de réfléchir, ma réflexion est réflexion sur un irréfléchi, elle ne peut pas s'ignorer elle-même comme événement, dès lors elle s'apparaît comme une véritable création, comme un changement de structure de la conscience, et il lui appartient de reconnaître en deçà de ses propres opérations le monde qui est donné au sujet parce que le sujet est donné à lui-même. Le réel est à décrire, et non pas à construire ou à constituer [...].

On voit par là le vrai sens de la célèbre réduction phénoménologique [...].

Le véritable Cogito ne définit pas l'existence du sujet par la pensée qu'il a d'exister, ne convertit pas la certitude du monde en certitude de la pensée du monde, et enfin ne remplace pas le monde même par la signification monde. Il reconnaît au contraire ma pensée même comme un fait inaliénable et il élimine toute espèce d'idéalisme en me découvrant comme « être au monde ».

C'est parce que nous sommes de part en part rapport au monde que la seule manière pour nous de nous en apercevoir est de suspendre ce mouvement, de lui refuser notre complicité (de le regarder *ohne mitzumachen*, dit souvent Husserl), ou encore de le mettre hors jeu [...].

La meilleure formule de la réduction est sans doute celle qu'en donnait Eugen Fink, l'assistant de Husserl, quand il parlait d'un « étonnement » devant le monde. La réflexion ne se retire pas du monde vers l'unité de la conscience comme fondement du monde, elle prend recul pour voir jaillir les transcendances, elle distend les fils intentionnels qui nous relient au monde pour les faire paraître, elle seule est conscience du monde parce qu'elle le révèle comme étrange et paradoxal [...].

Nous pouvons maintenant en venir à la notion d'intentionnalité, trop souvent citée comme la découverte principale de la phénoménologie, alors qu'elle n'est compréhensible que par la réduction. « Toute conscience est conscience de quelque chose », cela n'est pas nouveau. Kant a montré, dans la Réfutation de l'Idéalisme, que la perception intérieure est impossible sans perception extérieure, que le monde, comme connexion des phénomènes, est anticipé dans la conscience de mon unité, est le moyen pour moi de me réaliser comme conscience. Ce qui distingue l'intentionnalité du rapport kantien à un objet possible, c'est que l'unité du monde, avant d'être posée sur la connaissance et dans un acte d'identification expresse, est vécue comme déjà faite ou déjà là [...].

La plus importante acquisition de la phénoménologie est sans doute d'avoir joint l'extrême subjectivisme et l'extrême objectivisme dans sa notion du monde ou de la rationalité. La rationalité est exactement mesurée aux expériences dans lesquelles elle se révèle. Il y a de la rationalité, c'est-à-dire : les perspectives se recoupent, les perceptions se confirment, un sens apparaît. Mais il ne doit pas être posé à part, transformé en Esprit absolu ou en monde au sens réaliste. Le monde phénoménologique, c'est non pas de l'être pur, mais le sens qui transparaît à l'intersection de mes expériences et à l'intersection de mes expériences et de celles d'autrui, par l'engrenage des unes sur les autres ; il est donc inséparable de la subjectivité et de l'intersubjectivité qui font leur unité par la reprise de mes expériences passées dans mes expériences présentes, de l'expérience d'autrui dans la mienne. Pour la première fois, la méditation du philosophe est assez consciente pour ne pas réaliser dans le monde et avant elle ses propres résultats. Le philosophe essaie de penser le monde, autrui et soi-même, et de concevoir leurs rapports [...].

Phénoménologie de la perception, Gallimard.

LÉVI-STRAUSS

né en 1908

Professeur au Collège de France, il a introduit la méthode structurale dans les sciences humaines.

Principales œuvres : *Les Structures élémentaires de la parenté* (1948), *Tristes Tropiques* (1955), *Anthropologie structurale* (1958), *La Pensée sauvage* (1962).

Le structuralisme

C'est dans la linguistique telle qu'elle s'est développée à partir des travaux de Ferdinand de Saussure, chez Troubetzkoy notamment, que Claude Lévi-Strauss trouve le modèle d'une nouvelle méthode pour l'anthropologie, la méthode structurale.

255

Dans un article-programme N. Troubetzkoy ramène en somme la méthode phonologique à quatre démarches fondamentales : en premier lieu, la phonologie passe de l'étude des phénomènes linguistiques *conscients* à celle de leur infra-structure *inconsciente* ; elle refuse de traiter les *termes* comme des entités indépendantes, prenant au contraire comme base de son analyse les *relations* entre les termes ; elle introduit la notion de *système* : « La phonologie actuelle ne se borne pas à déclarer que les phonèmes sont toujours membres d'un système, elle *montre* des systèmes phonologiques concrets et met en évidence leur structure »; enfin elle vise à la découverte de *lois générales* soit trouvées par induction, « soit... déduites logiquement, ce qui leur donne un caractère absolu ».

Ainsi, pour la première fois, une science sociale parvient à formuler des relations nécessaires. Tel est le sens de cette dernière phrase de Troubetzkoy, tandis que les règles précédentes montrent comment la linguistique doit s'y prendre pour parvenir à ce résultat. Il ne nous appartient pas de montrer ici que les prétentions de Troubetzkoy sont justifiées ; la grande majorité des linguistes modernes semble suffisamment d'accord sur ce point. Mais quand un événement de cette importance prend place dans l'une des sciences de l'homme, il est non seulement permis aux représentants des disciplines voisines, mais requis d'eux, de vérifier immédiatement ses conséquences, et son application possible à des faits d'un autre ordre [...].

Le principe fondamental est que la notion de structure sociale ne se rapporte pas à la réalité empirique, mais aux modèles construits d'après celle-ci. Ainsi apparaît la différence entre deux notions si voisines qu'on les a souvent confondues, je veux dire celle de *structure sociale* et celle de *relations sociales.* Les *relations sociales* sont la matière première employée pour la construction des modèles qui rendent manifeste la *structure sociale* elle-même. En aucun cas celle-ci ne saurait donc être ramenée à l'ensemble des relations sociales, observables dans une société donnée. Les recherches de structure ne revendiquent pas un domaine propre, parmi les faits de société : elles constituent plutôt une méthode susceptible d'être appliquée à divers problèmes ethnologiques, et elles s'apparentent à des formes d'analyse structurale en usage dans des domaines différents.

Il s'agit alors de savoir en quoi consistent ces modèles qui sont l'objet propre des analyses structurales. Le problème ne relève pas de l'ethnologie, mais de l'épistémologie, car les définitions suivantes n'empruntent rien à la matière première de nos travaux. Nous pensons en effet que pour mériter le nom de structure, des modèles doivent exclusivement satisfaire à quatre conditions.

En premier lieu, une structure offre un caractère de système. Elle consiste en éléments tels qu'une modification quelconque de l'un d'eux entraîne une modification de tous les autres.

En second lieu, tout modèle appartient à un groupe de transformations dont chacune correspond à un modèle de même famille, si bien que l'ensemble de ces transformations constitue un groupe de modèles.

Troisièmement, les propriétés indiquées ci-dessus permettent de prévoir de quelle façon réagira le modèle, en cas de modification d'un de ses éléments.

Enfin, le modèle doit être construit de telle façon que son fonctionnement puisse rendre compte de tous les faits observés.

Anthropologie structurale, Plon.

Les relations humaines comme langage

Appliquant la méthode structurale à l'étude des formes de parenté, Lévi-Strauss montre que la parenté, comme le langage, est un système de communication.

256

Le langage est un phénomène social, qui constitue un objet indépendant de l'observateur, et pour lequel on possède de longues séries statistiques. Double raison pour le considérer comme apte à satisfaire les exigences du mathématicien, telles que Wiener les a formulées.

De nombreux problèmes linguistiques relèvent des modernes machines à calculer. Si l'on connaissait la structure phonologique d'une langue quelconque et les règles qui président au groupement des consonnes et des voyelles, une machine dresserait facilement la liste des combinaisons de phonèmes formant les mots de *n* syllabes, existant dans le vocabulaire, et de toutes les autres combinaisons qui sont compatibles avec la structure de la langue, telle qu'elle aurait été définie préalablement. Une machine recevant les équations déterminant les divers types de structures connues en phonologie, le répertoire des sons que l'appareil phonateur de l'homme peut émettre, et les plus petits seuils différentiels entre ces sons, déterminés préalablement par des méthodes psychophysiologiques (sur la base d'un inventaire et d'une analyse des phonèmes les plus rapprochés) pourrait fournir un tableau exhaustif des structures phonologiques à *n* oppositions (*n* pouvant être fixé aussi grand qu'on voudrait). Ainsi obtiendrait-on une sorte de tableau périodique des structures linguistiques, comparable à celui des éléments dont la chimie moderne est redevable à Mendeleieff. Nous n'aurions plus alors qu'à repérer dans le tableau l'emplacement des langues déjà étudiées, à marquer la position, et les relations aux autres langues, de celles dont l'étude directe est encore insuffisante pour nous en donner une connaissance théorique, et même à découvrir l'emplacement de langues disparues, futures, ou simplement possibles [...].

J'ai appliqué une méthode analogue à l'étude de l'organisation sociale, et surtout des règles du mariage et des systèmes de parenté. Ainsi a-t-il été possible d'établir que l'ensemble des règles de mariage observables dans les sociétés humaines ne doivent pas être classées – comme on le fait généralement – en catégories hétérogènes et diversement intitulées : prohibition de l'inceste, types de mariages préférentiels, etc. Elles représentent toutes autant de façons d'assurer la circulation des femmes au sein du groupe social, c'est-à-dire de remplacer un système de relations consanguines, d'origine biologique, par un système sociologique d'alliance. Cette hypothèse de travail une fois formulée, on n'aurait plus qu'à entreprendre l'étude mathématique de tous les types d'échange concevables entre *n* partenaires pour en déduire les règles de mariage à l'œuvre dans les sociétés existantes. Du même coup, on en découvrirait d'autres, correspondant à des sociétés possibles. Enfin on comprendrait leur fonction, leur mode d'opération, et la relation entre des formes différentes.

Or, l'hypothèse initiale a été confirmée par la démonstration – obtenue de façon purement déductive – que tous les mécanismes de réciprocité connus de l'anthropologie classique (c'est-à-dire ceux fondés sur l'organisation dualiste et le mariage par échange entre des partenaires au nombre de 2, ou d'un multiple de 2) constituent des cas particuliers d'une forme de réciprocité plus générale, entre un nombre quelconque de partenaires. Cette forme générale de réciprocité était restée dans l'ombre, parce que les partenaires ne se donnent pas les uns aux autres (et ne reçoivent pas les uns des autres) : on ne reçoit pas de celui à qui l'on donne ; on ne donne pas à celui de qui l'on reçoit. Chacun donne à un partenaire et reçoit d'un autre, au sein d'un cycle de réciprocité qui fonctionne dans un seul sens.

Ce genre de structure, aussi important que le système dualiste, avait été parfois observé et décrit. Mis en éveil par les conclusions de l'analyse théorique, nous avons rassemblé et compilé les documents épars qui montrent la considérable extension du système. En même temps, nous avons pu interpréter les caractères communs à un grand nombre de règles du mariage : ainsi la préférence pour les cousins croisés bilatéraux, ou pour un type unilatéral, tantôt en ligne paternelle, tantôt en ligne maternelle. Des usages inintelligibles aux ethnologues sont devenus clairs, dès qu'on les a ramenés à des modalités diverses des lois d'échange. Celles-ci ont pu, à leur tour, être réduites à certaines relations fondamentales entre le mode de résidence et le mode de filiation.

Toute la démonstration dont on a rappelé ci-dessus les articulations principales, a pu être menée à bien à une condition : considérer les règles du mariage et les systèmes de parenté comme une sorte de langage, c'est-à-dire un ensemble d'opérations destinées à assurer, entre les individus et les groupes, un certain type de communication. Que le « message » soit ici constitué par les *femmes du groupe* qui *circulent* entre les clans, lignées ou familles (et non, comme dans le langage lui-même, par les *mots du groupe* circulant entre des individus) n'altère en rien l'identité du phénomène considéré dans les deux cas.

Ibid.

Le mythe

La même méthode peut être appliquée à l'étude des mythes et l'on découvrira que les mythes ont une objectivité et une structure indépendamment de leur contenu.

257

[...] L'étude des mythes nous amène à des constatations contradictoires. Tout peut arriver dans un mythe : il semble que la succession des événements n'y soit subordonnée à aucune règle de logique ou de continuité. Tout sujet peut avoir un quelconque prédicat ; toute relation concevable est possible. Pourtant, ces mythes, en apparence arbitraires, se reproduisent avec les mêmes détails, dans diverses régions du monde. D'où le problème : si le contenu du mythe est entièrement contingent, comment comprendre que, d'un bout à l'autre de la Terre, les mythes se ressemblent tellement ? C'est seulement à la condition de prendre conscience de cette antinomie fondamentale, qui relève de la nature du mythe, qu'on peut espérer la résoudre. En effet, cette contradiction ressemble à celle qu'ont découverte les premiers philosophes qui se sont intéressés au langage, et, pour que la linguistique pût se constituer comme science, il fallut d'abord que cette hypothèse fût levée. Les anciens philosophes raisonnaient sur le langage comme nous faisons toujours sur la mythologie. Ils constataient que dans chaque langue, certains groupes de sons correspondaient à des sens déterminés, et ils cherchaient désespérément à comprendre quelle nécessité interne unissait ces *sens* et ces *sons*. L'entreprise était vaine, puisque les mêmes sons se retrouvent dans d'autres langues, mais liés à des sens différents. Aussi la contradiction ne fut-elle résolue que le jour où on s'aperçut que la fonction significative de la langue n'est pas directement liée aux sons eux-mêmes, mais à la manière dont les sons se trouvent combinés entre eux [...].

Il ne suffit pas d'inviter le mythologue à comparer la situation incertaine qui est la sienne avec celle du linguiste à l'époque préscientifique. Car nous risquerions fort, si nous nous en tenions là, de tomber d'une difficulté dans une autre. Rapprocher le mythe du langage ne résout rien : le mythe fait partie intégrante de la langue ; c'est par la parole qu'on le connaît, il relève du discours.

Si nous voulons rendre compte des caractères spécifiques de la pensée mythique, nous devrons donc établir que le mythe est simultanément dans le langage, et au-delà. Cette nouvelle difficulté n'est pas, elle non plus, étrangère au linguiste ; le langage n'englobe-t-il pas lui-même des niveaux différents ? En distinguant entre la *langue* et la *parole*, Saussure a montré que le langage offrait deux aspects complémentaires : l'un structural, l'autre statistique : la langue appartient au domaine d'un temps réversible, et la parole, à celui d'un temps irréversible. S'il est déjà possible d'isoler ces deux niveaux dans le langage, rien n'exclut que nous puissions en définir un troisième.

On vient de distinguer la *langue* et la *parole* au moyen des systèmes temporels auxquels elles se réfèrent l'une et l'autre. Or, le mythe se définit aussi par un système temporel, qui combine les propriétés des deux autres. Un mythe se rapporte toujours à des événements passés :« avant la création du monde, » ou « pendant les premiers âges », en tout cas, « il y a longtemps. » Mais la valeur intrinsèque attribuée au mythe provient de ce que ces événements, censés se dérouler à un moment du temps, forment aussi une structure permanente. Celle-ci se rapporte simultanément au passé, au présent et au futur. Une comparaison aidera à préciser cette ambiguïté fondamentale. Rien ne ressemble plus à la pensée mythique que l'idéologie politique. Dans nos sociétés contemporaines, peut-être celle-ci a-t-elle seulement remplacé celle-là. Or, que fait l'historien quand il évoque la Révolution française ? Il se réfère à une suite d'événements passés, dont les conséquences lointaines se font sans doute encore sentir à travers toute une série, non-réversible, d'événements intermédiaires. Mais, pour l'homme politique et pour ceux qui l'écoutent, la Révolution française est une réalité d'un autre ordre ; séquence d'événements passés, mais aussi schème doué d'une efficacité permanente, permettant d'interpréter la structure sociale de la France actuelle, les antagonismes qui s'y manifestent et d'entrevoir les linéaments de l'évolution future. Ainsi s'exprime Michelet, penseur politique en même temps qu'historien : « Ce jour-là, tout était possible... L'avenir fut présent... c'est-à-dire, plus de temps, un éclair de l'éternité. » Cette double structure, à la fois *historique* et *anhistorique*, explique que le mythe puisse simultanément relever du domaine de la *parole* (et être analysé en tant que tel) et de celui de la *langue* (dans laquelle il est formulé) tout en offrant, à un troisième niveau, le même caractère d'objet absolu. Ce troisième niveau possède aussi une nature linguistique, mais il est pourtant distinct des deux autres.

Ibid.

Ethnologie et humanisme

La Pensée sauvage *soutiendra que « le but dernier des sciences humaines n'est pas de constituer l'homme, mais de le dissoudre* [...], *de réintégrer la culture dans la nature, et finalement la vie dans l'ensemble de ses conditions physico-chimiques ». Cela n'empêche pas certaines pages de Lévi-Strauss (dans* Tristes Tropiques *notamment) d'avoir un accent authentiquement humaniste.*

258

Aucune société n'est parfaite. Toutes comportent par nature une impureté incompatible avec les normes qu'elles proclament et qui se traduit concrètement par une certaine dose d'injustice, d'insensibilité, de cruauté. Comment évaluer cette dose ? L'enquête ethnographique y parvient. Car, s'il est vrai que la comparaison d'un petit nombre de sociétés les fait apparaître très différentes entre elles, ces différences s'atténuent quand le champ d'investigation s'élargit. On découvre alors qu'aucune société n'est foncièrement bonne ; mais aucune n'est absolument mauvaise ; toutes offrent certains avantages à leurs membres, compte tenu d'un résidu d'iniquité dont l'importance paraît approximativement constante et qui correspond peut-être à une inertie spécifique qui s'oppose, sur le plan de la vie sociale, aux efforts d'organisation [...].

L'étude de ces sauvages apporte autre chose que la révélation d'un état de nature utopique ou la découverte de la société parfaite au cœur des forêts ; elle nous aide à bâtir un modèle théorique de la société humaine, qui ne correspond à aucune réalité observable, mais à l'aide duquel nous parviendrons à démêler « ce qu'il y a d'originaire et d'artificiel dans la nature actuelle de l'homme et à bien connaître un état qui n'existe plus, qui peut-être n'a point existé, qui probablement n'existera jamais, et dont il est pourtant nécessaire d'avoir des notions justes pour bien juger de notre état présent ». J'ai déjà cité cette formule pour dégager le sens de mon enquête chez les Nambikwara ; car la pensée de Rousseau, toujours en avance sur son temps, ne dissocie pas la sociologie théorique de l'enquête au laboratoire ou sur le terrain dont il a compris le besoin. L'homme naturel n'est ni antérieur, ni extérieur à la société. Il nous appartient de retrouver sa forme, immanente à l'état social hors duquel la condition humaine est inconcevable ; donc, de tracer le programme des expériences qui « seraient nécessaires pour parvenir à connaître l'homme naturel » et de déterminer « les moyens de faire ces expériences au sein de la société ».

Mais ce modèle – c'est la solution de Rousseau – est éternel et universel. Les autres sociétés ne sont peut-être pas meilleures que la nôtre ; même si nous sommes enclins à le croire, nous n'avons à notre disposition aucune méthode pour le prouver. A les mieux connaître, nous gagnons pourtant un moyen de nous détacher de la nôtre, non point que celle-ci soit absolument ou seule mauvaise, mais parce que c'est la seule dont nous devions nous affranchir ; nous le sommes par état des autres. Nous nous mettons ainsi en mesure d'aborder la deuxième étape qui consiste, sans rien retenir d'aucune société, à les utiliser toutes pour dégager ces principes de la vie sociale qu'il nous sera possible d'appliquer à la réforme de nos propres mœurs, et non de celles des sociétés étrangères ; en raison d'un privilège inverse du précédent, c'est la société seule à laquelle nous appartenons que nous sommes en position de transformer sans risquer de la détruire ; car ces changements viennent aussi d'elle, que nous y introduisons.

En plaçant hors du temps et de l'espace le modèle dont nous nous inspirons, nous courons certainement un risque, qui est de sous-évaluer la réalité du progrès. Notre position revient à dire que les hommes ont toujours et partout entrepris la même tâche en s'assignant le même objet et, qu'au cours de leur devenir, les moyens seuls ont différé. J'avoue que cette attitude ne m'inquiète pas ; elle semble la mieux conforme aux faits, tels que nous les révèlent l'histoire et l'ethnographie ; et surtout elle me paraît plus féconde. Les zélateurs du progrès s'exposent à méconnaître, par le peu de cas qu'ils en font, les immenses richesses accumulées par l'humanité de part et d'autre de l'étroit sillon sur lequel ils gardent les yeux fixés ; en surestimant l'importance d'efforts passés, ils déprécient tous ceux qu'il nous reste à accomplir. Si les hommes ne se sont jamais attaqués qu'à une besogne, qui est de faire une société vivable, les forces qui ont animé nos lointains ancêtres sont aussi présentes en nous. Rien n'est joué ; nous pouvons tout reprendre. Ce qui fut fait et manqué peut être refait : « L'âge d'or qu'une aveugle superstition avait placé derrière (ou devant) nous, est *en nous.* » La fraternité humaine acquiert un sens concret en nous présentant dans la plus pauvre tribu notre image confirmée et une expérience dont, jointe à tant d'autres, nous pouvons nous assimiler les leçons. Nous retrouverons même à celles-ci une fraîcheur ancienne. Car, sachant que depuis des millénaires, l'homme n'est parvenu qu'à se répéter, nous accéderons à cette noblesse de la pensée qui consiste, par delà toutes les redites, à donner pour point de départ à nos réflexions la grandeur indéfinissable des commencements.

Tristes Tropiques, Plon.

CAMUS

1913-1960

Écrivain d'inspiration existentialiste, exprime sa philosophie aussi bien dans des essais (*Le Mythe de Sisyphe,* 1942) que dans des romans (*L'Étranger,* 1942 ; *La Peste,* 1947 ; *La Chute,* 1956).

L'absurde et le bonheur

C'est à un pessimisme actif qu'aboutit l'existentialisme d'Albert Camus. La tâche de Sisyphe est inutile et sans espoir, mais cela même est la condition, peut-être, du bonheur de l'homme.

259

Si la descente ainsi se fait certains jours dans la douleur, elle peut se faire aussi dans la joie. Ce mot n'est pas de trop. J'imagine encore Sisyphe revenant vers son rocher, et la douleur était au début. Quand les images de la terre tiennent trop fort au souvenir, quand l'appel du bonheur se fait trop pressant, il arrive que la tristesse se lève au cœur de l'homme : c'est la victoire du rocher, c'est le rocher lui-même. L'immense détresse est trop lourde à porter. Ce sont nos nuits de Gethsémani. Mais les vérités écrasantes périssent d'être reconnues. Ainsi, Œdipe obéit d'abord au destin sans le savoir. A partir du moment où il sait, sa tragédie commence. Mais dans le même instant, aveugle et désespéré, il reconnaît que le seul lien qui le rattache au monde, c'est la main fraîche d'une jeune fille. Une parole démesurée retentit alors : « Malgré tant d'épreuves, mon âge avancé et la grandeur de mon âme me font juger que tout est bien. » L'Œdipe de Sophocle, comme le Kirilov de Dostoïevski, donne ainsi la formule de la victoire absurde. La sagesse antique rejoint l'héroïsme moderne.

On ne découvre pas l'absurde sans être tenté d'écrire quelque manuel du bonheur. « Eh ! quoi, par des voies si étroites ? ... » Mais il n'y a qu'un monde. Le bonheur et l'absurde sont deux fils de la même terre. Ils sont inséparables. L'erreur serait de dire que le bonheur naît forcément de la découverte absurde. Il arrive aussi bien que le sentiment de l'absurde naisse du bonheur. « Je juge que tout est bien », dit Œdipe, et cette parole est sacrée. Elle retentit dans l'univers farouche et limité de l'homme. Elle enseigne que tout n'est pas, n'a pas été épuisé. Elle chasse de ce monde un dieu qui y était entré dans l'insatisfaction et le goût des douleurs inutiles. Elle fait du destin une affaire d'homme, qui doit être réglée entre les hommes.

Toute la joie silencieuse de Sisyphe est là. Son destin lui appartient. Son rocher est sa chose. De même, l'homme absurde, quand il contemple son tourment, fait taire toutes les idoles. Dans l'univers soudain rendu à son silence, les mille petites voix émerveillées de la terre s'élèvent. Appels inconscients et secrets, invitations de tous les visages, ils sont l'envers nécessaire et le prix de la victoire. Il n'y a pas de soleil sans ombre, et il faut connaître la nuit. L'homme absurde dit oui et son effort n'aura plus de cesse. S'il y a un destin personnel, il n'y a point de destinée supérieure ou du moins il n'en est qu'une dont il juge qu'elle est fatale et méprisable. Pour le reste, il se sait le maître de ses jours. A cet instant subtil où l'homme se retourne sur sa vie, Sisyphe revenant vers son rocher, dans ce léger pivotement, il contemple cette suite d'actions sans lien qui devient son destin, créé par lui, uni sous le regard de sa mémoire et bientôt scellé par sa mort. Ainsi, persuadé de l'origine tout humaine de tout ce qui est humain, aveugle qui désire voir et qui sait que la nuit n'a pas de fin, il est toujours en marche. Le rocher roule encore.

Je laisse Sisyphe au bas de la montagne ! On retrouve toujours son fardeau. Mais Sisyphe enseigne la fidélité supérieure qui nie les dieux et soulève les rochers. Lui aussi juge que tout est bien. Cet univers désormais sans maître ne lui paraît ni stérile ni futile. Chacun des grains de cette pierre, chaque éclat minéral de cette montagne pleine de nuit, à lui seul, forme un monde. La lutte elle-même vers les sommets suffit à remplir un cœur d'homme. Il faut imaginer Sisyphe heureux.

Le Mythe de Sisyphe, Gallimard.

RICŒUR

né en 1913

Phénoménologue, pratiquant l'analyse réflexive, il a publié notamment : *Philosophie de la volonté* (1950-1960), *Histoire et vérité* (1955), *De l'interprétation* (1965), *Le Conflit des interprétations* (1969).

« Le symbole donne à penser »

Dans La symbolique du mal (Philosophie de la volonté, *II) Paul Ricœur propose une philosophie du symbole reposant sur la phénoménologie de la religion, des mythes et de la poésie et sur l'herméneutique qui dégage la signification des symboles.*

260

[...] Il est tout à fait remarquable qu'il n'existe pas d'autre langage que symbolique de la culpabilité ; ce sera d'abord le langage très archaïque de la souillure, où le mal est appréhendé comme une tache, une flétrissure, donc comme un quelque chose positif qui affecte du dehors et infecte. Ce symbolisme est absolument irréductible ; il est susceptible d'innombrables transpositions et reprises, dans des conceptions de moins en moins magiques ; ainsi le prophète Isaïe évoque en ces termes la vision du temple : « Malheur à moi ! car je suis un homme aux lèvres impures et j'habite parmi un peuple aux lèvres impures. » Un homme moderne parle encore d'une réputation ternie ou d'une intention pure.

Mais il y a d'autres symboles du mal humain : les symboles de la déviation, de l'insurrection, de l'errance et de la perdition, qui apparaissent dans le contexte hébraïque de l'Alliance, mais qu'on retrouve dans l'*hybris* et dans l'*hamartêma* des Grecs. Ce sera encore le symbole de la captivité, que les Juifs ont tiré de l'expérience historique de la sujétion en Egypte et en liaison avec celui de l'Exode qui en retour symbolise toute délivrance.

Or il est tout à fait remarquable que ce symbolisme, que ces symbolismes, ne sont pas surajoutés à une prise de conscience du mal, mais sont le langage originaire et constituant de la confession des péchés. Ici le symbolisme est véritablement révélant : c'est le *logos* même d'un sentiment qui, sans lui, resterait vague, non explicité, incommunicable. Nous sommes en face d'un langage insubstituable.

Le symbole véritablement ouvre et découvre un domaine d'expérience.

Cet exemple peut encore être poussé plus loin, car il permet de surprendre l'articulation à ces symboles primaires – souillure, déviation, errance – de symboles secondaires et proprement mythiques, au sens qu'on a dit plus haut de récit élaboré : mythe de chaos, mythe de mélange, mythe de chute ; leur fonction est d'abord d'universaliser l'expérience par la représentation d'un Homme exemplaire, d'un Anthropos, d'un Adam, voire d'un Titan qui désigne en énigme l'universel concret de l'expérience humaine ; elle est aussi d'introduire dans cette expérience une tension, une orientation, entre un commencement et une fin, entre une déchéance et un salut, entre une aliénation et une réappropriation, entre une séparation et une réconciliation. Du même coup le symbole devient non seulement un chiffre de l'allure de l'expérience humaine, mais un chiffre de la profondeur humaine, en désignant la suture de l'historique et de l'ontologique ou, en langage mythique, de la chute et de la création.

Voici donc le philosophe en proie aux symboles, instruit par la phénoménologie de la religion et par l'exégèse. Que peut-il faire à partir de là ? Une chose essentielle, dont il est responsable dans l'autonomie de sa pensée : se servir du symbole comme d'un détecteur de réalité, et, ainsi guidé par une *mythique,* élaborer une *empirique* des passions qui trouve son centre de référence et de gravité dans les grands symboles du mal humain. Le philosophe n'a donc pas à faire une interprétation allégorisante du symbole, mais à déchiffrer l'homme à partir des symboles de chaos, de mélange et de chute. C'est ce qu'a fait par exemple Kant dans l'*Essai sur le Mal radical,* où le mythe de la chute lui sert de révélateur des passions et des maux et d'instrument de radicalisation de la conscience de soi. Il n'allégorise pas, mais il forme, en philosophe, l'idée d'une maxime mauvaise de toutes les maximes mauvaises qui consisterait dans la subversion, une fois pour toutes, de la hiérarchie entre la raison et la sensibilité. Je ne veux pas dire que Kant ait épuisé par là les possibilités de penser à partir du mythe ; je donne sa tentative comme le modèle méthodologique d'une réflexion aiguillonnée par le mythe et proprement responsable d'elle-même. Sans le ravitaillement en sous-main de la pensée par le mythe, le thème réflexif s'effondre et pourtant il ne s'insère dans la philosophie que comme idée, – même si cette idée est « inscrutable », comme le dit Kant...

Philosophie de la volonté, II, 2, Aubier.

« Une herméneutique qui privilégie le sens plutôt que l'événement »

Théorie des règles qui président à l'interprétation d'un texte, l'herméneutique peut être le point de départ « d'une grande philosophie du langage qui rendrait compte des multiples fonctions du signifier humain et de leurs relations mutuelles ».

261

[...] L'opposition instituée par Dilthey entre expliquer et comprendre – opposition sur laquelle il édifiait la distinction entre sciences de la nature et sciences de l'esprit – cesse de valoir pour l'interprétation. L'interprétation comporte elle-même une phase d'explication. En effet, une herméneutique qui se règle sur le sens incorpore nécessairement, à titre de segment de sa trajectoire entière, des procédures objectivantes, telles que l'analyse structurale et sémiologique ; de telles procédures sont entièrement légitimées par ce que j'ai appelé la dissociation du sens verbal à l'égard de l'intention mentale. Certes, la trajectoire complète de l'herméneutique implique que cette objectivation soit elle-même surmontée dans la reprise du sens ; on peut continuer d'appeler comprendre cet acte terminal, ce dernier pilier de l'axe herméneutique ; mais la compréhension ne laisse pas de s'appuyer sur l'explication qu'elle achève bien plus qu'elle ne s'y oppose. Au reste, le langage quotidien résiste à cette dichotomie : quand on ne comprend pas, on demande une explication ; et ce qu'on a compris, on est capable de l'expliquer ; toute procédure qui « rend compte » du sens est une manière d'expliquer en vue de comprendre mieux.

Il faudrait donc redistribuer de la façon suivante les trois termes : comprendre, interpréter, expliquer ; au lieu de subordonner interpréter à comprendre et d'opposer comprendre à expliquer, il faut intégrer comprendre *et* expliquer à interpréter, comme deux phases enchaînées, comme deux procès alternés, comme le sont dans le discours l'événement et le sens.

Enfin, il n'est pas jusqu'à l'acte terminal dans lequel l'interprétation s'achève qui ne paraisse sous un jour nouveau. On a reproché, à juste titre, à l'herméneutique romantique de placer l'interprétation des textes sous l'empire des capacités finies de compréhension du sujet ; la traduction française de *Aneignen* – rendre propre – par appropriation renforce cette impression d'une mainmise du *sujet* de l'interprétation sur le sens du texte. Il en va tout autrement si le « rendre propre » de ce qui est « étranger » s'applique non à l'intention d'un autrui présumé qui serait derrière le texte, mais aux propositions de monde – d'être-au-monde – que le texte ouvre en avant de lui-même par ses références non-ostentives. Loin qu'un sujet tout constitué projette sur le texte les *a priori* de son auto-compréhension préalable, il faut plutôt dire que l'interprétation *donne* au sujet une nouvelle capacité de se comprendre lui-même en lui offrant un nouvel être-au-monde dont il est agrandi.

L'appropriation cesse alors d'apparaître comme une prise de possession ; elle implique plutôt un moment de désappropriation du moi avare et narcissique ; c'est ce que nous avons voulu signifier en parlant de l'universalité du sens ouvert à quiconque sait lire ; cette universalité va de pair avec l'ouverture d'un monde par la puissance référentielle du texte. Seule l'interprétation qui obéit à l'injonction du sens, qui suit la flèche du sens et s'efforce de *penser-selon* engendre une nouvelle compréhension de soi. Et dans cette expression : compréhension de soi, j'opposerai le soi qui résulte de la compréhension au moi qui prétend la précéder.

Inédit, cité par Michel Philibert in *Ricœur,* Seghers.

BARTHES

1915-1980

Théoricien de la « nouvelle critique » (*Le Degré zéro de l'écriture,* 1953), il s'est attaché à l'étude des mythes et des signes : *Mythologie* (1957), *Éléments de sémiologie* (1964), *Système de la mode* (1967).

Le récit

Fait de culture universel, le récit ne peut être analysé qu'en fonction d'un « modèle », d'une « théorie », et Roland Barthes propose de « donner comme modèle à l'analyse structurale du récit, la linguistique elle-même ».

262

Innombrables sont les récits du monde. C'est d'abord une variété prodigieuse de genres, eux-mêmes distribués entre des substances différentes, comme si toute matière était bonne à l'homme pour lui confier ses récits ; le récit peut être supporté par le langage articulé, oral ou écrit, par l'image, fixe ou mobile, par le geste et par le mélange ordonné de toutes ces substances ; il est présent dans le mythe, la légende, la fable, le conte, la nouvelle, l'épopée, l'histoire, la tragédie, le drame, la comédie, la pantomime, le tableau peint (que l'on pense à la *Sainte Ursule* de Carpaccio), le vitrail, le cinéma, les comics, le fait divers, la conversation. De plus, sous ces formes presque infinies, le récit est présent dans tous les temps, dans tous les lieux, dans toutes les sociétés ; le récit commence avec l'histoire même de l'humanité ; il n'y a pas, il n'y a jamais eu nulle part aucun peuple sans récit ; toutes les classes, tous les groupes humains ont leurs récits, et bien souvent ces récits sont goûtés en commun par des hommes de culture différente, voire opposée ; le récit se moque de la bonne et de la mauvaise littérature ; international, transhistorique, transculturel, le récit est là, comme la vie.

Une telle universalité du récit doit-elle faire conclure à son insignifiance ? Est-il général que nous n'avons rien à en dire, sinon à décrire modestement quelques-unes de ses variétés, fort particulières, comme le fait parfois l'histoire littéraire ? Mais ces variétés même, comment les maîtriser, comment fonder notre droit à les distinguer, à les reconnaître ? Comment opposer le roman à la nouvelle, le conte au mythe, le drame à la tragédie (on l'a fait mille fois) sans se référer à un modèle commun ? Ce modèle est impliqué par toute parole sur la plus particulière, la plus historique des formes narratives. Il est donc légitime que, loin d'abdiquer toute ambition à parler du récit, sous prétexte qu'il s'agit d'un fait universel, on se soit périodiquement soucié de la forme narrative (dès Aristote) ; et il est normal que cette forme, le structuralisme naissant en fasse l'une de ses premières préoccupations ; ne s'agit-il pas toujours pour lui de maîtriser l'infini des paroles, en parvenant à décrire la « langue » dont elles sont issues et à partir de laquelle on peut les engendrer ? Devant l'infini des récits, la multiplicité des points de vue auxquels on peut en parler (historique, psychologique, sociologique, ethnologique, esthétique, etc.), l'analyste se trouve à peu près dans la même situation que Saussure, placé devant l'hétéroclite du langage et cherchant à dégager de l'anarchie apparente des messages un principe de classement et un foyer de description. Pour en rester à la période actuelle, les Formalistes russes, Propp, Lévi-Strauss nous ont appris à cerner le dilemme suivant : ou bien le récit est un simple radotage d'événements, auquel cas on ne peut en parler qu'en s'en remettant à l'art, au talent ou au génie du conteur (de l'auteur) – toutes formes mythiques du hasard – ou bien il possède en commun avec d'autres récits une structure accessible à l'analyse, quelque patience qu'il faille mettre à l'énoncer ; car il y a un abîme entre l'aléatoire le plus complexe et la combinatoire la plus simple, et nul ne peut combiner (produire) un récit, sans se référer à un système implicite d'unités et de règles.

Introduction à l'analyse structurale des récits,
in *Communications,* n° 8, 1966, Seuil.

ALTHUSSER

né en 1918

Philosophe français. Il a proposé une nouvelle « lecture » de Marx.

Œuvres principales : *Pour Marx* (1965), *Lire « Le capital »* (1965).

Théorie et pratique

Reprenant un mot de Lénine : « Sans théorie, pas de pratique révolutionnaire », Louis Althusser se demande ce qu'est une théorie « essentielle à la pratique ».

263

Par *pratique* en général nous entendrons tout processus de *transformation* d'une matière première donnée déterminée, en un *produit* déterminé, transformation effectuée par un travail humain déterminé, utilisant des moyens (de « production ») déterminés. Dans toute pratique ainsi conçue, le moment (ou l'élément) *déterminant* du processus n'est ni la matière première, ni le produit, mais la pratique au sens étroit : le moment du *travail de transformation* lui-même, qui met en œuvre, dans une structure spécifique, des hommes, des moyens et une méthode technique d'utilisation des moyens. Cette définition générale de la pratique inclut en soi la possibilité de la particularité : il existe des pratiques différentes, réellement distinctes, bien qu'appartenant organiquement à une même totalité complexe. La *« pratique sociale »*, l'unité complexe des pratiques existant dans une société déterminée, comporte ainsi un nombre élevé de pratiques distinctes. Cette unité complexe de la « pratique sociale » est structurée, nous verrons comment, de sorte que la pratique déterminante en dernier ressort y est la pratique de transformation de la nature (matière première) donnée, en *produits* d'usage par l'activité des hommes existants, travaillant par l'emploi *méthodiquement réglé de moyens de production* déterminés, dans le cadre de rapports de production déterminés.

Outre la production, la pratique sociale comporte d'autres niveaux essentiels : la pratique politique – qui, dans les partis marxistes, n'est plus spontanée mais organisée sur la base de la théorie scientifique du matérialisme historique, et qui transforme sa matière première : les rapports sociaux, en un produit déterminé (de nouveaux rapports sociaux) ; la pratique *idéologique* (l'idéologie, qu'elle soit religieuse, politique, morale, juridique ou artistique, transforme elle aussi son objet : la « conscience » des hommes) ; et enfin la *pratique théorique.* On ne prend pas toujours au sérieux l'existence de l'idéologie comme pratique ; cette reconnaissance préalable est pourtant la condition indispensable à toute théorie de l'idéologie. On prend plus rarement encore au sérieux l'existence d'une *pratique théorique* : cette condition préalable est pourtant indispensable à l'intelligence de ce qu'est, pour le marxisme, la théorie elle-même et son rapport à la « pratique sociale ».

Ici, une seconde définition. Par théorie, nous entendrons donc, à cet égard, une *forme spécifique de la pratique,* appartenant elle aussi à l'unité complexe de la « pratique sociale » d'une société humaine déterminée. La pratique théorique rentre sous la définition générale de la pratique. Elle travaille sur une matière première (des représentations, concepts, faits) qui lui est donnée par d'autres pratiques, soit « empiriques », soit « techniques », soit « idéologiques ». Dans sa forme la plus générale, la pratique théorique ne comprend pas seulement la pratique théorique *scientifique,* mais également la pratique théorique préscientifique, c'est-à-dire « idéologique » (les formes de « connaissance » constituant la préhistoire d'une science et leurs « philosophies »). La pratique théorique d'une science se distingue toujours nettement de la pratique théorique idéologique de sa préhistoire ; cette distinction prend la forme d'une discontinuité « qualitative » théorique et historique, que nous pouvons désigner, avec Bachelard, par le terme de « coupure épistémologique ». Nous ne saurions traiter ici de la dialectique à l'œuvre dans l'avènement de cette « coupure » : c'est-à-dire du travail de transformation théorique spécifique qui l'instaure dans chaque cas, qui fonde une science en la détachant de l'idéologie de son passé, et en révélant ce passé comme idéologique. Pour nous limiter au point essentiel, qui intéresse notre analyse, nous nous placerons au-delà de la « coupure », à l'intérieur de la science constituée, et nous conviendrons alors des dénominations suivantes : nous appellerons *théorie* toute pratique théorique de caractère *scientifique.* Nous appellerons « théorie » (entre guillemets) le *système théorique* déterminé d'une science réelle (ses concepts fondamentaux, dans leur unité plus ou moins contradictoire à un moment donné), par exemple : la théorie de l'attraction universelle, la mécanique ondulatoire, etc., ou encore la « *théorie* » du matérialisme historique. Dans sa « théorie » toute science déterminée réfléchit dans l'unité complexe de ses concepts (unité d'ailleurs toujours plus ou moins problématique) les résultats, devenus conditions et moyens, de sa propre pratique théorique. Nous appellerons Théorie (majuscule) la théorie générale, c'est-à-dire la Théorie de la pratique en général, elle-même élaborée à partir de la Théorie des pratiques théoriques existantes (des sciences), qui transforment en « connaissances » (vérités scientifiques) le produit idéologique des pratiques « empiriques » (l'activité concrète des hommes) existantes. Cette Théorie est la *dialectique* matérialiste qui ne fait qu'un avec le matérialisme dialectique. Ces définitions sont nécessaires pour pouvoir donner à la question : que nous sert d'énoncer théoriquement une solution existant à l'état pratique ? une réponse théoriquement fondée [...].

Mais la Théorie est essentielle également à la transformation des domaines où n'existe pas encore vraiment de pratique théorique marxiste. La question, dans la plupart de ces domaines, n'est pas « *réglée* » comme elle l'est dans *Le capital.* La pratique théorique marxiste de *l'épistémologie*, de l'histoire des sciences, de l'histoire des idéologies, de l'histoire de la philosophie, de l'histoire de l'art, *est en grande partie à constituer.* Non qu'il n'y ait des marxistes qui ne travaillent eux aussi dans ces domaines, et n'y aient acquis une grande expérience réelle, mais ils n'ont pas derrière eux l'équivalent du *Capital* ou de la pratique révolutionnaire des marxistes depuis un siècle. Leur pratique est en grande partie *devant eux,* à élaborer, sinon à fonder, c'est-à-dire à asseoir sur des bases théoriquement justes, afin qu'elle corresponde à un objet *réel,* et non à un objet présumé ou idéologique, et soit vraiment une pratique théorique et non une pratique technique. C'est à cette fin qu'ils ont besoin de la Théorie, c'est-à-dire de la dialectique matérialiste, comme de la seule méthode qui puisse anticiper leur pratique théorique en dessinant ses conditions formelles. Dans ce cas, la Théorie ne revient pas à en *appliquer* les formules (celles du matérialisme, de la dialectique) à un contenu préexistant. Lénine lui-même reprochait à Engels et Plékhanov d'avoir *appliqué* la dialectique du dehors aux « exemples » des sciences de la nature. L'application extérieure d'un concept n'est jamais l'équivalent d'une *pratique théorique.* Cette application ne change rien à la vérité reçue du dehors, sauf son *nom,* baptême incapable de produire aucune transformation réelle dans les vérités qui le reçoivent. L'application des « lois » de la dialectique à tel résultat de la Physique par exemple, n'est pas une pratique théorique, si cette application ne change pas un iota à la structure et au développement de la *pratique* théorique en Physique ; bien pis, elle peut se muer en entrave idéologique.

Pourtant, et cette thèse est essentielle au marxisme, il ne suffit pas de rejeter le dogmatisme de *l'application* des formes de la dialectique et de se fier à la *spontanéité* des pratiques théoriques existantes, car nous savons qu'il n'existe pas de pratique théorique *pure,* de science toute nue, qui serait à jamais dans son histoire de science, préservée par je ne sais quelle grâce des menaces et atteintes de l'idéalisme, c'est-à-dire des *idéologies* qui l'assiègent ; nous savons qu'il n'existe de science « pure » qu'à la condition de la purifier sans cesse, de science libre dans la nécessité de son histoire, qu'à la condition de la libérer sans cesse de l'idéologie qui l'occupe, la hante ou la guette. Cette purification, cette libération, ne sont acquises qu'au prix d'une incessante lutte contre l'idéologie même, c'est-à-dire contre l'idéalisme, lutte que la Théorie (le matérialisme dialectique) peut éclairer sur ses raisons et objectifs, et guider comme nulle autre méthode au monde.

Pour Marx, Maspéro.

L'abstrait et le concret

Distinguant différents « niveaux de Généralité », M. Althusser donne un sens nouveau au « renversement » marxiste de la dialectique hégélienne en interprétant la thèse de Marx selon laquelle « la méthode scientifique correcte » consiste à partir de l'abstrait pour produire le concret dans la pensée.

264

Il faut saisir le sens précis de cette thèse, pour éviter de tomber dans les illusions idéologiques auxquelles ces mêmes mots sont trop souvent associés, c'est-à-dire pour ne pas croire que l'*abstrait* désignerait la théorie elle-même (science) alors que le *concret* désignerait le réel, les réalités « concrètes » dont la pratique théorique produit la connaissance ; pour ne pas confondre *deux concrets différents* : le *concret-de-pensée* qu'est une connaissance, et le *concret-réalité* qu'est son objet.

Le processus qui produit le concret-connaissance se passe tout entier dans la pratique théorique : il concerne bien entendu le concret-réel, mais ce concret-réel « subsiste après comme avant dans son indépendance, à l'extérieur de la pensée » (Marx), sans que jamais il puisse être confondu avec cet autre « concret » qu'est sa connaissance. Que le concret-de-pensée (Généralité III) considéré soit la connaissance de son objet (concret-réel), voilà qui ne fait « difficulté » que pour l'idéologie, qui transforme cette réalité en soi-disant « problème » (le Problème de la Connaissance), qui pense donc comme problématique ce qui est justement produit, comme solution non-problématique d'un problème réel, par la pratique scientifique elle-même : la non-problématicité du rapport entre un objet et sa connaissance. Il est donc essentiel de ne pas confondre la distinction réelle de l'abstrait (Généralité I) et du concret (Généralité III) qui concerne la seule pratique théorique, avec une autre distinction, idéologique celle-là, qui oppose l'abstraction (constituant l'essence de la pensée, science, théorie) au concret (constituant l'essence du réel).

Cette confusion est précisément celle de Feuerbach, partagée par Marx dans sa période feuerbachienne : non seulement elle nourrit les lieux communs d'une idéologie de consommation aujourd'hui courante, mais aussi elle risque de fourvoyer ceux qui se laissent prendre aux « évidences » de ses vertus de protestation parfois généreuses, dans des impasses théoriques sans recours. La critique qui oppose en dernière instance l'abstraction qui appartiendrait à la théorie, à la science, – au concret qui serait le réel même, est une critique encore idéologique, puisqu'elle nie la réalité de la pratique scientifique, la validité de ses abstractions, et finalement la réalité de ce « concret » théorique qu'est une connaissance. Se voulant « concrète », voulant le « concret », cette conception se veut, en tant que conception, « vraie », elle se veut donc connaissance ; mais elle a commencé par nier la réalité de la pratique qui produit justement la connaissance ! Elle demeure dans l'idéologie même qu'elle déclare « renverser », c'est-à-dire non pas dans l'abstraction en général, mais une abstraction idéologique déterminée [...].

Résumons : reconnaître que la pratique scientifique part de l'abstrait pour produire une connaissance (concrète), c'est aussi reconnaître que la Généralité I, matière première de la pratique théorique, est qualitativement différente de la Généralité II qui la transforme en « concret-de-pensée », c'est-à-dire en connaissance (Généralité III). La négation de la différence qui distingue ces deux types de Généralité, la méconnaissance du primat de la Généralité II (qui travaille), c'est-à-dire de la « théorie », sur la Généralité I (travaillée), voilà le *fond même de l'idéalisme hégélien,* que Marx récuse ; voilà, sous l'apparence encore idéologique du « renversement » de la spéculation abstraite en réalité ou science concrètes, le point décisif où se joue le sort, et de l'idéologie hégélienne, et de la théorie marxiste. De la théorie marxiste : car chacun sait que les raisons profondes, non pas celles qu'on avoue, mais celles qui agissent, d'une rupture, décident à jamais si la délivrance qu'on en attend ne sera que l'attente de la liberté, c'est-à-dire sa privation, ou la liberté même.

Ibid.

Marxisme et humanisme

En « rejetant l'énoncé de l'homme comme fondement théorique », le marxisme est amené à se situer par rapport à l'humanisme classique.

265

A partir de 1845, Marx rompt radicalement avec toute théorie qui fonde l'histoire et la politique sur une essence de l'homme. Cette rupture unique comporte trois aspects théoriques indissociables :

1. Formation d'une théorie de l'histoire et de la politique fondée sur des concepts radicalement nouveaux : concepts de formation sociale, forces productives, rapports de production, superstructure, idéologies, détermination en dernière instance par l'économie, détermination spécifique des autres niveaux, etc.
2. Critique radicale des prétentions *théoriques* de tout humanisme philosophique.
3. Définition de l'humanisme comme *idéologie.*

Dans cette nouvelle conception, tout se tient aussi avec rigueur, mais c'est une nouvelle rigueur : l'essence de l'homme critiquée (2) est définie comme idéologie (3), catégorie qui appartient à la nouvelle théorie de la société et de l'histoire (1).

La rupture avec toute anthropologie ou tout humanisme *philosophiques* n'est pas un détail secondaire ; elle fait un avec la découverte scientifique de Marx.

Elle signifie que, dans un seul et même acte, Marx rejette la problématique de la philosophie antérieure et adopte une problématique nouvelle. La philosophie antérieure idéaliste (« bourgeoise ») reposait, dans tous ses domaines et développements (« théorie de la connaissance », conception de l'histoire, économie politique, morale esthétique, etc.) sur une problématique de la *nature humaine* (ou de l'essence de l'homme). Cette problématique fut, pour des siècles entiers, l'évidence même, et personne ne songeait à la mettre en question, dans ses remaniements internes mêmes.

Cette problématique n'était ni vague, ni lâche ; elle était, au contraire, constituée par un système cohérent de concepts précis, étroitement articulés les uns aux autres. Elle impliquait, quand Marx l'affronta, les deux postulats complémentaires définis par lui dans la sixième thèse sur Feuerbach :

1° qu'il existe une essence universelle de l'homme ;

2° que cette essence est l'attribut des « *individus pris isolément* » qui en sont les sujets réels.

Ces deux postulats sont complémentaires et indissociables. Or, leur existence et leur unité présupposent toute une conception empiriste-idéaliste du monde. Pour que l'essence de l'homme soit attribut universel, il faut en effet que des *sujets concrets* existent, comme des données absolues : ce qui implique un *empirisme du sujet.* Pour que ces individus empiriques soient hommes, il faut qu'ils portent chacun en eux toute l'essence humaine, sinon en fait, du moins en droit : ce qui implique un *idéalisme de l'essence.* L'empirisme du sujet implique donc l'idéalisme de l'essence et réciproquement. Cette relation peut se renverser dans son « contraire » – empirisme du concept – idéalisme du sujet. Ce renversement respecte la structure fondamentale de cette problématique, qui demeure fixe [...].

Nous voici en état de revenir au thème de l'humanisme socialiste et de rendre compte de la disparité théorique que nous avons constatée entre un terme scientifique (socialisme) et un terme idéologique (humanisme).

Dans ses rapports avec les formes existantes de l'humanisme bourgeois ou chrétien de la *personne,* l'humanisme socialiste de la personne se donne comme idéologie justement dans le *jeu de mots* qui autorise cette rencontre. Loin de moi la pensée qu'il puisse s'agir de la rencontre d'un cynisme et d'une naïveté. Le jeu de mots est toujours, en l'espèce, l'indice d'une *réalité historique,* et en même temps d'une équivoque vécue, et l'expression du vœu de la surmonter.

Lorsque les marxistes mettent l'accent, dans leurs rapports avec le reste du monde, sur un humanisme socialiste de la personne, ils manifestent tout simplement leur *volonté* de combler la distance qui les sépare de leurs alliés possibles, et anticipent simplement sur le mouvement, en confiant à l'histoire future le soin de remplir les anciens mots d'un contenu nouveau.

C'est ce contenu qui importe. Car, une nouvelle fois, les thèmes de l'humanisme marxiste ne sont pas, d'abord, des thèmes à l'usage des *autres.* Les marxistes qui les développent le font nécessairement *pour eux-mêmes* avant de le faire pour les autres. Or nous savons sur quoi sont fondés ces développements : sur les conditions nouvelles existant en Union Soviétique, sur la fin de la dictature du prolétariat, et sur le passage au communisme.

Ibid.

DURAND

né en 1921

Philosophe et sociologue, il a élaboré une anthropologie de l'imaginaire qui s'efforce de répondre à la question kantienne : « Qu'est-ce que l'homme ? » : *Structures anthropologiques de l'imaginaire* (1960), *L'Imagination symbolique* (1964), *Science de l'homme et tradition* (1975), etc.

L'imagination est le propre de l'homme

Ses analyses du « régime diurne » et du « régime nocturne » de l'image conduisent Gilbert Durand à dénoncer la primauté que le monde moderne accorde à la connaissance positive et utilitaire et à entreprendre une réhabilitation de la fonction imaginative, essentielle à l'homme.

266

Notre civilisation rationaliste et son culte pour la démystification objective se voit submergée en fait par le ressac de la subjectivité brimée et de l'irrationnel. Anarchiquement les droits à une imagination plénière sont revendiqués aussi bien par la multiplication des psychoses, le recours à l'alcoolisme et aux stupéfiants, au jazz, aux « hobbies » étranges, que par les doctrines irrationalistes et l'exaltation des plus hautes formes de l'art. Au sein du puritanisme rationaliste et de cette croisade pour la « démythification », la puissance fantastique retourne l'exclusive objectiviste par une vengeresse dialectique. L'objectivité, la « Science », le matérialisme, l'explication déterministe, le positivisme s'installent avec les plus indéniables caractéristiques du mythe : son impérialisme et sa fermeture aux leçons du changement des choses. L'objectivité est devenue, paradoxalement, culte fanatique et passionné qui refuse la confrontation avec l'objet. Mais surtout, comme tout système exploitant un régime isomorphe exclusif, l'objectivisme sémiologique contemporain ignorant les démarches d'une anthropologie générale, se ferme *a priori* à un humanisme plénier. Ce que masque l'assurance démythifiante n'est la plupart du temps qu'un colonialisme spirituel, que la volonté d'annexion au profit d'une civilisation singulière, de l'espérance et du patrimoine de l'espèce humaine tout entière. Aussi nous sommes-nous efforcé dans cette phénoménologie de l'imaginaire de ne laisser étrangère à notre démarche aucune ressource anthropologique. Ce sont des structures que nous cherchions, non une *totalitaire* infrastructure. Et sous la convergence des disciplines anthropologiques le mythe et l'imaginaire, bien loin de nous apparaître comme un moment dépassé dans l'évolution de l'espèce, se sont manifestés comme éléments constitutifs – et nous pensons l'avoir montré : instauratifs – du comportement spécifique de l'*homo sapiens.* Aussi nous semble-t-il qu'une des tâches les plus honnêtes dans la recherche de la vérité et le souci de démystification, c'est de bien discerner la mystification et le mythe. Et de ne point jouer sur la racine des mots. Vouloir « démythifier » la conscience nous apparaît comme l'entreprise suprême de mystification et constitue l'antinomie fondamentale ; car ce serait effort imaginaire pour réduire l'individu humain à une chose simple, inimaginable, parfaitement déterminée, c'est-à-dire incapable d'imagination et aliénée à l'espérance. *Or la poésie comme le mythe est inaliénable.* Le plus humble des mots, la plus étroite compréhension du plus étroit des signes, est messager malgré lui d'une expression qui nimbe toujours le sens propre objectif. Bien loin de nous irriter, ce « luxe » poétique, cette impossibilité à « démythifier » la conscience se présente comme la chance de l'esprit, et constitue ce « beau risque à courir » que Socrate, en un instant décisif, oppose au néant objectif de la mort, affirmant à la fois les droits du mythe et la vocation de la subjectivité à l'Être et à la liberté qui le manifeste. Tant il n'y a d'honneur véritable, pour l'homme, que celui des poètes.

Aussi, nous qui venons de faire la part si belle à l'imagination, nous demandons modestement que l'on sache faire la part de la cigale à côté du fragile triomphe de la fourmi. Car la véritable liberté et la dignité de la vocation ontologique des personnes ne reposent que sur cette spontanéité spirituelle et cette expression créatrice qui constitue le champ de l'imaginaire. Elle est tolérance de tous les régimes de l'esprit, sachant bien que le faisceau de ces régimes n'est pas de trop à cet honneur poétique de l'homme qui consiste à faire échec au néant du temps et de la mort. Il nous apparaît donc qu'une pédagogie de l'imagination s'impose à côté de la culture physique et de celle du raisonnement.

[...] Jadis les grands systèmes religieux jouaient le rôle de conservatoire des régimes symboliques et des courants mythiques. Aujourd'hui pour une élite cultivée, les beaux arts, et pour les masses, la presse, les feuilletons illustrés et le cinéma, véhiculent l'inaliénable répertoire de toute la fantastique. Aussi faut-il souhaiter qu'une pédagogie vienne éclairer, sinon assister cette irrépressible soif d'images et de rêves. Notre devoir le plus impérieux est de travailler à une pédagogie de la paresse, du défoulement et des loisirs. Trop d'hommes en ce siècle de « l'éclairement » se voient usurper leur imprescriptible droit au luxe nocturne de la fantaisie. Il se pourrait bien que la morale du « vous chantiez, j'en suis fort aise ! » et l'idolâtrie du travail de la fourmi soient le comble de la mystification.

Les Structures anthropologiques de l'imaginaire, Bordas.

FOUCAULT

1926-1984

Professeur au Collège de France. A partir d'une réflexion sur l'histoire de la médecine (*Histoire de la folie à l'âge classique*, 1961 ; *Naissance de la clinique*, 1961), il est l'initiateur d'une méthodologie nouvelle des sciences humaines (*Les Mots et les choses*, 1966).

L'archéologie d'un silence

La méthode archéologique consiste à étudier l'épistémè *d'une époque, c'est-à-dire l'ensemble des catégories objectives, liées aux structures sociales, qui, à une époque donnée, commandent la connaissance. C'est à l'étude de la folie que Michel Foucault a d'abord appliqué cette méthode.*

267

Pascal : « Les hommes sont si nécessairement fous que ce serait être fou par un autre tour de folie de n'être pas fou. » Et cet autre texte, de Dostoïevski, dans le *Journal d'un écrivain* : « Ce n'est pas en enfermant son voisin qu'on se convainc de son propre bon sens. »

Il faut faire l'histoire de cet autre tour de folie, – de cet autre tour par lequel les hommes, dans le geste de raison souveraine qui enferme leur voisin, communiquent et se reconnaissent à travers le langage sans merci de la non-folie ; retrouver le moment de cette conjuration, avant qu'elle n'ait été définitivement établie dans le règne de la vérité, avant qu'elle n'ait été ranimée par le lyrisme de la protestation. Tâcher de rejoindre, dans l'histoire, ce degré zéro de l'histoire de la folie, où elle est expérience indifférenciée, expérience non encore partagée du partage lui-même. Décrire, dès l'origine de sa courbure, cet « autre tour », qui, de part et d'autre de son geste, laisse retomber, choses désormais extérieures, sourdes à tout échange, et comme mortes l'une à l'autre, la Raison et la Folie.

C'est là sans doute une région incommode. Il faut pour la parcourir renoncer au confort des vérités terminales, et ne jamais se laisser guider par ce que nous pouvons savoir de la folie. Aucun des concepts de la psycho-pathologie ne devra, même et surtout dans le jeu implicite des rétrospections, exercer de rôle organisateur. Est constitutif le geste qui partage la folie, et non la science qui s'établit, ce partage une fois fait, dans le calme revenu. Est originaire la césure qui établit la distance entre raison et non-raison ; quant à la prise que la raison exerce sur la non-raison pour lui arracher sa vérité de folie, de faute ou de maladie, elle en dérive, et de loin. Il va donc falloir parler de ce primitif débat sans supposer de victoire, ni de droit à la victoire ; parler de ces gestes ressassés dans l'histoire, en laissant en suspens tout ce qui peut faire figure d'achèvement, de repos dans la vérité ; parler de ce geste de coupure, de cette distance prise, de ce vide instauré entre la raison et ce qui n'est pas elle, sans jamais prendre appui sur la plénitude de ce qu'elle prétend être.

Alors, et alors seulement, pourra apparaître le domaine où l'homme de folie et l'homme de raison, se séparant, ne sont pas encore séparés, et dans un langage très originaire, très fruste, bien plus matinal que celui de la science, entament le dialogue de leur rupture, qui témoigne d'une façon fugitive qu'ils se parlent encore. Là, folie et non-folie, raison et non-raison sont confusément impliquées : inséparables du moment qu'elles n'existent pas encore, et existant l'une pour l'autre, l'une par rapport à l'autre, dans l'échange qui les sépare.

Au milieu du monde serein de la maladie mentale, l'homme moderne ne communique plus avec le fou ; il y a d'une part l'homme de raison qui délègue vers la folie le médecin, n'autorisant ainsi de rapport qu'à travers l'universalité abstraite de la maladie ; il y a d'autre part l'homme de folie qui ne communique avec l'autre que par l'intermédiaire d'une raison tout aussi abstraite, qui est ordre, contrainte physique et morale, pression anonyme du groupe, exigence de conformité. De langage commun, il n'y en a pas ; ou plutôt il n'y en a plus ; la constitution de la folie comme maladie mentale, à la fin du XVIIIe siècle, dresse le constat d'un dialogue rompu, donne la séparation comme déjà acquise, et enfonce dans l'oubli tous ces mots imparfaits, sans syntaxe fixe, un peu balbutiants, dans lesquels se faisait l'échange de la folie et de la raison. Le langage de la psychiatrie, qui est monologue de la raison *sur* la folie, n'a pu s'établir que sur un tel silence.

Je n'ai pas voulu faire l'histoire de ce langage ; plutôt l'archéologie de ce silence.

Histoire de la folie, Préface, Plon.

La mort de l'homme

Ce qui caractérise l'épistémè *contemporaine, c'est que le langage n'apparaît plus comme l'acte d'un sujet, mais comme un être (« il y a du langage ») et « l'être du langage n'apparaît pour lui-même que dans la disparition du sujet. »*

268

[...] Toute l'*épistémè* moderne – celle qui s'est formée vers la fin du XVIIIe siècle et sert encore de sol positif à notre savoir, celle qui a constitué le mode d'être singulier de l'homme et la possibilité de le connaître empiriquement – toute cette *épistémè* était liée à la disparition du Discours et de son règne monotone, au glissement du langage du côté de l'objectivité et à sa réapparition multiple. Si ce même langage surgit maintenant avec de plus en plus d'insistance en une unité que nous devons mais que nous ne pouvons pas encore penser, n'est-ce pas le signe que toute cette configuration va maintenant basculer, et que l'homme est en train de périr à mesure que brille plus fort à notre horizon l'être du langage ? L'homme s'étant constitué quand le langage était voué à la dispersion, ne va-t-il pas être dispersé quand le langage se rassemble ? Et si cela était vrai, ne serait-ce pas une erreur – une erreur profonde puisqu'elle nous cacherait ce qu'il faut penser maintenant – d'interpréter l'expérience actuelle comme une application des formes du langage à l'ordre de l'humain ? Ne faudrait-il pas plutôt renoncer à penser l'homme, ou, pour être plus rigoureux, penser au plus près cette disparition de l'homme – et le sol de possibilité de toutes les sciences de l'homme – dans sa corrélation avec notre souci du langage ? Ne faut-il pas admettre que, le langage étant là de nouveau, l'homme va revenir à cette inexistence sereine où l'avait maintenu jadis l'unité impérieuse du Discours ? L'homme avait été une figure entre deux modes d'être du langage ; ou plutôt, il ne s'est constitué que dans le temps où le langage, après avoir été logé à l'intérieur de la représentation et comme dissous en elle, ne s'en est libéré qu'en se morcelant : l'homme a composé sa propre figure dans les interstices d'un langage en fragments. Bien sûr, ce ne sont pas là des affirmations, tout au plus des questions auxquelles il n'est pas possible de répondre ; il faut les laisser en suspens là où elles se posent en sachant seulement que la possibilité de les poser ouvre sans doute une pensée future.

Une chose en tout cas est certaine : c'est que l'homme n'est pas le plus vieux problème ni le plus constant qui se soit posé au savoir humain. En prenant une chronologie relativement courte et un découpage géographique restreint – la culture européenne depuis le XVIe siècle – on peut être sûr que l'homme y est une invention récente. Ce n'est pas autour de lui et de ses secrets que, longtemps, obscurément, le savoir a rôdé. En fait, parmi toutes les mutations qui ont affecté le savoir des choses et de leur ordre, le savoir des identités, des différences, des caractères, des équivalences, des mots, – bref au milieu de tous les épisodes de cette profonde histoire du *Même* – un seul, celui qui a commencé il y a un siècle et demi et qui peut-être est en train de se clore, a laissé apparaître la figure de l'homme. Et ce n'était point là libération d'une vieille inquiétude, passage à la conscience lumineuse d'un souci millénaire, accès à l'objectivité de ce qui longtemps était resté pris dans des croyances ou dans des philosophies ; c'était l'effet d'un changement dans les dispositions fondamentales du savoir. L'homme est une invention dont l'archéologie de notre pensée montre aisément la date récente. Et peut-être la fin prochaine.

Si ces dispositions venaient à disparaître comme elles sont apparues, si par quelque événement dont nous pouvons tout au plus pressentir la possibilité, mais dont nous ne connaissons pour l'instant encore ni la forme ni la promesse, elles basculaient, comme le fit au tournant du XVIIIe siècle le sol de la pensée classique, – alors on peut bien parier que l'homme s'effacerait, comme à la limite de la mer un visage de sable.

Les Mots et les choses, fin, Gallimard.

ROSSET

né en 1939

Philosophe original, inspiré de Lucrèce, il défend une conception strictement matérialiste du monde : *Logique du pire* (1973), *L'Anti-nature* (1973), *Le Réel et son double* (1976), etc.

Nature et artifice

Clément Rosset dénonce l'idéologie naturaliste, qui est au cœur de toute philosophie, et lui oppose un « artificialisme », qu'il appelle aussi une « philosophie tragique », opposant ainsi « l'approbation inconditionnelle de l'existence à son acceptation sous réserve de justification ».

269

Se précisent ainsi les principaux traits de l'*idéologie naturaliste* : idéologie qui ne désigne ici, il va de soi, ni une doctrine littéraire (Zola), ni la doctrine philosophique selon laquelle « il n'existe rien en dehors de la Nature, c'est-à-dire rien qui ne se ramène à un enchaînement de faits semblables à ceux dont nous avons l'expérience » (Lalande, *Vocabulaire technique et critique de la Philosophie*). Autre chose est le refus du surnaturel, autre chose l'idéologie naturaliste, qui est d'abord la doctrine selon laquelle la nature *existe*, c'est-à-dire la forme générale de la croyance selon laquelle certains êtres doivent la réalisation de leur existence à un principe étranger au hasard (matière) ainsi qu'aux effets de la volonté humaine (artifice). En ce sens – ct c'est en ce seul sens que le mot est et sera utilisé ici – le « naturalisme » désigne beaucoup plus qu'une école littéraire ou philosophique et remonte bien en deçà de l'idéologie naturaliste du XVIIIe siècle, laquelle ne manifeste qu'un des moments particulièrement euphoriques d'une très longue histoire dont les origines se confondent avec les débuts de la philosophie occidentale. L'idée fondamentale du naturalisme est une mise à l'écart du rôle du hasard dans la genèse des existences : l'affirmation que rien ne saurait se produire sans quelque raison, et qu'en conséquence les existences indépendantes des causes introduites par le hasard ou l'artifice des hommes résultent d'un autre ordre de causes, qui est l'ordre des causes naturelles. On sait seulement que la nature est ce qui reste quand on a de toutes choses biffé les effets de l'artifice et du hasard : nul ne précise ce qui reste ainsi, mais il suffit, pour que se constitue l'idée de nature, qu'on tienne pour acquis qu'il y a quelque chose qui reste.

Cette condition n'est d'ailleurs suffisante que dans la mesure où aucune détermination supplémentaire ne l'accompagne : c'est à sa propre insuffisance (c'est-à-dire à son silence forcé) qu'elle doit paradoxalement de suffire. Nul doute en effet que l'efficacité du concept de nature et de ses diverses imageries ne tienne en premier lieu à son obscurité même, à l'incapacité où elle est de se définir comme de se peindre. Rien de pensé dans l'idée de nature, rien de vu dans les images proposées de la nature (rien du moins de « naturel ») ; mais ce rien est une source à la fécondité inépuisable pour l'alimentation de l'idéologie naturaliste dont les différentes idéologies religieuses, métaphysiques et morales ne sont peut-être que des variantes.

[...] La pensée artificialiste se représente toute loi naturelle (c'est-à-dire physique, chimique, biologique) comme analogue aux « lois artificielles » : c'est-à-dire à toutes les régularités instituées par l'homme, qu'elles soient d'ordre juridique, économique, esthétique ou autre. Le principe d'analogie qui permet de fondre en une même intuition lois naturelles et lois instituées est la notion de *convenance* – au sens lucrétien du terme, qui veut que telle combinaison atomique soit viable (*conveniens*), telle autre pas. La « formule » de l'être pourrait ainsi être décrite comme la rencontre du hasard avec la faculté de durer : *Être* = *Hasard* + *Succès*. Toute existence apparaît en effet, aux yeux d'une pensée artificialiste, sous les auspices de la réussite : de même qu'une régularité naturelle doit son existence à un succès physique (convenance atomique), de même une régularité institutionnelle doit son existence à un succès social. Cette idée d'un parallélisme entre le succès physique et le succès social peut sembler étrange ; pourtant elle se confirme à l'analyse. Il suffit de concevoir le hasard comme générateur d'innombrables tentatives, et l'existence comme le résultat de certaines de ces tentatives : fruit de la convenance et du hasard. Toute existence est le fruit du hasard des combinaisons et d'une réussite qui sélectionne certaines combinaisons en les dotant d'une relative stabilité, d'une faculté de durer quelque temps à la faveur d'une aptitude à la répétition sans laquelle aucune existence n'est concevable. Exister, pour un phénomène physique ou biologique, c'est s'inscrire dans un processus répétable ; pour une loi juridique, c'est pouvoir s'appliquer à un nombre indéterminé de cas ; pour une œuvre esthétique, c'est être exécutée, reproduite, bref répétée. Sans doute l'homme n'a-t-il accès, en matière de tentatives avortées, qu'aux seules tentatives sociales : il connaît, ou peut connaître, des lois juridiques dont l'application s'est révélée inefficace, ou des œuvres d'art mort-nées, qui n'ont pas survécu à leurs premières lectures, expositions ou exécutions ; mais rien ne permet de nier l'existence d'œuvres ainsi mort-nées aux niveaux physique, chimique ou biologique, bien que celles-ci demeurent invisibles aux yeux de l'homme puisque situées en dehors de toute expérimentation (car elles ne sont pas son fait) et de toute observation (car elles durent trop peu pour s'y prêter). Rien n'empêche donc de considérer, sous-tendant la multitude des lois physiques réussies, une infinité de tentatives hasardeuses de la part de la matière n'ayant pas abouti à l'existence par défaut de convenance, de viabilité, de compossibilité, disait Leibniz : thèse sérieusement soutenue déjà par Empédocle et Lucrèce. Le « bonheur physique » qui permet à une loi de s'instaurer serait ainsi de même ordre que le bonheur social qui permet à une production artificielle (loi ou œuvre d'art) non seulement d'avoir du succès mais aussi simplement d'exister, tout au moins à moyen ou long terme : bonheur social dont on sait qu'il est, en définitive, le seul critère solide qu'on puisse avancer pour juger de la valeur et de la durée d'une œuvre humaine, tant institutionnelle qu'artistique.

L'Anti-nature, P.U.F.

INDEX ANALYTIQUE

(Les numéros indiqués correspondent aux extraits des différents philosophes)

ANTIQUITÉ ET MOYEN AGE

HISTOIRE	PHILOSOPHIE	LITTÉRATURE	SCIENCES ET TECHNIQUES
Organisation des cités grecques et fondation des colonies d'Asie Mineure et de Sicile	**Héraclite** et **Parménide** (VIe)	Eschyle, 575-456 Sophocle, 495-405	Thalès Pythagore
Procès et mort de Socrate, 399	**Les Sophistes** et **Socrate** (Ve)	Euripide, 480-406	Démocrite Hippocrate Eudoxe
Philippe de Macédoine, 360-336	**Platon** (IVe)	Aristophane, 445-385	
Alexandre de Macédoine 336-323	**Aristote** (IVe)	Démosthène, 384-322	
Invasion des Gaulois en Grèce, 280-278	**Pyrrhon, Epicure, Zénon** (IIIe)	Théocrite, né en 315	Euclide
Meurtre de César, 47 av. J.C.	**Lucrèce** (1er av. J.C.	Cicéron, 106-43 Virgile, 70-19 av. J.C.	
Mort d'Auguste, 14 ap. J.C.	**Sénèque, Epictète, Marc-Aurèle** (1er et IIe ap. J.C.)	Tacite, 55-120 ap. J.C.	Ptolémée Galien
Concile de Nicée, 325	**Sextus Empiricus** et **Plotin** (IIIe)	Tertullien, 150-222 Ausone, 310-395	
Fin de l'empire d'Occident, 476	**Saint Augustin** (IVe)	Claudien, 370-404	Diophante d'Alexandrie
Les Croisades (du XIe au XIIIe)	**Saint Anselme** (XIe)	Chansons de geste (XIIe et XIIIe)	Avicenne
L'inquisition, 1231	**Saint Thomas** (XIIIe)	Dante, 1265-1321	Marco-Polo

XVIIe et XVIIIe SIÈCLES

HISTOIRE	PHILOSOPHIE	LITTÉRATURE	SCIENCES ET TECHNIQUES
Richelieu, premier ministre, 1624	**Bacon**	Shakespeare	Harvey
	« Novum Organum », 1620	« Hamlet », 1602	La circulation du sang, 1628
Condamnation de Galilée, 1633	**Descartes**	Corneille	Fermat
	« Discours de la méthode », 1637	« Le Cid », 1636	Géométrie analytique, 1635
Condamnation du jansénisme, 1656	**Pascal**	Molière	Newton
	« Pensées », 1670	« Le Misanthrope », 1666	Calcul différentiel, 1670
Proclamation de l'« habeas corpus » en Angleterre, 1679	**Spinoza**	Racine	Mariotte
	« Ethique », 1677	« Phèdre », 1677	Compression des gaz, 1676
Mort de Colbert, 1683	**Malebranche**	Bossuet	Huyghens
	« Traité de morale », 1684	« Oraison funèbre de Condé », 1687	Théorie de la lumière, 1690
Déclaration des droits en Angleterre, 1689	**Locke**	La Bruyère	Leuwenhoeck
	« Essai sur l'entendement humain », 1690	« Les Caractères », 1688	Le microscope, 1695
Dernière grande famine en France, 1706	**Berkeley**	Fénelon	Papin
	« Principes de la connaissance », 1710	« Télémaque », 1699	La force de la vapeur, 1707
Mort de Louis XIV, 1715	**Leibniz**	Montesquieu	Bernouilli
	« Monadologie », 1714	« Les lettres persanes », 1721	Calcul des probabilités, 1713
Frédéric II, roi de Prusse, 1740	**Hume**	Buffon	D'Alembert
	« Traité de la nature humaine », 1739	« Histoire naturelle », 1749-1789	Mécanique, 1743
Fin de la guerre de succession d'Autriche, 1748	**Condillac**	Diderot	Réaumur
	« Traité des sensations », 1754	« L'Encyclopédie », 1751-1780	Expériences sur la digestion, 1756
Pertes des colonies françaises, 1763	**Rousseau**	Voltaire	Jenner
	« L'Émile », 1762	« Candide », 1758	Vaccination, 1775
Révolution française, 1789	**Kant**	Beaumarchais	Lavoisier
	« Critique de la raison pure », 1781	« Le mariage de Figaro », 1784	Rôle de l'oxygène dans la respiration, 1780

Cet ouvrage a été réalisé par la
SOCIÉTÉ NOUVELLE FIRMIN-DIDOT
Mesnil-sur-l'Estrée
pour le compte des Éditions Bordas
en juillet 1993

Imprimé en France
Dépôt légal : juillet 1993
Dépôt légal 1re édition : 3e trimestre 1986
N° d'impression : 24191

XIXe SIÈCLE

HISTOIRE	PHILOSOPHIE	LITTÉRATURE	SCIENCES ET TECHNIQUES
Napoléon empereur, 1804	**Hegel** « Phénoménologie de l'esprit », 1807	Chateaubriand « Le génie du christianisme », 1802	Dalton Théorie atomique, 1803
La Restauration, 1815	**Schopenhauer** « Le monde comme volonté », 1818	Lamartine « Méditations », 1820	Lamarck Le transformisme, 1809
Révolution de Juillet, 1830	**Comte** « Cours de philosophie positive », 1830-1842	Hugo « Hernani », 1830	Niepce La photographie, 1822
Victoria, reine d'Angleterre, 1837	**Maine de Biran** Œuvres posthumes, 1847	Musset « Les Nuits », 1835-1840	Mayer Conservation de l'énergie, 1842
Révolution de Février, 1848	**Marx** et **Engels** « Manifeste du parti communiste », 1848	Vigny « Les Destinées », 1843	Helmoltz Conservation de la force, 1847
Coup d'Etat du 2 décembre 1851	**Stuart Mill** « L'utilitarisme », 1863	Baudelaire « Les Fleurs du mal », 1857	Darwin L'évolutionnisme, 1859
Guerre de sécession aux USA,	**Claude Bernard** « Introduction à la médecine expérimentale », 1865	Leconte de Lisle « Poèmes barbares », 1862	Pasteur Travaux sur la génération spontanée, 1863-1867
	1871	Mallarmé « L'après-midi d'un faune », 1876	Edison La lampe électrique, 1879
			Maxwell magnétique, 1884

XXe SIECLE

HISTOIRE

PHILOSOPHIE

Premier vol commercial de l'avion supersonique Concorde, 1976